五代十国全史

全史

大唐末路

麦老师
—— 著

中国出版集团　现代出版社

图书在版编目（CIP）数据

五代十国全史．Ⅳ，大唐末路 / 麦老师著．— 北京：现代出版社，2021.11
ISBN 978-7-5143-9429-0

Ⅰ.①五… Ⅱ.①麦… Ⅲ.①中国历史－五代十国时期－通俗读物
Ⅳ.①K243.09

中国版本图书馆 CIP 数据核字 (2021) 第 170343 号

五代十国全史．Ⅳ，大唐末路

作　　者：麦老师
责任编辑：姚冬霞
出版发行：现代出版社
通信地址：北京市安定门外安华里 504 号
邮政编码：100011
电　　话：010-64267325　64245264（传真）
网　　址：www.1980xd.com
电子邮箱：xiandai@vip.sina.com
印　　刷：三河市宏盛印务有限公司

开　　本：710mm×1000mm　1/16
印　　张：22　　　　　　　　字　　数：333 千
版　　次：2021 年 11 月第 1 版　　印　　次：2021 年 11 月第 1 次印刷
书　　号：ISBN 978-7-5143-9429-0
定　　价：49.80 元

○ 李晔之死 093

第四章　诸神的黄昏

○ 二陈之乱 103
○ 白马之祸 104
○ 吴王离世 109
○ 蒋、柳被诛 117
○ 诸神的黄昏 124
130

第五章　大唐末路

○ 世里阿保机 139
○ 东城之盟 140
○ 绍威铸锉 147
○ 丁会降晋 153
○ 李唐崩解 161
168

第六章　五代开端

○ 徐温夺权 177
○ 卢龙易主 178
188

目录

第一章　连环计（上）

○　平卢王师范 …… 002
○　幕后之谜 …… 009
○　淮南内忧 …… 014
○　奇袭十三州 …… 020
○　朱温挟君 …… 025

第二章　连环计（下）

○　成汭投水 …… 033
○　石楼之战 …… 034
○　激反田頵 …… 042
○　吴王平叛 …… 049
○　吴王平叛 …… 056

第三章　李晔之死

○　平卢归降 …… 067
○　二相殒命 …… 068
○　长安之殇 …… 076
○　迁都洛阳 …… 082

001 …… 087

○ 蜀、岐反目 ……………………………… 320

○ 蜀、岐交战 ……………………………… 329

○ 鼓角灯前 198

第七章　生子当如李亚子

○ 亚子初立 211

○ 夹寨大捷 212

○ 重师之死 222

○ 希贤之叛 231

○ 河东图强 242

第八章　决战柏乡 250

○ 长城岭之战 257

○ 梁、晋伐谋（上）258

○ 梁、晋伐谋（下）267

○ 决战柏乡（上）277

○ 决战柏乡（下）286

第九章　蜀、岐相争 293

○ 燕王称尊 303

○ 张府秘闻 304

314

第一章

连环计（上）

王彦章　周德威　李晋王　朱温

平卢王师范

　　按照一般乱世中的力学原理，每一支新生的小势力，如果不能在乱世的最初阶段排除万难，毅然崛起，那么随着时间的推移，它们坐大的机会将越来越少，大多数或被逐渐削弱、淘汰，或向周围的大势力靠拢。这就好像宇宙大爆炸后弥漫的星云，在万有引力的作用下，渐渐会集到一个个焦点周围，变成一颗颗恒星、行星、卫星，然后再组成星系，从此进入相对的稳定期……

　　可以这么说，天复三年（903）的新年来临之时，通过近二十年的征战杀伐和纵横捭阖，在各路军阀的兴起、灭亡和重组中，这个过程已经悄悄度过了其初级阶段。新的势力已不再轻易涌现，新时代的雏形已经从一片混沌中渐渐露出端倪。

　　若以此做一小结，给天下藩镇分一下类，那么，此时不用依附于人，有资格成为多个藩镇的首领，可以被看作恒星级别的强藩，大概还剩下四家。

　　在太原，大部分原有行星都被朱温抢走，快变成光杆恒星的李克用，还在慢慢养伤，短期内已经不敢轻易言战。

　　在扬州，江淮霸主杨行密正面临严重的内部危机，如何化解这一危机，不让北方强邻渔翁得利，是他此时需要面对的最大挑战。

　　在成都，满足于割据蜀中的王建已经开始清洗功臣，为儿孙将来能顺利接班扫清障碍。

　　而最强大的朱温，仍驻军于凤翔城外。城里，是刚刚被他从恒星级痛扁到行星级，正准备摇白旗的李茂贞。此时，朱温的实力已是一枝独秀，遥遥领先于其他强藩。成德王镕、魏博罗绍威、义武王处直、两浙钱镠、镇南钟传、荆南成汭、湖南马殷等行星级的藩镇，都在或远或近地围着其打转，组成了当时一个并不稳定，但最为庞大的星系团。除了上面提到的李克用、杨行密、王建，谁还敢不要命地主动向他挑战呢？

谁能想到，就在这样的大背景下，可能是晚唐最神秘、最怪异、最让人看不懂的一桩大事件发生了。一颗长期被认为属于朱温星系团的中等行星突然反水，向强大的朱温发起了一次大胆的全面奇袭。

亮剑的是一支离开咱们视线很久的势力——平卢节度使王师范。他不知道以他的实力，最后胜利的概率接近于零吗？他为何会做出这种近似飞蛾扑火的举动呢？

传统的解释非常简单明了。王师范非常喜欢阅读儒学经典，是一位被理想主义熏陶出来的忠义之士，他在接到李茂贞、韩全诲以李晔的名义发给他的勤王诏书后，想到天子正在蒙难，竟泣下沾襟。他感叹道："国家设立藩镇，就是用作保卫皇室的屏障，怎么可以眼睁睁看着皇上受到如此的屈辱而无动于衷呢？我们手握强兵，难道只是用来自卫的吗？"

正好，前宰相张濬也从他在长水（今河南洛宁县长水镇）的家中写了一封密信给王师范，劝他兴起义兵，讨伐朱温。王师范大受激励，遂表态说："张公的话，正合我意，还有什么可以迟疑观望的？我决定了，只要是为了勤王赴难，纵然力量不足，也要不计生死，全力以赴！"

王师范豁出去了，他就像当年齐庄公出猎时遇上的那只螳螂，无比英勇地对着碾过来的车轮举起了双臂……

无疑，这些记载阳光正面，但事实会这么简单吗？仔细推敲相关记载，就很容易发现其中充满了不合逻辑、不可解释的悖论。

最明显的一条，是王师范起兵的时间。

先来看看这几个时间点。朱温出兵关中，是在天复元年（901）十一月初。同月，韩全诲将李晔劫持至凤翔。十二月，李茂贞、韩全诲开始制造圣旨，号召天下藩镇勤王，讨伐朱温。仅仅一个月后，李克用响应圣旨，兵发河中。王师范如果要响应号召，打击朱温，这无疑是他出兵的最佳时机，但他在那时毫无动作，白白错过机会。

又是一整年过去，李克用已遭受重创，李茂贞更是快要投降了，这个时候才想起举兵，不是太晚了吗？难道这一年多来，他王师范因为一心只读圣贤书，所以两耳不闻窗外事？

那么会不会是这种情况：李茂贞、韩全诲发给王师范的诏书，因为道路阻隔，传递不畅，一年后才送到青州呢？比如，他们发给杨行密的第一批诏书就受阻于冯行袭，后来让张濬之子李俨（张俨）携带的第二批诏书才成功送到扬州。

然而，如果遵循这个思路做一番考察，又会发现隐藏较深的第二个疑问：李茂贞、韩全诲真的给王师范发过勤王诏书吗？

《资治通鉴》中，简要提到了李俨带到扬州的诏书的内容，其中有这么一句："以朱瑾为平卢节度使，以冯弘铎为武宁节度使，以朱延寿为奉国节度使。"按照这份诏书的意思，王师范同朱温的儿子朱友裕、老部下王敬荛一样，都已被免职，平卢的新节度使是朱瑾。

假如王师范看到的诏书就是这一份，那么，身为一个世袭的藩镇节帅，见到一份要将他扫地出门的圣旨，不但不怒，不说这是奸臣矫诏，反而只对皇帝的处境同情落泪，你说可能吗？

而且，这道诏书的内容这样写，并不让人意外，《资治通鉴》在朱温打垮两位义兄，兼并天平、泰宁两镇时，就有这么一句："惟王师范保淄青一道，亦服于全忠。"也就是说，当时大多数人已将王师范视为朱温阵营中的一员。因此，李茂贞在诏书中罢王师范的官，这很正常。如果他再自相矛盾地发出另一份诏书，让"朱温同党王师范"去讨伐朱温，才有点儿奇怪吧？

让我们再假设：李茂贞、韩全诲真的发了一道诏书送到平卢，而且王师范与众不同，忠义无双，大公无私，视死如归，愿为正义付出一切。但这种假设又会引出第三个疑问：仅仅为了忠义，就应该讨伐朱温吗？

由前文可知，此时在李晔的心中，朱温绝对比李茂贞看起来更像个忠臣，包括此次事件，也是李茂贞、韩全诲先绑架了天子才挑起来的。当初李茂贞、王行瑜受到李克用讨伐，还没这次这么严重。如果大家都公认李克用当时的行为是勤王赴义，那凭什么说朱温干同样的事就是胁迫天子呢？

天下谁不知道，李茂贞干预朝政、胁迫天子，早已劣迹斑斑？在朱温真正把李晔弄到手心之前，除非王师范是从后世穿越的，读过《新唐书》《旧唐书》或《新五代史》《旧五代史》，否则你怎么能肯定他不会是第二个勤王的李克用呢？

在王师范之前，只有李克用、杨行密、王建三大强藩对李茂贞版的圣旨做出过反应，中、小藩镇一个出手的都没有（保大李茂勋之类，本来就是李茂贞集团的一部分，非独立势力）。

而且，李克用与杨行密之所以动手，绝不是因为他们相信圣旨的内容出自天子的本意，而是因为他们本来就结成了反朱温同盟，朱温的强大直接威胁着他们的切身利益。一时还受不到朱温威胁的王建，更是别有用心，把圣旨当成利己的道具。总之，每一个智商正常的藩镇节帅，都不应该这么容易就受骗上当。

还是让我们从平卢和王师范的来龙去脉中寻找答案吧！

在大唐的诸多藩镇中，平卢是资格最老且有过辉煌历史的百年老店之一。早在玄宗开元年间，它就出现了，属于"天宝十节度"之一。不过，当时的平卢总部设在营州（今辽宁朝阳），位于大唐的东北边陲，也就是十六国时代慕容部兴起的地方，与后来的平卢镇辖区毫无重叠之处。

大名鼎鼎的安禄山在造反前，职务就是范阳（后来的卢龙）、平卢、河东三镇节度使。不过，有职务是一回事，实际的支配力是另一回事，所以安禄山造反后，多数平卢军人不愿从他反唐，而是发动兵变，反正归唐。

不久，在安禄山派出大军的强力攻击下，孤立无援的平卢军民二万余人，在首领侯希逸的率领下，放弃原驻地南撤，乘船渡过渤海海峡，集体搬家到山东半岛。唐廷为表彰他们的忠义，遂在山东设置淄青镇以安置平卢军。不过，因为人还是平卢的人，大家更习惯使用平卢这个老名称。

代宗永泰年间，出身高句丽移民后裔的将领李正己，发动兵变，驱逐了自己的表哥侯希逸，平卢从此走上割据自雄的道路。通过种种阴谋与武力手段，李正己将平卢的辖区扩大到十五个州（淄、青、齐、海、登、莱、沂、密、德、棣、曹、濮、徐、兖、郓），相当于今天的山东全省，另加河南、河北、江苏各一小块，由此成为大唐当时第一强藩，并将这一冠军地位保持了四十多年，传了四代（李正己，子李纳，孙李师古、李师道）。直到元和年间，宪宗锐意削藩，动员诸道之兵共讨平卢，李师道在屡败后为部下所杀。

为避免过于强大的平卢重新割据，唐廷在收回平卢之后，对它动了大手术，割郓、濮、曹三州设天平镇，割兖、密、沂、海四州设兖海镇（后来的泰宁），割徐州归武宁（后来的感化），割棣州归横海（后来的义昌）。

这次拆分对平卢镇打击巨大，其地缩小为原来的三分之一，赖以割据的地方军人集团也受到重创，从此，它再也成不了强藩，虽然一度比魏博、成德甚至卢龙都要强大，但连"河朔三镇"的名单都没能挤进去。直到黄巢起事将天下搅乱之前，平卢节度使都是由朝廷任命的。

中和二年（882），平卢大将王敬武乘着天下大乱，发动兵变，驱逐节度使安师儒，平卢重新进入割据状态。不过，在强手如林的唐末军阀中，王敬武属于本事不太大，运气还算不坏，几乎没有机会上新闻头版的那一类。他在前文唯一一次出场，是朱温派朱珍到他的地盘上征兵，他出兵阻拦，结果让朱珍带着兵甲不全的新兵狠扁了一顿，从此只好低声下气。

大概也是因为这一战的结果让朱温认为平卢军不堪一击，对自己的威胁极小，所以他虽然将王敬武身边的朱瑄、朱瑾、时溥都吞了，却一直没有动平卢。

龙纪元年（889），王敬武病逝，他的儿子，也就是咱们这一章节的临时主角王师范才十六岁，平卢军中很多实力派都看不起这个半大孩子，想取而代之。棣州（今山东惠民东南，此时已重新归并平卢）刺史张蟾首先表示不服，并特意上疏，表示愿意服从朝廷。那时昭宗李晔刚刚登基，还处在削平藩镇、中兴大唐的幻想之中，他认为这是一个好机会，立即表示不承认王师范对平卢的继承权，任命太子少师兼侍中崔安潜为平卢节度使。

张蟾马上将崔安潜接到棣州，拉到了朝廷这面大旗作虎皮，让平卢内部反王师范的一派势力声势大振。

少年王师范对待这份肯定出自李晔本意的圣旨，远远不像后来对待那道李茂贞版圣旨时那么恭顺，他公然拒绝接受，并且派"指挥使卢弘（有的史书记为卢宏）统率军马，进攻朝廷大员已经进驻的棣州，连投鼠忌器的感觉都没有。

没想到，卢弘也生出了异心，兵权到手后，他不但不进攻棣州，反而与同事张蟾、朝廷大员崔安潜接上了关系，表示接受朝廷的指挥，反身杀回青州。

王师范得知卢弘也造了他的反，急忙派出使者前去见卢弘，一面送上大笔的贿赂，一面在信中可怜兮兮地哀求说："我只是因为先父得到众人的推举，居于今天的位置，这并非我的本意。您也知道，我年纪幼小，什么事也干不好，卢公您如果还记着与先父的情义，不让王家断绝后嗣，那就是您的大仁大义了。如果您认为我不适合继续在位，那我也情愿让位，把军府的事都交给您来主持，只求您不要杀我，让我能为先人守灵就行了。"

卢弘一见此信，不由大喜，没想到平卢的大权这么容易就能落到自己手里，决定马上进城接收权力。至于朝廷来的崔侍中嘛，就让他等着吧，让别人当节度使，哪有自己当节度使舒服？什么，会不会有诈？怎么可能呢！一个孩子，在危急关头怕死，这不是最正常不过的吗？

卢弘没有想到，把使者送出城之后，那个在他看来胆小怕死的孩子，秘密叫来一个叫刘郡（xún）的小军官，吩咐说："你如果能帮我干掉卢弘，我就提拔你当大将！"

刘郡，祖籍密州安丘县（今山东安丘），出身一个地方小官僚之家。祖父刘绶是密州一个统计户口的小官员，父亲刘融稍有进步，当过安丘县令。不过，他们死后都"大富大贵"，刘绶被追赠左散骑常侍，刘融被追赠工部尚书。大家应该想到了，因为刘郡后来发达了。

据史书，刘郡自幼胸怀大志，好论兵法，喜读史传，其人又非常聪明，颇能融会贯通，非赵括那类死读书的尖子生。日后刘郡果然成长为一代名将，其用兵好设奇谋，善于用出其不意来取胜，有"一步百计"之美誉，是唐末五代时可与淮南李神福并称的智将，只可惜运气似乎要差一点儿。而王师范年纪轻轻，便能慧眼识才，将他提拔出来，委以重任，也算不简单了。

很明显，要论玩心眼，卢弘对王师范都是完败，更不用说对刘郭了。结果，他兴冲冲地进城自投罗网，然后就在自己的座席上，干净利落地被刘郭取了脑袋。

杀掉卢弘及其几个心腹，王师范疾驰出城至城外军营，宣布了卢弘的罪状，展示其首级，同时发下重誓，保证不株连他人，又给士兵个个重赏。就这样，王师范用超出其年龄的老辣，玩了一手漂亮的恩威并施，成功赢得了大多数平卢士卒对他的效忠。

随后，王师范以刘郭为副手，亲自统率这支军队回头再进攻棣州，一举克城，生擒张蟾并将他斩首。李晔派来的平卢节度使崔安潜当然再也没有上任的可能性，悄悄逃走。王师范也不想彻底和朝廷撕破面子，装作没看见，放他逃回长安。不久，李晔承认失败，撤销对崔安潜的任命，同意王师范继任平卢节度使。

坐稳了平卢节度使的位子，王师范便收回了他在保卫自己继承权时那副强硬和咄咄逼人的面孔，变得温和爱民，执法严明，颇有谦谦君子之风。他还非常好学，是一位大藏书家，收集的书籍过万卷。

一次，王师范的一个舅舅在醉酒后闹事，犯下了人命案子。王师范得知后，准备了一大笔钱，向死者家属赔礼道歉，问能不能私了。死者家属不干，一定要王师范给他们个公道，于是，王师范叹道："我不敢徇私乱法！"他当即命舅舅给死者偿命。

王师范的母亲认为儿子是节度使，兄弟杀个平民有什么大不了，对这样的结果毫无心理准备，因而大怒。王师范来给母亲请安赔罪，她关起门来，整整三年不同儿子见面。可王师范是个孝子，坚持每天都来请安，甚至一天来三四次，进不了门就在中庭对着母亲的居处下拜，无论寒暑，从不懈怠。

除了表现自己的公正与孝顺，王师范还常常会做些标新立异的举动。

比如，每次有新的益都（平卢总部青州治所在县）县令上任，王师范总要带着仪仗卫队前往县衙拜谒。小小的县令见到顶头上司的顶头上司，当然要吓得侍立一旁，王师范就一面命令左右将县令强按在大堂的主座上，一面自称"百姓王师范"在庭院中下拜。这么一来，连王师范的手下也觉得太过分了，究竟谁大谁小啊？主公您可管着二十四个县令！但王师范不以为然，说："我家本出于民，恭敬父母官，就是要教育子孙不可忘本。"

在下不知道该怎么评价王师范的这种表演。依法杀舅还让人佩服，但向并非有特殊功绩的部下的部下下拜，就做作了。

幕后之谜

大致可以为王师范这个人做出几点小结。

第一，王师范非常聪明，在少年时已显示出超过常人的勇气与才智。否则，在缺少河朔传统的平卢，依河朔惯例子承父业，不是一件容易的事。十六岁的王师范，在自身威望不著，手下人心不服，朝廷不承认，以至部下打着朝廷名义反叛的多重困难处境下，施展诈术，迅速清除各种反对力量，夺过并稳掌了大权，其难度明显要高过后世与他同岁的玄烨除鳌拜。

第二，王师范其人确实比较有正义感和忠义观念，也有一些理想主义的倾向，但一出道就与天子诏书对着干的事实，也证明了他的理想主义并没有超过他的理性。他绝不是"君要臣死，臣不得不死"的愚忠。

第三，王师范喜欢在人前做戏，喜欢扮演道德楷模，他说的不少话，非发自内心的肺腑之言，目的只是塑造自己贤良方正的忠臣义士形象。

平卢曾经强大，但早已风光不再，王师范拥有的实力已完全不可能单独抗衡朱温。结合以上三点，一个非常聪明，也不是愚忠，并且喜欢作秀的平卢节度使，有可能为了一道破绽百出的圣旨和经不起推敲的"忠义"，就押上一切，去参与一次几乎必败的赌局吗？

在下以为，只能有一个解释：按王师范的计划，平卢绝不是单独与朱温翻脸，他一定事先在幕后至少得到了一个强大势力的暗中支持与怂恿

（只有名气、没有实力的张濬担当不了这个角色），认为一旦开战，将形成对朱温的强大统一战线，自己承担的大概只是次要责任。只不过，王师范可能被一个比他更聪明的人忽悠了，后来的局势并没有按他设想的发展。

那么，谁会是那只隐藏在幕后的大手呢？年代久远，又事关机密，很难在史料中找到直接的证据，只好使用排除法来进行一番推测。

在下认为，虽然史书上说，王师范是在看到李茂贞、韩全诲从凤翔发出的诏书与张濬的来信后才决定动手的，他起兵时也是打着援救凤翔城中的皇帝的旗号，但李茂贞其实是第一个可以排除的嫌疑人。

这是因为：一、王师范起兵时，李茂贞已经被打残了，根本无力为平卢提供任何安全保障；二、从凤翔到平卢路途遥远，隔着庞大的朱温辖区，彼此要联系协调，极为不便；三、从发给杨行密的诏书看，李茂贞根本就没想到王师范是他可以争取的力量，他与王师范之间很可能毫无来往。

去掉李茂贞，此时有能力在一定程度上对抗朱温的，只剩三位：蜀中王建、河东李克用、淮南杨行密。

这三位都是老熟人了，想来朋友们对他们各自的崛起之路及处事风格都有了一定程度的了解，就先以三人的性格为线索开始探索吧！

这三位老大中，谁最言而无信，最喜欢放人鸽子？答案应该是一致的：王建。放眼唐末的所有大军阀，在脸厚心黑，撕盟约如撕手纸等方面的造诣，能与朱温一争高下者，只有王建了。那么，鼓动王师范起兵的人会是王建吗？

可惜，阻止这一假设成为事实的障碍太多，故这种可能性很小，基本上可以排除。

最直观的障碍与李茂贞的第一项、第二项理由相同：蜀中距离平卢，比李茂贞的凤翔距离平卢更加遥远，道路更加崎岖，联系更加困难。这同样降低了双方合作的可能性。假如王建与王师范确有秘密盟约，那么，平卢有难之时，远在巴蜀的王建即使忠于盟约，也极难为王师范提供有效援助。

还有一个更重要的主观因素：王建缺少发动一次讨伐朱温战争的动机。这倒不是什么惺惺相惜，而是王建似乎已经满足于自己取得的成就，对主动去招惹是非的兴趣不大。

证据，就发生在王师范起兵的五个月之前。天复二年（902）八月（武勇都之乱暴发的同月）底，刚刚率军北伐李茂贞，拿下兴元，就任山南西道节度使的蜀军头号战将王宗涤（华洪），突然被王建召回成都，随后被立即处决。

就唐末而言，王宗涤并不是第一个被主君杀死的名将，在他之前有李存孝，有朱珍，之后有氏叔琮。但李存孝谋反在先，本就犯下死罪；朱珍是露出了跋扈的苗头，擅杀大将，让老大感到不安；氏叔琮则是代人受过，替老大背骂名。不管合不合理，他们被杀都有说得过去的罪名，唯独王宗涤之死是纯粹的冤杀。

王宗涤有勇有谋，深得军心，但他为人小心谨慎，与杨行密集团的田頵可谓走两个极端。当初王建平定东川，他因为功居第一，被王建任命为东川节度使，成为王建集团中位高权重的二号人物，自己就感到了极度的不安。于是，王宗涤上任不久，就提出东川地盘太大，请求划出五个州，另外成立一镇，以便主动削弱自己的实力。这样还不算，在东川任上干了三年，王宗涤又主动提出自己身体不好，请求解除职务。王建应允，给他加了一个同平章事的名誉宰相衔，召回到成都，稍后又命他统军北伐李茂贞。再后来，他就被毫无理由地杀掉了。

王建为什么要杀自己最能干的部下呢？据说，王建在成都重修节度使衙门，为图喜庆，给衙门表面刷了一道漂亮的朱漆，不知怎么的，民间就给这幢建筑取了个绰号——"画红楼"。画红，与王宗涤的原名"华洪"谐音，这让王建产生了不好的联想：我的衙门怎么会成了"华洪楼"呢？王建担心这是谶语，将来会应验，故决心将这个潜在危险除掉。

不过，更重要的原因，可能还是王宗涤在知道自己必死时说的那句话："三蜀（东川、西川、山南西道）已大致平定，大王要听信谗言来杀功臣，正是时候！"这就是当初越王勾践杀文种的理由。狡兔已死，走狗当烹。不然，王建为何选择刚刚拿下兴元就动手？

巴蜀是古代汉文明核心区域中特点鲜明的一块。它的四周天险重重，一旦占据三川，这种环境就能提供足够的安全保障（不像朱温的宣武那种四战之地，除非一统北方，否则始终谈不上安全）。它又足够富庶，关起门的小日子也能过得比较滋润。这两点共同作用，使古代割据于蜀地的政权，除了背负兴复汉室理念的蜀汉，其他的都缺乏向外发展的进取心。

王建显然也不例外。更明显的证据发生在一年后，王建乘成汭败亡之机，取得荆南地盘的大部分，但随后王建集团研究认为，瞿塘峡是蜀地东面门户，瞿塘以东的土地不便防守，便主动放弃了已经到手的归、峡二州。

总之，王建如果遇上进取中原的好机会，相信他还是会动手的，但如果要自己费力谋划去创造那样的机会，那他已经没有那个动力了。

既然从人格角度推测出的结果不那么可靠，不妨换一个视角，看看谁最有挑动王师范起事的动机。

如果让王师范起兵的目的就是打倒朱温，那么，最痛恨朱温的李克用似乎嫌疑最大。

事实上，王师范在起兵当月便遣使秘密前往太原，进见了李克用，向他详细告知自己袭击朱温的战况。以此看来，李克用很可能与王师范早有联系，十有八九是知情人。听到朱温受攻击的消息，李克用当然也很高兴，马上回信，高度赞扬了王师范的见义勇为。

据说在张承业的劝告下，李克用也决定再次出兵南下，进攻朱温。然而，李克用这次出兵，可能是自他出道以来最敷衍了事的一回。一支主将不详，兵力也不详的晋军，南下进攻晋州（今山西临汾），还没有到达，因听说朱温已制服李茂贞，李晔已离开凤翔返回长安，就班师了。一仗没打，只搞了一次短距离的游行。已经起兵的王师范怎么办？他们完全没有考虑。

当然，李克用此时还处在大败之后的恢复期，力不从心也情有可原，但如果李克用是策动王师范的主谋，他这样做不是白白浪费了王师范这支奇兵，与打倒宿敌朱温的目的背道而驰吗？

另外，有些细节，也与李克用是主谋的假设有冲突。史书上说，王师范起兵的两大动因，是李茂贞版的天子诏书和张濬的书信。其中，李茂贞版的诏书在下怀疑有伪造的嫌疑，理由见前述。李克用是个缺少城府的直肠子，伪造诏书之类的事估计他干不了。而张濬与李克用结仇甚深，李克用要低下头来说服张濬冒着掉脑袋的风险写那封信，估计难度也不小。综合上述，在下估计，李克用在鼓动王师范起兵这件事上，有可能是知情人，事先也可能存在某种程度的秘密协议，但他不是主谋。

那么，主谋会是谁呢？好像已经没有别的选项，只剩下淮南杨行密。

仔细一找，很容易发现有很多间接证据指向杨行密。

一、杨行密与王师范之间，拥有除朱温外，所有强藩中最便利的联系条件，淮南与平卢相距较近，而且如通过海路交往，朱温的人几乎无法拦截。凭借这一便利，杨行密要事先察觉王师范可以争取也比其他强藩更容易些。

二、在王师范起兵后，杨行密是给过平卢实质性援助的唯一强藩，一些史料也记载双方曾缔结了盟约。

三、张濬的儿子李俨正在淮南，通过这一层关系，杨行密要弄一封张濬的书信，比李克用方便得多。

四、李俨是带着让杨行密便宜行事的诏书来到淮南的，他与杨行密联手伪造一份给王师范的诏书的可能性是存在的。

五、杨行密与李克用原先就存在反朱温的同盟关系，彼此间一直有联系，有杨行密穿针引线，可以让王师范感到有吴王和晋王这两大强藩站在自己一边，实力不见得比朱温弱，那起兵的合理性就高得多了。

但可能有朋友要提出反驳了：在王师范起兵后，杨行密虽对他有支持，但力度太小，那你刚才论证李克用不会是主谋的一大理由不也同样成立——"白白浪费了王师范这支奇兵，与打倒宿敌朱温的目的背道而驰"，这不是自相矛盾吗？

是的，这也曾是让在下迷惑的地方，但在下后来想到另外一些问题：此时杨行密与李克用最大的不同点在什么地方？如果杨行密是主谋，那他也许醉翁之意不在酒，其目的根本就不是打倒朱温呢？顺着这条思路，在下发现此时一些难以理解的事件似乎都能找到合乎逻辑的解释，一些初看起来似乎毫不相关的事件，也许同时在服务于一个庞大的计划……

在开始下一章之前，在下声明一下：接下来的内容是在下以零星史料为依据提出的假说，它可能比传统的记载更接近事实，也可能是更远离，仅供参考，如能抛砖引玉，则不胜荣幸。

淮南内忧

在下要说的故事，也许可以从天复三年的某个月（二月之后，但具体时间不详），一位大才子求见朱温讲起。

话说在晚唐诗坛，有一位与"诗圣"杜甫并称，号称"小杜"的大诗人杜牧，他有一个小儿子，名叫杜荀鹤。可能因为文学基因比较优良，杜荀鹤也很善于作诗，其文辞切理，颇有其父杜牧之遗风，在当时的文坛很有声誉。

大顺二年（891），杜荀鹤应进士举，以第八名及第。正好有个叫张曙的人与杜荀鹤一同去赶考，也得高中。两人都比较自负，文人相轻，便相互打趣。张曙说："杜十四你是多么幸运啊，竟然能与张五十郎同年！"杜荀鹤答道："哪里哪里，我看还是张五十郎更幸运，竟然能与杜荀鹤同年！"真是一个比一个傲。

不过，如果因为看到这句似曾相识的话，而以为杜荀鹤是罗隐第二，那就大错特错了。杜十四的傲骨只是针对同行的，一旦碰上权大势大的人物，那一身骨骼，马上就能由百炼钢化为绕指柔。

就比如这一次进见朱温，正好碰上出着太阳下雨的天气，杜荀鹤顿时文思如泉涌，当即写下大作《梁王坐上赋无云雨》："同是乾坤事不同，雨丝飞洒日轮中。若教阴朗长相似，争表梁王造化功。"（朱温在天复三年二月以迎驾还都之功由东平王晋为梁王。）

当然了，如果杜荀鹤见朱温这一面，就为了溜一溜须，拍一拍马屁，还真没什么值得一提的。之所以要提一下这件事，是因为杜荀鹤此时还有一个重要身份：他是田頵的首席谋士。

▲ 903 年初，危机四伏的杨行密集团

这次，杜荀鹤受田頵之命，悄悄离开宣州，并不是直奔汴州来的，他还去过一趟寿州（今安徽寿县），那里是淮南著名的猛将，杨行密的小舅子，黑云都指挥使朱延寿的驻地。

据说在此前不久，杨行密与众人开了次玩笑，拿自己这位小舅子开涮，让朱延寿感觉大大地丢了面子。朱延寿可是出了名的坏脾气，果于杀戮，点火就着。有时杨行密既想杀掉某些罪犯，又想保持自己为人大度的良好形象，就常常先表面赦免，然后巧妙设局，让朱延寿下手，替自己背黑锅。这一来二去，朱延寿认为自己对于姐夫实在仁至义尽了，劳苦功高，还负责挡脏水。咱都做到这份儿上了，你凭什么还讥讽我？真是太不地道了！

这事不知怎么让田頵知道了，田頵便派心腹杜荀鹤来到寿州，运用三寸不烂之舌，竟成功地将朱延寿拉进了由田頵与安仁义组成的造反预备阵营。朱延寿当即表示："公有所欲为者，愿为公执鞭。"

然后，杜荀鹤才来进见朱温，显然，他的主要任务不是来作诗，而是向朱温报告田、安阵营在反杨行密秘密计划中取得的最新进展，以及请求朱温在即将爆发的淮南内战中予以支援。

鉴于杜荀鹤在田頵手下的重要地位，以及田頵原本是杨行密部下的这一事实，在下认为他不可能是田頵派来见朱温的第一拨使节，之前肯定派过地位低一些的使节先进行了试探性接触，确认了大家是有共同语言的，才会进行下一步更深入的谈判。

古代由于交通与通信手段的落后，为防止突发事件，一把手可以带着重兵远征或巡游，但无法带重兵出访，因此发生真正首脑会晤的可能性很小。田頵派出杜荀鹤，差不多已经可以视作当时的最高规格了。

田頵这些外交努力的起始时间，在下认为最迟不超过天复二年十二月初。那时，武勇都之乱刚结束，确定自己与杨行密必将翻脸的田頵，为弥补自身实力的不足，已经开始与朱温暗通款曲，同时在同属杨行密部下的老同事中，寻找同盟伙伴。

那么，杨行密究竟知不知情呢？在下想，即使杨行密什么证据也没有抓到，就凭他在群雄逐鹿的大棋盘中纵横捭阖二十余年，在派使节强迫田頵从杭州撤军时，就应该猜到这是一个必然的结果吧？

在两浙第一次武勇都之乱后，田頵与杨行密这对曾经的生死兄弟完全撕破了脸，田頵要造反，已经不是会不会发生的问题，而是在何时、何地，以何种形式起事的问题。

众所周知，一颗炸弹在其当量一定的前提下，所造成的破坏大小，取决于它被引爆的时间和地点。所以，如何在对自己最有利的时刻，引爆田頵这颗炸弹，便成为朱温与杨行密在这一阶段博弈的中心命题。

对朱温最好，或者说对杨行密最糟的情况，就是在朱温其他方面没有大的战事；将大军调至淮南时，田頵、安仁义等突然起兵。那么杨行密面临的处境，将比武勇都之乱时的钱镠更加恶劣。毕竟钱镠有难，还可以请杨行密牵制田頵，杨行密如果落到同样的困境，能请谁来制衡朱温？那样一来，淮南集团的灭顶之灾，也许就难以避免了！

更让杨行密不安的是，从天复二年底的天下大势来看，对朱温有利的引爆点似乎即将到来。杨行密最大的盟友李克用，遭受多次重创之后，短期内只能收兵自保，甚至面对刘仁恭上蹿下跳的挑衅，都采取了忍让的态度，更别说出师与朱温争锋了。王建更不用说，根本不靠谱。而李茂贞屡败之下，无论是军力还是财力，都已濒临绝境，他已经不可能再与朱温长期对抗。

事实上，朱温如果此时有意，再努一把力，一劳永逸地灭掉李茂贞也不是办不到的事，但他似乎将天子夺到手就行了，汴军对凤翔的攻击行动已经基本停止。天复三年正月二日，李晔派使节出城至汴营，调解朱温与李茂贞之间的矛盾。正月四日（注意这个时间点，此时朱温尚未得知王师范的行动），李茂贞的使节郭启期出城，正式代表李茂贞与朱温缔结和解盟约。

之前李茂贞借李晔之手，给朱温下过无数道诏书，朱温的态度都是不予理睬，现在怎么会变得这么好说话呢？无疑，朱温是个极狡猾的人，他现在这么急于从凤翔收手，其内心的算计，会与淮南的最新变化毫无关系吗？

那么，杨行密要怎样规避这一个迫在眉睫的巨大危险呢？简单来说，如果你有不止一个敌人，而且这些敌人的力量之和远远超过你，那你就应该尽最大可能避免与多个敌人同时开打。

自然，被杨行密选择用来拴住朱温手脚的势力，就是王师范。王师范有一定的能力，手下还有刘鄩这样的良将，虽然比朱温弱很多，但至少不会马上被朱温打垮，能起到牵制朱温的作用。

王师范与朱温之间，似乎早已存在矛盾，且其人有君子之风，喜欢以忠义自居，有被利用的现实可能性。

关于前者，据一些零星的不连贯的史料记载，王师范的下属州县似乎发生过一次叛乱，倒向朱温，杨行密曾予以援助，对他有过恩惠。以恩公的身份，当然要好说话一些，但仅凭这点，肯定还不足以让一位聪明理性的年轻人去为自己抛头颅洒热血。

一般说来，一个成功的政治家要让别人为自己的利益去赴汤蹈火，多数时候可不能靠实话实说，而是要将真实的目的包装在一个冠冕堂皇的虚幻的目标里。

于是，为了让王师范站出来挑战朱温，从而达成一个自己不能直接说出口的绝密谋划，杨行密最大限度地运用了自己的政治资本，施展出多种手段。

首先，要弄一道天子诏书。如果只考虑当事人的动机，这一条应该比较容易做到，天子在李茂贞手中时，只要是以对付朱温为主旨的提案，圣旨要多少有多少，而且全是原装正版。但李茂贞不是仗打得很不顺，已经被围死在凤翔城中了吗？当时又没有电话，没有电报，更没有互联网，为避免夜长梦多，贻误时机，仿照手中的诏书制作一份山寨版也是有可能的。

光有天子的圣旨当然也是不够的，否则李茂贞早就该集结起庞大的"勤王"联军了。如今这年月，诏书贬值已久，对王建、刘仁恭之类寡廉鲜耻之辈已等同于手纸，就算对于王师范这种标榜忠义的藩镇节帅，其效能也不宜高估。

但杨行密毕竟比李茂贞高明多了，手法不会那么简单，他的第二招同时使出：利用李俨的关系，秘密与退休在家的张濬接上头，让老宰相写封密信，劝王师范起兵。

此前张濬留给世人的印象一直是朱温在朝中的同党，缺少自知之明，擅长见风使舵。因为交情深厚，朱温最近的几次军事行动都特地请张濬同行，连给自己的名义舅父王重荣重新立碑都是请张濬撰写的碑文。

可谁知道，也许正因为接触的机会太多，张濬早早看清了朱温的奸雄本质，知他绝对不可能忠于皇室。

张濬此人，虽然已经在史书上留下了很多缺点，但作为深受国恩的一介文臣，一生的功名荣辱都系于李唐皇朝，他对李家天子还是有忠义之心的。现在，他终于有机会展示他的另一面了。

有朱温的老朋友现身说法，指出朱温的奸恶，对于王师范这种道德观念比较强的人而言，说服力就比李茂贞"作坊"里制作的圣旨要强得多。

不过，还有比张濬书信更重要的东西。杨行密向王师范提供情报，暗示目前的大好形势：朱温野战部队的主力大部分正集结于关中对付李茂贞，小部分驻于晋州（氏叔琮部）、邢州（葛从周部）等地防御李克用，中原腹地兵力空虚（这大部分是真的）。他顺便展示一下杨行密—李克用联盟的强大实力和反朱的坚定决心（这也是真的），并且即将有大的行动（这就是看得见摸不着的水中月了）。

问题是，王师范会相信吗？如果是王建、刘仁恭这类损友说出来的，王师范恐怕不敢信，因为他们的信誉太差了。但这些话是唐末诸强藩中最有忠厚长者之名的杨行密（《武勇都之乱》一节中，做过杨军俘虏的顾全武，竟然直接向钱镠称赞敌方首领杨行密行事光明磊落，是真正的大丈夫）说的，再加上李克用的信誉也不错，有这两位担保，那还有什么可担心的呢？

只是，王师范还是没有看透一点：对于打天下的人来说，诚信终究只是一种手段，并非目的。如果客观形势有需要，他们是不会为了诚信而诚信的。

奇袭十三州

就这样，围绕着让王师范讨伐朱温这个大目标，杨行密把该考虑的都考虑到了。诏书提供了行动合法性，让平卢军师出有名；张濬的书信提供了行动的合理性，颇能打动在王师范心中分量很重的正义感；杨行密串联李克用表达的加盟意向，又为这个行动提供了可行性，使它看起来不那么像自杀。

于是，兼有理性与理想主义的王师范被说服了，他决心拯救大唐，弘扬忠义，在杨行密最需要的时候（而不是大唐天子或李茂贞最需要的时候，虽然这一点王师范未必完全清楚），毅然出手，向自己曾经拜过码头的强大的汴梁朱温，发起挑战。

天复三年正月初四（朱温与李茂贞缔结和解盟约的同一天）凌晨，一支五百人的平卢军小部队，在王师范最能干的部将刘鄩的率领下，正乘着夜色的掩护，无声无息地来到黝黑高大的兖州城墙下。

刘鄩已经事先派人化装成油贩踩过点，他们非常准确地找到了城中用于排污的隐秘水门，从这里钻了进去，经下水道进入城内。接下来，这支精锐的小部队乘着大部分毫无防备的守军还在梦乡畅游，以极高的效率控制了城内的节度使衙门（兖州是泰宁镇总部所在地）及四面城门，进而兵不血刃地占领了全城。

话说这兖州城理论上的守将，可是朱温任命的泰宁节度使葛从周，那位人称"无事莫挑拨"的"山东一条葛"，一生战功累累，威名赫赫，这次怎么会这样容易地让刘鄩"挑拨"了，还把重镇丢得这么麻利呢？

原来，虽然葛从周与王师范的职务名称一样，但两者的职务性质大不相同。葛从周即使当上节度使，本质上也只是朱温的部将，并未成为真正的一方诸侯。朱温在哪里需要他，葛从周就得像螺丝钉一样地钉到哪里。像兖州这种安全的大后方（此前多数人包括朱温都是这样认为的），不是你葛从周应该待的地方。这不，他现在正率军驻扎于邢州，监视与防备李克用，根本就不在泰宁镇的地界上。

葛从周不在的结果，就是让刘鄩打了这一次极漂亮的袭城战，等到天明时分，兖州城中的居民起床开始新一天的劳作时，大多数人还没有发现他们的城市已经易主了。

葛从周的老母和妻儿当然不属于这大多数，他们住在节度使府衙中，天未明时就被平卢军俘虏，度过了惊慌恐惧的一晚。但当他们见到这群敌人的主将刘鄩时，又感到了意外的惊喜：来的这位将军彬彬有礼，在面见葛从周的老母时，甚至下拜叩头，如同见到自己的母亲一样。刘鄩还给葛从周的妻儿另外安排了住处，吩咐士兵不得打扰，待遇从优。葛从周的其他亲属，以及城中的绝大部分居民，原来干什么的，现在还干什么，一切照旧，就像没有发生过战争。

刘鄩第一次担任主将，做到了真正的秋毫无犯，在这暴虐乱世之中初显难能可贵的仁将之风。

王师范的袭击目标远不止一个兖州。另一员平卢将领张居厚，在刘鄩得手的同一天，也率领一支二百人的精锐小分队，化装成商贩，推着小车，来到支持朱温一方的大唐临时朝廷所在地华州。显然，如果他们能把这个地方拿下，将给华州版的朝廷来个一锅端，那对朱温政治合法性的打击力度，无疑将大大超过刘鄩攻陷兖州。

不过，接下来城门口发生的事，让平卢军的美好设想永远成了幻想。曾在长安保卫过崔胤等朝廷公卿的朱温部将，现任华州代理长官（知州事）娄敬思见这群商贩个个虎背熊腰，一点儿也不像生意人的样子，便勒令他们停车接受检查。

张居厚一行人的车上，装的可都是武器之类的违禁品，哪能老老实实让汴军查看？于是，他们突然发难，当场格杀娄敬思，然后大声地叫喊着，冲进城中。这样一来，张居厚虽然斩杀了汴军一将，可奇袭的效果也就大打折扣了。

城中的最高长官，华州朝廷首脑崔胤只好站出来，当一只被赶上架的鸭子，临时指挥城中的部队抵抗。虽然打仗对崔相国来说，专业有些不对口，但张居厚的奇袭部队的人数毕竟太少了。一番苦斗之后他们被崔胤指挥的华州守军赶出了城，被迫向南逃亡，在逃至商州时被追兵追上，全军覆没。

但这还远远不是全部，据史书记载，除了刘鄩和张居厚，王师范此前还派出了至少十一支精锐的特种攻击分队，他们或伪装成使者，或伪装成商贩，分别前往汴州、徐州、郓州（今山东东平）、齐州（今山东济南）、沂州（今山东临沂）、孟州（今河南孟州）、滑州（今河南滑县）、陕州（今河南三门峡）、虢州（今河南临宝）、洛阳、河中（今山西永济），在正月四日这一天同时发难，点向朱温集团的周身大穴。

在地图上对这些"穴位"进行一下简单分析，似乎可以将它们分成两类：齐、郓、兖、沂、徐五州为第一类，它们都在平卢周边，拿下它们可以扩大平卢的安全缓冲区，并与杨行密的地盘实现接壤；汴、滑、孟、陕、虢、洛阳、河中等属于第二类，它们都处在黄河或汴水、渭水边上，是朱温集团辖区内交通大动脉的主要节点，拿下一个，就能严重影响朱温军队的调动及后勤的供给。

不知道这个行动计划是王师范自己一拍脑袋想出来的，还是有其他什么人替他制订的，但不得不说，相对于介绍过的同时期任何一次军事行动，这个袭击计划实在是太超前，太标新立异。

在开战的第一时间内，同时对敌境内多个目标实施纵深打击，打乱其组织结构，使敌人陷于混乱，从而失去从容反击的能力，这样的战术完全不是古代战争的打法，反而很有现代闪击战的某些特征。

不过，这是否能证明，王师范（或他身边某位没留下姓名的参谋人员）是一位超越时代的大军事家呢？不好意思，依在下的愚见，战术运用一旦"先进"到脱离了时代赋予的客观条件，那它就不再高明，而变成一种愚蠢了。

用多支小股精锐突袭敌军关键性纵深据点，初看起来很像今天的特种空降部队，但我们知道，他们并不具备今天的通信与交通条件。他们一旦出动，彼此间基本上就无法联系了，更谈不上配合作战，实际上变成了一颗颗孤立无助的小沙粒。朱温的地盘可是一个州一个州打下来的，军队都是百战余生，虽说主力被调到关中，中原相对空虚，可要迅速集中一两万人也是易如反掌的事，岂是这些小沙粒就能撼动的？一句话，成功那是侥幸，失败才是正常。

事实也证明，剩下那至少十一支攻击小分队，不用说向刘郚看齐了，连张居厚那样的战果都没有得到，就全部输得干干净净，白白浪费了一大批军中骨干。

其实，就算他们侥幸成功，又能怎么样？被袭击的目标大多距离平卢非常遥远，即使得手，也不可能指望主力部队的后续支援（史料记载，王师范只向最近的齐州、兖州派出过后续部队），不可能支撑下去。

比方说，假如在 1944 年 6 月 6 日早上，天气突变，使在诺曼底的登陆行动被迫中止，那不用说，已经降落到德军腹地的 82 空降师与 101 空降师，不管他们表现得如何英勇顽强，也必然会成为美军战史上最惨的师级番号。

从以上的分析和实际作战结果来看，虽然刘郚表现比较优秀，使平卢军拿下了一个兖州，但这一白遮不住百丑，这仍然是一个蹩脚的半吊子计划，似乎是某位赵括型的纸上军事家闭门造车弄出来的。

不过在下也有些怀疑，真相也许还有另一种解释。如果这次袭击计划不为求胜，而是别有深意呢？

通过前文，我们知道，李茂贞即将服软的时候，最需要王师范起兵的人就是杨行密。那么，对杨行密而言，让平卢军在朱温的后背捅刀子，究竟要达到什么目的呢？一刀把朱温捅死？这当然是很理想的目标，不过那太不切实际了。

所以目标得定得现实一点儿：让王师范尽最大可能触怒朱温，迫使朱温为了天下第一强藩的面子，为了保持在各小藩镇面前发号施令的威信，暂时撇开其他对手，以全力压服平卢，从而为自己解决田頵、安仁义小集团赢得战机。

要让公牛发狂，那斗牛士手中的红布自然是越鲜明越好。这次袭击的据点包括朱温的大本营汴州，临时朝廷所在地华州，大唐的东都洛阳，以及朱温控制下的十九个藩镇（宣武、天平、泰宁、佑国、忠武、感化、保大、保塞、昭义、河中、静难、戎昭、保义、河阳、邢洺、宣义、镇国、匡国、奉国）中九个的总部所在地。虽然在多数地方的战果不怎么样，但这种超饱和攻击带来的骇人气势，已经能带给朱温足够的震惊和愤怒。

还有一点，大家可能容易忽视，就是这个计划具有不可逆的特性。平卢军要袭击的各个目标，与青州（今山东益都，平卢总部）的距离相差很大（青州到其中最近的齐州，直线距离约一百二十里，到最远的华州，直线距离约一千六百里，真实路程肯定要远得多）。显然，他们不可能是一齐出发的，必须分成多个批次隐秘出动，一旦离开平卢，他们就无法保持与总部的联系。

也就是说，当第一批突袭小队（可能就是张居厚那支）派出后，虽然那时距离行动正式开始的时间天复三年正月初四还有很久（估计不会少于一个月），但王师范已经无法更改计划了。假如他曾对自己的一时冲动感到后悔，或者后来对计划的可行性有怀疑，都不再有刹车可踩，只能一条道走到黑了。

综合以上两点，如果从杨行密的需要来看，这个奇袭计划完全达到了目的，是不折不扣的上上之选。

好了，在下觉得可以用一句话来做出总结：制订这个计划的人，如果不是没有脑子的话，那就一定是太有脑子了。

也不知道是因为过于紧张，还是不够自信，王师范在发起奇袭的同时，还做了一件画蛇添足的事。他派了一个信使去汴州，表面任务是重申一下平卢与宣武之间的传统友谊，表示对朱温"勤王"事业的支持，其实是借机窥探汴州的动静，看看朱温方面是否对自己的计划有所察觉。

可惜，王师范显然对情报工作不够重视，对特工人员的选拔标准定得实在是太低了。留守在汴州的宣武判官裴迪接见了平卢的信使。双方礼节性寒暄了几句，裴迪随口问起王师范最近在干什么，就发现这名叫苗公立的信使竟紧张得脸色大变，说话也变得前言不搭后语。

裴迪这个名字在本书中虽然是第一次出场，但他其实已经是朱温的老部下了。裴迪号称"为人明敏，善治财赋，精于簿书"，他长期留守汴州，主要工作有两项：一是负责管理钱粮收支，为朱温大军的四出征战提供补给；二是负责汴州的刑狱诉讼，审犯断案。

裴迪经验丰富，苗公立的不正常表现当然逃不出他的法眼。于是，裴迪屏去左右，使出平日审案的技巧，厉声讯问，还没等动大刑，苗公立就腿一软，什么都招了。

突然间得知王师范起兵的惊天爆料，裴迪大吃了一惊，军情紧急，如果按常规处理，先报告千里之外的朱温，请示方略再行事，则必误大事。只是裴迪不是司马懿，手里没兵，于是他迅速告知了刚刚回到汴州的朱友宁，请其便宜行事。朱友宁也当机立断，一面带上手头的一万人马，东巡兖、郓，一面迅速遣人通知邢州的葛从周，请他马上回师泰宁。

值得提一句的是，在《旧五代史·朱友宁传》中，有这么一句话："青帅王师范构乱，以关东诸镇兵悉在岐、陇，欲乘虚窃发，自齐、鲁至于华下，罗布奸党，皆诈以委输贡奉为名，阴与淮夷、并门结好。"

"淮夷"就是杨行密，"并门"就是李克用，可见裴迪和朱友宁对王师范起兵原因的判断，与在下的猜测基本一致：这是与杨行密和李克用协调过的行动，没有提到其他藩镇。只是这个判断的依据，是来自苗公立的供词，还是对其他情报的综合分析，今天就不得而知了。

朱温挟君

除此之外，还有其他情报也将幕后操纵者指向杨行密和李克用吗？事实上是有的，即使在一千多年后，也不是毫无迹象可寻，只是粗略看上去，它们的联系似乎不那么紧密而已。

按在下的推断，至迟不超过天复二年冬，杨行密（可能还有李克用）已经与王师范达成了协议：淮南、河东的军队将与平卢的奇袭部队在同一月发兵，掀起一场轰轰烈烈的反朱战争，不会让你们平卢军独挡大敌的。

如果推测属实，那也不是完全的忽悠，因为李克用与杨行密也确实都在天复三年的正月，对朱温及其盟友发起了军事行动，算是对王师范行动的配合。

李克用的行动前文简单说过，就是前往晋州方向武装巡游了一个来回，一仗没打。没开打的借口，说是听说皇帝已经离开凤翔，他们去晚了。但这算得上理由吗？天子被劫就不勤王啦，就把小盟友晾一边啦？就这样，王师范被以前一直很讲信用的李克用放了鸽子。

与之相比，杨行密的军事行动似乎更有诚意一点儿，至少吴军是真正开打了，不过他们同样剑走偏锋，没有冲着朱温去，而是冲着朱温的小盟友——武昌节度使杜洪，威风凛凛地亮起了刀子。自然，这样一刀子捅下去，朱温也不会太疼。他们也就不会喧宾夺主，把朱温的主要注意力吸引过来。

仅从刀子的刃口来看，还是比较锋利的：吴军主帅是昇州（今江苏南京）刺史，至今未尝败绩的江淮第一名将李神福，副手舒州（今安徽潜山）团练使刘存，是一员号称"骁悍，善用兵"的猛将。不过刀子并不太大，据《十国春秋》记载，约为一万人，全部是水师（怀疑其主力就是投降的冯弘铎所部），乘坐战船沿长江逆流而上。

另外，以李俨带来的李茂贞版圣旨为依据，杨行密还"合法"地代行天子职权，任命朱瑾为东南诸道行营副都统，统军作为李神福的后援。

杨行密想干什么呢？是为了呼应王师范的行动，还是另有图谋？在下觉得，这应该是杨行密在深思熟虑后下出的一着险棋，也可以说是一记妙手。其目的有三：一是兑现对小盟友王师范的承诺，不过这是最次要的原因；二是在试探朱温的应手，判断王师范起兵的效力；三是最重要的，他在引诱田頵谋反。

刘备有一段名言："今指与吾为水火者，曹操也。操以急，吾以宽；操以暴，吾以仁；操以谲，吾以忠；每与操反，事乃可成耳。"在唐末各强藩中，为人、个性与刘备最接近的杨行密，显然也是这样认为的。另外，杨行密在其集团内部的权威，不像朱温、李克用那么说一不二，很多"三十六英雄"的老兄弟只把他当成了带头大哥，而不是高高在上的主君。

因此，杨行密行事总以忠信、宽大示人，不为祸始，不先做对不起人的事，以赢得人心。假如需要除掉某人，也要设法让他先对不起自己，占领道德的制高点，如春秋时郑庄公姬寤生对付弟弟共叔段。

现在，朱温面临的老热点李茂贞问题还没解决，王师范创造的新热点又将朱温的关东诸军都吸引了过去，田頵如果在这个时候造反，他不可能得到朱温的有力支持。也就是说，在这个时候，引爆田頵这枚埋藏在卧榻之侧的定时炸弹，对杨行密的伤害最小。

问题是，在你希望鸟叫唤的时候，这鸟偏偏不叫，怎么办？

据说，日本战国的三杰织田信长、丰臣秀吉、德川家康有一次齐聚醍醐寺饮酒，就讨论过这个问题。信长的答案是：不叫的鸟就宰了它！秀吉的答案是：不叫可以逗它叫。家康的答案是：不叫可以等它叫。

在这三位中，家康成了最后的胜利者，他的忍功也因此备受后世推崇，但很显然，杨行密是不可能采用家康式方案的。不管是李茂贞还是王师范，他们都不可能始终有效地牵制朱温的主力，等朱温把那两位都解决了，田頵再起兵，会是什么结果？而且大家知道，田頵与朱温之间其实已经有了秘密联系，朱温肯定会和田頵打招呼，叫他少安毋躁，等待最佳时机。毫无疑问，朱温与田頵的最佳时机，肯定是杨行密的最差时机。

不过仔细想想，朱温的最佳时机其实也并不等于田頵的最佳时机。毕竟朱温的目的，是要利用杨行密与田頵鹬蚌相争，让自己渔翁得利，进而一举吞并淮南。而田頵的目的，则是要取杨大哥而代之，自立为淮南之主，可不是去为朱温作嫁衣裳。

这个差别为杨行密采用秀吉式方案"逗它叫"，提供了可能性。

在杨行密麾下的众将中，最能让田頵有所畏惧的人，无疑就是李神福。当初杨行密把李神福安置在昇州，安置在田頵与安仁义的中间，就是把他当成了安全阀，让田頵与安仁义不敢轻举妄动。现在杨行密有意命李神福西征，将他调离昇州，就是要给田、安二人一个最明显的暗示：千载难逢的良机到了。即使没有朱温帮忙，你们也有机会突袭扬州，夺取淮南了。

然而，田頵也不是这么容易上当的。李神福的水军逆流而上，看上去是挺费时间的，似乎也走了很远，但要一转身，顺流而下杀回来，所需时间就会短得多。于是，田頵忍住了眼前的诱惑，依旧引而不发，按兵不动。

　　这个棋子不动，大棋盘上的其他棋子却不会因此而停顿下来，棋局看起来正向着总体有利于朱温的方向发展。

　　正月初四，王师范对朱温发起大规模特种袭击，只取得了不到7.7%的成功，朱温的大部分控制区稳如泰山。数日后，得到急报的朱温迅速抽调部分军队东归，并正式命令由朱友宁统一指挥对王师范的作战，同时加快了与李茂贞的谈判，以期尽早从关中抽身。

　　正月二十二日，经过一轮紧张激烈的讨价还价，李茂贞在得到自身势力的安全保证，并让自己的一个儿子娶了李晔之女平原公主为妻之后，正式认输了，将名义皇帝兼资深人质李晔送出凤翔，送入城外汴军的大营，移交给朱温。

　　不过，"泼朱三"的演技高超，远非"火龙子"李茂贞可比，所以移交人质这一幕初看起来光明忠义，完全掩盖了它黑吃黑的实质。

　　只见大道旁，天下实力第一人朱温，穿上文官朝服，首次朝见了天下名义第一人李晔。远远望见天子，朱温立刻叩头下拜，哭得泣不成声，表现他对天子此番蒙尘的难过。可能到此仍然幻想朱温会是忠臣的李晔，大为感动，禁不住泪下沾衣，哽咽着赞道："大唐的宗庙社稷，都由爱卿奋力再造！朕与皇室宗亲，也都靠着爱卿的功绩才得以重生！"然后，他解下自己所佩的玉带，赐予朱温。休息片刻，皇帝一行人踏上返回长安的路，朱温单人匹马，为天子开道，作足了忠臣秀。

　　正月二十七日，李晔回到阔别了一年多的长安。从本质上看，这里的产权人已经变成了朱温，管理员则是朱温的侄儿，朱友宁的弟弟朱友伦。长安已不再是大唐朝廷最后的居所，只是朱温给他们暂住的出租屋。

　　天子已在掌握中，但朱温还要更进一步，痛打落水狗，清除朝中已不成气候的竞争对手。正月二十八日，朱温与崔胤一同登殿觐见李晔，借崔胤之口，要求尽诛天下宦官。面对这样强有力的要求，李晔当然只能盖章同意。

当天，大唐朝廷最后的数百名宦官被集体驱赶到内侍省，除了三十名年纪幼小、地位低微的小童得以幸存，其他人全部遭到杀害。稍后，朱温与崔胤的意志变成一道道圣旨，发往天下各藩镇，继续杀戮散落在各藩镇的监军宦官。最后，除了河东监军张承业、卢龙监军张居翰、西川监军鱼全禋，以及逃到扬州的清海监军程匡柔，已隐居青城山的严遵美等五人，因得到不甩强藩的李克用、杨行密、王建、刘仁恭四人的保护，幸免于难，各地的宦官全被杀光。

至此，掌控大唐朝廷一百多年的宦官集团完全覆灭，中国历史上的第二次大宦官时代终结。原先由宦官处理的宫中杂务改由宫女完成，原先由宦官指挥的不堪一击的中央禁军改由崔胤统率。

这当然不算完，二月一日，李晔被迫下旨，宣布所有在凤翔发布的与人事相关的诏书统统作废。以此为契机，继清除宦官之后，朱温开始飞扬跋扈地横行朝中，对群臣进行大清洗，将所有对自己不完全顺从的大臣一一清除，在最短时间内撕掉了自己描绘多年的忠良画皮。

二月三日，宰相（同平章事）陆扆因为为李茂贞说话，被免职，贬为沂王傅，发往洛阳。二月五日，工部侍郎兼同平章事苏检，与吏部侍郎卢光启被勒令自杀。二月六日，中书侍郎兼同平章事王溥被免职，贬为太子宾客。

短短几天，四位宰相一下子去掉了三人，只剩下一个崔胤。一人独相是不符合唐朝惯例的，李晔一时没有弄清楚自己的真实处境，打算乘着这个机会，任命在凤翔与自己患难与共，相知最深，也最信任的韩偓为相。韩偓是聪明人，知道这个宰相可不是好当的，为避嫌，他推辞了皇帝给他的任命，改向皇帝推荐守太保致仕赵崇与兵部侍郎王赞二人担任宰相。

李晔与韩偓似乎还没有意识到，他们此举已经极大地触犯了朱温与崔胤。你以为他们一口气拿下这么多宰相，是为了让天子安排自己中意的人吗？更何况在不久前的一次朝会上，韩偓没有像朝中多数大臣那样，对朱温溜须拍马，就已经让朱温很不爽了。

于是，朱温新账旧账一起算，他怒气冲冲地进宫，当着李晔的面，高声训斥道："赵崇轻薄浮华，王赞是无能鼠辈，韩偓竟然推荐这样的人当宰相，他同样有罪！"

李晔在朱温的怒吼声中大惊失色，他这才发现，与现在比起来，原来在凤翔的日子，并不像原先以为的那么差。

李晔不敢替自己此时唯一的朋友申辩，只是几次悄悄向在一旁的崔胤使眼色：你和韩偓是老朋友了，又与朱温关系密切，不该出言一救吗？但李晔失望了，他不知崔胤也早看韩偓不顺眼了，所以始终装作没看见，就这么若无其事地站着。

本来按朱温的本意，是打算杀掉韩偓，以儆效尤，幸而崔胤虽然不说话，还是有别的大臣提醒朱温说："韩偓的声名不错，这么急急忙忙地杀掉，有损朱公您的形象。"这样，朱温才决定暂时饶过韩偓一命。

二月十二日，万般无奈的李晔被迫将韩偓贬为濮州司马，逐出长安。韩偓临行前，李晔悄悄躲开朱温眼线的监视，来与他见最后一面。李晔叹道："今后朕身边再也没有人了！"韩偓答道："这个人（指朱温）已经不是我们以前以为的那个人了，臣能够被贬谪出朝，死在远方，实属万幸，因为臣实不忍心看到大唐被篡夺，陛下受尽屈辱，最终被弑杀的那一天啊！"

这对终于完全醒悟过来的君臣兼挚友，触景伤情，为他们已经预见到但无法改变的悲惨结局相对而泣。

一年零六个月后，韩偓的预感变成了事实。回顾宛然如昨的生离死别，花甲之年的老臣颤抖着，写下《感事三十四韵》，记述了他与青年天子之间相识相知，一起历尽艰辛的君臣兼挚友之情，以及噩耗证实后的痛彻心扉：

紫殿承恩岁，金銮入直年。

人归三岛路，日过八花砖。

鸳鹭皆回席，皋夔亦慕膻。

庆霄舒羽翼，尘世有神仙。

虽遇河清圣，惭非岳降贤。

皇慈容散拙，公议逼陶甄。

江总参文会，陈暄侍狎筵。

腐儒亲帝座，太史认星躔。

侧弁聆神算，濡毫俟密宣。

宫司持玉研，书省擘香笺。

唯理心无党，怜才膝屡前。

焦劳皆实录，宵旰岂虚传。

始议新尧历，将期整舜弦。

去梯言必尽，仄席意弥坚。

上相思惩恶，中人诪省愆。

鹿穷唯牴触，兔急且联猭。

本是谋赊死，因之致劫迁。

氛霾言下合，日月暗中悬。

恭显诚甘罪，韦平亦特权。

畏闻巢幕险，宁寤积薪然。

谅直寻钳口，奸纤益比肩。

晋谗终不解，鲁癠竟难痊。

只拟诛黄皓，何曾识霸先。

喉鬏翻丑正，养虎欲求全。

万乘烟尘里，千官剑戟边。

斗魁当北圻，地轴向西偏。

袁董非徒尔，师昭岂偶然？

中原成劫火，东海遂桑田。

溅血惭嵇绍，迟行笑褚渊。

四夷同效顺，一命敢虚捐。

山岳还青笋，穹苍旧碧鲜。

独夫长啜泣，多士已忘筌。

郁郁空狂叫，微微几病癫。

丹梯倚寥廓，终去问青天。

之后，韩偓逃入闽地，在闽王王审知之兄王审邽的庇护之下，终老于泉州。不过，这些都是后话了。

第二章

连环计（下）

王彦章　周德威　李晋王　朱温

成汭投水

历来奖励和提拔自己人，都是跟打击排斥异己一样重要的事，当老大的朱温当然也不能例外。

首先，朱温及其手下的有功人员都得赐各种荣誉称号，它们的意义近似后世的勋章。最高荣誉获得者自然是朱温本人，称"回天再造竭忠守正功臣"，在大唐历史上，真正对大唐有过再造之功的郭子仪、李晟都不曾有过如此牛的称号。敬翔等文职幕僚受二等奖，称"迎銮协赞功臣"。朱友宁等武将受三等奖，称"迎銮果毅功臣"。都头以下的军官享受四等奖，称"四镇靖难功臣"。

稍后，李晔加授朱温为太尉，晋封梁王。又依照郭子仪曾担任天下兵马副元帅的先例，设置诸道兵马元帅，以朱温任副元帅，朱温成为理论上大唐所有军队的合法统帅。当然，这直接意义并不太大，比如李克用、杨行密这些人，就不会买这位副元帅的账。但在间接声势上，还是有所助益。

既然朱温只是副元帅，那么元帅呢？按唐朝中期以来的惯例，这种元帅由皇子担任，挂个名而已，副职才是真的。一件小事就可以看出这"元帅"的含金量。李晔最初希望让长子德王李裕来当元帅，但被副元帅一票否决，只好改由年幼的第九子辉王李祚来担任。

二月二十一日，朱温长子朱友裕被任命为镇国节度使，坐镇华州。二月二十四日，朱温的侄子朱友伦任左军宿卫都指挥使，部将张廷范任宫苑使，王殷任皇城使，蒋玄晖任充街使等。总之，朱温就是将长安及其周边，包括皇宫以及每条大街小巷都纳入自己的武力控制之下，以便随时清除朝廷中一切不利于自己的异动。

办完这些事，朱温觉得大唐朝廷的傀儡化工作也干得差不多了，遂于二月二十七日向李晔告辞，起程东返，去收拾胆敢冒犯他的王师范。临行前，皇帝在寿春殿和延喜楼两度设宴为朱温饯行。席间，朱温情深意切地向李晔禀奏道："我与晋王李克用本无深仇大恨，双方失和，只缘于一点儿小小的误会，陛下应该对晋王格外厚待，派重臣去抚慰解释，让他明白我愿与他和好，共同效力王室的真心！"

不知道李晔有没有被朱温的这段鬼话骗到，反正李克用知道后是一点儿也不信。李克用一针见血，点出朱温的本意："这个蟊贼想去对付平卢，怕我在这个时候拖他的后腿罢了！"话虽如此说，道理也明白，李克用却没有出兵救王师范的意思。沙陀人的"飞虎子"已经伤痕累累，不再是昔日那个助人为乐的英雄了。

三月十七日，朱温回到汴梁，开始调集四方兵力，准备对平卢痛下杀手，他已经决定，暂时置杨行密与李克用这两个大敌于不顾，将集团的战略重心正式从关中东移至齐鲁。至此，不管你王师范是求仁得仁，还是弄巧成拙，总之，你摊上事了，你摊上大事了！

在朱温返回汴州期间，朱友宁先在齐州击破王师范的弟弟王师鲁，接着又在兖州城外打退了王师范派给刘郭的援军，断绝了兖州与青州之间的联系，使其沦为一座孤城（刘郭投降时，手下有兵五千，大大超过了五百人的别动队规模，可能在此之前，已至少有一批平卢援军进入兖州）。

稍后，邢州的葛从周部赶到，朱友宁便将围攻兖州的行动移交给他，自己则移兵东向，攻入平卢本土。

三月二十七日，仅仅经过十天的筹备，朱温就以很高的效率调集了十万大军，显示了朱温集团此时无人能及的强大动员力。这十万大军里面包括宣武、宣义、天平、泰宁四镇的野战军，不过更多的是从小弟罗绍威那里征调来的魏博军队。大军集结完毕，开赴平卢前线，增援朱友宁。

由于援军主力来自魏博，朱友宁移兵北上与援军会合，然后分出一支偏师进攻棣州，主力则继续推进，兵锋直抵青州西北约一百二十里的博昌（今山东博兴）。

梁军大兵压境，感到危机临近的王师范不得不遣使前往淮南，向杨行密紧急求救：您那条打武昌的间接路线已经不赶趟了，还是直接出兵来青州吧！

要说杨行密，还真是很珍惜自己诚实守信的好名声，虽然他的醉翁之意并不在酒，却显得比李克用更有诚意，没有见死不救，而是立即又出动了两支军队渡淮北伐，投入对朱温的军事行动。

其中间接支援平卢的西路吴军兵力有数万人，主将没有记载，据在下猜测可能是朱延寿，他们渡过淮河，向宿州方向推进。田頵派杜荀鹤出使寿州联络朱延寿，再出使汴梁联络朱温的那次外交行动，极有可能就发生在此时。

如果这两个猜测属实，那接下来发生的事就顺理成章了：杨行密做假动作，让朱延寿避免打硬仗，他得为预计中的平叛战争保留黑云都这支生力军；朱延寿已对姐夫怀有二心，故将计就计，也做个假动作，摆出北伐的姿态；朱温心中大喜，但一时力不从心，同样做假动作，调大将康怀贞进驻宿州，表面防御吴军，其实为朱延寿将来的反叛预做声援。既然大家都不是真的要打，几万吴军自然不战而退，雷声挺响，一滴雨也没下。

与之相比，负责直接支援平卢的东路吴军，兵力约两万，是用来坚定王师范抵抗决心的，行动自然就要积极有力得多。

与西路不同，东路军的主将记载明确，有战功卓著的淮南老将张训（清口之战前，杨行密用于防守淮河防线的两员大将就是朱延寿和张训），还有一位刚刚被杨行密提拔为大将的新人——王茂章。

王茂章，庐州合肥人，是杨行密的小同乡兼资深"粉丝"，从童年时起就追随在杨行密左右，是淮南军中的童子军。渐渐成年的王茂章，骁勇果敢，身材魁伟，但缺少大将威仪，每临敌阵，总是身先士卒，颇得杨行密赏识。

四月底，张训、王茂章率军出海州（今江苏连云港），攻向密州（今山东诸城），以便打通杨行密与王师范辖区之间的通道。此刻的王师范望救兵如盼甘霖，连忙派弟弟莱州刺史王师诲出兵南下，与吴军会师于密州城下，以期尽快打通这条救命通道。要说这时喊救命的人可不止一个王师范，正被吴军攻击的武昌节度使杜洪也正向朱温拼命求救。数月前，李神福轻取鱼米之乡永兴县（今湖北阳新），使鄂州（今湖北武昌）粮食供应紧张了很多。与此相对，原先常驻南线援助杜洪的梁军朱友恭部，现在被朱温调往徐州，参与平卢方向的作战行动。这两件事加在一起，让杜洪的心更加七上八下，只好派出一拨接一拨的使者，请求朱温拉小弟一把。

但形势已经越来越明朗，与杨行密预测的一样，朱温现在显然并不愿意为援救杜洪投入太大的力量。不过，要说他不管杜洪的死活，那也不准确。在朱温看来，既然自己目前有这么多小弟，他们单个实力不及杨行密，但合起来力量还是非常可观的。老大不便出手的时候，他们相互帮助一下，不就行啦？如果能把李神福拴在鄂州，那就更理想了。

此时，在荆襄之地有五大势力并存，他们分别是：以襄阳为中心的山南东道节度使赵匡凝，以鄂州为中心的武昌节度使杜洪，以江陵（今湖北荆州）为中心的荆南节度使成汭，以朗州（今湖南常德）为中心的武贞节度使雷彦威，还有以潭州（今湖南长沙）为中心的武安节度使马殷。以这一刻的实力而言，大致是成汭最强，马殷、赵匡凝次之，杜洪、雷彦威较弱。

自朱温打残凤翔，挟持天子之后，这五大势力都已承认朱温是他们的带头大哥，不管这里面有几成真心、几成假意，大敌当前，唇亡齿寒的道理，他们应该还是明白的吧？基于这一判断，朱温决定只派偏将韩勍（qíng）率万人进驻滠口（今湖北黄陂区）摆摆样子，把救援杜洪的重点放在另一边：派出使节，征调荆南成汭、武贞雷彦威、武安马殷三镇兵马，请他们共同出兵，援救武昌（在下不知道为什么没有赵匡凝，可能是他曾依附杨行密，让朱温觉得不可靠）。

但朱温想到的，杨行密也早就想到了，而且措施采取得比朱温更早。据《资治通鉴》记载，杨行密在派出两支援军救援王师范的同月，派遣了一名使节来到潭州，进见马殷，表达淮南方面的和好诚意。使节表示，朱温蛮横跋扈，是天下公害，依附于他迟早受害，所以请马殷与他断绝关系，那样杨行密愿与马殷结为兄弟。

马殷手下的大将许德勋反对说："朱温虽然不是个好东西，但他已挟天子令诸侯，大帅您一向高举拥护朝廷的旗帜，怎么能轻易与其断交呢？"于是，马殷谢绝了杨行密的好意，将淮南使节礼送出境。

没有史料记载杨行密是否也对雷彦威、成汭等发起过外交攻势，但以常理推断，他既然连对恶战多年的宿敌马殷都能放下架子，主动示好，更没理由对本无宿怨的雷、成等藩无动于衷了。估计是由于马家后来独立建国，与其相关的记载比别人详细。

那么，杨行密的外交努力究竟有没有什么实际效果呢？仅从直接记载来看，似乎对马殷的外交行动完全失败了。但是，很多时候，本质都是被掩盖在现象后面，如果把眼光稍稍放远，看看稍后荆襄局势的演变——几乎可以说是杨行密的大胜，朱温的全败——你还能断言杨行密的外交没有效果吗？

在荆襄五镇中，对朱温的指令响应最积极的，是目前看来军力最强大的成汭。这倒不是因为成汭对朱温有什么好感，而是他在与王建争东川失利后，心有不甘，想乘着这个背靠大树的机会，确立自己在荆襄地区的霸权。而且杨行密这家伙也确实有些讨厌。

有一次成汭过生日，杨行密派人来祝贺，礼物中竟有一本当时儿童用的启蒙教材《初学记》。成汭手下第一号笔杆子郑准大为不平，对成汭说："《初学记》这本书，是用来训导无知小童的，现在敌国交聘，竟然用它当贺礼，分明是瞧不起大帅！我们应该还以颜色！"

但不知什么原因，成汭并没有接受（也许是当时他正忙着与王建较劲，不想在东边再树一个强敌）。郑准见成汭如此表现，认为跟着他混肯定成不了什么事，一怒之下辞职不干，准备跳槽。可是，哪有这么轻松。

自从把老兄弟许存逼反之后，成汭的脾气是越来越坏，经常歇斯底里大发作。一次，成汭在盛怒之下，甚至把自己的儿子杀了个精光，自己给自己绝了后。对这样的上司，你还去激怒他，不是往刀口上撞吗？于是，郑准就在回家的路上，被成汭派来的刺客一刀毙命。

人是自己杀的，但以成汭现在的心理健康程度，把这笔账算在杨行密头上，好像也不算冤枉。

其实，为了东进与杨行密一争高下的这一天，成汭已经准备很久了。所以在接到朱温的书函之后，他认为时机成熟，立即检点兵马，倾巢出动，水陆大军竟达十万之众，浩浩荡荡，顺江而下。

用来运载这支大军的船队，阵容更是豪华得让人过目难忘。这是成汭投入巨资，用了三年时间加班加点赶出来的。旗舰是一艘巨大的楼船，上面的房间之多，足够把荆州的全套领导班子都搬上去办公，故定大名为"和州载"号。其余稍小一点儿的战船，命名为"齐山""截海""劈浪"等，据说均可载千人。

不过，它们的活动范围，毕竟是在水域面积有限的长江中段，船只过大、过沉，不会影响它的机动性吗？

果不其然，掌书记李珽就对主帅的用兵方略提出了质疑，他建议道："咱们的每艘战船可以装载士卒千人，装载稻米的船载重量还要加倍。船身过于沉重，要是遇到紧急情况，根本没法迅速应对。而吴兵一向以剽悍、迅捷著称，咱们如与其交战，打赢了追不上，打输了跑不掉，怎么与其争胜？而且武陵（雷彦威）、武安（马殷）表面上是我们现在的盟友，实则一直是我们的敌人，我军全力东下，把老家空出来，怎能不提防他们生出二心？依我看，不如派一员勇将进驻巴陵（岳州治所所在，此时的岳州名义上归杜洪管辖，实际控制在小军阀邓进忠手中），大帅则将主力停留在长江北岸，作为杜洪的声援，严守营垒，不与吴军交战，不出一月，吴军军粮不济，自然会撤退，鄂州的包围也就能解除。"

为什么要驻兵于岳州呢？看看地图就知道了，岳州正好控制着从洞庭湖进入长江的咽喉要道——荆江口，如果雷彦威或马殷真的想乘成汭离开大本营的机会奇袭江陵，这里将是他们的必经之地（两镇的主力都是水军，如从陆路进军则是弃长就短，且荆州一带水道湖泊众多，陆路行军十分不便）。换句话说，李珽的方案主要是用来防备"盟友"的，至于杜洪的死活，已经被放在次要位置了。

其实成汭也不怎么在乎杜洪的死活，但他这次砸锅卖铁下这么大的注，为的是扩张领土，成就一番霸业。不积极进取，那我们出来干什么？这世上哪有才出房门就躲在院门口的霸主啊？

至于马殷、雷彦威，他们都已经表示要出兵救杜洪了，岂敢不听朱温的号令？

再说了，所谓"不出一月，吴军军粮不济"的说法也不太靠得住，毕竟他的人比李神福多得多，每天消耗的粮食自然也多得多，就这么耗下去，到底谁先军粮不济还难说吧？

综合上述，只要积极进军，此次行动的风险是极小的，成功概率是极大的。刚愎自用的成汭，自认已经算清了利害得失，便一口否决了李珽的提案，荆南大军顺江而下，很快就越过了荆江口，越过了自家的防盗门，都没有分一支偏师驻守于此，将它看好。

可成汭没有想到，在这件事上，算错的是自己，李珽才是对的。看到隔壁的富翁成汭不关门就带着全家人出行，他的邻居雷彦威和马殷已经食指大动。

自雷一代阿满割据武贞以来，外出掳掠，打家劫舍，就一直是雷家军的主营业务，其作为更像一伙大土匪（其他如李克用的沙陀军之类，虽然也精通打劫，但那毕竟是兼职，主营业务还是打仗）。雷二代彦威是其父的肖子，完美地继承了父亲的强项，就算成汭留在江陵，他都会三天两头跑到荆南院子里偷菜，同时憧憬着有一天，能冲进那华丽的大房子里洗劫一番。你说，现在这实现梦想的大门，已经向他敞开，他还会扭扭捏捏吗？

实力比雷彦威强大得多的马殷，想法不像雷二代那么简单直接，虽然他的人马以前也是以奸淫掳掠、滥杀无辜驰名天下，但在他当头儿后，已经改变很大，抢点儿钱对他没有太大诱惑力。但马殷也有主导荆襄的野心，在本地区最大的障碍当然就是成汭。正所谓一山不容二虎。前文中也提到，马殷初入主潭州，就将成汭视为自己最大的威胁之一，现在有机会消除这个威胁，何乐而不为呢？

至于杨行密是否在里面穿针引线、煽风点火，只能说可能性很大，但缺少史料佐证。不管如何，利益当前，马殷和雷彦威这两位脾气、禀性、作风没有丝毫相似之处的老大，不约而同地将朱温给他们的指令扔进了废纸篓，然后携起手来，一同将刀子插进了"盟友"的后背。

五月上旬，在成汭大军越过荆江口之后，马殷的大将许德勋率水军一万人，与雷彦威部将欧阳思所率的水军三千人，在荆江口秘密会师，然后逆江而上，乘虚袭击江陵。

五月十日，马殷与雷彦威的联军突进至江陵城下，轻而易举地将其拿下。

虽然马、雷事先已经协商好，打下的荆南州县归雷彦威所有（马殷的地盘与荆南不直接相连，防守不便），但当惯了土匪的雷家军显然没有一丁点儿主人翁的意识，他们马上与马殷的部队合作，将已经属于自己的城市洗劫一空。

江陵城中，几乎所有的财物都变更了主人，所有居民与财物一道，都被装船运走。这座曾遭秦宗权军破坏，后由成汭兢兢业业经营了十五年才初步恢复繁荣的华中名城，再次遭到破坏。

六百八十四年前，驻守江陵的三国名将关羽，轻率地出动全部主力北伐，结果让吴将吕蒙乘虚而入，为后世留下了"大意失荆州"的典故。不想这几百年后，几乎相同的情节，又在相同的地方，被大意的成汭重演了一遍。正应了杜牧的那句名言："后人哀之而不鉴之，亦使后人而复哀后人也！"

接下来的故事，继续与三国雷同：正在向鄂州进发的成汭大军，突然得知他们已经家破人亡，顿时军心大乱，人人思归，再无战意。这支外表庞大的军队，就像当年关羽围攻樊城的大军一样，战斗力在很短的时间内直线下降，实际上已濒临崩溃。

再说这时，听说成汭军逼近鄂州的吴军主将李神福，为探明敌情，亲自乘一条轻快小船，对成汭军的具体情况进行抵近侦察。回来后，李神福对众部将说："成汭的军队、战船虽然不少，但彼此之间的协调配合很差，只要我们主动发起一次迅猛攻击，成汭也将成为我们的俘虏！"

看穿了成汭大军的虚弱本质，艺高人胆大的李神福只抽出数千精锐水师，就逆流而上，迎着成汭的十万大军杀了过去。

成汭此时似乎方寸已乱，不敢再向鄂州前进，紧急回师，但也没有回江陵，而是经荆江口进入洞庭湖。他这么做，可能是要掉转枪头，找雷彦威或马殷的麻烦，好报仇雪恨吧。

五月十二日，到达君山（当时洞庭湖中的一个小岛，后来因为洞庭湖水面不断缩小，现在已经与大陆相连）的成汭水军，被李神福的水军追上。李珽给成汭指出的大船行动迟缓的缺点暴露无遗：在情况不利的条件下，想避战都做不到。

两军立即开战，表面弱小的李神福军积极进击，压得表面强大的成汭大军节节败退。正好此时的风向对吴军有利，吴军将领秦裴、杨戎乘势顺风放火，行动不便的"和州载""齐山""截海""劈浪"什么的，再也截不了海，劈不了浪，无奈地化为湖面上一个个燃烧着的大火炬，成汭大军终于彻底崩溃。

死之将至，不知成汭是否有机会回顾自己这一生？还记得当年任侠杀人的少年意气吗？还记得脱离秦宗权、据归州、招流亡的创业艰辛吗？还记得好兄弟许存的千里来相投吗？还记得抚辑凋残，训农通商，惠养百姓，让世人传颂的"南郭北韩"吗？对于赶走结义兄弟，滥杀三子，不听李珽谏言，你现在后悔了吗？

成汭不可能回答我们了，不过有一点我们是知道的：他比较自觉，没有等着被吴军俘虏，让李神福的预言应验，或是按唐末惯例，被自己的属下砍掉脑袋，而是纵身一跃，投入了万顷碧波的洞庭湖，葬身鱼腹……

后来有人说，"汭"字拆开，就是"水之内"，可见他的命运，早已注定。

石楼之战

吴军在君山大获全胜后，没有在此停留，又收兵回到鄂州外围，继续围攻早已半死不活的杜洪。驻扎于滠口的梁将韩勍，见李神福的军队去而复返，又得知成汭已兵败身亡，大惊，急忙撤走，杜洪的外援完全断绝。

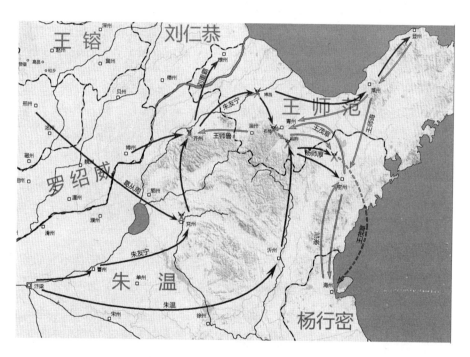

▲ 903 年，朱温进攻王师范

再说吴军离开君山，刚刚让杜洪的名义部下，岳州刺史邓进忠稍稍松了一口气。谁知吴军前脚刚走，马殷的大将许德勋又从江陵回师，来到了已经没有老大罩着的岳州（今湖南岳阳），不仅仅是路过，因为他们停下不走了！

邓进忠慌了神，自知不是对手，连忙打开城门，亲自出迎，并备下牛羊美酒，礼待马家军队，想将他们礼送出境。问题是许德勋到这里，可不是为了吃顿饭，为的就是他邓进忠的岳州。于是，许德勋在重兵围绕之下，给邓进忠上了一堂耐心细致的课。下课之后，邓进忠不敢对许德勋的教导稍有违背，便带上全家老小，移居长沙，将岳州当作大礼包让给了马殷。马殷遂任命许德勋为岳州刺史，镇守住这湖南的北大门。

至此，朱温在荆襄地区发动的这次代理人战争输了个干干净净，这暴露出他对众多名义小盟友的控制力，其实并不比李晔的诏书强多少。不过，作为赢家的杨行密，因为他最重要的目的还没有达到——田頵还没有反——这就决定他绝不能让李神福的军队长期滞留在荆襄，所以仗打赢之后不能扩大战果，得利其实也不多。这样一来，多少好处就落到两大棋手之外。

仗着动手早，雷彦威拔得了头筹，可笑得最早的人，通常都不是笑得最久的。雷彦威没有能力顺势拿下荆南所属各州，多数州县暂时仍控制在成汭余部手中。其中，成汭有一个部将叫侯矩，在君山之战中死里逃生，回到了夔州（今重庆奉节）。他在成汭各支余部中实力最强，如同盟主。

稍后，得知成汭已死的王建没有错过这个好机会，连忙派大将王宗本兵发三峡，来抢摘这枚熟透的桃子。原成汭军的主力已损失殆尽，故蜀军受到的抵抗微弱，进展神速，连克忠、万、施三州，兵临夔州城下。侯矩没有抵抗，主动投降，被王建收为义子，改名王宗矩。有了这示范效应，原成汭除江陵以外各州大多向王建投降，王建真正实现了对蜀地的统一。

本来以此破竹之势，王建要全取荆南也不难了，雷彦威是挡不住的，但蜀中众谋士一致认为：瞿塘峡是连接荆蜀的最大天险，瞿塘以东的州县，得之易，守之难，不如集中军队扼守瞿塘，可保蜀中长安。于是王建放弃了归、峡二州，将自己的东部边界锁定在夔州。

蜀军刚刚停步，山南东道节度使赵匡凝的军队，也像食腐动物一样，杀向成汭留下的残存遗产。荆南再次告急，雷彦威只得离开老家朗州，前往江陵督战，他估计太过焦虑，没有注意到老弟雷彦恭的不轨目光。

原来雷彦恭已经秘密与赵匡凝约定：让赵匡凝出兵进攻荆南，老哥必然得去抵御，自己再里应外合，把老哥干掉或者赶跑，由自己取而代之，多好啊！事成之后，再把从江陵抢得的财物分一半给赵匡凝。

应该说，雷彦恭计划的前半段执行得很成功，雷彦威被逐，此后下落不明。但后半段计划就不那么完美了，赵匡凝并没有因为雷家老大换人，就此收手，而是继续用兵，全取归、峡和江陵，直到把雷彦恭赶回朗州了事。这样，成汭留下的遗产，最终被王建与赵匡凝瓜分。

我们把镜头调回北方。朱温看着四方送来的战报，心情很烦躁。这是因为，在很多时候，人的烦恼并非来自麻烦本身，而是来自与别人的攀比。朱温看到了些什么呢？咱们帮他理一理。

三月底，朱友宁奏报，正率大军向王师范的老巢青州推进，现将到达黄河边上的小城博昌，预计很快能将其拿下，打通前往青州的大道。

一个月过去，到四月下旬，杨行密派张训、王茂章北上攻密州，王师范派弟弟王师诲率军南下与之会合。朱友宁：正在进攻博昌。

四月底，杜洪向朱温紧急求救，朱温遣使征成汭、马殷、雷彦威三镇出兵援鄂。朱友宁：正在进攻博昌。

五月上旬，马殷、雷彦威公然违抗朱温，出兵攻击"盟友"成汭，朱温在荆襄地区编织的小同盟瓦解。朱友宁：正在进攻博昌。

五月中旬，成汭被李神福打败，投湖而亡，朱温的意志在荆襄全面败退。朱友宁：正在进攻博昌。

五月底，密州告急，联系中断，可能已经失守。朱友宁：还在进攻博昌。

朱友宁，你是复读机吗？就不会报点儿别的？

其实在冷兵器时代，军队的攻坚能力本来就有限，打一座设防坚固的小城，一两个月拿不下来是很正常的事，但谁让同期的杨行密集团在各条战线上频频得手呢？与对手的成功一比，掌握着梁军最大一支野战兵团的朱友宁的表现，实在太不给他叔叔长脸了。

朱温把其他地方失败的怒火，都叠加到朱友宁身上，决定派客将刘捍前往博昌前线督战，好好敲打一下表现不佳的侄儿。所谓客将，可不是到朱温这儿做客的其他藩镇将领，而是负责接待客人，以搞外交为主的军官。如秦宗权的部将申丛擒获秦宗权向朱温投降时，王镕、王处直、李茂贞向朱温服软时，刘捍都是朱温派去与他们谈判和传递文书的头号大使。

除了搞外交，刘捍还有一个最突出的强项，就是打小报告。他为人聪敏少德，善于揣摩上意，总能急领导之所急，想领导之所想。早在朱珍当大将统兵征战之时，刘捍就担任过朱珍的监军，配合李唐宾，打着放大镜盯着朱珍的一举一动，再悄悄向朱温及时报告，充当朱温的锦衣卫。在朱温诛朱珍的过程中，刘捍究竟出过多少力，史无明文，但仗着这一特长，他成为朱温最倚重的心腹之一。朱温甚至说过一句名言来夸奖他："敬翔、刘捍、寇彦卿，这三个人大概是上天为我而生的吧！"

现在，朱温把刘捍派到朱友宁这里来，当然不会是让他来搞外交的，而是让他来发挥第二强项。朱友宁在第一时间就明白了这个意思：温叔很生气，后果很严重！

为了平息叔父的怒火，朱友宁只得发了狠心，决计以最快的速度拿下博昌。可怎样才能达到这一目的呢？

朱友宁想出了一个极其凶狠的毒招，他从周围的乡村强征十多万民夫及大批牛马牲畜，让民夫在博昌之南挖掘土石，然后冒着箭矢堆积到城墙下，修筑攻城用的斜坡（类似王建攻彭州的"龙尾道"）。接近完工之时，梁军将民夫、牲畜连同他们驮负的土石一起，挤进城墙前的壕沟，再在上面迅速用土填满。

在震耳欲聋的哭喊与惨叫声中，浸透了鲜血的攻城土坡，以最快的速度与城墙齐平了，梁军像一群失控的野兽，潮水般冲进了微小但不屈的博昌县城，顷刻间就吞没了顽强的守城军民，城中血流成河……

打下博昌，朱友宁部继续推进，又拿下古都临淄，终于杀到了青州城西郊，一个叫石楼的地方。在这里，朱友宁发现王师范已经在城外集结了从外地调来的所有援兵，建起两个大营，严阵以待。

这两个大营，是按照援兵出发地不同来划分的。原来，就在朱友宁攻博昌的同时，吴军张训、王茂章与王师范之弟莱州刺史王师诲组成的联军，已攻克密州，斩了朱温任命的刺史刘康义。

随后，这支两万人的吴军大部分由张训率领，留守密州，扼守住杨、王之间支援联系的要道。显然，能够在必要的时候，把这支军队拉回来，是杨行密更关心的事。真正赶到平卢支援王师范的，就只剩下王茂章率领的七千精兵。不知道王师范有没有感到有些失望？不过能来就不错了，王师范亲自出来犒劳吴军援兵，让王茂章部会同王师诲的莱州部队，一起组成联军的莱州大营。

除此之外，王师范还抽出后方登州（今山东蓬莱）的守军来援，在莱州大营的一旁又组成了登州大营。

朱友宁见此情况，料想登、莱二州必定已经防御空虚，便仗着自己兵多将广，在继续率主力与杨行密、王师范联军对峙的形势下，特意分出两支偏师分别攻向王师范后方的登、莱二州，打算先切断王师范从海上出逃的通道，再给平卢淮南联军致命一击。

但在六月六日这一天，梁军大营发生了一件怪事，有一条大白蛇不知是喝高了还是路痴，也不去杭州找许仙，反而大摇大摆地爬进了朱友宁的大帐。蛇这种动物，喜欢的人应该只是少数，朱友宁不属于少数派，也感到很不舒服。不过，回顾一下史书记载，道上遇蛇的人，像刘邦、刘裕，运气都不错，谁能说这不是一个"天将降大任于是人"的好兆头呢？

第二天夜，朱友宁决定出击，对联军的登州大营发起了猛攻，由于力量悬殊，登州很快就要招架不住了。

王师范虽然聪明，也不乏勇气，但毕竟没有经历过真正的大阵仗，何况挨打的都是他的军队，很快就有些沉不住气了。他连忙找到王茂章，心急火燎地请求道："我们快一起出击吧，登州军营能不能保住，就看将军的了！"

可惜在那一刻，王茂章的表现让王师范大失所望，看着友军就在他眼皮子底下遭遇危难，竟然连心跳频率都丝毫没有增加，反而说了声"不急，还不是时候"，就倒头睡大觉去了。

王师范很生气，但他毕竟既不是朱友宁的温叔，也不是王茂章的杨首领，和那两位一比，他家小业小本钱小，就算发了火也不能让王茂章多打个哈欠。而他如果独自出击，面对强大的梁军，又完全没有胜算。无奈，王师范只好耐下心，一面聆听远处登州军营那令人揪心的厮杀声与近处王茂章悠闲的鼾声，一面等待。

这真是难熬的一夜啊！搏命拼杀的声音，随着夏夜的微风，在王师范的耳旁响个不停，登州大营的平卢军队一直在顽强抵抗，但最终寡不敌众。第二天天色微明之时，登州大营的嘈杂声渐渐平静了下来。王师范知道，自己的又一支军队估计覆没了。王茂章呢，他该醒了吧！

邂逅白蛇，然后又胜了一仗，朱友宁心情比较好。再加上他见莱州大营的敌军表现怯懦，整晚都不敢出来，轻敌之心大起。于是，朱友宁便不顾梁军激战整晚，不曾入眠的疲惫，强令大军再接再厉，再把莱州大营拿下，然后攻进青州城，活捉王师范！

人多势众的朱友宁大军逼了上来，王师范再也坐不住了。现在还能躲吗？他急匆匆地再次闯进王茂章的帐篷，却见王茂章已经精神抖擞地披挂整齐，见王师范一到，便说："好了，我们出击吧！"

这位王将军岂会是怯战之人？他昨晚始终按兵不动，就是考虑敌强我弱，正常的硬碰硬几乎没有胜机，要想打赢，就一定要设法降低梁军的竞技状态。怎么做到呢？累他们一晚上如何？所以，王茂章才极为理智和冷血地将友军当成炮灰，以等待现在这个以逸待劳的良机。

果不出王茂章所料，在淮南与平卢联军突然发起的反冲锋面前，已经筋疲力尽的梁军尽管兵力占优，却也显出了颓势，被联军压得步步后退，并且越退越快，眼看就要由颓势发展为败势。

正在一个小山丘上督战的朱友宁，意外地发现战况不妙，连忙从山丘上纵马奔下，带头冲击联军阵形，试图扭转战局。谁知就在这千钧一发的时刻，朱友宁胯下那匹劳累了一个晚上的战马吃不消了，一个趔趄突然跌倒，把朱友宁重重地甩了出去。朱友宁正好摔到了平卢军的前锋线上。他没有机会再爬起来了，平卢军的一员小将张土手起刀落，就让这个博昌杀戮的罪魁身首异处，为刚刚死去的十多万冤魂报了仇。

主帅朱友宁的突然阵亡，给了本已处劣势的梁军致命一击，梁军顿时崩溃。王师范与王茂章乘胜追击，直至米河，梁军被俘和阵亡的人数，均以万计。尤其是被朱友宁当成炮灰，排在冲锋陷阵第一线的魏博军，几乎损失殆尽。

看来白蛇这玩意儿，顶多也就是个送信的，至于送的是喜讯还是死讯，那还没个准呢。

激反田颋

话说这朱友宁的人头，虽然是被王师范的部下砍下来的，但王师范很谦虚，一点儿也不居功，反而像汇报工作似的，将朱友宁的首级送往淮南，请杨行密过目。他为什么这么做呢？个人以为，这就像当年孙权派吕蒙袭击荆州，斩蜀将关羽，然后将关羽的人头送给曹操一样，是一种移祸之计。王师范可能希望借此来拴牢他与杨行密的盟友关系，防止吴军在接下来的战争中置身事外。

可惜，当年孙权的移祸就没成功，朱温同样没有因为王师范的小动作而改变目标。恰恰相反，朱温闻知石楼败绩，朱友宁阵亡，大怒若狂，遂再次强抽四方部队，亲自统率，以昼夜不停的急行军赶赴前线。至此，朱温投入征讨王师范的军队总数已高达二十万，超过了两年前朱温以六路大军围攻太原时创下的纪录。

史书没有详细记载朱温是从哪里来的，但很显然，他和侄儿朱友宁的进军路线不同，没有走相对平坦的北线，而是从南面穿过沂蒙山，迂回到青州与密州之间，这可能是想阻断杨行密与王师范之间的联系通道。

七月十四日，朱温进至青州之南约五十里的临朐，在此设下战时大本营，然后指挥梁军诸将，对青州发起攻击。

与对付朱友宁时一样，王师范没有死守青州城墙，而是与王茂章一道，在城外分别扎下大营，严阵以待。等梁军到达，王师范要么没有从上一战中学到太多东西，要么已经同王茂章协调过作战计划，甘当陪衬红花的绿叶，总之，他有勇无谋地先率平卢军出击，不出所料地遭到朱温的痛击，然后大败而回。

王茂章的战术，仍是他最拿手的老办法，紧闭自军的营门，示弱于敌，等待时机，防守反击。等他见梁军在击退平卢军出击后稍显疲态，立即命令吴军以最快的速度，突然推倒军营的栅栏（这样比从营门出去要快很多，更能出其不意），冲出营垒，迅如雷电，直击梁军薄弱处。

可是，毕竟对手已经不一样了，在几十年沙场中磨炼成精的"朱温老贼"，其临战应变的经验远比他的侄儿丰富，兵力也更加雄厚，不是这么容易能被打败的。王茂章没能再创奇迹，但他的表现也足以让对手肃然起敬了。激战一阵，王茂章见没有取胜的希望，便娴熟地控制军队，干净利落地脱离与梁军的接触，返回营垒，竟仿佛仗已经打完，好整以暇地摆起了宴席，就在朱温的眼皮底下，与众将一起饮酒取乐，悠闲自得。

看过《三国演义》的朋友都清楚了，这就是一个空城计的翻版。梁军一时拿不准对手是不是有埋伏，迟疑了大半天，不敢草率进攻，就这么大眼瞪小眼地看着吴军休息了一阵。稍后，王茂章率众出营，与梁军再战，梁军兵力虽占有极大优势，也一时无法将其击败。

朱温登到高处，俯瞰战场，见吴军兵虽不多，却进退有据，无懈可击，便唤来归降的士兵，问："刚才喝酒的那员将军是谁？"降卒答道："是王茂章。"朱温顿起爱才之心，感叹道："我若得此人为将，那平定天下，还有什么难度啊！"他遂命暂时收兵，来日看看有没有什么办法将他收为己用。

很难说朱温是否言者无心，但他身旁有人肯定是听者有意。同王茂章的资历差不多，此人也是朱温不久前提拔起来的一员将领，姓杨名师厚。

其实，杨师厚出来闯江湖的时间已经很久了，他原是颍州（今安徽阜阳）人，以勇猛果决，精通骑射著称，曾经当过河阳节度使李罕之的部下，是符存的老同事。后来，李罕之让结义兄弟张全义给赶出河阳，只好去依附李克用，为了向李克用表忠心，李罕之从自己手下精选了劲卒一百名，献给李克用，杨师厚与符存就在其中。

然后，两位老同事的命运从这里开始分道扬镳。符存很快得了李克用的赏识，收为义子，改名李存审，并且一进去就当上义儿军使，之后屡立战功，成为晋军知名的上将。而自认才能并不比符存差的杨师厚，却只能以一介小卒的身份，看着老同事节节高升，在默默无闻中羡慕嫉妒恨。

压抑的心情很容易让人走极端，终于有一天，杨师厚爆发了，他在河东犯下了一起案子，为逃避打击，便串通上两个同伙一道潜逃，来投奔汴梁。至此，杨师厚总算是遇上了自己的伯乐，他被朱温提拔为牙将，又以讨李茂贞有功，授曹州刺史。

自朱珍被杀以后，朱温用将就有了一条原则：绝不让任何一员将领建下震主之功。某人一旦战绩过于显赫，就将被朱温挂起来冷处理，不再委以重任，像目前的葛从周、氏叔琮就是例证。朱温再从资望相对较浅的将领中培养新人，以取代老将。从目前的迹象来看，杨师厚就是朱温正在着力栽培的新人之一。你说，人在这种时候，能不加倍努力吗？在杨师厚眼中，上司赞赏敌人，这既是对手下无声的批评，也是一种激励：抓住王茂章，就是证明自己价值的最好机会。

不过，与战意激昂的杨师厚不同，王茂章正准备撤退，虽然这仗只打了一半，但准确地说，他的任务已经完成了。

如果以为杨行密派王茂章到这里来，真的是为了救援王师范，或者给王师范陪葬，那就错了。以杨行密的智商，不可能不知道，只派七千兵去抵挡朱温大军，不过杯水车薪，于事无补。但如果是别的目的，比如坚定王师范抵抗朱温的信心与朱温欲灭王师范而后快的决心，那这七千人还是大有可为的。

事实上，当见到来敌已是气势汹汹的朱温大军时，王茂章在平卢的工作已经完成，可以收工：梁军的野战部队主力都被拉到了平卢战场，朱温也因朱友宁之死被气红了眼，不铲平平卢誓不罢休。换句话说，在接下来的一段时间内，可以肯定朱温不可能向其他地方伸手了。

所以，当天晚上，王茂章悄悄从小道往东面撤军，准备绕过梁军的当面之师，拐个大弯儿返回淮南，去完成杨行密交给他的下一个任务。当然，撤军也不是这么容易的事，因为对面杨师厚正紧盯着他的一举一动。

王茂章刚离开营地不久，杨师厚就率军追了上来，两军在夜里你追我赶，连连交火。王茂章见甩不脱追兵，如待天明有全军覆没的危险，被迫让部将李虔裕率五百人在辅唐（今山东安丘）据险断后。

杨师厚指挥梁军杀了上来，李虔裕则面对强敌，誓死抵抗，一步不退。这样的战斗不会有悬念，最终，李虔裕被杨师厚擒斩，五百人全部战没，但他们为大部分战友的撤退赢得了时间，杨师厚生擒王茂章的计划只能告吹。

在下查不到王茂章部撤回淮南的具体路径，他似乎没有经过密州，而是从海上走的，可能是前往密州的道路已经被梁军堵住。事实上，由于朱温统率的大军实力雄厚，足够他左右开弓，他已经命令左踏白指挥使王檀率领一支军队，前往收复密州。

从年纪上讲，王檀在梁军中应该也算一员老将了。据说他年轻时人长得比较帅，连字都叫"众美"，长安人氏，至少从曾祖开始，已是世代从军，资历深厚。虽然他在本书是头次出场，但他成为宣武军一员的时间，有可能比朱温还早。在几十年的戎马生涯中，王檀也立下过不少功勋，渐渐被提升为大将。不过，他到现在才终于崭露头角，可以说明两个问题：一是王檀的工作表现还是不错的；二是比他工作表现更好的，还大有人在。比如朱温派他去对付的敌人，吴军老将张训。

张训并不想打，一来他的兵不多，二来他本就没有承担直接支援王师范的任务，留在密州只是为了在合适的时候，接应自己人回来。现在张训得知王茂章已经回去了，他的任务也算间接完成了，自然也就没有继续留下来的必要，他招集手下将领，开会商议说："朱温的军队马上就要到了，我们兵力不足，怎么抵挡？"

有手下建议先将城中钱粮金帛抢光，然后放火把城烧了，给朱温留下一座仅具考古价值的城市遗址，以免资敌。

张训比那位手下聪明多了，心中暗道：哪来的馊主意？除了你死我活，就不懂别的啦？于是他一口否决这个建议，吩咐先将仓库上锁加封（这样即使吴军撤走了，里边的东西也不容易在短时间内被哄抢），在城墙上插满旗帜（简约版空城计），然后让疲弱之兵先行，自率精锐在后，从容南撤。

张训全军离开之后，王檀才进至密州城下，他见到城墙上那些迎风招展的旗帜，心中生疑，不敢轻易进攻，竟被骗了几天才入城。等进城一看，城中的设施、物资均保存完好，这是个双赢的结果，足够让他向朱温交差，便不再考虑追击吴军的事，张训所部遂平平安安地全师而退。

这样一来，当朱温真正到来的时候，吴军援军的两员大将，王茂章和张训，都是挥一挥手，没带走一片云彩，就这么回去了，只留下揪心的王师范独自面对恐怖的朱温大军。自此，他再没得到任何藩镇的援助，被忽悠他上道的盟友彻底抛弃了。

不过，因情势需要而抛弃小盟友的杨行密，这些日子里的心情也许比王师范还要纠结，只不过，不是为了北边的平卢战局逐渐恶化，而是为了南边：田頵为什么到现在还不造反呢？

显然，田頵比自己原来设想的更沉得住气。现在，朱温以二十万大军砸向平卢一隅之地，其志在必得之势已明如泰山，王师范不可能支撑太久的，田頵如再不反叛，自己此前的全部谋划就都打水漂了！

没办法，杨行密不得不施展最后的狠招：既然诱之不反，那就激之反。

杨行密得知，田頵有个常常和他意见相左，动不动争得脸红脖子粗的部将，名叫康儒，心生一计。八月的一天，杨行密突然下令：将康儒调离宣州，升为庐州（今安徽合肥）刺史。

田頵与杨行密之间的冷战早就处于白热化状态，彼此都在紧盯对方的每一个微小动作，然后用心解读。田頵早就看康儒不顺眼，这时更是在第一时间就做出了对此事的判断：康儒这小子，肯定是已经背叛自己，投向了杨老大。他极可能已经泄露了我和安仁义准备起事的机密，否则杨行密怎么会特别关照他？

脾气原本就很暴躁的田老二怒不可遏，终于钻进了杨大哥的圈套。他立即下令，将康儒及其全家处斩。

面对这从天而降的大祸，康儒没有求饶，只是在死前诅咒道："我死之后，田頵也活不了多久！"

杀掉康儒，田頵认为已经没有再施展缓兵之计的余地，他立即派人秘密通知已加盟的两位小弟安仁义与朱延寿：不用再等，咱们起兵了。

问题是，这半年多来，杨大哥一直在处心积虑地等待着，甚至可以说是盼望着田老二造反的消息，他当然会使用各种眼线，越来越严密地监控田老二的一举一动。在这样的前提下，田老二要想瞒天过海，发动一次让杨大哥猝不及防的反叛，哪有这么容易？

润州（今江苏镇江）距离宣州不太远，田頵派去的使者算是安全抵达，见到安仁义，但他派往寿州（今安徽寿县）联络朱延寿起兵的两名使节在半道栽了跟头。这两人带着密信，化装成商人，被将军尚公迺设下的关卡堵了个正着。

这尚公迺原是小军阀冯弘铎的部将，曾代表冯弘铎出使扬州，向杨行密索要润州，杨行密不给，就夸下海口威胁说："您固然可以不同意我们的要求，但您挡得住我们的楼船舰队吗？"

后来冯弘铎失败，率余部投降杨行密时，杨行密问尚公迺："你还记得当初向我要润州的事吗？"

尚公迺有些惶恐，道歉道："那时我是冯公的部下，自然各为其主，只可惜没有成功。"

杨行密大笑道："只要侍奉杨老头，和你当初侍奉冯帅一样尽心，那你就没什么可以担心的。"

这就是一个好领导的个人魅力，尚公迺果然如杨行密期待的那样在新岗位上恪尽职守。

此刻，他看着抓获的这两名可疑分子，断言道："你们绝对不会是商人！"但两人都抵死不承认，尚公迺没有多费口舌，直接将其中一人斩首。另一人大惊，只得献出田頵给朱延寿的密信，尚公迺立即将它上呈给杨行密。

好了，有一个好消息和一个坏消息，杨大师您想先听哪一个？好消息是：田頵终于在您希望的时间范围内造反了！坏消息是：您的小舅子朱延寿竟然也是田頵的同党！

怎么办？天要下雨，娘要嫁人，由他去吧！

【作者按：在《资治通鉴》的叙述中，将杜荀鹤到寿州联络朱延寿那件事放在了八月二十五日之后，也就是田頵派出的两名去寿州的密使已被尚公迺拦截，且他已经起兵之后。这样就产生了一连串难以解释的逻辑漏洞。宋代大学者胡三省就感到了疑惑，为此作注曰："杜荀鹤到寿州，朱延寿当然就知道田頵的上一批使节出事了，也应该猜到他与田頵的密谋极可能已经泄露。那么杨行密召他去扬州的时候，怎么还会毫无戒心，乖乖去送死？是他智商太低，还是利令智昏，鬼迷心窍？"】

又比如，田頵起兵前，两个不重要的小人物乔装改扮，尚且没能逃过杨行密的眼线，待正式起兵后，封锁理应更严，如杜荀鹤，声名又大，身份又极为敏感的一介文人，反而能轻松越过重重关卡，到达寿州，岂不奇怪？

不过，查《旧五代史·朱延寿传》，杜荀鹤访寿州这事，是放在田頵造反之前的。因此，在下认为合理的解释是，《资治通鉴》并未明确指出杜荀鹤到寿州的时间，这里很可能采用的是《资治通鉴》中常用的倒叙手法，是在追述之前发生的事。只是司马光在著书时偶尔疏忽，或是传抄人失误，少加了个"先前"，才使后人产生了误解。

吴王平叛

言归正传。杨行密虽然对朱延寿也参与谋反感到十分意外，但在这关键时刻，他处变不惊，立即采取了两手应对措施。

杨行密的第一手，其实是启动早已制订好的平叛计划，用来对付田頵和安仁义：一、杨行密紧急派人通知仍在围攻鄂州的李神福，命其马上回师，顺长江东下，攻向田頵之背；二、杨行密任命已经从平卢回来的王茂章为润州行营招讨使，讨伐安仁义，同时命都知兵马使徐温调集部队，支援王茂章。

要执行这项计划，王茂章没什么难度，他已经回来了，还在前线的李神福，则大张旗鼓地集结部队，并放出话来，宣布他将西上进攻荆南，吓唬杜洪一下，使其不敢轻举妄动。到了深夜，李神福再率全军顺江东下，待与杜洪的军队脱离接触，才向士兵宣布了真正的作战任务。

杨行密的另一手，则是采纳并实施了身边一位智谋之士的绝密建议，用来对付计划外，由于通信被截，暂时还没有起兵的敌人——朱延寿。

第二天，杨行密身边的人发现他们大王的举止有些不正常，十米之外认不出老相识了。杨行密的侍从并没有过于惊奇，其实在杨行密身边久一点儿的人都知道，他们的吴王殿下以前得过眼病，后经治疗而痊愈，但现在看来，病根还没有断，这不，又旧病复发了。

从症状上看，这旧病复发的程度，比上一次要严重得多，以前的药方全不奏效，吴王视力恶化得很快，没过几天就等同于盲人了。九月的一天，杨行密在自己府里走路，竟眼花到一头撞在柱子上，撞得鼻青脸肿，重重地跌倒在地！

等朱夫人（朱延寿的姐姐）将自己的丈夫扶起来，只见杨行密已是泪流满面，无限哀伤地对朱夫人说："没想到我这病来得这么严重，才过了几天，就已经双目失明，变成废人了！偏偏现在淮南又是内忧外患，局势险恶，孩子们又都这么小，可怎么办啊……"哽咽了片刻，杨行密好像想起了点儿什么，对朱夫人说："我看，只有把三舅（朱延寿）请来主持军政，我才能放心。"

听了丈夫这番表白，朱夫人信以为真，连忙写信给朱延寿，告诉弟弟这件了不得的大事：估计用不了几天，你姐夫就会召你到扬州来托孤了！

果然，数日后，杨行密派遣的正式使节到达寿州，恭敬地邀请朱延寿前往扬州，大王另有重任。其实，那时按惯例，朱延寿要定期派使节去扬州做工作报告。上一次使节回来就说过，吴王眼睛不行了，不但看不清报告书，连别人向他行礼都不知道。因此，在接到姐姐的书信之后，朱延寿更加确信，姐夫的身体是真的不行了。

一般来说，人冒着掉脑袋的巨大风险去造反，为的不过是实现两项权利：对于饥寒交迫的小人物来说，主要是为了生存权，而对于衣食无忧的大人物来说，比如朱延寿之类，为的就是发展权。

假如不冒风险能发展，也能高升，那谁还愿意吃饱了撑的去造反呢？看着眼前这喷香诱人的鱼饵，尚不知道自己与田頵、安仁义秘密结盟之事已经泄露的朱延寿，禁不住怦然心动，再也无法保持淡定。他虽有些怀疑，但踌躇少许，还是忍不住嘴，决定一口咬上去。

朱延寿的妻子王夫人也是此前反叛密谋的知情人，觉得在这种时候对天上掉馅饼这种事应该多长个心眼，但她见丈夫铁了心要去试试运气，根本无法阻止，便提议说："你这次去扬州，如果成功就能达成多年的夙愿，兴衰成败在此一举，是不该为家事所累。但我看此事真假难辨，吉凶未卜，你最好每天派一个人回来报平安，好让我们放心。"

朱延寿同意了，然后带上一支精锐的卫队出发。朱延寿一行到达扬州，来迎接他的是"三十六英雄"老兄弟中存在感一直比较低的徐温。朱延寿没有多想为什么是徐温，他可能也不知道，徐温手下有一位谋士叫严可求，正是有了那位严可求，杨行密才会"双目失明"。因此，徐温是最了解杨行密"病情"的三个人之一。

平常各自驻守一方，老兄弟难得一聚，徐温摆下丰盛的酒席，热情地款待朱延寿的卫兵，待把这些人都送入席，再诚恳地告诉朱延寿：咱们杨大哥因为病情严重，不能亲出远迎，只好请朱兄弟去卧室见面。

朱延寿未起疑，离开了他的护卫，欣然入瓮。

片刻之后，只听从杨行密的卧室方向传来一声惨叫。在那里具体发生了什么事，各书的记载稍有差异，但关键的一点是统一的：名震一时的江淮猛将，杨行密的内弟朱延寿，已丧命于姐夫之手！

此时，正在喝酒的朱延寿的护卫听到惨叫声，顿时大吃一惊，感到情况不妙，骚动起来。眼看局面就要失控，只见徐温再次大步走进来，高声宣布："朱延寿背负吴王大恩，竟密谋反叛，现已就诛！吴王知道你们都是忠勇之士，并不知情，故所诛者仅朱氏一门，余皆不问！"

这些人虽然都是朱延寿的心腹亲兵，但朱延寿待下一向严苛，远不如杨行密宽大温和，更何况杨行密才是真正的上司，于是，没有一名亲兵反抗，全部表示服从吴王的命令，欣然接受了朱长官丧命的结果。

计策已经成功，杨行密决定清除装病给集团带来的负面影响，稳定人心。他召见众将，一扫这些天来的萎靡伤感，双目格外有神，他说："我这些天的眼病，都是为朱延寿得的，今天杀了此贼，我的病也全好了，你们知道吗？"然后，杨行密下令诛杀朱延寿的兄弟，将朱夫人逐出家门。

朱延寿既死，他与妻子王氏悄悄约定好的，前往寿州报平安的信使自然也就没有派出，前往寿州捉拿朱延寿全家的另一队使节倒是从扬州出发了。很快，在寿州城内的王氏，发现整整一天未见丈夫报平安的信使，叹道："发生什么事，已经显而易见。我就知道会是这样！"

王氏立即把朱家全体家人、奴婢、仆人等召集起来，发给他们武器，准备应变。就在此时，前来逮捕朱氏家人的骑兵已来到朱家府邸之外，开始砸门。显然，出逃的机会已经不存在了，王氏遂把朱家的钱财拿出来，全部分给仆人，让他们点燃几百个火把，同时纵火焚毁府邸内的房舍，暂时阻止了府外骑兵的逮捕行动。

望着熟悉的家化为一片火海，王氏似在喃喃自语，身旁忠心的仆人听清了她最后的话："我绝不会把我的清白之躯，交给仇人去污辱！"言罢，王氏闭上双眼，纵身一跃，焚身以火……

应该说，在此轮淮南反叛的三巨头中，对杨行密的潜在威胁最大的，就是朱延寿。不说别的，梁将康怀贞已经在淮河北边的宿州等着对岸起火，朱延寿如果正式反叛，朱温的军队马上就可以渡过淮河来搅局，那时淮南的麻烦就大了。但现在，由于尚公迺的尽职，严可求的谋略，徐温的配合，再加上杨行密自己的卓越发挥，杨行密终于先发制人地实现了不战而屈人之兵，将这最大的威胁消弭于无形。杨行密不愧是一代权谋高手。

然智者千虑，也难免有考虑不周、忙中出错的时候，比如田頵起兵后，首先袭击的地方是昇州。由于昇州守将李神福已受命西征，田頵轻易得手，一举俘虏了李神福的家属。

在"三十六英雄"的老兄弟中，田頵最畏惧者莫过于李神福，现在突然抓到这一把好牌，他当然极为重视。田頵最初的表现，就像拿下兖州的刘鄩那样，立即下令，对李神福的家人要特别优待。

稍后，田頵派出的使节见到了正从武昌回师的李神福，在向结拜老弟告知其家属安然无恙之余，同时开出田二哥的价码："兄弟，现在可是你我千载难逢的进取机会啊！你如果抓住时机，和二哥我合作，我愿和你平分淮南，各自称王；你如果继续愚忠于杨老大，那就别怪二哥不讲情面，你的妻子儿女，一个也别想活命！"

在那一刻，杨行密能否顺利渡过难关，就在李神福的一念之间了！好在秉性忠义的李神福既不受威逼，也未被利诱，他对田頵说："我从一介小卒的身份开始，就一直追随吴王，今已位居上将，当义同生死，岂能因为妻子儿女受到威胁，就改变大志？田頵上有年迈的老母，却不顾她的生死，悍然反叛，连人生在世'三纲'是立身之本都不懂，他还懂什么兴亡大义？"

言罢，李神福下令将田頵的使节斩首，继续进军。李神福的部下见主帅如此大义凛然，都深受感动，士气因而十分高涨。

再说田頵见李神福决心与自己为敌，失望之余，只得命从钱镠那里叛逃过来的孙儒旧将王坛为主将，汪建、徐绾等为副将，统领宣州水军出长江，拦截李神福。

如果单纯论打仗，几个王坛摞一块儿也不一定是李神福的对手，但王坛觉得他还是可以打一打的，一是因为他的兵比李神福多，二是因为他还带有一记必杀大招。

九月十日，李神福的昇州水军与王坛的宣州水军相遇于吉阳矶水面（今安徽东至县西北），王坛命人将他的绝招使了出来，那就是李神福的儿子李承鼎，他被绑到了战船的前端，最显眼的位置，好让对面的军队能够在第一眼看见！

虽然之前李神福的表现非常决绝，但王坛就不信，真要亲眼看见儿子命悬一线时，他还能无动于衷？按经验，在这个世界上，不爱子女的父母，总是比不孝父母的子女少得多吧？

无法揣测李神福看清对面被绑的人是谁时，他内心是怎么想的，只知道他随后下达的命令是放箭。向自己的儿子放箭，彻底断绝对手挟持人质的念想。

当天夜里，两军交战，李神福先是示弱于敌，引诱王坛追击，进入对自己有利的战场，然后挥军反击，顺风纵火，大败王坛。第二天，两军在皖口（皖河注入长江处）再战，宣州军被完全击溃，王坛、汪建只身逃命，徐绾被李神福生擒。稍后，这位武勇都之乱的祸首，被杨行密当成礼物，送还给钱镠。钱镠当然不会客气，将徐绾处死挖心，来祭祀死于其手的将军高渭。

但是，所有史书都没有记载李承鼎是死是活，也没有提到在此战之后，李神福那些被挟持的家人还能否活命，他们是否变成了一代名将实践忠义的代价。我们只知道，数月后，李神福得了重病，不久便病亡了，不知这与他家人的遭遇有没有关系。

再说田頵得知王坛等战败，深感西面的威胁最大，遂亲率宣州军的主力西进，欲与李神福决一死战。李神福对田二哥的战略颇为鄙视，说："田頵放着宣州坚城不守，却出来和我们野战，这是上天想让他早点死吧！"

然后，李神福率部进至芜湖，找了一个有利地点，命所部紧靠江边，构建起一个坚固的水寨，坚守不战，与田頵对峙。同时，他又派人上报杨行密：田頵主力已离开宣州西上，建议出动步军，从东面抄他的后路，迫使其两线作战，疲于奔命，那么打败他就不难了。

初看李神福的这一方略，可能有朋友会想：田頵的东面不就是他的盟友，润州的安仁义吗？杨行密的军队如何才能得手呢？原来，此时安仁义的处境已经比田頵还要糟糕，只好过先走一步的朱延寿了。

本来在刚起兵时，安仁义是造反三巨头中行动最迅速的，甚至比田二哥动手还快，只是他的目标东一榔头西一棒槌，显得颇无章法。安仁义首先是北上袭击了扬州郊外的东塘（朋友们还记得吗？高骈举办夏令营的地方），烧毁了停泊在那里的一些战船，得手之后却又不敢来个擒贼先擒王，直接进攻扬州，反而掉头转了个一百八十度，南下进攻常州去了。

待安仁义率军来到常州城郊，只见守将李遇已在城外列阵迎敌，冲着安仁义破口大骂。安仁义见状对手下说："他敢这样骂我，肯定是已经有准备了！"这不是废话吗？像您老用兵，这样南来北往地耽搁工夫，本来就没什么突然性了，人家没准备才怪。

安仁义大概觉得自己的本钱不多，一见对手有准备就不敢打了，急命撤退。李遇忙让设下的伏兵齐出，追击叛军。两军一路走，一路打，转战至夹冈，安仁义见一直甩不脱追兵，便命士卒在前面虚设旗帜，做出有己方部队接应的样子，然后让军士解甲休息，摆了个空营计，才算把李遇的军队暂时吓退。这趟出去，虽然付出了一些代价，总算是有惊无险地回师润州。

但安仁义才一脚跨回老巢，真正的惊险就接踵而来：王茂章统率的讨伐军把润州给围上了！为打破封锁，安仁义频频出击，与王茂章交战数次，未分胜负。但没过几天，杨行密派徐温率军来援助王茂章，两将配合，大破安仁义军。安仁义的精锐损失大半，只得以残军困守孤城，再也无力出击了。

不过，安仁义也是一员有名的猛将，尤其以善射出名。原本在淮南军中，大家都公认米志诚使的弓箭和朱瑾使的长槊，并称第一，安仁义听到这种评论后很不以为然，狠狠地奚落同事曰："志诚之弓，不当瑾槊之一；

瑾槊之十，不当仁义之弓一！"事实也证明，安仁义的箭术不仅仅是广告做得好，也确实有过人之处，他亲自守城，每发必中。弄到后来，一看见他拉开弓，攻城部队都有了心理阴影，不是缩手缩脚，就是躲躲藏藏，使得王茂章等人一时也无法攻下润州。

回过头来，再说杨行密接到李神福的报告，决计采纳。不过，在夹击田頵之前，他先派了一名使者进润州，对安仁义说："我从来没有忘记你立下的大功，如果你能放下武器，主动投降，我还可以恢复你行军副使的官职，只不过以后不用带兵，好好养老罢了。"安仁义见自己大势已去，既想投降，又恐重蹈朱延寿的覆辙，不由迟疑不决。

不过只要迟疑不决就行了，这样已经能够保障对田頵的东路打击不会受到安仁义的制约了。杨行密召来了另一位老兄弟，涟水制置使台濛，流着泪对他说："早就有人对我说过：田頵肯定要造反！只是我不忍心辜负老兄弟，没有对他采取什么措施，可田頵却果然辜负了我！我思来想去，能够担当大将，平定田頵者，非你不可，你能帮我吗？"

听了杨大哥这番话，台濛感激涕零，顿首领命。考虑到安仁义已不成气候，杨行密又让正在围攻润州的王茂章撤下来，担任台濛的副手，共同出兵，从东西攻向宣州。

除此之外，为了抓紧时间，争取在王师范完蛋之前平定田頵，杨行密还向暂时与他保持友好的钱镠请求援兵。

其实钱镠此时的处境也很糟糕，比如说比田頵起事早一个月时，睦州（今浙江建德）刺史陈询就造反了，这还不算大事，经过三个来月的战斗，陈询已经和安仁义一样大势已去。真正的大麻烦是：衢州刺史陈璋、处州刺史卢约也在蠢蠢欲动，只是暂时还没有发动。其中尤其是陈璋，曾在武勇都担任高级军官，其人骁勇善战，不是个好对付的角色。

就像杨行密在对付田頵、安仁义时，最担心朱温介入一样，钱镠也怕在将来陈璋、卢约谋反时杨行密会来插手。权衡利弊之后，钱镠决定乘自己尚有余力，多卖给杨行密一个人情，争取他将来不要和自己翻脸。于是，钱镠命将军方永珍率水军出击润州，帮助讨伐安仁义，派堂弟钱镒从南面出师宣州，帮助讨伐田頵。田頵三面受敌了。

田頵极为恼火，嚷嚷着要杀掉女婿钱传璙：别怪我，要怪怪你老爹，是他不想让你活了！可偏巧，田頵的母亲殷氏老太太，特别满意这个孙女婿，不让杀。田頵的小舅子，宣州都虞候郭师从可能预感到姐夫的命不会太长了，为留后路，也极力营救钱传璙。再加上田頵不久发现，钱镠的军队虽然出工了，但好像不怎么出力，也就暂时饶过钱传璙一命。

既然南线的威胁相对较轻，那么真正得下功夫应对的，就是西面的李神福和东面的台濛、王茂章。两相比较，自然是台濛比李神福好对付一些，田頵决定先捏稍软一点儿的柿子，他命部将郭行悰、王坛、汪建率精兵二万余人继续屯兵于芜湖，坚守不战，与李神福对峙，自率其余部队东进，迎击台濛、王茂章。

前方探子传来的情报是喜人的："台濛的军营看起来又窄又小，估计最多能够容纳两千人！"田頵一听，放心了，区区两千人的小部队，我还怕什么？命将士们加速前进，不用等原先调动的其他军队来会合了，消灭了台濛我们再吃早点！

可是，田大帅您就没听说过孙膑靠减灶来诈庞涓的故事吗？杨行密只让台濛率两千兵出击，您想想，合理吗？

与田頵在战略和战术上都藐视敌人不同，台濛率军一进入田頵的地盘，表现极为小心谨慎，全军分成两班，时时戒备，步步为营，交替前进，不留一丝破绽。有不少士卒都笑台濛太胆小了，台濛道："田頵可是沙场老将，智勇双全，对付他不能不特别小心啊！"

本来论将才，田頵与台濛差不多就处在同一级别，可看看田頵的漫不经心，与台濛的谨慎小心，不用开战，两人的胜负大家也可以猜到七八成了吧。

十月二日，台濛、王茂章与田頵两军相遇于广德，彼此下寨。就像不久前的王坛、汪建对垒李神福，在正式开战之前，台濛、王茂章也使出了盘外招：带来了很多封杨行密的亲笔信，悄悄送给田頵手下的众位将领，内容大同小异，都是劝他们不要跟着田頵一条路走到黑，受蒙蔽无罪，反戈一击有功！

如果说台濛的盘外招与王坛有什么区别，那就是效果大不一样。一来，杨行密在淮南的威信一直不是田頵可比的，二来，田頵要失败的形势也已经比较明显了。结果一开战，田頵手下的一大批将领就临阵倒戈，重新回归杨大哥的领导。这样的仗还怎么打？田頵理所当然地大败亏输，被迫率残部向芜湖方向撤退，试图与郭行悰、王坛、汪建的部队会合。

郭行悰是什么来历不清楚，但至少王坛、汪建都是从钱镠那里叛逃到田頵手下的孙儒余部，非淮南旧人，应该不会被杨行密的书信攻势给轻易拉过去吧？

可惜田頵再也没有机会与王坛等人会师了。台濛、王茂章都是用兵的行家，对于田頵想干什么，当然心知肚明，所以他们率领一支精兵，昼夜兼程，跑得比田頵还快，终于在芜湖以东约四十里的黄池，迎头截住了田頵的去路。而芜湖的两万多宣州军，可能是被李神福牵制住了，或是别的什么原因，没有派出一兵一卒来接应田頵。

没办法了，田頵为了与芜湖驻军会合再战，不顾兵力和士气都落于下风，强行向东攻击前进。台濛将计就计，诈退诱敌，将田頵引入自己的伏击范围，再战，田頵再败！已经不可能再向芜湖前进了，田頵只得率不多的残部，掉头向南，逃回自己的老巢宣州。

田頵前脚刚进宣州，台濛、王茂章后脚就追来了，他们展开军队，将宣州团团包围。田頵急了，派遣多名使节悄悄潜出城，去传令给芜湖的郭行悰、王坛、汪建，以及分驻在宁国镇各城的其他宣州军队，命他们放弃驻地向宣州靠拢，与台濛决战！

但这些命令没有产生什么效果，大势已经明朗，田頵是输定了，继续打下去能有什么结果？去给田頵殉葬，做田頵墓穴里的“明器”吗？田頵手下这样的傻瓜多吗？

事实证明，田頵手下尽是“聪明人”：郭行悰、王坛等已经向李神福投降，其他各地的宣州驻军，也纷纷就近向讨伐军投降。没人来救宣州，来救他们的田老板。田頵对宁国镇十一年的苦心经营，至此基本上土崩瓦解了，他只剩下少量亲兵，困守着最后的宣州这座孤城，灭亡只在朝夕之间。杨行密见田頵已不成气候，遂将王茂章部调往润州，分头围攻田頵与安仁义。

叛军大势已去，不过，就在田頵败退宣州之后，到彻底完蛋之前，平卢军对朱温的抵抗也终于完全结束了。杨行密为了在强敌的眼皮子底下，切除自身有致命危险的恶性肿瘤，而又不让对手有可乘之机，策动了这一系列的连环妙计，对时机的拿捏可谓精准之至，甚至都可以说惊险了，就差这么一点点啊！

第三章

李晔之死

王彦章　　周德威　　李晋王　　朱温

平卢归降

朱温因为死了个侄子，对王师范恨之入骨，但他本人并没有一直留在平卢战场揍人，而是在仗打到一半时就动身返回汴州去了，迫使王师范屈膝投降的任务，只好交给手下来完成。朱温为什么急着回去呢？史书没有明确记载原因。在下猜想，朱温可能发现有时嫖娼也是有代价的，他必须为不久前的一笔风流债买单了。

在去年朱温海扁李茂贞时，李茂贞的干儿子，静难节度使杨崇本（李继徽）投降，并将自己年轻貌美的妻子送往河中，送到朱温身边，作为人质。那时朱温的张夫人还留在大梁，缺少约束的资深色狼，见到如此一块小鲜肉送到嘴边，自然习惯性地流着口水张嘴吞了下去。

但朱温显然没太注意人和人是不同的。杨崇本的妻子可不是敬翔之妻，她深感羞耻，又气又恨地给丈夫送去一封信："你身为男子汉大丈夫，又坐镇大藩，手握强兵，竟连自己妻子的清白都保护不了！我已经变成朱温的女人了，这辈子没脸再见你，将来你给我一把刀或一条绳子了断吧！"

杨崇本也没有敬翔淡定，他收到信后，气得咬牙流泪，深恨朱温，只是一时不敢公开发作。不久，朱温率大军东归，去对付王师范，顺便毫不愧疚地送还了杨崇本之妻。杨崇本羞怒交加，再加上静难所受的直接威胁已经大大减弱，突然想起自己是义父的好儿子，是大唐的赤胆忠臣。

杨崇本马上遣使去见李茂贞，请求恢复父子关系，并用王师范式的口吻，大义凛然地告之曰："朱氏作乱，现在已经危害到大唐的国祚了！义父身为国家的磐石，岂能坐观天子受难而不救？儿愿与您一道举兵谋求兴复，就算大事不能成功，我们也是为匡复社稷而死的，死得其所！"

李茂贞虽然不见得会相信这位前干儿子的诚意，但在大败之后能重新收回静难镇，对他很重要，于是欣然接受，一面重整军备，预备出师，一面派出使节分头联系李克用与王建，商讨共同对付朱温的计划。

这些不和谐的情报很快就传到了朱温的耳朵里，这既让他一惊，也让他觉得是个机会。朱温之前就认为，把李晔和他那有名无实的大唐中央留在长安，自己遥控起来很不方便，现在正好借这个由头，给大唐迁一迁都。

淮南援军已撤，朱温认为王师范已掀不起大浪，故决定先去张罗迁都的准备工作。八月一日，朱温离开平卢前线，将大军的指挥权交给刚刚改任齐州刺史的大将杨师厚。

这样一来，杨师厚就成了自朱友宁和朱温本人之后，讨伐王师范的梁军第三任总司令，手握近二十万大军，权力超过了资历、功绩都比他高得多的葛从周，这是多大的信任啊！杨师厚决定好好露一手，来报答朱温对自己的栽培。

杨师厚让手下放出风声，虚构了一条假情报，谎称吴军对王师范的第二拨援军将至，他将率梁军主力前往密州迎敌，临朐大营将只剩下一些粮草和辎重兵。

【作者按：这是《旧五代史》的说法，《新五代史》则称杨师厚派人散布谣言说："梁兵少，方乞兵于凤翔，今粮且绝，当还军！"然后王师范就上当了。在下认为这个计谋太弱智了，不知道欧阳修老先生是怎么想的，实力天下第一的梁军怎么可能兵少？就算兵少，也不可能向敌对的李茂贞要援兵啊！逻辑假到这种程度，王师范还能中计？故不取。】

随后，杨师厚白天假装将兵力向南调动，晚上又悄悄调回，在临朐周围设下埋伏。平卢的密探得到这一情报，立即向王师范报告。由于王师范与杨行密之间的联系渠道已经中断，没法去核实，但人的心理常常是喜欢相信对自己有利的消息，于是王师范信以为真，决定出击。

九月六日，平卢军主力离开青州，奇袭临朐大营，这当然是正中了杨师厚之计，中伏的平卢军大败，立时溃退，杨师厚纵兵追击至圣王山，阵斩平卢士卒一万余人，生擒平卢将领八十人，其中还有一个是王师范的弟弟王师克。

紧接着，九月七日，杨师厚又取得一次大胜，全歼前来援青州的莱州兵五千余人，梁军乘胜直抵青州城下扎营。九月十四日，梁将刘重霸攻克棣州（今山东惠民）。至此，还在平卢军控制下的地盘，除了总部青州，就只剩下被葛从周部梁军团团包围的兖州了。

王师范绝望了，他现在已经知道自己被骗了。杨行密根本没有派来第二批援军，其他与他有秘密联络的藩镇，如李克用，更不可能指望。怎么办？是继续打下去，为大唐殉葬，还是为了家族的一线生机，去试试朱温的度量？

九月二十一日，王师范做出了自己的选择：派平卢节度副使李嗣业和弟弟王师悦出城，向杨师厚请降。在降书中，我们可以看见另一个已不那么崇高，但现实得多，也学会了推卸责任的王师范："我并不敢忘记朱公您对平卢的大恩，但韩全海、李茂贞他们，用皇上亲笔书写的诏书命令我出兵，我也是受到蒙骗，不敢不遵旨行事啊！"

朱温身体不太好，正在大梁养病，更由于兖州仍在平卢大将刘鄩的控制之下，而刘鄩这个人，已经凭借这一段时间在战场上的卓越表现，被颇为爱才的朱温看中了。在挖人家的部下之前，先砍人家的上司，多半不会是个好主意，朱温决定暂时假装宽宏大度，既往不咎，慷慨地重新任命王师范为平卢留后。不过，除了青州本城，平卢所属其余各支州全部被朱温派人接收，王师范一个也调遣不动，用以保证他没本钱反悔。

对朱温的"大度"，王师范深感意外，大喜之下，误以为自己安全了，便很厚道地替仍在坚守兖州的刘鄩求情："我平卢的行军司马刘鄩，之前率军袭占兖州，他是受命行事，并非独断专行，请朱公赦免他的罪过。"这一请求，正中朱温下怀，他当然批准。于是，王师范派出使节前往兖州，告诉刘鄩："不要再打了，我们已经投降了！"

在王师范的投降令到达之前，刘鄩已经用区区五千兵力，顶住梁军名将葛从周数万大军的围困，坚守了大半年。在刘鄩出色的指挥下，这支小小的平卢军打了一场很经典，但一点儿也不激烈，甚至可以说很温馨的城市保卫战。

本来，兖州战役在一开始时，梁军的围城主将葛从周，因为焦心于家人失陷城中，又认为刘鄩的兵不多，是打算以众凌寡，速战速决的。但就在葛从周指挥着梁军，刚刚对兖州城展开猛攻时，出现了与吉阳矶会战前初看有几分相似，细看又大为不同的一幕，改变了这次会战的主基调。

一顶小轿被抬上了兖州城楼，然后刘鄩殷勤地从轿中请出了一位老妇人，正是葛从周的母亲。待看清城楼上的人是谁，葛从周吃了一惊，他没有像李神福那样，命人对老母放箭，而是让大军暂缓进攻。

只见老太太扶着城上女墙，对城下的儿子呼喊道："刘将军是个好人，他待奉我，不比你差，媳妇们也都安好，家中没人受害。儿啊，你和刘将军没有仇，只是人臣各为其主罢了，你要明白这个道理。"葛从周听罢，心乱如麻，流泪退下，梁军的攻击力度因而大为减弱。

不过，仔细分析一下，对兖州也真没必要攻太猛，在平卢战场，梁军已处于绝对优势，王师范根本没有能力再为兖州提供任何有效援助，只要将城池围一阵子，等城中断粮，刘鄩也非投降不可。于是，葛从周不再急于攻城，只命布下连营，将兖州牢牢围困，军队加强戒备，坐待克城。

那刘鄩该怎么应对呢？如果单纯从平卢军的整体战略来看，让平卢军最优秀的将领，在远离主战场的地方，率这支孤军困守一座孤零零的兖州，其实是一种浪费，如果他能突围而出（当然也不容易，但成功的可能性还是有的），回青州与主力会合，再配合王茂章的吴军援兵，实现兵力集中，不管是与梁军决战也好，或是在实在不济时保护王师范逃往淮南也好，他发挥的作用都可能更大些。

不过，透过史书中的种种记载，在下总感觉刘鄩在内心深处可能另有自己的想法，未必完全和王师范一条心。以刘鄩的军事素养，没理由看不出主公分散出小股兵力，去袭击朱温内地多个州府的战法并不靠谱，但他没有提出异议，还是领命去了，仅仅是忠于职守吗？

聪明过人的他，可能早就料到王师范这次必然失败，也就是说，如果不为主公殉死的话，那么，是机会换一个新主公了。

一支势力的败亡，对其首领而言，自然是灭顶之灾，但对于一位既有能力又不甘心于平庸的部下而言，没准还是新的机遇呢？古人曰：良禽择木而栖，良臣择主而事。

要将古人的那句名言付诸实施，那得干好两件事：一、找一个有前途的明主；二、让明主发现自己是良臣。

就此时而言，天下群雄，朱温独大，要看出哪个老板最有前途，已经不太需要智商了。所缺的只是第二项，找一个能充分体现自己价值的舞台。

直接弃职去投奔朱温吗？那岂是吾辈所为！总体而言，刘鄩仍是个君子，而且人所共知，王师范待他也不错，他虽有心求荣，但背主的事他是不会干的。或者说，他也不想让自己掉价。这就像三国时的赵云，虽然已经认定刘备是自己最好的上司，但在原上司公孙瓒死之前，绝不跳槽。

这样一来，让他独领一军袭击并占领兖州的任务，虽然对王师范只是一次得不偿失的胜利，但对刘鄩而言，就是人生的天梯。之前一直默默无闻地被埋没在历史边角处的刘鄩，能不好好珍惜这个机会吗？

刘鄩决定尽全力饰演好自己的角色，在这次作战中，既要充分体现自己的才华，又要尽量避免给对手过大的伤害，因为可能过不了多久，他们就是自己的同僚了，不是吗？在此次平卢战争中崭露头角的三位名将（刘鄩、杨师厚、王茂章）中，刘鄩的表现最为仁义，这可能就是原因之一。刘鄩不会走，只要在这里坚持到王师范失败，他就成功了。

现在，葛从周断绝兖州的粮食供应，刘鄩就采用了一个比较温和的方法来减少城中的粮食消耗。他命将城中的所有老弱妇孺，以及病人找出来，送他们出城避难（当然，里边应该不包括葛从周的家属）。

这样，城中就只剩下军人和青壮男丁，抵抗攻击，加固城防，修缮兵器，在每一处地方，刘鄩都与他们同甘共苦，一起劳作，绝不搞特殊。城中的存粮也全部集中了起来，统一平均分配，刘鄩自己也不多分一口。刘郭的每一道军令，都严明而公正，且以身作则，因此，虽处在强敌的围攻之下，城中却一直保持人心稳定、秩序井然的良好状态。

但节流毕竟代替不了开源，分配得再公平，城中存粮也还是不可避免地一天比一天少了。刘郭的副手王彦温深知这一情况，他又没有刘郭的远见，在坚守了一段时间后，觉得前途渺茫，就找了个机会从城头放了根绳索下去，缒城而出，去向梁军投降。

在刘郭的严密部署下，守军的警惕性是很高的，所以不少人都看见了这一幕，城上守兵人心大乱："怎么回事？连王副使都要投降了吗？那我们还傻站在这里守什么城啊？"顷刻间，就有不少士卒沿着王彦温开启的求生通道，也哧溜一下窜下城。

几乎在第一时间，刘郭也接到了王彦温叛逃的报告，他心里也许吃了一惊，但在表面上不动声色，平静如常，立即派人到四面城墙上巡视传话："凡没有接到要跟随王副使行动的秘密命令，却擅自出城者，诛全族！"

这条命令一下，城上的守军恍然大悟：敢情王副使和刚才下去的那些弟兄出城，是有秘密任务，不是投敌啊，幸亏我们没有草率地跟上去！人心才重新恢复稳定。

与此同时，刘郭的另一名使节骑马出城，追上了即将到达梁营投降的王彦温一行人，大声传令道："刘将军说了，凡不在行动计划中的士兵，都不要出城！"王彦温顿时有些蒙了，计划？什么计划？我怎么不知道？他一时无法想清楚这是怎么回事。

倒是跟着他跑路的部分逃兵想清楚了：原来这是计划啊！具体会干什么呢？去诈降当卧底，还是去奇袭敌营？不管哪一种，都是九死一生的危险任务啊！这么一想，王彦威的形象顿时在逃兵的心目中高大了起来，逃兵都深感惭愧。

想通了的一批逃兵随着使节一同返回了城里。只剩下几个脑子不够用的，和王彦温一起来到梁营。迎接他们的，不是鲜花或者美酒，而是绑绳和大刀。

梁军当然是有探子的，所以兖州城上和大营之外发生的事，都已经传进了葛从周的耳朵，种种迹象表明：这不就是如真包换的假投降吗？葛从周的处理非常干脆，都没有同王彦温客套两句，就命令直接绑了，押到城墙下，当着城上守军的面公开斩首，以儆效尤！

大刀挥落之际，守城的平卢军士不禁感叹：王副使真是条好汉！明知山有虎，偏向虎山行，而且直至生命的最后一息，仍然不向敌人透露半点儿军情计划，而是继续高喊"冤枉，我是真投降啊"。

当然，也可能有些聪明的士兵会怀疑刘鄩将军的解释，也许王副使真的是出去投降呢？但不管相信王副使是英雄也好，认为王副使其实是狗熊也罢，血淋淋的人头还在地上晾着，谁还敢轻易擅离职守？

那么葛从周呢？以他的身经百战和精明强干，真是中了刘鄩的计吗？在下觉得，更大的可能是，他与刘鄩一样清楚到底是怎么回事，这只是他对刘鄩善待自己家人的投桃报李，以及他作为军界前辈对晚辈新人的爱护。

在朱温手下打拼了将近二十年，葛从周已经把朱温摸透了，知道他既有爱才的一面，又有猜忌的一面，他很喜欢新人有卓越表现，但对于自己这类资历、功绩过大的元老，则并不希望其再建大功。所以，既然快速拿下兖州是不必要的，王彦温那种反复小人又死不足惜，还不如提携一下晚辈，成就一代新人。

相持就这样继续了下去，到九月初，王茂章、张训已南撤，王师范屡战屡败，平卢战争进入残局阶段，葛从周认为时机差不多了，便派使臣入城，向刘鄩分析天下大势与个人前途，劝他投降。

刘鄩答道："我受王公之命来守此城，如果一看到他失势，没等他吩咐，就擅自投降，岂是属下该做的事？"他话说得大义凛然，意思很明确：他是可以投降的，只不过要等到王师范投降之后。

在汴州，朱温已经对刘鄩的表现非常欣赏，再闻此语，大为赞叹，认为刘鄩的节操不亚于唐初的英国公李勣。十月十一日，接到王师范的书信，刘鄩才正式出城，向葛从周投降，兖州战役以皆大欢喜的形式结束了，这也标志着平卢军对朱温的反抗完全停止。

葛从周早已为刘鄩备下了行装，准备送他风风光光地去面见朱温。刘郭不愧是王师范的部下，深得真传，一看便拒绝道："我只不过是一个待罪的降将，在得到梁王的赦免令之前，怎么敢骑骏马、着皮衣？"

然后，刘郭穿上素色的布衣，骑着一头小毛驴，前往汴州。刘郭一到汴州，朱温听说他穿着寒酸，立即下令赐给他一套新的衣帽。刘郭再次辞谢道："我是待罪之人，按理应绑缚入见。"朱温下令不准，命摆下盛宴为刘郭接风，同时邀其见面。

宴席上，朱温对这个新部下越看越顺眼，亲自给他劝酒，刘郭婉拒，说自己酒量很小。朱温大笑道："当初，你只用五百人就攻取兖州的时候，量怎的那么大！"乘着酒兴，朱温当即宣布了他给刘郭安排的新职务——元从都押牙，也就是朱温身边亲兵卫队的总管。

宴罢，刘郭正式去上任，亲卫队的众位将领一起来拜见新长官。按说这些人可不好管，他们大都是多年来追随朱温的功臣故旧，个个资历深厚。以刚刚入伙的一介降将之身，一转眼便位居众多前辈之上，并接受他们的参拜行礼，这在一般人多少总会有些尴尬不安，但刘郭端坐于上，泰然自若，好像那个位子原本就是他的。在那一刻，刘郭洗去了之前所有的掩饰，露出了他最真实的一面：是啊，这些就是我所要的！

就这样，聪明的刘郭用一种最有尊严的方式，加入了朱梁阵营，并开始他更加显赫，却也充满遗憾的下半生。

只不过，这个选择对于王师范，其实却是个坏消息。之前，朱温之所以异常大度地让王师范继续执掌平卢，就是因为兖州还没有投降，做给刘郭看的。现在没这个必要了，朱温马上派心腹谋士李振前往青州，接替王师范担任平卢节度使。

朱温反悔的速度如此之快，让王师范吃了一惊：这是要杀我吗？那是不是该趁着手中还有最后一点儿亲兵，守住青州城，拼死一搏呢？但李振是忽悠大家，摆弄三寸不烂之舌，打消了王师范最后的抵抗意志："王公没听说过汉末张绣的故事吗？张绣原本与曹操为敌，还杀掉了曹操的儿子与侄儿，但他观察天下大势之后，不归附袁绍，却主动向曹操投降。为什么？因为他知道曹公志在天下，不会记私人的小仇罢了。当今的梁王就如同当年的曹公，正在图谋大事，岂会因为过去的一点儿小恩怨杀害忠臣呢？"

王师范可能没有看过《三国志》，不知道张绣后来还是被曹家人干掉了。他竟然就这么相信了，离开了青州，前往汴州，变成一块人家随时可以下刀的砧上之肉。他可能还不太清楚，朱温这个人，对别人恩情的记忆力兴许不是太好，但对别人的冒犯，那记性一向是极佳的。

如果说王师范还有什么值得庆幸的，那就是朱温为了避免过早地刺激其他藩镇，暂时还不想动他，第一块被宰割的肉，将会有别的人来承担。

二相殒命

话说随着王师范的投降，此前与他密谋的那些来往书信自然也就被朱温掌握了。像李克用、杨行密这些人，朱温闭着眼睛也知道他们必然是榜上有名，一时也拿他们没什么办法，所以不说也罢。

但当朱温看见一封发信人的落款中，出现"张濬"这个名字时，不由得大为震惊：一直以为这个老宰相是我的忠实老友，而且就在我的庇护之下，他怎么敢忘恩负义，在暗地里反对我？

震惊之后，朱温继而大怒，立即给坐镇洛阳的佑国节度使张全义下了一道秘密指令：把忘恩负义的张濬，全家干掉，一个不留！

但愿望和现实常常是有一定距离的，即使是天下最强大的朱温的愿望。且不说张濬有个小儿子李俨在杨行密那里，已经杀不着了，就连留在长水别墅的张濬家人，也未能真正斩草除根。

纰漏出在张全义手下一个叫叶彦的小官身上。叶彦是一位义士，受过张濬的恩惠，总想报答，见到这条密令，大惊，便冒着掉脑袋的危险，在张全义动手之前悄悄通知张濬次子张格："梁王必杀张相公，张相公是不可能逃脱此次大祸了，但郎君还有机会自救。"

张格忙来告知父亲，父子俩相抱痛哭。待情绪稍缓，张濬对儿子说："你要是留下来，只是同我死在一起罢了，离开还有可能给张家留后，你要真的孝顺，就不要以我为念，赶快逃走吧！"

于是，张格流着泪向张濬叩头辞别，在叶彦和三十名死士的保护下，悄悄离开长水，一路南逃，进入赵匡凝的辖区，而后再逆江而上，穿过三峡，投奔王建去了。他在未来还有故事，暂且不表。

送走了儿子，张濬放心了，他留在长水别墅，静静地等待早晚都会到来的那一天。张濬这一辈子，也许志大才疏，也许远远算不上正人君子，也许做过很多错事，留下不少悔恨，但至少对于这最后的选择，他可能不会后悔吧？吾欲成仁，而斯仁至矣，夫复何求？

根据朱温的指示，张全义没等太久。天复三年的最后一个晚上，万家团聚的大年夜，一伙组织严密、手段狠辣的"山贼"突然包围了张濬的别墅，封锁所有出入口，然后闯进去大开杀戒。待哭喊声渐渐平静下来，别墅中的张濬一家，不分男女老幼，共一百余口，已全部倒在血泊之中！

张相爷，你不会孤单，再等十几天，另一位同样公认的朱温老朋友，就会和你结伴而行了。

让我们把时间稍微往前推一推，那是天复三年十月十五日（刘郭投降的第四天），长安城中两支互不统属的武装部队，朝廷直辖的神策军以及朱温派来负责"保护"朝廷的宣武特遣军，举行了一次大唐百姓喜闻乐见的马球赛。

其实，经过一轮轮的重创，在朱温将李晔迎回长安时，朝廷直辖的所谓"天子六军"，基本上也就剩下个空架子了，长安几乎完全在朱温派来的宣武特遣军控制之下。

对于这种现状，这个空架子的领导，兼任判六军诸卫事的宰相崔胤，理所当然不太满意。虽然崔胤与朱温结交已久，在对付宦官，对抗李茂贞时，是亲密战友，但从本质上说，一个中央宰相和一个地方强镇的利益，毕竟是大不相同的，崔胤并不希望大唐朝廷仅仅变成一张可以让朱温随意玩弄的扑克牌，那样自己这个朝廷的宰相还有什么价值？

假如崔胤干脆一心一意帮助朱温篡位，建立新朝呢？那也很糟糕，死后肯定进《奸臣传》，背负万世骂名什么的咱都不说了，可人家朱温已经有了敬翔和李振，就算要你，也顶多当个老三。

所以，一定要设法让朝廷尽可能摆脱朱温的控制。当务之急就是重建"天子六军"。

正好，杨崇本二度倒戈，又为崔胤提供了充分的理由。于是，崔胤正式向李晔奏报了他的计划："现在，左右龙武军、左右羽林军、左右神策军都已名存实亡，没有侍卫来护卫天子，这怎么行？我建议，重建六军，每军设步军将领四人，每人招募新兵二百五十人；设骑兵将领一人，招募骑兵一百人，总计六千六百人。然后再从中挑选精壮，护卫宫阙。"

对于这种强化中央军的方案，李晔自然愿意接受，其实就算他不愿意，他也只能接受。不过，要落实方案，真正重要的是得到朱温的批准。所以，崔胤也在同时，用亲密的语气给他交心的好哥们儿朱温送去一封信，无比亲切地解释道："京城紧挨着李茂贞这个逆贼，不能没有防备，但我也知道，梁王您现在攻打平卢，手头也有点儿紧，所以我已经建议天子，招募一点儿新兵，来充实六军。我想的、做的一切，全都是为了给梁王您解除后顾之忧啊！"

出乎崔胤意料的是，被认为很狡猾的朱温，竟然并不像想象的那么难忽悠，收到这封信，也不仔细盘问一下自己的动机，就简简单单同意了。崔胤大喜，立即命他的副手，京兆尹兼六军诸卫副使郑元规贴出告示，高薪募兵，择优录取。开始了大唐朝廷最后一次重建禁军的努力。同时，崔胤与郑元规又招集大量的铁匠，日夜赶工，打造兵器、盔甲，一时材料不足，甚至将大量铜、铁制成的佛像都拿去回炉。

只可惜，崔胤不知道，就在他大扩军的时候，梁军中精干军士，同时接到了一份据说是由梁王亲自下达的秘密指令：暂时离开编制，改换身份，前往长安，应募当兵……

在朱温不动声色的"帮助"下，崔胤与郑元规的募兵活动，成绩斐然，招来的新兵不但有数量，也有质量，让崔胤十分满意。

不过，要按照崔胤的计划，让朝廷渐渐摆脱朱温的全面操控，这一小小的"成功"，仅仅是第一步。接下来要面对的困难更大，问题更棘手。比如，即使在长安城中，重建的"天子六军"也不是唯一的武装力量，甚至不是最大的。以左宿卫都指挥使朱友伦为主将的汴梁驻京部队，人数就有一万。

朱友伦是朱温二哥朱存的儿子，不久前在青州毙命的朱友宁之弟。据说，朱友伦自幼聪敏颖悟，喜好文学，又通音律，还擅长骑射，是朱温最为欣赏的朱家第二代子弟。朱温非常少见地对人夸耀说："这可是我们朱家的千里驹啊！"这样的评价，别说是他亲哥朱友宁，就连朱温自己战功卓著的儿子朱友裕，都不曾享受过。

有了三叔的大力提携，朱友伦十九岁即从军任宣武军校，在入长安负责替朱温监控朝廷之前，已经参与过很多次征战，虽然从来没有挑过大梁，但表现不俗，所到之处都能立功，没有辜负朱温对他的期望。

这样一位少年俊才，在朱三叔眼里是个宝，但在崔相爷的计划中，显然是一块碍事的绊脚石。在这样的背景下，一件说不清道不明的意外事件发生了。

让我们回到十月十五日的马球赛现场。这时，在场上纵马奔腾、潇洒挥杆的球员之中，有一个年轻矫健的身影，他就是"朱家的千里驹"朱友伦。朱友伦曾经跟着李思安屠宰过刘仁恭，跟着氏叔琮穷追过沙陀军，跟着康怀贞痛扁过李茂贞，与这些经历相比，打马球的运动量实在是小意思。

谁知善泳者也会溺于水。在激烈的拼抢中，擅长骑射的朱友伦突然啪的一下，从马上重重地摔了下来，没一会儿就死了。

究竟发生了什么事？当时就没能完全弄清楚，我们今天自然更难轻易下结论。显然，像马球这类比赛，发生意外事故的可能性是比较大的，但从大唐的历史实践来看，出于某些需要，发生"非意外事故"的概率同样极高。

在崔胤的操作下，李晔宣布朝廷停止办公一天，以示哀悼，并追认朱友伦为太傅，尽力将大事化小。只是，怎么过汴州那一关？

再说，朱友伦突然死亡的消息传来，朱温又惊又怒。原先朱家三兄弟中，朱温与大哥不怎么合得来，而与二哥朱存意气相投，他们一道打猎，一道投军。无奈二哥命不好，战死于岭南，让朱温很是伤感。好在朱存死前，留下了友宁和友伦这两根苗，故朱温入主汴州后，就将两个侄儿接到身边，视同己子。经过这些年着力培养，眼看两个侄儿都已成长为独当一面的将才，谁知竟在短短数月之间先后丧命。

二哥绝后了！万分悲痛的朱温下令：将当天与朱友伦一起打马球的十余人全部处死（有文章称这十余人是被崔胤杀掉向朱温做交代的，似更合逻辑）。这并不算完，虽然没有拿到确凿的证据，但朱温认定一定有幕后主使，最有动机的那个人自然就是崔胤。

朱温开始行动起来，七万大军陆续向河中集结，摆出了一副要到朝廷兴师问罪的模样。李晔闻知此事，大惊，他已经见识过朱温的威力，也不再对朱温的"忠诚"抱有幻想。恐惧之下，李晔一度想逃出长安，投奔比较像忠臣的强藩李克用，但转念一想，长安城中已有不少朱温的军队，朱温本人更是已经亲率大军堵在河中了，除非练成了筋斗云，否则恐怕连长安北门都出不去。

没办法，李晔只好找来崔胤：你和朱温不是交情很好吗？那就想想办法别让他入京了。此刻，在阻止朱温到来这件事上，崔胤和李晔已经是利益共同体了，当时就有传闻，言崔胤将用新募禁军护持皇帝逃往荆襄，投奔看起来也比较像忠臣的赵匡凝。这条路和去河东比起来，道上的阻力倒是稍小一点儿，但就算能够到达，被梁兵扁过一顿的赵匡凝还有胆量收留从朱温盘中飞来的熟鸭子吗？

思来想去，崔胤也不敢冒险，而且似乎存有侥幸，还没有意识到朱温已经对他起了杀心。基于这一错误判断，崔胤硬着头皮，给朱温送去一封书信，希望他给老朋友一个面子，不要急于入京。

朱温居然又同意了，他不进京，只是派了另一个侄儿朱友谅来长安，接替刚刚不幸身亡的朱友伦。

与拥有一大串光荣履历的朱友伦不同，朱友谅在《旧五代史》中的传记只有短短的四句话。第一句，交代他的身份，朱温大哥朱全昱的长子；第二句，交代他的人品，"多行不法"，喜欢为非作歹（亏他还是老实本分的朱全昱的儿子）；第三句，他的兄弟造反，牵连他蹲了大狱；第四句，他被宰了。简明扼要地勾勒了一个人渣的平庸一生。

不过，朱友谅本事虽然远远不如他的堂弟，但由于可以假他三叔朱温那只大老虎的威，他面对虚弱的朝廷同样所向无敌。

天复四年（904）正月初，朱友谅到达长安，向李晔转呈了一份朱温的密奏："据查，司徒、兼侍中、兼判六军十二卫事、兼盐铁转运使、兼判度支崔胤，在朝中独断专行，扰乱国政，离间君臣，实属罪大恶极，不容宽赦！臣请陛下，立即将崔胤及其同党京兆尹郑元规、威远军使陈班等人逮捕，一律处死，以正国法！"

李晔再一次被惊掉了下巴，这世界变化怎么如此快啊？朱温上下嘴唇一碰，崔胤就由他的老朋友，拯救社稷的"扶危匡国致理功臣"，变成不齿于人类的渣渣啦？李晔不敢强抗朱温的奏章，但也不愿意完全顺从，毕竟崔胤已经是他最后一个能够倚重的大臣。思来想去，李晔讨价还价似的，下达了一系列打折扣的圣旨，也许他还奢望救崔胤一命吧？

一、贬崔胤为太子少傅，洛阳安置，贬郑元规为循州（今广东惠州）司户，贬陈班为溱州（今四川綦江东南）司户。

二、根据朱温的推荐，任命宰相裴枢兼任判左三军事，独孤损兼判右三军事，同时提升兵部尚书崔远、左拾遗柳璨二人入相，填补崔胤一党被贬留下的空缺。

三、解散崔胤新招募的军队。

除了第二项，任命几个新职得到执行外，李晔的圣旨同以往一样，效力十分有限。比如说，崔胤、郑元规、陈班等人就都没有奉旨离开长安，去新岗位报到，这倒不是他们不肯走，而是想走也已经走不了了。

正月十二日，朱友谅指挥驻京的宣武军团团包围崔胤居住的开化坊。对崔胤而言，这样被人围殴的经历，早不是第一次了，两年多前，他就带着娄敬思的宣武军与孙德昭的盐州禁军保卫开化坊，顶住韩全海、李继筠的进攻，保护了朝中百官和很多避难的百姓，让多少人感激涕零！

虽然光荣的历史明显不会重演，但崔胤不是张濬，他还没退休呢，岂有束手就擒的道理？即使结局注定一死，也要做困兽之斗，没准还有逃出长安的一线生机呢？比如杨复恭前辈。

这个判断不是毫无来由的，尽管新募的禁军已经被勒令解散，但他们显然并没有完全脱下军服回家，至少有数百名最精悍的战士留了下来，并赶到了开化坊，来保卫他们的崔长官。这让崔胤感动莫名：谁道天下无义士啊！

坊墙外，朱友谅的士兵在高喊："崔胤速速出来投降，否则杀入坊内，鸡犬不留！"坊墙内，崔胤也在作死战前的动员："保卫社稷，攘除奸佞，在此一举！"数百名禁军一声高呼，"簇拥"到崔胤身边。等等，崔胤突然发现，他们竟然枪头一致对内，都指向了自己这位禁军最高长官。在死前那一瞬间，他终于明白过来，这些精兵是从哪儿来的。

崔胤死了，终年五十一岁，与他的心腹郑元规、陈班等人，全部陈尸街头，供人唾骂。各路口的告示用最恶毒的语言，将他们干过的或者没干过的坏事，统统追加到他们头上，证明他们罪大恶极，死有余辜。愤怒的长安百姓向崔胤的尸体投掷瓦砾，不多时，砸出一座小坟。

崔胤当然不是什么忠良，但仅就史书中的记载来看，他坑的主要是宦官、同僚，起码到死前，他并没有做过祸害百姓的事，反而有过保护百姓的实例，何至于此？也许百姓的愤怒并不一定来自理性，更多的时候是盲目的，或是随大溜，或是身不由己。

长安之殇

杀掉崔胤，清除了大唐朝廷最后那微不足道的抵抗力量之后，朱温派心腹牙将寇彦卿携带自己的奏章进京，以不容争辩的口气要求：因为李茂贞与杨崇本两个叛贼的军队已经逼近京畿，为了保证朝廷的安全，请陛下立刻迁都洛阳。

这倒不完全是假话，李茂贞、杨崇本（已经重新改名李继徽了）有没有能力威胁长安不好说，但他们确实已经重新起兵，再次与朱温为敌了。

可是李茂贞不久前差点儿完蛋，却如何记吃不记打，伤疤还没好全就忘了疼，居然会大着胆子再次向朱温挑衅呢？

除了干儿子杨崇本重新回到李茂贞的麾下，还有一个更重要的原因：原本一直在忽悠李茂贞的西川老狐狸王建，终于一反常态地给了他实质性的援助。

王建当然不是突然变得诚实守信了，也不是因为巴蜀的将军们热爱和平，希望与凤翔同行长久友好下去。实际上，就在前不久，王建的很多部将还向王建进言说，机不可失，应该乘着朱温主力东调去对付王师范的机会，大举出兵北伐，一口吞掉已经元气大伤的李茂贞。

单纯从这些建议的可行性来看，已经很强大的王建集团要将它成功实施，其实并不太难。但进言的将军们显然忽略了一点：他们的老大是王建，不是刘备。

与那位历史上有名的蜀地之主相比，不管是论打仗，还是论权谋，王建都要比刘备高那么一点点，比脸厚心黑，更可以把汉昭烈帝甩出好远。但是，作为一个开国建基的创业首领，真的有这些就足够了吗？有些才能，例如广纳人才的个人魅力，不为人下的进取精神，还有识人容人的度量，恐怕更为重要。偏偏在这些方面，王建比之刘备，都只能甘拜下风。

在华夏文明的核心区域内，巴蜀是个最典型的盆地，四边高山环绕，天险重重，中间沃野千里，人烟稠密，虽然其潜力足以自立一方，内部联系也很便利，可与盆地外的四邻交流就很不方便了。因此，凡以巴蜀为根基的割据者，若想打出盆地，争夺天下，只能有两个方案：派一个拥有权威的大将为主帅，再将自己的大部分兵力交给他，让他全权指挥，出师征伐，无法遥制；自己亲自统军出征，将辛苦打下的巴蜀根据地交给有能力、有威信的人坐镇。

不管哪个方案，都需要满足一个基本条件，至少得有一位既能力出众又绝对可以信任的手下。可这一条，恰恰是猜忌之心极重的王建无法具备的：凡是他信得过的手下，能力都不怎么样；而能力比较出众的人，如华洪（王宗涤）、许存（王宗播）、王先成，以及后来的刘知俊，在他眼中都是危险分子，等不到狡兔死就已经有熬狗肉汤的冲动，更别提什么信任或重用了。

正因如此，让王建出兵北伐，与朱温、李克用等逐鹿中原，实际上就是不可能的事了。只是，王建不方便把这个实话说出来，打击手下的积极性。所以王建和谋士冯涓唱双簧，请他来发表对北伐的看法。

冯涓道："战争是一种很凶残、很不吉利的事，既会吞噬无数人的生命，又会让大量财富化为乌有，如同填不满的无底洞，岂可轻易言战？方今中原，唯宣武与河东最强，他们龙争虎斗，势不两立，但这种态势不可能长期保持，一旦他们决出胜负，合二为一，再出兵巴蜀，那么即使诸葛亮复生，也难以抵挡了。依我看，凤翔李茂贞集团的存在，正是我们抵挡北方入侵最好的藩篱屏障，所以我们最好留着他，与他和解交好，缔结姻亲，支持他继续守下去。这样一来，没战事的时候，咱们可以安心归田，训练士卒，固守封疆；有战事的时候，再根据情况，相机反应，可以比拿下他更加安全。"

王建点赞："冯先生说得对，李茂贞虽然只能算个庸才，但这几十年也算闯出了点儿强悍能战的名声，关中远近都对他有所畏惧，与朱温一争胜负的本事固然没有，但收缩兵力，守住老巢的能力还是不错的，让他当我们的藩篱，为我们守边，比我们劳师费力，派兵翻越秦岭去防守陇右，利益大多了！"

就这样，按照《前蜀后蜀史》的推算，坐拥二十万大军的蜀中霸主王建，在根本未受到强大外力的威胁或牵制下，就主动放弃两次打出蜀地的大好机会（另一次是成汭之死，荆南无主），开始执行缩头乌龟式的保守战略。

根据这一战略，王建派使者前往凤翔，表达了和好的诚意。李茂贞虽然不太敢相信王建的信用，但他也没有更好的选择，便也试探性地派使节回访，提出凤翔现在处境困难，请求王建给予武器和经济方面的援助（不敢再要援兵了）。

王建不但慷慨地一口答应下来，更难得地说到做到，大批蜀地特产的上等丝绸和兵器盔甲被源源不断地送往凤翔，极大地填补了李茂贞的财政空洞，使他能够顺利渡过被朱温痛扁之后的难关，并在一定程度上恢复了元气。

一来二去，蜀岐之间迅速化敌为友。后来，李茂贞还派使节赴成都，请求联姻。王建便将自己的一个女儿（王建称帝后封为普慈公主），嫁给李茂贞的侄子天雄节度使李继崇，使双方同床异梦的盟友关系，在表面上得到进一步强化。

除了得到王建"真诚"的帮助外，李茂贞还派义子李彦琦出使甘州回鹘，经过谈判，建立了一个以凤翔为物流中心的比较稳定的贸易网络：李茂贞把从王建那里得到的丝绸转卖给回鹘人，从回鹘换回大批战马装备自己的部队，换回的西域美玉之类的奢侈品，回头卖到蜀地。《九国志》上说，通过这一转口贸易，凤翔"所获万计"，虽身处贫瘠的西北之地，又要投入巨资扩军备战，但仍在经济上站住了脚，有了与朱温抗衡下去的本钱。这也才有了会合杨崇本，试图收复部分失地的军事行动（在下认为，李茂贞不大可能真的想进攻长安）。

言归正传。不管李茂贞军事行动的真实意图如何，他已经为朱温提供了足够的借口。在朱温那份打着奏章标签，但实质是圣旨的决定在长安宣布后，还没等李晔表示同意或不同意，朝中宰相裴枢已接到朱温的公文，上面以不容置疑的语气，命令文武百官立即离开长安，起程东行。

裴枢，出身唐代的仕宦名门河东裴氏，是肃宗、代宗两朝宰相裴遵庆的曾孙，咸通十二年（871）进士。他早年担任过歙州刺史，被正在扩张势力的杨行密赶跑，早早就见识了强藩的厉害。回朝后，裴枢任过一段时间的宣谕官，负责中央与地方的沟通工作。有一次，他到宣武传旨，乘机在这个大有前途的强藩身上做了些感情投资，与朱温交上了朋友，因此他受到朱温的推荐，得以取代崔胤。由此可见，裴枢在朝廷大臣中还属于识时务的"俊杰"，现在迁都既然是朱温的意思，那不管它合理与否，只有积极配合，绝无二话。

正月二十二日，也就是李晔接到朱温奏章的第二天，在未征得任何人同意的前提下，中国历史上最大规模的强制迁都正式开始了。

在寇彦卿的指挥下，梁军按计划进入长安的每一条街道、每一个坊里，暴力将所有居民从他们的家中驱赶出来，一分一秒也不准耽搁，甚至都不允许他们再多看一眼那生过自己养过自己的祖屋。在很短的时间内，一股巨大的难民流出现在了长安东门外，人们扶老携幼，在梁军士卒的监视下，背井离乡，徒步前往八百里外的新都洛阳。

长安市民并不是第一次被迫离家，实际上，这十多年来，由于各种人祸一次又一次地光顾大唐的帝都，出城逃难早就成为长安市民必备的生存技能了。但是，他们中的很多人还是感觉到：这次出行将不同以往，他们不会像以前那样，再有返回家乡的机会了！

拥挤的大道上，充斥哭喊的声音，压抑着无数的愤怒和悲伤。人们需要一个发泄口，不久前被杀，又被再踩上一万只脚的前宰相，成了最好的对象："都怪崔胤这个奸臣，把朱温招来，弄得国家倾覆，害得我们流离失所，落到如此田地！"

显而易见，对于这次大搬家，绝大多数人都不是自愿的。李晔也只坚持了四天，到正月二十六日，就被寇彦卿赶出了长安的宫殿，加入浩浩荡荡的难民潮。

李晔刚刚上路，朱温的部将张廷范立即着手，用最快的速度、最高的效率，将这座已显残破，规模仍居世界第一的巨大都市夷为平地。除少量宗教性建筑，如大雁塔、小雁塔，得以幸存之外，几乎所有宫殿、政府建筑、民间房舍，都被一一拆毁。拆下来的建筑材料，还有使用价值的就装上船，沿着渭水与黄河的河道运往洛阳，木材之类直接扎成一个个木筏，伴着长安难民的泪水，一同顺流东下。

一个多月的时间内，从渭河到黄河的数百里河道，就像一个巨大的沙漏，将关中最后的帝王之气一点点吸走，向着东方流逝。龙首原上，只留下了荒草丛中星星点点的残砖碎瓦。

两个月后，按照朱温的建议，长安、同州、华州、商州被划在一起，设为佑国镇，以韩建为佑国节度使，坐镇长安废城。韩建自然无法在废墟中办公，但要重建长安，他没有那个财力，更不可能与朱温唱对台戏。于是，韩建放弃了长安的外城与宫城，仅仅依照原皇城的大致范围，重修了一座"东西五里一百一十五步，南北三里一百四十步"的新城，长安勉勉强强地重生了，但规模只剩下原来那个长安的十六分之一，且经济凋敝，人烟稀少，它不再有成为一个大帝国首都的资格了！

在长安的漫长建城史上，它虽也曾遭受过很多次人为破坏，但从来没有一次像这次这样致命。

从此以后，曾经上演过无数英雄史诗，见证过秦时明月汉时关的关中地区，永久性地丧失了在华夏文明中的中心地位，沦为大家心目中落后的西部地区。就连寄托王朝最美好愿望的"长安"之名，也被只象征边角之地的"西安"取代。

从此以后，西安人只有在借着酒意，用苍凉的秦腔，吼出"秦川自古帝王州"时，才能透过无奈的忧伤，去追忆那份已然逝去的骄傲与荣光……

迁都洛阳

正月二十八日，李晔到达华州，华州百姓看见皇帝的车驾，便按常规拜伏在街道两旁，高呼万岁。见此情此景，李晔一时悲从中来，流泪对百姓说："你们不要再喊万岁了，朕已经不再是你们的君主了！"

当天晚上，李晔下榻兴德宫（原镇国节度使府衙，李晔曾在这里被韩建软禁了一年），望着这熟悉的大牢笼，再想一想自己即将前往的下一个大牢笼，时运不济的皇帝无限感伤，对左右叹道："朕听过一首民谣，'纥干山头冻杀雀，何不飞去生处乐！'可叹，朕如今连那只恋家的麻雀都比不上，被迫漂泊异乡，还不知会流落到何地。"言罢，李晔泪如雨下，衣襟如洗，左右侍从也深受感染，不忍抬头，齐声低泣……

实际上，关押李晔的新笼子还没有造好，这一点光从张廷范还在将长安的建材输往洛阳就可以看得出。

虽然在朱温的号令下，早已有数万名工匠被调集到洛阳，在工程总监张全义的指挥下，正加班加点，夜以继日地大规模建设宫殿、房舍等基础设施。与此同时，武昌的杜洪、镇南的钟传、湖南的马殷、两浙的钱镠、岭南的刘隐等一大批藩镇，为了讨好朱温，也都在为这个工程捐款捐物，让工程进度不差钱。但建设毕竟比破坏的工作量大多了，李晔如果按正常速度到达洛阳，那里肯定还是个大工地。

所以等到二月十日，李晔一行人越过潼关，被李茂贞等劫走的可能性已经不存在之后，朱温允许他暂住陕州，等待新修的宫殿完工。可能是因为原先没有充分考虑到各种变数，所以忙中出错吧，朱温对李晔的监视和控制出现了一些微小的破绽，竟使皇帝又有了一次悄悄接触外界的机会。

仍不甘心坐等灭亡的大唐天子，没有错过这一丝缝隙，李晔亲笔在白绢上写下数道密诏，然后派出多名密使潜出陕州，分别求救于蜀王王建、晋王李克用、吴王杨行密等仍与朱温敌对的强藩，请求他们协调一致，发兵勤王，将自己从朱温的魔爪中拯救出去。诏书中用几乎绝望的口气呼救道："我一旦到达洛阳，肯定将被朱温囚禁于深宫，与外界断绝一切联系，所有的圣旨都只会是朱温的意思，再也不会有我真正的声音！"

与此同时，李晔也在装模作样，与朱温虚与委蛇。此时，朱温离开河中，用朝见的名义，到陕州好好看看这具已经完全归自己操纵的傀儡。李晔强忍着扇他一记耳光的冲动，装出最亲密的笑脸，在临时行宫设宴招待了朱温。宴罢，又以兄弟般的友谊，邀请朱温到自己的卧室谈心，并与何皇后见面。何皇后流泪道："今后，我们夫妇的命，就全托付给全忠了！"

稍后，李晔又解除了两位宰相裴枢、独孤损那有名无实的禁军兵权，让朱温兼任判左右神策军及六军诸卫事，也就是用敞开胸口准备挨刀的姿势，表明自己对朱温毫无保留的绝对"信任"。

本来，要论玩心眼的造诣，李晔如果算小学毕业的话，朱温至少是大学教授一级的。但由于朱温与李晔的接触比较晚，对他总不放弃幻想的不安分个性了解还不深，误以为这位大唐天子在屡屡失败之后，也应该学会乖乖认命，当一个合格的傀儡了。因而竟稍稍放松了对他的警惕。

既然皇帝看起来还算听话，那就没必要亲自看着他，先去忙别的事。于是，朱温向李晔请行，准备先行前往洛阳，督促施工进度。

三月二十日，为给朱温钱行，李晔会集朝中文武，设下隆重的大宴宴请朱温。主宴席结束后，李晔又亲切地将朱温留下，请进内室，由韩建作陪，再来一段私宴，把酒言欢，不醉无归。这次虽是私人性质的小宴，级别却是极高的，连已身怀六甲的何皇后，也亲自捧着玉杯，端着笑脸，给朱温敬酒。

皇后给臣子敬酒，这在大唐的历史上似乎还没有先例，何况何皇后还是一位"婉丽多智"的美女，这感觉让出身低微且好色的朱温非常受用，眼看就要接过玉杯。可就在这时，宫中一位贵族女性，封号晋国夫人的可证（名可证，姓氏失载）突然走进来，附到李晔的耳边，说了几句悄悄话。

这是几句代价极为高昂的悄悄话，虽然她说的是什么，除了李晔外，估计谁也没听到，但正因为听不清，才给对面的人以充分的想象空间：会是说毒药已经下好了吗？

与李晔打过一年交道的韩建见状，为向他真正的上司表忠心，轻轻在桌下踢了朱温一下。

朱温的反应何等机敏，顿时猛醒：对面那个人笑得再真诚，利益上也是与自己根本对立的，他会没有别的想法吗？对朱温来说，害人之心可以有，防人之心更不能无。于是，还没喝多少的梁王突然"酒劲"上来了，颠三倒四，走起了醉八仙，不得不在韩建的搀扶下，向李晔告辞。

按照朱温心目中的有罪推定，是该对李晔的心腹发起一轮大清洗了，不过他暂时引而不发。他先起程前往洛阳，稍稍减轻对朝廷的威压，看看还有哪个不识时务的家伙心向大唐天子。

四月十六日，朱温在洛阳上疏，说洛阳的宫殿已经修缮完成，请李晔早日移驾。李晔对朱温又恨又怕，在陕州还稍微有一丁点儿自由空间，当然不愿自投虎口，于是想方设法找借口推托。

李晔先是示意手下，让司天监王墀奏报说：发现天象有变，东行不吉，如若东行，到今年深秋将会有大难。李晔再把这一观测结果告知朱温，提出希望将东行日期延迟到十月以后。

于是，朱温将王墀列入了清洗的黑名单，强硬的态度一点儿没变，奏疏一封接着一封，不断甩到李晔案头，催促起程。

李晔不愿去，但又不敢强抵，便派宫女传话，向朱温诉苦说：何皇后刚刚分娩，身子虚弱，承受不了路途上的颠簸，希望能等到十月再起程。朱温大怒：这分明是在耍我，现在才四月，就算皇后身子再金贵，生个孩子要坐半年月子吗？

强迫迁都撕掉了朱温的忠臣面具，与他敌对的各强藩抓住这个机会，正纷纷走上前台，大秀忠义。

先是王建会同李茂贞，声称要出兵勤王，迎圣驾回京，这支不怀好意的"迎驾"的军队，一直进至长安以西八十余里的兴平，才被挡回去。

接着，摆平了田頵的杨行密再次出兵攻打朱温的小弟杜洪，朱温为避免两线开战，遣使至扬州，大谈当年共同对付孙儒时的深情，请求杨行密给个面子，别打杜洪了，最好恢复双方的传统友好关系。杨行密答："说得好，其实我也不喜欢打仗，这样吧，只要天子一返回长安，我立即罢兵，与梁王重修旧好！"

显然，如果不能尽快把李晔叉到洛阳，迁都这件事就会成为持续的新闻热点，那将使朱温在舆论战线上更加被动，甚至有可能发生难以预测的变化。比如南北朝时，权臣高欢扶植了北魏孝武帝来当自己的"橡皮图章"，谁知一时控制不严，竟让孝武帝逃脱，投奔了高欢的对头宇文泰。这给高欢造成了多大的麻烦啊！

于是，朱温给自己最信任的牙将寇彦卿下令："你马上去一趟陕州，到的当天就把那个皇帝给我打发上路！"

对于这类驱赶工作，寇彦卿在对付长安居民时，已经积攒下了丰富的经验，这次赶皇帝自然也是轻车熟路，手到擒来。闰四月三日，包括刚刚生过孩子的何皇后在内，李晔一行人不得不再次起程，在寇彦卿的押送下，走向最后的牢笼和坟地。

按《旧唐书》的记载，昭宗李晔共有十子，其中长子李裕与第九子李柷（后来的哀帝）是何皇后所生。《新唐书》记载稍有差异，称昭宗有十七子，何皇后所出是长子李裕和九子李柷。李裕的准确生年无记载，但我们知道他的九弟李柷此时已经有十二岁。那么，何皇后刚刚生下的那个孩子是谁呢？

于是，在这里出现了一则真假难以考证的传说。

据说，何皇后在三月生下的是一个男婴。昭宗李晔见大势如此，产生了类似张濬自知必死时的念头。其他皇子都已被记录在案，很难逃脱，只有这个尚未公开的小皇子还可能存活。于是，李晔夫妇给新生儿裹上皇家御衣，附上血书和珠宝，交给一个名叫胡三公的心腹带走，悄悄逃出朱温的罗网，逃往江西婺源隐居避祸。此子成为李晔诸子中唯一逃过朱温屠刀的人。

当然，这个孩子后来的名字不叫李星云，而是改随养父胡三公的姓氏，以"大得覆翼"之意，取名胡昌翼。后唐同光三年（925），二十一岁的胡昌翼参加明经科考，高中第二。胡三公感慨万千，方取出珍藏已久的御衣、血书和皇家珠宝，让养子知道谁才是自己的亲生父母。胡昌翼大恸，从此看破世间名利，没有去做官，而是留在乡间，开创了明经书院，讲学传道，成为一代教育家，成为江西明经胡氏的鼻祖。明经胡氏人才辈出，最有名的如清末红顶商人胡雪岩、民国学者胡适。也许，他们就是李唐皇室的后人。

闰四月八日，朱温亲至新安迎驾，顺便指使御医许昭远上了一道奏章，检举揭发：医官使阎祐之、司天监王墀、内都知韦周、晋国夫人可证等，竟在私下密谋，欲杀害拯救了国家的梁王朱温，实属罪大恶极，不容宽赦！

李晔知道这是朱温的意思，不敢替自己最后的这几个心腹辩解，只好全部诏准，朱温立即逮捕四人，斩首示众。至此，李晔虽然在表面上依然是万众簇拥的天下之主，但其实在他身边的人中，已经没有一名忠心的大臣、一名可用的士兵，甚至一个听话的宦官了。除了皇后和几个妃子，仅剩下两百多个陪他打球玩乐的少年（正式职称叫"供奉小儿"），还算不是朱温的人。

大唐天子对政治的影响力，已经接近于零了。但据说，就在失去身为皇帝的一切权柄之际，李晔竟异想天开，做了最后一次鱼死网破的尝试。

就在阎祐之、王墀他们被害的这一天，李晔先悄悄将自己的鞋带解开，再将那些少年布置在身旁，然后用最亲切的语气，请朱温进内廷一见。朱温见李晔对他要求处死四人的奏章答应得这么爽快，以为这个皇帝已经吓破了胆，绝无胆量再反抗自己，一时大意，便欣然入见。

就在朱温依礼向李晔下拜时，李晔突然异常亲热地呼唤道："朱爱卿，你来帮朕系一下鞋带。"朱温吃了一惊，他虽然握有天下最强大的武力，但在这个房间内，他只是孤身一人，旁边都是那些供奉小儿，他只好上前跪下，帮李晔系鞋带。类似后世玄烨擒鳌拜的情节似乎要发生了。但很遗憾，这两件事的相似之处仅仅到此为止。

首先，此时朱温的权势和声威无疑都要远远超过鳌拜，玄烨就算杀了鳌拜也不会有什么大事，而李晔假如真能在这里杀了朱温，那他和那些供奉小儿无疑将很快无一幸免。其次，李晔事先既没想到，也没时间对供奉小儿进行训练和收买，他们的素质与玄烨安排的那些布库少年没法比。

结果，朱温低头系鞋带的时候，李晔一再给身旁的供奉小儿使眼色，但始终没有一个人敢出手！只是他们没有想到，不动手也救不了自己的命。朱温有惊无险地帮李晔系好鞋带，立即退出。在出了一身冷汗之余，他决定：即使只有百分之一的危险性，也要百分之百地认真对待，绝不能让类似的事情再次发生。

第二天，李晔车驾行至洛阳西郊的谷水，在这里停车休息。朱温在营帐内设下宴席，请所有供奉小儿来赴宴，待这些少年到齐，就全部下令绞死，秘密掩埋。由朱温挑选的另外两百名年纪、个头都差不多的少年，换上他们的衣服，回到李晔身边。直到几天后，李晔才发现这些人已经全部被更换了（由此可见李晔未重视过这些供奉小儿，他平时不曾以恩义厚待手下，却希望手下都能以死相报，怎能不失败）。

闰四月十日，为了中兴大唐的幻想，屡战屡败，又屡败屡战的李晔，终于万般无奈地进入大唐的新首都洛阳，进入了他的死地。

李晔之死

洛阳朝廷的所有机要位置，都换成了清一色的朱温死党：由蒋玄晖任宣徽南院使兼枢密使，王殷任宣徽北院使兼皇城使，张廷范任金吾将军兼充街使，韦震为河南尹兼六军诸卫副使，另外，由朱温老资格的义子朱友恭为左龙武统军，战功卓著的朱梁宿将氏叔琮为右龙武统军，共同负责洛阳皇宫的安全防务。

五月初，为庆祝乔迁新都，李晔在新宫崇勋殿设宴，以慰劳朱温及文武百官。宴席结束后，装作对自己的处境非常满意的李晔，热情地邀请朱温到自己的寝宫接着再喝几杯。已经有过一次前车之鉴的朱温非常警觉，立即回答："不行了，臣已经喝醉了，再喝就要失仪了！"李晔见请不动朱温，又热情地说："全忠来不了的话，那就让敬翔来吧！"朱温马上给了敬翔一拳，暗示他马上走，然后回复说："敬翔也喝醉了。"

无法判断李晔在此时邀请朱温去后宫的真实意图，仅仅是讨好，还是他仍不死心，还想尝试一次同归于尽？朱温显然认为是后者，所以他很快离开了洛阳，返回汴州，避开这位即使手中只有一把水果刀，也敢去捅老虎屁股的高贵青年。当然，朱温回汴州也是有正事要干，他要调集军队，以应对关中出现的紧急事态。

王建、李茂贞自他们的迎驾行动受阻于兴平之后，变本加厉，借题发挥，大造舆论攻势，发表联合声明，指控朱温胁持天子，强迫迁都的滔天罪行，宣布不会袖手旁观，将协调一致，出兵勤王，对朱温的罪行加以惩罚。

天复四年六月，在王建的全力支持下，岐王李茂贞倾尽全力，对朱温发起了一次大规模的反攻。虽然是以勤王的名义起兵，但岐军的主攻方向并不是长安，而是长安以北，原本曾属于李茂贞集团的保大、保塞两镇。显然，李茂贞的主要目的仍在于拿回他失去的东西。

另外，在下猜想，朱温一家独大之势已经威胁各大强藩的生存权，此次岐军如能拿下两镇，则李茂贞的地盘将重新与李克用接壤，可能有利于大家更紧密地合纵抗朱。

也不知道李茂贞当初是怎么得罪了写史者，各种史书上有关他如何被别人吊打的记载，既丰富又详尽，反之，凡有关李茂贞取得的军事胜利，记载都极其简略，甚至没有。我们只能从沾一点儿边的其他记录中推测那些或被掩盖，或被忽略的战史。

就比如这次存在感极低的李茂贞反攻。正史中完全见不到交战经过，也看不见胜败的记录，但对照《唐藩镇年表》和此后发生的一些事件，我们惊愕地发现，原来李茂贞终于扬眉吐气了一回：岐军反攻战果丰硕，他有可能打败或逼退了刚刚到保大上任的梁军新星刘鄩，攻下保大、保塞四州，还顺道收拾了亲朱温的朔方节度使韩逊，攻取了盐州。

这样一来，除了丢给王建的山南各州已经要不回来，在秦岭以北，李茂贞基本上恢复了他在关中曾经占有过的所有地盘。

岐军出人意料的强劲攻势，让朱温颇为吃惊，他一面命刘鄩退守同州，一面命时任镇国节度使的长子朱友裕集结数万军队，前往支援。六月底，朱温本人从汴州出发，亲自统军西上，讨伐李茂贞。

此时，有关李晔求救密诏的事，已经在全天下传得沸沸扬扬，尽人皆知了。本来，那些仍保有相当实力，不甘心被人吞并的强藩，如李克用、李茂贞、杨行密、王建、刘仁恭、赵匡凝等，为了应对"一超多强"的新形势，都感到了有合纵抗朱的必要性。而李晔的诏书，又为这种联合提供了充分的合法性。于是，大家积极联络，公文往来，都以李晔密诏为表面上的中心思想，个个正义无比地呼吁：大家要联合行动，一定要把咱们的皇帝从朱温的魔爪中拯救出来，打倒叛臣，中兴大唐。

朱温自然很快就知道那个不安分的皇帝背着他又干了些什么。

这时，留在洛阳，负责监视李晔的蒋玄晖，又向朱温提交了一份秘密报告。报告上写道，就在几天前，李晔与蒋玄晖聊天，突然把话题转到自己的儿子身上，说："德王（李晔的长子李裕）是我最爱的儿子，全忠就不能饶他一命？为何非要杀了他不可呢！"说到痛心处，李晔激动得以牙咬指，直咬得自己满手是血。

原来，当初朱温在从李茂贞手中将李晔"解救"出来的时候，看到诸位皇子中就数德王李裕看上去聪明机警，眉清目秀，而且就要成年了，心里觉得这是个潜在危险。于是，朱温在私下里吩咐崔胤说："德王曾经篡夺过帝位，罪行十分严重，怎么还能留在宫里？"

虽然此后李晔不忍，亲自向朱温询问此事，朱温矢口否认，但李晔并没有上当，还一直记着朱温想杀他的儿子。

朱温看罢报告，心中更加不安，有一点已经可以确定了：估计要找一个比李晔性价比还低的傀儡，很不容易了吧？那个名义上的天下第一人，到现在仍没有自知之明，只要有一丁点儿机会，他还会在背后搞小动作。

李晔身边虽然已经完全是自己的人，但他毕竟还保持着大唐皇帝的名分，万一自己的人中出现那么一两个信念不够坚定、被大义名分之说弄昏头的人（比如说张全义的手下，不就出了个叶彦吗？），悄悄帮助他的话，不排除他有逃出洛阳的可能性。这种麻烦，想想都让人头大。

实际上，随着自己在舆论战线上的节节失利，这种危险性已显露出一点点苗头了。朱温心一横：看来，要防患于未然的话，已经没有别的办法，只有杀了他，另换一个性价比高些的傀儡。

于是，朱温派李振前往洛阳，密令蒋玄晖、朱友恭、氏叔琮三人：把皇帝给我干掉。

虽然都是追随朱温多年的老部下，但听到李振传达的密令后，氏叔琮和朱友恭还是有点儿犯嘀咕了，不由面露难色：不管怎么说，弑君总给人感觉是一件大逆不道的事，而且挺不吉利。自古以来，直接动手杀皇帝的人，大多被史书骂作奸贼，一般都不得好死。再加上这二人，尤其是氏叔琮，久历戎行，军功卓著，在军中名望已重，按照朱温的用人政策，继续上升的可能性已经不太大了，何苦再去干这种白出力又不讨好的事呢？

倒是蒋玄晖的表现格外积极，自告奋勇，要向贾充前辈看齐："我去杀了这皇帝，就说是宫里人干的，有什么难的？"要说这也不意外，蒋玄晖与氏叔琮、朱友恭不同，几乎不曾立下过什么军功，能够混到今天这么高的地位，除了精湛的拍马功夫，更重要的是，他能时时为主子着想，帮主子干那些主子不便于亲自动手的坏事。

身负皇宫防卫之责的氏叔琮和朱友恭，见蒋玄晖毛遂自荐，都庆幸自己不用直接动手，难题解决了，那当然再好不过了。二人立即表示同意，情愿将这一"头功"让给蒋玄晖，他们担保不作为，帮忙给杀人犯开绿灯。

一切商量妥当，那就动手吧！八月十一日，深夜二更，位于洛阳宫城后方的内宫门外突然响起了一阵急促的敲门声，与此相伴，还有人在呼喊：有紧急军情禀报，要马上觐见天子！

宫门打开了，闯进来的正是蒋玄晖一伙，蒋玄晖身旁有一名军官，是他找氏叔琮要来的右龙武牙将史太，后面还跟着一百多名全副武装的士兵。蒋玄晖下令，在内宫各门分别留下十名士兵，严禁宫内人出入，其余人随着他，奔往李晔的寝宫椒殿。

皇帝寝宫的门被砸响了，最先起身开门的，是夫人裴贞一。她打开门，看见蒋玄晖和那些杀气腾腾的武士，惊道："有什么紧急军情？就算要禀报也不该带这么多兵来啊！"回答她的是史太的当头一刀。职业军人的身手又快又狠，裴贞一没来得及再多说一个字，便已然丧命。

这一幕，全让李晔的昭仪，第二个披衣而起的李渐荣看见，她瞬间明白：出大事了！蒋玄晖上前喝问："皇上在什么地方？"这个颇有侠义之气的女子，不但没有吓住，反而扶着栏杆，堵着路，用尽力气高声呼喊道："你们要杀就杀我！千万不要伤害宅家！"

这一切，只为唤醒身后房间内仍在沉睡的皇帝。这些天来，李晔几乎每晚都要喝醉才能入睡，也许，不借助酒精的力量，已经无法麻痹他伤痕累累的神经。不过，药物但凡滥用，药效都会逐渐降低，所以李晔还是被李渐荣凄厉的喊声叫醒了，他穿着睡衣跳下床，一把打开房门。

史太一见目标出现，立即推开李渐荣，挥刀冲上，李渐荣追了上去，跑得竟比史太还快，并再次用自己的身体护住李晔！史太没再犹豫，又挥一刀，将这位英勇的弱女子砍杀！

李晔已经无路可逃了，但在求生本能的驱使下，还是跟跟跄跄地绕着柱子奔逃，只是，还没有从宿醉中完全清醒过来的皇帝，又哪里跑得过身手敏捷的职业军官？史太追上他，又是一刀，鲜血飞溅，为这位大唐天子三十七年的悲剧人生画上了句号。

李晔就这样死了。平心而论，他虽有不少缺陷，但在大唐得到承认的二十位李家天子中，总体素质仍算中上，并不比曾短暂中兴大唐的唐宪宗差，但他的努力，得到了与宪宗皇帝完全不一样的结果。

他用他的一生，书写了一则让人沮丧的反励志故事。他曾经充满了远大的理想、不懈的斗志和兢兢业业的责任心，与上天强加给他的命运做过不屈不挠的斗争。但他所有的反抗，都被诉说大唐气数已尽的天下大势轻易击垮。

原来，在很多时候，所谓"天下无难事，只怕有心人"，只是一句充满善意的谎言，一则无法兑现的幻想。能够心安理得地用这句话来总结人生的，只是茫茫人海中的极少数成功者。那些成功者光彩耀眼的身影背后，有更多的人被无情的现实，碾碎了年少轻狂时的理想。就像留下了名字，不甘服输的李晔，或是不曾留下名字，已甘于平凡的你我。过去如此，现在如此，即使到遥远的未来，也许仍将如此……

李晔命丧黄泉之际，与他相伴多年的何皇后也出来了。夫妻本是同林鸟，大难来时各自飞。见此血淋淋的情景，生性软弱的皇后吓得一下子拜倒在蒋玄晖的脚下，苦苦乞求他饶自己一命。史太本来不介意再多杀一个，但蒋玄晖心意一动，制止了他，使何皇后暂时逃过一死。

第二天，在蒋玄晖的授意下，何皇后发布了两道诏书。这大概就是蒋玄晖不杀她的主要原因了。当然，很可能还有一些难以启齿的耻辱，是她能够活下来的次要原因。

第一道诏书，宣布昨晚皇帝不幸遇害，并公布了关于此次弑君大案的官方解释：夫人裴贞一与昭仪李渐荣大逆不道，合谋杀害天子。宣徽南院使蒋玄晖忠肝义胆，奋力救驾，奈何来迟一步，只诛杀了逆党，未能挽救天子性命，呜呼哀哉！

第二道诏书，宣布太子李柷将在先帝灵柩前登基，承袭大统。

洛阳皇宫中凄风惨雨，李晔的嫔妃、子女伤心恐惧，想哭又不敢出声的时候，朱温正统率大军，进至今陕西永寿县，与李茂贞的岐军对峙。一朝被蛇咬的李茂贞，不敢轻易尝试与朱温一战，遂拿出自己的强项，坚壁清野，死守不战。朱温似乎也没有强攻的打算，因此两军对峙期间，竟没有发生一次像样的战斗。

有文章认为朱温本来就无心作战，他到关中前线，只是为了在杀皇帝时给自己制造不在现场的证明。在下觉得这种解释说服力不太大，朱温不是一介小民，杀个人哪里用得着亲自动手？

在下更倾向于，他此次亲征的主要原因，还是出于军事需要。至于理由，可能是此前他派到西线的主帅，也就是他的长子朱友裕，已经身患重病，无法指挥了。

西线无战事的状态持续了两个月，朱温又接到了另一个让他更心焦的消息：他一生中的挚爱张夫人，病重了。朱温更加心烦意乱，没有工夫再考虑收复四州的事，遂留下部分军队布防，而后收兵东归。

十月初，回程途中的朱温，终于收到了那份他其实一点儿也不意外的"意外"报告：皇上被谋杀了！在众人面前，朱温大惊，继而离开座位，跌倒在地，号啕大哭，道："这些奴才辜负了我，让我万代都受恶名！"

朱温此番悲痛欲绝的表情，可能不完全出于他过人的演技，只是那些眼泪并非为李晔而流罢了。

十月三日，朱温抵达洛阳，第一时间奔进皇宫，趴在李晔的灵柩上痛哭流涕，捶胸顿足，痛不欲生。戏做足后，朱温进见小皇帝李柷，信誓旦旦地申明先皇的被害与自己完全无关，为了给先帝的死一个交代，他一定要彻查此案。

当然了，这样的大案要是真的查清了，对朱温肯定大大不利。更何况，按照刚刚升级为太后的何皇后的诏书，案情已经"大白"：凶手就是裴贞一和李渐荣，并且已经被正法了！何皇后既是目击证人，又是受害者家属，难道还有谁要怀疑这一调查结果的公正性与合法性吗？

按照这种官方解释，除了已死的两名"凶手"，谁还应该为此案负责呢？显然，不会是前往"救驾"的蒋玄晖，而是负有保卫皇宫安全之责，却未能防患于未然的两位龙武军统军：朱友恭和氏叔琮。

朱温私下叫来李振和蒋玄晖，询问了干掉皇帝的具体经过，心中一动。朱温问李振对朱、氏二人该怎么处理。李振似乎已看出朱温的意思，顺水推舟地答道："曹魏之时，魏主曹髦集左右讨伐司马昭，司马昭让太子舍人成济动手，弑杀魏主，而后又杀成济以塞天下之口。这个故事，梁王应该知道吧？"朱温默然不答。李振又道："梁王欲成大事，不杀此二人，何以取信天下？"这下，朱温认可了李振的意见，决计对这两位老部下痛下杀手。

说到这儿，不妨来探讨一下氏叔琮和朱友恭为何会这么倒霉。同样是指使手下杀个皇帝，为何司马昭连一个贾充都舍不得牺牲，朱温就舍得放弃一员一流的战将和一个重要的养子？

真的如李振所说，就因为他们动手杀了皇帝，所以要杀他们来堵天下悠悠之口吗？但这明显与事实有出入，如果真要按司马昭杀成济的故事行事，最该杀的人显然是蒋玄晖和史太，连他们都没杀，怎么会轮到压根儿就没动手的氏叔琮和朱友恭呢？

依在下看，氏、朱二人该死的原因，并不是他们参与了谋杀皇帝，而恰恰是他们在谋杀皇帝的过程中表现不积极。加上氏叔琮战功卓著，又"养士爱民，甚有能政"，朱友恭曾独当一面，声震淮南。这样两个人如果对朱温代唐的计划不满，那会给他带来多大的潜在危险啊！对一个心理阴暗的大军阀而言，有能力、有威望的手下不一定要杀，有二心的手下也不一定不能留，但既有能力威望又有二心的手下，那就非杀不可了！

正好，此前有些龙武军士兵在洛阳城中抢米。虽然这种事在那个年代很正常，本书从开头写到现在，除了一个高仁厚，有哪个将军敢说自己带的士兵没抢过东西？但对于铁了心要从鸡蛋里挑出骨头的朱温而言，这已经足够借题发挥了。

十月四日，朱温上疏指控说：氏叔琮、朱友恭治军不严，竟然放纵士兵破坏京城的良好治安，本着对违法犯罪活动的零容忍，建议从速、从严追究二将的领导责任，贬氏叔琮为白州（今广西博白）司户，贬朱友恭为崖州（今海南三亚）司户，并取消其义子身份，恢复原名李彦威。

处理很重，罪名却非常小，朱温也许私底下给氏、朱二人打过招呼：别担心，我就是做给外人看看，过两天风头一过，就给你们复职。二人可能在心里一合计，领导说得对啊，不追究我们守卫皇宫失职的罪名，而拿这种鸡毛蒜皮说事，这不就是避重就轻，为给我们将来解套做伏笔吗？

因此，相信朱温有情有义的氏叔琮和李彦威（朱友恭），没有选择逃亡或反抗，欣然交出兵权，接受处理。二将脱离了他们各自的班底，在朱温派来的亲兵"护送"下，到达驿站，准备出发。这时，一名使节突然将朱温的新命令送到驿站：勒令二人立即自杀谢罪。

氏叔琮与李彦威（朱友恭）大惊，万没想到他们为朱温出生入死，卖命这么多年，朱温竟能如此薄情。但由于中了诈术，他们此时已身陷绝境，完全丧失反抗能力，虽然怒发冲冠，却也只剩死路一条了！临死之前，两人都尽力发泄了对朱温的愤怒。氏叔琮骂道："卖我的性命，来堵天下人的嘴，你就算骗得了人，还能骗得了神吗？"李彦威（朱友恭）则发下了更狠的诅咒："朱温，像你这样做事，我祝你断子绝孙！"

不知是不是因为老天爷听到了诅咒，十月底，朱温的长子，镇国节度使朱友裕病逝于黎园寨（今陕西淳化）。虽然他的死还没有让朱温断子绝孙，但至此，连同朱友宁、朱友伦，所有有能力的朱家第二代已全部死在了朱温之前，留下的全都是平庸之辈。后梁王朝还没有正式建立，它的继承人危机却已经开始了。

不过，此时还有远比朱友裕的死，更让朱温难过的事。

处理完洛阳的事务，朱温急匆匆赶回汴州，来看望病危的爱妻张夫人。蔡东藩所著的《五代史演义》为此留下了一段特写，不知道是否有史书依据，但确实很切合张夫人与朱温的为人，特转述于下：

> 朱温回到梁王府时，只见张夫人已是骨瘦如柴，奄奄一息，一时禁不住儿女情长，老泪沾襟。哭声唤醒了张夫人，她强打气力，惨然

与丈夫作别，并请求丈夫不要轻易篡唐，但为朱温所婉拒。张夫人失望地顿了半晌，为朱温留下了最后的遗言：

"大王英武过人，其他事妾都不担心，只有'戒杀、远色'这四个字，希望大王能随时注意，时时警醒，那么妾身虽死，也能瞑目了……"

当天夜里，张夫人静静离世，带着她的温和善良和她的真知灼见，永远离开了朱温。张夫人既是朱温一生的挚爱，也是能常常校正他失误的挚友，现在，她走了，化作朱温心头永远的痛。一代枭雄在那一刻，仿佛变成了无助的孤儿，从怆然泪下，到恸哭失声，叹帝位易得，真爱难求，从此天下，无知音矣！

第四章

诸神的黄昏

王彦章　周德威　李晋王　朱温

二陈之乱

陪着朱温一起流泪的，还有宣武上上下下众多官吏士卒。他们的泪水，并非只是为了讨好朱温，更多是发自内心的伤感与对未来的恐惧。

作为一个大首领，朱温的性格是存在严重缺陷的。他为人刚猛暴虐，易于动怒，在发怒之时视人命如草芥。好在以往朱温动怒欲杀人之时，仁慈的张夫人往往都能给他踩刹车，她通过委婉劝诫，救下过不少将吏军士的性命。可现在，她走了，大家有难时还能依赖谁？

其实，在这短短数月间，正如日中天的朱温集团，失去的东西可能比众人感觉到的更多。

首先，朱温以一个极其勉强的罪名，杀了一个一流的将领氏叔琮和一个二流的将领朱友恭。仅就朱梁集团豪华的人才阵容来看，这似乎并不是太大的损失，因为此时他手下名将如云，很快就能把这个缺口填补上。然而，人毕竟不是机械零件，二将死非其罪，会让多少功臣在暗中寒心？在此之前，朱温集团从未发生过重要将领背叛的事，此后却层出不穷！然后，朱家的第二代精英死了个干净。最后，朱温身边最有力的纠错机制也消失了，他的人格缺陷会越来越多地指导他的行为，从而在集团内部失去越来越多的人心……

可以说，让朱梁集团蓬勃兴起，由一个小藩镇扩张为天下霸主的那些内部基石，在这一年结束的时候，已经崩塌了一大半。朱梁集团因此已经越过了自己的巅峰，并在不知不觉间步入了衰退的下坡路。

而差不多在同一时间段内，朱温的最大对头之一杨行密，正在发起新一轮的大扩张。

且让我们掉转一下镜头，回到天复三年十一月九日。那时朱温正带兵前往河中，准备对崔胤下手。这天，还在困守宣州的田頵，组织了几百人的敢死队，打算再做一次突围的尝试。

临出击前，田頵放下狠话说：这次出击要再不得手，我回来必杀钱郎（他的女婿钱传瓘）！不过，田頵没有能力将这句狠话兑现了，在交战中，他从马上跌了下来，随后被冲上来的围城军砍下人头，再被台濛送到宣州城下，绕着城墙巡回展览。田頵的残部一看到老大的人头，马上失去了最后勇气，或逃或降，彻底瓦解。

杨行密听说田頵终于死了，在暗自庆幸之余又痛哭了一场，下令赦免田頵的老母殷氏，吩咐将老太太接来养老，自己和杨氏子孙都要以对长辈的礼节来侍奉。杨行密也许用不着刻意作秀，毕竟田頵不但是他的儿时玩伴，曾与他誓同生死的结义兄弟，还是与他一起打江山，立下过汗马功劳的创业伙伴。现在斯人已逝，仇怨已消，忆君音容，宛若昨日。

但他肯定收到了作秀的效果，现在活着的"三十六英雄"老兄弟还有不少，他们大多还手握重兵，防守一方，都在等着，看着：如果杨大哥对田老二都有情有义，又怎么会对我们恩断义绝呢？

可让杨行密多少有点儿尴尬的是，田頵的老母最终并没有到扬州来。她与田頵的小舅子郭师从一道，选择了一个看起来更安全的归宿，跟着受过他们救命之恩的孙女婿钱传瓘前往杭州投奔钱镠去了。

找不来田頵的老母，只好找田頵的手下。原田頵麾下的头号谋士杜荀鹤，自出使汴州后因情况有变，就没有再回来，随后被朱温上表任命为翰林学士兼主客员外郎，颇受器重。但他终究没有敬翔、李振的命，这家伙心胸狭隘，睚眦必报，仗着朱温的宠信，整天盘算着要杀光所有得罪过他的人。这种心理状态其实对健康极其不利，结果还没等他动手，他就先被老天爷招了去，他在当上翰林学士的第五天暴病身亡。

好在除了杜荀鹤，田頵还有两个比较有能力的手下。一个叫骆知祥，是理财专家，为田頵积攒过造反的本钱；另一个叫沈文昌，文笔不错，曾替田頵撰写声讨杨行密的檄文。现在，他们都被俘虏，杨行密皆赦免不问，并委以重任，总算又一次以实际行动让大家看到了杨大哥的宽厚，田颙旧部的人心基本得以安定下来。

但也许是朱延寿的教训过于深刻，叛军仅存的大头目安仁义仍一直不敢相信杨老大的诚意。尽管杨行密一次次许诺赦免其罪，但身陷绝境的安仁义还是死死守着润州孤城，始终不肯投降，并出人意料地一直坚持到天祐二年（905）初。尽管如此，他对杨行密集团的牵制作用已微乎其微，故杨行密在田颙败亡后，改变了此前相对保守的战略，东西开弓，频频用兵，显出欲一统东南的勃勃雄心。

第一个倒霉蛋，自然还是已被他一次次痛扁过的杜洪。田颙丧命后，杨行密打算任命屡建大功的李神福接替其职，担任宁国节度使，成为淮南的新二号人物。但李神福也许是过于高风亮节，也许他认为二把手这个位置不吉利，总之他很高调地表示，杜洪未灭，无以为家，将这一官职推让给了台濛，然后再次统军出征，进攻鄂州。

但这位常胜将军这次等不到凯旋了，不久，李神福因病离职，返回扬州，随即去世。淮南军在其副将刘存的指挥下，继续按着杜洪的头猛揍，终于在天祐二年二月攻克鄂州，擒斩杜洪，以及朱温派来的援军将领曹延祚，将杨家势力推进到今湖北武汉。

和西边比起来，杨行密在东边的扩张对象就要难对付得多了，他就是杨行密的亲家翁，不久前还是反田颙盟友的钱镠。

杨、钱这对老冤家最新的这次反目，硬要追究责任的话，似乎还是钱镠首先做了件有点儿对不住杨行密的事。

唐廷迁都洛阳不久，钱镠认为，既然朝廷已经由姓李（李茂贞的李，不是李晔的李）变成了姓朱，那么就可以为自己申请点儿福利了。此前钱镠已被朝廷封为"越王"，他对此不太满意，又上疏请求加封。于是，朱温拍板，改封钱镠为听起来更牛一些的"吴王"。可是，在以前朝廷姓李的时候，已经把吴王这个爵位封给杨行密了，现在钱镠也是吴王，那他的亲家老杨算什么？

当然了，在乱世这种虚封的王爵其实并不怎么重要，出政权的是枪杆子，不是印把子，所以李晔即使握着天下最大的印把子，也没几个人理他。

杨行密决定与钱镠翻脸，真正的原因如下。

一、田頵完蛋了，现在对两浙用兵，所得已全部是自己的，不再有养虎遗患的担忧。

二、连苍蝇都不叮无缝的鸡蛋，而在那段时间，钱镠这只大鸡蛋正好走背运，接连裂开了好几条缝，最终使杨行密确定了自己对钱亲家的看法：此蛋不食，更待何时？

两浙的第一条裂缝，是睦州刺史陈询。

在以前，睦州的刺史本是陈询的哥哥陈晟，陈晟当年可是杭州八都的都将之一，曾与董昌平起平坐，论资历还在钱镠之上。不过他与钱镠的关系，类似赵犨之于朱温，他对钱镠非常敬服，在不知不觉间变成了钱镠的忠实部下。但光化三年（900），陈晟病卒，情况发生了变化，陈询觉得有机可乘，就煽动士卒，驱逐了哥哥的儿子陈绍权，自立为睦州刺史。

钱镠自然不喜欢陈询这种抢班夺权的，只是考虑当时两浙内忧外患，腾不出手再讨睦州，所以没有追究。但他的态度还是让陈询看出来了，随着武勇都之乱被平定，两浙形势趋于稳定，担心钱镠会对自己下手的陈询遂于天复三年七月，在睦州竖起了反旗。

两浙的第二条裂缝，是衢州刺史陈璋。

论带兵打仗的本事，陈璋要比陈询厉害得多，他原是孙儒旧部，曾在武勇都中担任过顾全武的副手。当田頵为救援董昌出兵攻击钱镠之时，陈璋曾率三百精兵出击，一举攻占田家军的营垒，重新打通粮道，一时声名大噪，钱镠当即以此功任命他为衢州刺史，并亲自送其赴任，恩礼备至。

然而，这一和谐相处、齐心共进的美好画面，并没能保持太长时间。不久，武勇都之乱爆发了，陈璋乘机收纳了不少叛逃的武勇都旧人，实力大增。同时，田頵不断派人大肆煽动和联络两浙内部的反钱镠势力，陈璋也为他们大开绿灯。

但钱镠也是有耳目的，陈璋这些做法渐渐都为他所知，钱镠大失所望：看来孙儒的人和我就不是一条心，终究不能重用。陈璋已经是潜在的反叛者，而且他一旦谋反，杀伤力肯定会比陈询大得多。想到这样严重的前景，钱镠有了很强的危机感。那能否将这枚定时炸弹拆毁于引爆之前呢？

钱镠想到了一种不太光明但非常低成本的手段：暗杀。不过，据在下读史以来留下的印象，一般对政治军事人物的暗杀，尤其是对那些已经存有戒心的对象，失败的概率通常都大大超过成功的概率。天复四年十二月，钱镠的暗杀计划在正式行动前暴露，安排好的刺客叶让被陈璋逮捕处斩，随后陈璋正式反叛，并立即遣使至扬州，向杨行密表达了归附之意。由于陈璋曾是武勇都的高级军官，他的骨干部下也多为武勇都旧人，所以尽管武勇都已经解散，他的这次叛乱仍被称为"第二次武勇都之乱"。

其实在陈璋之前，睦州的陈询就已经向杨行密提出过求救的请求，但当时田頵尚在，杨行密正需要钱镠的合作，不愿意节外生枝，更何况他也看不上陈询的战斗力，觉得这样的毛虫掀不起什么大浪，所以没有应允。

不仅如此，杨行密甚至让自己的女儿随丈夫钱传璙一道回杭州，以示诚意。不过，现在不同了，己方隐患已除，陈璋也是比较能战斗的，为了争夺江山，钱镠舍得送出两个儿子当人质，自己又怎会舍不得一个女儿呢？

于是，杨行密任命"三十六英雄"老兄弟中以宽厚爱民著称的陶雅为西南招讨使，阎睦为副，出兵救援正被围攻的睦州，顺便打通与衢州陈璋的联系。

钱镠闻讯，急命堂弟钱镒为主将，顾全武、王球为副将，出兵拦截。不知是副将做不了主，还是别的什么原因，顾全武没能再现被李神福击败之前的神勇。一战打下来，两浙之兵大败，钱镒、王球都被陶雅俘虏，只有顾全武引败兵撤回，钱镠所处的战略态势全面恶化。

眼看杨行密集团攻势咄咄逼人，为了给杜洪、钱镠等自己的小兄弟打气，朱温仓促率军南下，虚张声势地进攻寿州，试图收围魏救赵之效。但杨行密相信寿州的防御实力，更看穿了朱温的大部队尚被王建、李茂贞联军牵制于关中的事实，故决定不调整部署，绝不放松对杜洪与钱镠的军事压力。

果然，因准备不足，朱温未能迅速拿下寿州，围城不到一个月，梁军粮草就接济不上了，只得收兵北归。

梁军失利，接下来发生的事就顺理成章了，杜洪终于被干掉了，钱镠的处境也越发困难。取胜的陶雅、陈询联军乘胜进军，又与陈璋合兵一处，进攻婺州（今浙江金华），钱镠只得派他的另一个弟弟钱镖、指挥使方永珍等率军救援婺州。

不过，由于婺州刺史沈夏为人残暴好杀，曾在钱镠讨董昌时首鼠两端，钱镠也不信任他，使婺州守军与钱镖援军之间，相互像防贼一样防着，这样的配合哪里可能打胜仗呢？至九月，陶雅、陈璋击退钱镖，攻陷婺州，生擒沈夏，钱镠在杭州以西的地盘，几乎丢了个干净。

对钱镠而言，旧的麻烦未去，新的麻烦又来。就在婺州会战期间，原本就处于半独立状态的处州（今浙江丽水）刺史卢约，见钱镠已经自顾不暇，发现这是一个难得的机会，一直被压抑的野心终于破土发芽。卢约派弟弟卢佶出兵，攻占了温州，割据浙南，脱离了钱镠的控制。

自此，钱镠共丧失了对睦、衢、婺、处、温五个州的控制，损失了接近一半的地盘（还保留杭、苏、湖、越、台、明六州），陷入自武勇都之乱后最大的危机。

白马之祸

面对危局，钱镠一面咬着牙小心应付，另一面只能寄希望于自己最大的靠山，看看朱温能不能再次出兵淮南，拴一拴杨行密的手脚。然而从天祐二年的春天一直等到初秋，大半年过去，他都没能等到梁军南下的任何消息。

这倒不是攻寿州那次小小的失利让朱温失去了对南方的野心，而是死了爱妻之后，暴虐基因逐渐失控的朱温觉得：洛阳小朝廷对他还不够百依百顺，里面还有异己需要清除。

朱温屠刀的首个目标是李唐的宗室亲王。二月九日，朱温命蒋玄晖在洛阳宫中的九曲池设宴，邀请除了哀帝李柷之外，李晔的另外九位皇子赴宴。待酒宴过半，蒋玄晖按计划突然翻脸，将九位皇子全部勒死。皇子们的尸体据说被投入了九曲池，但一直未被找到。就这样，同样经蒋玄晖的手，李晔可以和他的大多数儿子在地下团聚了。

史书没有记录在如此恐怖的气氛中，十三岁的小皇帝对自己的亲兄弟被杀个精光有任何反应。他像一组没有感情的电脑程序，机械地执行着朱温输入的任何一条指令，不管那些指令有多么不合情理，多么骇人听闻。

比如一个月后，他就下达了这样一道圣旨，一口气罢免了朝中三十多位大臣，其中包括四位当朝宰相中的三个：裴枢、崔远、独孤损。

裴枢原是朱温的老朋友，也正因为有这层交情，他一度荣升宰相，但他毕竟出身荣耀了数百年的大士族河东裴氏，骨子里根植着门第观念，这种观念使他一时不慎，没有及时满足朱温一个不起眼的小小要求，终于酿成了一起大祸。

不久前，张廷范由于在扫荡长安和逼杀氏叔琮、朱友恭这两件事上立下"大功"，朱温准备给他加授个新职，让他多捞点儿奖金，故推荐其担任太常卿。

太常卿，或称太常寺卿，是一个级别挺高（唐代为正三品，与宰相同级）的古老官名，在两汉时位列三公九卿中的九卿之首，负责祭祀宗庙之类庄严神圣的无用功，兼管文化教育。但自隋代中央官制由三公九卿制完全过渡到三省六部制之后，因为有了礼部，它的实际意义就不大了，平常的工作基本就是喝茶聊天看报纸。

不过，太常卿虽然不重要，可这个职位有光荣的历史啊，一般都要由出身显贵、学问高深的世家子弟来充任，这也是趋于衰亡的士族用来装门面的最后的文化阵地，怎么可以让一个伶人出身的小人来玷污呢？

于是，裴枢用夸奖的口吻反对说："张廷范可是国家的大功臣啊！有多少要地肥差可供他选择，怎么能埋没到太常寺这样的清水衙门里来呢？"这件事就暂时搁置了。

但裴枢就没有好好想想，他与朱温虽然也算交情不浅，但能和两位前辈张濬、崔胤相比吗？朱温自从杀掉张濬、崔胤，早已从内心深处不再相信任何世家大族了，随时都在用放大镜盯着他们任何一个最微小的冒犯。

现在，朱温得知裴枢居然敢对自己的吩咐拖着不办，冷笑说："我以前误认为裴十四多少还算个忠厚人，没想到这一件小事，就让他的狐狸尾巴露出来了！"

朱温一露出清洗裴枢的念头，马上乐坏了当朝资历最浅的一位宰相：柳璨。柳璨，字炤之，光化年间进士，出身唐代士族名门河东柳氏，也就是那个曾产生过大书法家柳公权和大文学家柳宗元的光荣家族。

但家族这玩意儿，一旦由小苗繁衍成了参天大树，那它在长出粗壮主干的同时，自然也会分出很多凋残的枯枝。很不走运，柳璨就是从柳氏家族的一条小枯枝上长出的果实，他的父辈因为太穷，被富裕的柳氏同宗看不起，甚至不承认他们家是亲戚。

柳璨幼小时聪明而好学，但家里点不起灯，他只好白天出去打柴来补贴家用，晚上点燃树叶来照明读书，硬是在同宗的白眼之下，完成了一段励志传奇。他博学多闻，撰写的史学著作《柳氏释史》赢得当时学界的交口称赞。他被视为青年才俊，人送外号"柳箧子"（箧子，书箱的意思）。昭宗李晔听到他的名声，在崔胤死后对他破格提拔，加授谏议大夫兼同平章事，荣升宰相行列。此时，距离他以穷书生之身考中进士，还不到四年。

与柳璨同时为相的裴枢、崔远、独孤损三人，都是在论资排辈的风气下熬出来的老前辈，见有个没出身、没资历的穷小子突然钻进来插队，自然不高兴。于是大家携手合作，不给那小子好脸色看，平时有什么议题，也不与他商议，好像他是政事堂中的空气。

来而不往非礼也，童年时就受过富裕同宗歧视的柳璨愤怒了，更加痛恨那些士族名门，从而彻底背叛了自己的阶层，与朱温的心腹，同样被士族看不起的李振、蒋玄晖这些人打得火热。而裴枢等三相因此对他更加鄙视，双方渐渐势成水火。

说起柳璨这个人，最让在下羡慕嫉妒恨的是，在当初点树叶看书那么糟糕的采光条件下，他竟然没有像在下一样，修炼出一双二十米外全是马赛克的近视眼。所以当有彗星划过天空，马上被他精确地观测到了。于是他乘机串通了李振和一位占卜师，来迎合朱温的杀念，制造一起大清洗。

第一步，占卜师先建言说："这颗彗星的出现很不吉利，预示君臣皆有大灾，只有大兴刑狱，杀掉一批人才能化解！"

第二步，柳璨贴心地迅速送上了要杀的倒霉蛋名单，并对朱温说："这些人都有一班徒子徒孙，动不动就煽风点火，中伤朝政，他们嘴上虽然不说，但心中早已充满了对您的怨恨，要杀人来应天象，再没有比他们更合适的了！"

第三步，由李振出马，火上浇油："国家之所以治理不好，就是因为有这些轻薄浮华，热衷于虚名的官员，他们经常扰乱、破坏国家的纲纪，更何况大王您正打算成就大业，他们是最容易生事，最喜欢在背后搞破坏的一群危险分子，最好全部铲除！"

于是，朱温对着那个叫作李柷的操作系统输入了指令，再经过简单的运算转换，从另一头输出所要的圣旨：贬裴枢为登州刺史、独孤损为棣州刺史、崔远为莱州刺史、王溥为淄州司户、赵崇为曹州司户、王赞为潍州司户……

总之，朝中但凡门第高贵，以名节自居或稍有声望的大唐帝国残存的一批士族重臣，统统中枪，朝堂为之一空。

比起考中了进士的学霸柳璨，科考次次都名落孙山的李振对这些人的反感，几乎是一种本能。据说当时的朝臣都总结出了一条规律，只要李振在洛阳与汴州之间往返一趟，朝中肯定有官员要倒大霉，众人在私下里送他一个外号"鸱鸮"（猫头鹰，古人视作不祥之鸟）。

"鸱鸮"当然也是有追求的，如果往返一次才干掉一个大臣，那效率也太低下了。为了提高害人的效率，他一抓住机会，就放个大招，将想收拾的人一网打尽。李振见这群大臣只是被贬官，担心朱温会心软，就劝他应该援引氏叔琮、朱友恭的先例，来个一步到位，别放这些被贬官员到任，以免遗患。

估计朱温也是这么想的，六月一日，裴枢、独孤损等三十余名被贬官员，统统被集中到黄河边上的滑州白马驿，于当天夜里全部处决，史称"白马之祸"。

将杀人现场选在白马驿，大概是为了照顾李振的提议，他是这么对朱温说的："这些家伙平日里自称'清流'，应该把他们都扔进黄河，变成'浊流'！"朱温很欣赏这个提议，带着恶意的快感，放声大笑。于是，大唐朝堂中最后一批名门大族的尸体被抛入黄河，随着滚滚浊流，一去不返……

在朱温一生制造的暴行中，论规模的话，"白马之祸"根本排不上号，但它成为古代中国制度转型，从量变到质变的一道分水岭，因而具有了非常重要的象征意义：在朱温与李振残酷的笑声中，初创于两汉，极盛于魏晋南北朝，绵延至隋唐，以贵族世袭为特征的士族制度，至此基本上被画上了休止符。华夏文明的社会结构又向前迈出了重要的一步，尽管它的动力来自一些人的私心，甚至是罪恶。

朱温忙着在朝中杀人，当然并不意味着他就把其他事都放下了。现在朱温面临的外部挑战主要来自两个方面。一是有王建撑腰的李茂贞，在关中对他的反攻。二是杨行密正左右开弓，收拾他的小弟。至于朱温最忌讳的李克用，这段时间倒是相对平静，没怎么给他找麻烦，但朱温很清楚，那个沙陀人只是在等待机会，好从沉默中爆发，千万别以为他会在沉默中毁灭。

也就是说，朱温虽然已经成为无可争议的天下第一大军阀，但他所处的战略势态并没有根本改变，仍处于四战之地，仍在几个主要对手的包围之中，仍需多线作战，他虽然比任何一个对手都要强大，却很难在其中一个战场迅速拿出压倒对手的武力。

不过，咱不是还有一群小弟吗？不让小弟们多出点儿力，那老大还有什么当头？于是，朱温似乎忘记了让成汭、马殷、雷彦威救杜洪的失败教训，示意小弟中比较强大的忠义节度使赵匡凝派出水师，从长江三峡逆流而上，进攻王建，给自己帮一把手。

朱温好像没有注意到，赵匡凝除了是一个蹩脚的职业军人外，还有一个和王师范类似的毛病，好读书，在当时活字印刷尚未发明且兵荒马乱的糟糕条件下，他还建起了一个藏书数千卷的私人图书馆。

不知是不是被史书上那些忠臣义士的事迹"毒害"了，赵匡凝是此时对李唐皇朝表现最忠顺的大藩镇，甚至可以不加"之一"。为什么这么说？是因为这些年来，不管大唐皇帝人在华州、在凤翔或是在洛阳，也不管大唐朝廷背后拍板的人姓韩、姓李，还是姓朱，忠义镇是唯一无论何时都会把赋税保质保量地送到皇帝所在地的藩镇。

看看这些年也一直高举忠义大旗的杨行密。有一次，田頵（那时他还活着，也还没和杨行密翻脸）说："自古以来诸侯镇守四方，为的就是供奉天子，咱们作为南方藩镇的老大，是不是该做个表率，向朝廷缴缴赋税？"杨行密斥道："你发什么神经，没看见那个混蛋就坐在汴州？咱们进贡就是资敌！"

所以赵大帅是傻，是忠，还是傻忠？在下猜是第三项。李晔被杀后，朱温派使节向各地藩镇告知此事，同时观察他们的反应。赵匡凝竟对着朱温的使者痛哭流涕，说些什么"受国深恩""无有他志"之类的话，明摆着对朱温已经有些不满了。

虽然赵匡凝暂时不敢违逆朱温的要求，还是不情不愿地对王建发动了一次进攻，但差不多只和蜀军在夔州打了一个照面，就撤了回来。更有甚者，双方竟不打不相交，王建将当初李晔发给自己、哀求救驾的密诏也复制了一份送给赵匡凝，试图将他拉进以自己为中心的反朱温小同盟。

以唐室忠臣自居的赵匡凝动心了。有太多的理由让他重新考虑自己应该站在哪一边。

第一，现在谁都看清楚了，朱温根本不是什么忠臣，而是一位已经弑君、即将篡位的奸雄。和他站在一起，后世史书会怎么写？

第二，朱温救不了杜洪，显示出他并非无所不能，而杜洪灭亡之后，自己已夹在王建与杨行密这反朱温的两大强藩之间，继续依附朱温还算是明智的举动吗？

第三，当初那个把我打得好惨的大将氏叔琮也被朱温杀掉了。

第四，李茂贞在王建的支持下，竟然咸鱼翻生了，这个榜样也很有诱惑力啊……

思来想去，立场从来不坚定的赵匡凝小心翼翼地接过了王建伸来的橄榄枝，派遣使节前往成都，表达和好的诚意。这次外交访问取得了重大成果，双方决定忘记过去，面向未来，开创友好新时代。与王李同盟一样，王建与赵匡凝不但缔结了盟约，还结成了儿女亲家。

与此同时，赵匡凝也派使节前往扬州，与杨行密结盟，相互呼应。至此，赵匡凝悄悄将自己的外交方针掉转了一百八十度，抛弃了三心二意的朱温小弟身份，再次加入反朱温阵营。

赵匡凝这些大逆不道的外交活动，当然没能瞒过朱温的耳目。朱温震怒，而且意识到，如果不立即对这样的恶劣典型加以严惩，那么自己在其余小弟心目中可能要威信扫地。

天祐二年八月，"白马之祸"后两个月，朱温的惩罚大锤挥向了赵匡凝。梁军以新近成名的大将杨师厚为先锋，率先头部队攻入了忠义镇境内，在他的后面还有朱温亲自统率的大部队。

与朱温的军队交战，赵匡凝是有经验的，虽然是失败的经验。吃过一堑，多少应该长一智才对，但显然这并不适用于赵匡凝的军事才华，表面看起来实力应该不算弱的忠义军，在战场上的表现竟比六年前更差。在短短一个月内，梁军先锋杨师厚便将忠义镇所属的各支州全部拿下，如入无人之境。

九月初，朱温亲率大军直抵汉水北岸，与忠义总部襄州（今湖北襄阳）仅一河之隔。赵匡凝集结了二万人马，在汉水南岸列阵，准备据河死守。

九月五日，朱温见忠义军如此部署，一面在正面佯攻，摆出将强渡汉水的架势，吸引赵匡凝的注意力，一面命杨师厚率一支偏师西行六十里，在一个叫阴谷口的地方悄悄架设浮桥。赵匡凝果然被朱温骗住，对梁军秘密架桥的行动毫无察觉。九月七日，阴谷口浮桥建造完毕，杨师厚所部完全渡过了汉水。九月八日，杨师厚率军沿汉水南岸东进，对赵匡凝亲自指挥的忠义军大营发起攻击，两三个小时内，两万忠义军就被击溃，赵匡凝仓皇逃回襄州城中。

当晚，赵匡凝感到襄州是守不住了，与其坐在城中等死，不如在梁军将城围死前逃走。于是，赵匡凝在节度使衙门放了一把火，带着家人和一队亲兵，坐上船顺汉水而下，投奔杨行密去了。

第二天，杨师厚率军进城，忠义所属六州（襄、邓、唐、随、郧、复六州。按唐朝的行政区划，忠义镇原本还有均、房两州，但为冯行袭所据，之前就已归附朱温）全部归朱温所有。

其实赵匡凝的地盘，除了他直接坐镇的忠义镇，还有他乘乱夺取的成汭遗产荆南镇，此时的荆南节度使正是赵匡凝的弟弟赵匡明。九月十一日，赵匡明得到兄长已经失败的消息，表现比他哥还不如。梁军的影子都还没见着，赵匡明已经吓破了胆，既不敢战，也不敢守，马上就抛弃江陵，带上两万人马坐船沿长江逆流而上，就近投奔王建去了。时间竟比朱温下令让杨师厚乘胜进攻荆南还早一天。

就这样，杨师厚几乎是不费吹灰之力为朱温轻取了荆南的一府二州（江陵、峡、归）。自朱温争霸天下以来，如此轻松到手的胜利，好像还是第一次。

只能说，在军事上，赵匡凝兄弟实在是太草包了！

他们如果能坚持得稍微久一点儿，战局就可能有所不同，因为王建对赵氏兄弟的实质性援助已经开始了。

就在朱温派杨师厚攻入忠义镇的同时，王建就已派义子王宗贺为主帅，出兵进攻金州（今陕西安康），攻入汉水的上游，以牵制梁军的行动。经过一个多月的交战，王宗贺击败依附朱温的昭信节度使冯行袭，迫使冯行袭退守均州（今湖北十堰），冯行袭的部将全师朗举金州投降蜀军。

如果此时襄州还在坚守的话，那汉水中游的朱温就不得不分兵去对付汉水上游出现的新威胁。但赵匡凝兄弟都已经跑路了，蜀军如再前进，就不是东西夹击，而是孤军深入了，故王建见好就收，任命王宗贺为金州观察使，统辖金、巴、渠、开四州，就地驻防。

吴王离世

蜀军已止步不前，暂时就不再是威胁，让冯行袭自己对付就行了。已经得手的朱温，在留下杨师厚、贺瓌（guī）两员大将镇守刚刚到手的地盘之后，也打算班师回汴州。可就在十月一日，朱温突然改了主意，命大军不回去了，改道东征，再次讨伐杨行密。

谋士敬翔知道士兵在刚刚取得一次重大胜利后，都觉得任务已经完成，紧张的心情都已经放松，急于回家领赏休假。在这种情绪的支配下，让他们马上再打一场大仗，胜算不大，便劝阻说："我军此次出征，仅仅花了不到一个月的时间，就削平了两个大镇，开疆千里，远近各藩得知此事，没有谁不感到震惊恐惧。这样的声威来之不易，应该加倍珍惜，不该急急忙忙地又发动一次没有把握的战争，把它白白浪费掉。依我看，咱们的士兵都已经疲惫，不如先回军休息，等遇上合适的机会再出兵不迟。"

据说当年朱温用兵作战，只要张夫人认为不合适，一纸书信就能把朱温叫回去，敬翔虽是朱温的首席谋士，但他的话没有张夫人那么大的威力，这一次朱温就没有听从，仍执意要与淮南干一仗。

十月六日，朱温亲率大军从襄州出发，第二天，进至今湖北枣阳。这时，突然下起大雨，气温骤降，所有道路都泥泞不堪。此次军事行动是仓促决定的，准备并不充分，士兵大都没有配备雨具和冬衣，只得在雨水和泥浆中，裹着湿冷的单衣，深一脚浅一脚地艰难行军，辛苦备尝。

这支本来就因为期望落空而怨声载道的大军，此时更加士气低落，在一路行军中，还未开战，就不断有士兵逃亡。

军队处在这样的状态，是不适合打硬仗的，所以朱温进至光州（今河南潢川）时，没有攻城，而是遣使进城，恐吓守城的吴将柴再用说："你如果投降，我就任命你当蔡州刺史。你如果不降，等我攻下城池之后，一定把全城杀光！"

柴再用命守军登城抵御，全城严密戒备，然后身披甲胄，走上城楼，对着朱温恭恭敬敬地下拜道："咱们光州不过一座小城，兵也少，守备也弱，大王哪里值得为了它来浪费您的雷霆之怒呢？这样吧，大王你先去打一下值得你一打的寿州，只要您把寿州打下来，我马上遵守您的命令，开城投降！"

也许伸手不打笑脸人吧，朱温虽然在光州城下停留了十多天，但只让士兵略略做了一下休整，稍稍恢复士气，对光州城却始终是君子动口不动手。

十月二十三日，朱温再率军从光州城外起程，继续东进，他们的运气真是背得要命，才一出发，又遇上了连绵不绝的大雨。更扯的是，这样一支大军竟然在一马平川的淮南迷了路，多走了近一百里的冤枉路，才疲惫不堪地来到寿州城郊。

此时，吴军已在寿州城外坚壁清野，严阵以待。朱温见他的士兵已经没有能力马上攻城，打算对寿州实施长期围困，这个计划才一开始，就发现理论没法联系实际，梁军竟然连绕着城池修筑一道营垒的建筑材料都弄不到。

实在没办法了，朱温只得率领他的疲惫之师西撤至正阳，然后设法渡过淮河北归。屋漏偏逢连夜雨，原先那个满脸堆笑的柴再用，趁梁军北归之际，悄悄派兵抄朱温的后路，在梁军的屁股后面又狠狠踹了一脚，斩杀近三千人。另外，梁军由于行军困难，沿途被抛弃的辎重物资，更多得难以计数。

总之，这是朱温一生用兵记录中颇为难看的一页，虽然不能算大败，但实在是吃亏老妈给吃亏开门——吃亏到家了。

按说朱温早已是身经百战，且有过一大堆战绩的沙场老枭雄了，为何会不听敬翔的谏言，犯下打无准备之战这样并不高明的错误呢？

在下猜想，除了因为朱温大胜之后，一时骄傲轻敌，以及他在两浙的小弟钱镠正在淮南支持下的"二陈之乱"中苦苦支撑，急需援助，很可能是因为他得到了一个重要情报：他此生的第二号死对头，吴王杨行密可能快要死了。

杨行密这次确实病了，不是装的，而且来势极猛。就在九月中下旬的时候，杨行密还没得病，或者至少还没有大病，因为他还会见了刚刚来投奔他的赵匡凝，并开玩笑说："你在襄阳的时候，年年给北边的大盗送钱，现在落了难，怎么却来投奔我啊？"赵匡凝答道："我作为一个地方官，侍奉天子，年年进贡，是职责所在，怎么能叫作送给大盗呢？今天我跑来归附大王，不正证明了我不愿向大盗屈膝吗？"杨行密笑了，吩咐对赵匡凝一行人要从优安置。

然而，十月上旬，杨行密就病危了，以至于他自己和他身边的人，都认为他大限将至。于是，一个新的问题产生了：谁将成为淮南集团新的掌舵人呢？

杨行密至少有六个儿子，分别是正妻史夫人所生的长子杨渥、次子杨渭（后改名杨隆演），以及其他侧室所生的三子杨濛、四子杨溥、五子杨浔、六子杨澈。这一年，杨渥十九岁，已经担任宣州道观察使，而老二杨渭才八岁，其他兄弟自然更小，由此看来，杨渥不但是嫡长子，而且是兄弟中唯一的成年人，其继承人的身份应该毫无争议。

可糟就糟在，杨渥这个继承人实在不让人省心，他在性格为人上几乎找不出一丝父亲的遗传基因，好酒、贪玩、为人轻浮急躁，是一位花花公子，在淮南名声很差，上上下下的文武官吏几乎没人喜欢他。正因如此，当初杨行密见到钱传璙时才会说出"生子当如钱郎"的话。

但不管怎么说，钱郎再好，那也是别人家的孩子，杨渥再混蛋，也是杨行密这个不称职父亲唯一现实的可选项。于是，病榻上的杨行密，叫来了节度判官周隐，让他给自己起草一道公文，召唤杨渥回扬州。

史书上说，周隐这个人很有特点，忠诚、直率、不长脑子。他很清楚这个时候叫大公子来是什么意思，于是他迟疑了片刻，不肯写这道公文，反而自作聪明地提议道："宣州司徒（杨渥）容易听信小人的谗言，又喜欢击毬酗酒，不务正业，不是能够守住大王家业的人。大王您的其余儿子还太小，也驾驭不了众将。依我看，庐州刺史刘威，是从小卒起就追随大王的老臣，一定不会背叛您，不如暂时将淮南的大权交给他代为掌管，待公子们长大，再交还公子们。"

杨行密很吃惊：身边竟有这么一大块榆木疙瘩！要论交情的话，那田颡和我的交情不比刘威更加深厚？结果怎么样？要换了朱温，当时就可能喊人把周隐拖出去剁了，但杨行密毕竟是仁义之主，只是闭口不言，等着其他人说话。

这世上比周隐聪明的人多的是，杨行密亲兵卫队的两位指挥官左牙指挥使徐温与右牙指挥使张颢一起发声，忠肝义胆地反对周隐的胡说八道："大王您一生戎马，几万次出生入死，为的就是给子孙留下一片基业，岂能拱手送给他人！"

杨行密满意了，叹道："只要有你们这句话在，那我死也能瞑目了。"

稍后，徐温与他的心腹谋士严可求，从周隐处强索到召唤杨渥的公文，即刻发往宣州。

同时，扬州城中还传出了杨行密一条例行的看起来似乎不值得浪费史书版面的命令：调大将王茂章任宣州道观察使，接替杨渥离任留下的空缺。谁知就这么一丁点儿不叫事儿的事儿，却被杨大公子玩成十国历史的一大转折点。

数日后，宣州，杨渥正向王茂章交接，突然提出了一个不符合常规的小小要求："宣州府衙的卫兵，还有出巡用的帷幕，我都很喜欢，我要带走。"

王茂章竟然一点儿也不珍惜这讨好新领导的难得的机会，傻愣愣地回绝道："大公子您回到扬州，那什么好东西没有啊？何必要宣州的呢？您要就这么拿走了，我一时到哪儿配去？"

杨渥像一个被惯坏的孩子，没能要到自己想要的玩具，很不高兴。不过没关系，小爷先记下这笔账，过几天再找你算！

十月十二日，也就是朱温正在光州城外与柴再用交流感情的时候，杨渥回到了扬州。四天后，由李俨（就是张濬那个儿子）代表天子，任命杨渥为淮南留后。又过了一个月，就像诸葛亮在《出师表》中对刘备慨叹的那样，唐末一代英豪，吴王杨行密"创业未半，而中道崩殂"，病逝于扬州，将一个半成品的吴国，留给了他不成器的儿子。

李俨再次按照淮南集团的要求，代表天子发下诏令，把杨行密的官职打包全塞给了杨渥，任命杨渥为淮南节度使、东南诸道行营都统、侍中，让他承袭杨行密曾经的爵位：弘农郡王（之所以杨渥承袭的爵位不是吴王，大概是因为唐廷已经封钱镠为吴王，虽然那实际是朱温的意思，但淮南集团为表现对朝廷的尊重，不在虚名上计较）。

在遥远的晋阳，李克用得知自己最重要的盟友杨行密可能要死了，忙派人密携帛书至扬州，与淮南集团的新领导人重申彼此间的友好关系，以及反朱温同盟继续有效。

新官上任的杨渥，对李克用伸出的橄榄枝没有做出太明确的回应，因为他现在的注意力都集中在另一件大事上：收拾王茂章！怎么收拾呢？像他父亲对付朱延寿那样下一道命令，说我很欣赏你，正准备重用你，来一趟扬州吧？杨渥才没这么多心眼儿，他的方法简单直接：命马步都指挥使李简为主帅，大张旗鼓地出兵讨伐宣州。

王茂章傻眼了，不就是没让你带走外出野营的行头和随从嘛，就一丁点儿余地都不留，发兵来打我，至于吗？王茂章感到宣州目前处于淮南集团的腹地，孤立无援，自己在军中又没有绝对影响力，战和守都是等死，不如走吧。于是，王茂章决定带上自己的人，放弃宣州，向南投奔钱镠。

这个时候，两浙的"二陈之乱"在陶雅大军的帮助下，如火如荼地进行中。钱镠的军队在九月底，于越州西南的暨阳（今浙江诸暨）小挫敌锋，才将战线暂时稳定下来。但由于两浙集团与淮南集团之间实力不平衡，打持久战对钱镠是非常不利的。

在此期间，朱温虽然也两次从北方进攻淮南，但根本就没有迫使淮南军从两浙调走一兵一卒。钱镠的处境越来越艰难。

没想到正山重水复疑无路，便柳暗花明又一村。正在睦州指挥作战的陶雅（原刺史陈询已被送到淮南去了），得知宣州的王茂章反了，深恐王茂章派军南下封锁天目山山道，将自己的后路和援兵都断绝，马上放弃了睦州，率军急速撤回歙州（今安徽歙县）。

钱镠乘机发动反攻，轻轻松松地收复了睦州，然后与前来投奔的王茂章会合，将淮南干涉军全部赶到天目山以北。原本声势强大的反钱镠联军三去其二，陈璋被孤立了，他支持不住，被迫放弃婺州，退回自己的老根据地衢州，死守了将近一年。杨渥虽然在后来一度派兵支援，但时机已失，无济于事。第二年九月，陈璋突围逃走，投奔淮南，两浙的"二陈之乱"，以失败告终。

可以说，正是杨渥用自己的轻佻，毁掉了吴国最有可能击灭吴越的一次机会，杨吴因此无法独霸江南，使中国的历史最终演变成了五代十国，而没有变成第二次南北朝。

又过了一年，钱镠派儿子钱传璙和钱传瓘南征卢约。钱氏兄弟先克温州，斩卢约之弟卢佶，而后转攻处州，卢约见大势已去，开城投降。这样，经过连绵数年的苦战，钱镠终于再次统一了两浙各州，并在此过程中完全消灭了各地方小山头。从此，直到钱弘俶纳土降宋，吴越国境内再也没有发生过上规模的兵变或叛乱，成为整个五代十国时期保持和平稳定最久的地区。

附文：修正的仁义

三国那段历史在国人心目中的影响力太大，很多人在提及其他乱世时，常常将它们与三国做类比。

比如，很多文章将朱温比作曹操，其实这种观点很早就有了，源头甚至来自朱温自己及其幕僚。如李振去劝王师范离开青州时，便称梁王就是当今的曹公。在那个年代，曹操在一般人心目中的形象还基本算是正面的。

粗略比较一下，两人的争霸史确实有不少相似之处：他们都是在一个大朝代崩溃之后打出来的北方霸者；两人都身经百战，败仗打了不少，当然胜仗打得更多，军事水平大致处在同一级别；两人发迹的地点都在今河南东中部，相距不到一百公里；两人给今天留下的形象都是白脸奸雄。

有了奸雄，自然也就有奸雄的对立面。所以辛弃疾曰："天下英雄谁敌手？曹刘。"

当一个奸雄的对立面，应该满足哪些要求呢？罗贯中为刘备总结道："操以急，吾以宽；操以暴，吾以仁；操以谲，吾以忠；每与操相反，事乃可成耳。"如果以这几个标准来衡量，那么在唐末最适合扮演正面首领的人，并不是朱温第一号死对头，忠而不仁的李克用，而是五代开国群雄中第一个去世的杨行密。

在唐末最重要的四大军阀（朱温、李克用、杨行密、王建）中，论单纯的战术水平，杨行密可能是垫底的，这一点和刘备差不多；杨行密是四人中最得人心的，在与孙儒的中前期争霸中，他的军队虽屡屡战败，孙儒控制区的老百姓还是扶老携幼，纷纷来投，这一点让人联想到当阳之败前的刘备。刘备给人印象最深的事迹之一，就是他如九命猫般屡打不死的逃命史，杨行密虽没有这么夸张，但也是五代创业主中唯一大本营一度被人端掉仍没有完蛋的军阀首领。

刘备和杨行密最大的强项，在于能识人、用人、容人的人格魅力，既能招来大批能力超过自己的人才，还懂得放手让他们各显其能，甚至在一定条件下允许他们来去自由。

刘备手下有个重要谋士叫徐庶，其老母为曹操所得，为了让徐庶能为母尽孝，刘备竟送这个能干的部下去投奔自己的仇敌，被传为一段佳话。

无独有偶，杨行密手下有一名将军，名叫马赟，平日性格内向，沉默寡言，但作战十分勇敢，积功升至黑云都指挥使，也就是淮南第一号王牌部队的指挥官，以前朱延寿的位子。有一天，杨行密与马赟聊天，偶然问起他家里还有没有其他兄弟，马赟才回答说，原来他是杨行密的对头之一楚王马殷的弟弟。杨行密大吃一惊。要换了朱温，马赟该是多好的人质啊！但杨行密没有起一丝一毫异念，反而亲自设宴于郊外，为马赟饯行，送他去湖南与兄长团聚。

此后马赟见人就说杨行密的好，还劝马殷断绝与朱温的关系，转而与杨行密交好。马殷在明面上拒绝了兄弟的谏言，但从此直至杨行密死去，湖南与淮南之间没有发生过冲突。

可以说，论人才政策，杨行密足以让王建输掉底裤；李克用除了能用自己最早的班底和义子，基本上也就没其他人了；朱温能招揽很多人才，但他对人才只能限制性使用，稍有猜忌便举起屠刀。与之相比，杨行密的度量何其难得啊!

当然了，水至清则无鱼，好人也得活在不那么好的世界中。尤其政治家这个职业，更是深处数不清的利益旋涡之中。人在屋檐下，怎能不低头？要想不留一丁点儿供人非议的话柄，除非躲进深山中当隐士，别让人知道，什么事都别干。

杨行密只是因为不够出名，很少有人想到靠批他来哗众取宠。实际上，唐末那个大水池子，比汉末更加混浊，如果有人想把杨行密写成大奸大恶，那他随便翻翻书，就会惊喜地发现，这比抹黑刘皇叔更加容易，像什么违法乱纪、杀害长官、结交奸臣、制造饥荒、谋害义兄、屠戮无辜……统统都找得到实例。

但如果没有这些"劣迹"，杨行密又怎么可能走到今天呢？

不妨设想一下一个完全没有道德污点的杨行密。首先，他的第一步就迈不出去，将会被那个不知名的小军官打发到西北边陲，成为一粒无人知晓的炮灰；占据庐州后，他如果不通过讨好吕用之，进而讨好高骈，将会在第一时间被人灭掉；如果他在围攻扬州时不忍坐视城中百姓饿死，那他就会被秦彦、毕师铎淘汰出局；如果他在发现田頵与朱温秘密相交，欲取其而代之的时候，去宣州与田老二推心置腹地谈话，那他不被干掉简直没天理……

总之，假如杨行密是这样一个道德"完美"的人，那他将一事无成，连成为第二个高仁厚的机会都没有。正因为他不"完美"，懂得根据实际情况灵活把握道德标准，他才能做出更多的事，成就一番大业，进而救更多的人，惠及更多的百姓。从某种程度上说，有时候不得已的不道德，正是为了实现更大的道德。

这就是在下所理解的杨行密，唐末群雄中行事与为人最接近刘备的人，一个被残酷时代修正过的仁义之主。

蒋、柳被诛

天祐二年十一月十三日，在淮南战场上碰了个灰头土脸的朱温，带着满头暴起的青筋和一肚子尚未发泄的邪火，回到汴州，回到了自己的府邸。

以往这里会有一个美丽优雅的身影，施展出她以柔克刚的大法，来平复他失控的情绪，驯服他心中那匹狂躁的野马，挽救那些即将遭殃的池鱼。不过，如今，那个身影一去不复返，虽然府邸中的满园春色并未因此减少，甚至有越来越多的趋势，但真正能给他带来安慰的灵魂，再也没有了。于是，已不受制约的朱温，打算用杀几个人的方式来泄一泄自己的怒火。

正好有几位不久前还是他宠臣的倒霉蛋，已经很不长眼地撞到了他的枪口上。里面最有名的一位倒霉蛋，正是在去年替朱温动手杀皇帝的宣徽使蒋玄晖。

在被朱温五马分尸之前，蒋玄晖正在为朱温更上一层楼而辛苦奔忙着。自从数月前，在白马驿送最后那三十几位不完全听话的大臣去尝试"黄河第一漂"之后，洛阳小朝廷唯一存在下去的理由，就只剩下如何合理合法地、光鲜亮丽地终结自己的性命，同时将大唐的皇位禅让给朱温了。而直接领导这一改朝换代课题组的项目负责人，就是蒋玄晖。

其实，对于这一类繁文缛节，肚中没多少墨水的蒋玄晖并不太精通，但好在朝中还有那位学问极高的宰相柳璨，可以当他的顾问。柳璨翻来古书，给他普及了一下自古以来篡位的常用程序：先给封大国，赐九锡，表明其地位与众不同，然后再让前朝皇帝下诏禅让。只有用这种切香肠的方式，循序渐进，才能最大限度地减少阻力。

于是，蒋玄晖与柳璨合作，先弄了一道提升朱温为诸道兵马大元帅（原先朱温是副元帅）的诏书，派刑部尚书裴迪担任使节送达前线（当时朱温尚在寿州城外，正与他的大军一道享受着冬天的天然冷水浴），顺便汇报一下咱们改朝换代课题组研究出来的项目推进计划。

看起来这一方案合情合理，应该顺利通过才是，可蒋玄晖与柳璨只顾着翻古书，有两点现实情况没有考虑到：一、朱温正憋着一肚子火，准备找碴儿杀人；二、职场上永远都是有竞争者的，在任何一个团体中，总有许多排名靠后的朋友，正眼巴巴地盯着前面的位置。

此时，蒋玄晖领导的课题组中，正好就有这样两位副组长。

其中一个叫王殷，后来不太重要，不提也罢。另一个就值得好好说一说了。他的本名可能叫孔循，原是汴州大财主李让的家奴，高季兴的同事。后来李让变成了朱温的干儿子朱友让，他也同高季兴一样改姓朱，当起朱温的干孙子。稍后，他又发现了另一条更利于投机钻营的捷径，遂认了朱温家中的一个奶妈做干娘，并跟着奶妈的丈夫改姓赵，暂时名叫赵殷衡。他还会改回疑似原名孔循，为了不增加读者的记忆力负担，本书一直叫他孔循。

王殷和孔循是一对病友，都患上了症状很严重的红眼病，对蒋组长在课题组的呼风唤雨和在朱温面前的春风得意，倾注了满满的羡慕嫉妒恨。光靠恨当然不能减轻他们的病情，所以两人对症下药，悄悄在蒋组长提交正式报告之前，向朱温打了个小报告：蒋玄晖和柳璨这两个人，根本就无心让大王您登上帝位，他们现在折腾什么封大国、赐九锡之类的琐事，目的不过是拖延时间，以等待河东、淮南这些大藩出兵干预。

不过，光靠这种解释，说服力显然是远远不够的，柳璨倒也罢了，蒋玄晖可是朱温的老部下，他今天的一切荣华富贵都是朱温给的，凭什么为了一个与自己毫不相干且马上就要完蛋的大唐，与前途无限的朱温对着干呢？难道说姓蒋的对大唐忠心耿耿？这明显是扯淡，当大家不知道李晔是被谁干掉的？

为了把谎勉强说圆，王殷和孔循又爆了一则料：大王您知道当初蒋玄晖杀皇帝的时候，为什么不顺手杀掉何皇后吗？就是因为他贪恋何皇后的美色，色胆包天，暗地里与之通奸。现在他阴谋延长唐朝的寿命，就是为了取悦皇后。

这条理由也比较牵强，但考虑到它的听众是朱温，应该还是有一定说服力的。

果然，朱温的怒气被叠加了，脸色更加阴沉可怕，吓得裴迪只敢磕头，不敢说话，然后将这个不好的消息通知蒋玄晖。蒋玄晖大惊，急忙至寿州城外进见朱温，详细解释自己与柳璨商量好的篡位方案。

没说两句，朱温便怒骂道："你花言巧语，啰唆半天，不就是用些无关紧要的事来拖延时间吗？难道我不受什么破'九锡'，就当不了天子吗？"

蒋玄晖叩头如捣蒜，辩解道："如今李唐气数已尽，天命已归向大王，这是大小贤愚统统都知道的事。我和柳璨又怎么敢违逆天意，背弃大王您的大恩大德呢？只是目前天下还没有大定，李克用、刘仁恭、王建、李茂贞这些人还是我们的劲敌，大王如果马上接受禅让，会给他们留下话柄，借机兴风作浪。所以我们觉得，这件事不能操之过急，必须在法理上力求完善，不留漏洞，这样做，全都是为了稳固大王的万世基业啊！"

但朱温显然已经不可理喻，根本不听任何解释，只是自顾自地咆哮道："你们这些奴才，果然是要造反了！"

蒋玄晖惊恐万分地告退，然后匆匆返回洛阳，与柳璨商议如何加快进度，化解朱温的愤怒。

此时，王殷、孔循的谗言显然已经先入为主地深深扎根于朱温脑海之中。朱温之所以相信那些漏洞百出的指控，是因为他已经陷入一种思维的盲区，一切事都只从自己的主观角度出发，愿意相信所有对他不好的联想。想想当年的张濬、崔胤、裴枢、氏叔琮、朱友恭吧，我待他们可都不薄，可他们为什么都一个接一个地对我有二心？

失控的猜忌之心使朱温越来越远离曾经的理性，他认定人性本恶，没有任何心腹是绝对可靠的，他们随时都在准备背叛自己，就像现在的蒋玄晖、柳璨、张廷范！在朱温挑剔的眼光下，他们的每一个举动都越看越像是针对自己的阴谋。

就像当时，洛阳小朝廷正准备依照惯例去南郊进行祭天大典，负责人正是刚刚上任的太常卿张廷范。朱温刚回到汴州便得知此事，大怒："这几个奴才竟然利用仪式祈祷上苍给李唐延寿！"

裴迪也吓坏了，忙赶回洛阳，将朱温的最新反应通知蒋玄晖、柳璨等人。两人连忙采取补救措施，十一月十六日，由李柷下旨，将南郊祭天的日期推迟到明年。

然后，由蒋、柳领衔，上奏小皇帝说，鉴于梁王有再造国家的巨大功勋，理应马上赐予九锡，授予殊遇。此议一出，朝堂中据说仍有些没被吓死的大臣用沉默来表示抗议。不过，也有表忠心的，比蒋、柳二人更卖力。比如此时的礼部尚书苏循就发表议论说："梁王的功业如此盛大，可知天命已归，陛下应该尽快禅让才是正理！"

说起这苏循，其实也是唐朝的老臣了，早在懿宗咸通年间就考中进士，现在已经侍奉到第四位皇帝，只是不知为何他的官位一直升不上去。直到李茂贞、朱温等老大一拨接一拨地清洗朝中重臣，把有名望、有地位的人都杀得差不多了，这位万年候补才浮出了水面。如今的苏循，已被炸成了老油条，早将什么礼义廉耻之类扔得干干净净，只剩下一颗追名逐利的小人之心了。

蒋玄晖和柳璨当然不能让姓苏的抢了风头，所以朝议的结果，既否决了苏循的激进派意见，也无视那些不说话的保守派意见，而是按照蒋、柳的方案，作出决议，再交由那个叫李柷的"电脑程序"执行。

十一月二十七日，李柷顺利地输出了运行结果。

一、恢复古时的相国这个职务并授予朱温，同时宣布，朱温享有总揽朝中一切军政要务之权。

二、在大唐的地图上胡乱画了一个超大的，比朱温实控地盘还大的圈，将宣武（总部汴州）、宣义（总部滑州，原为义成，后避朱温之父朱诚的讳，改为宣义）、天平（总部郓州）、护国（总部河中府）、佑国（总部京兆，即瘦身后的长安）、河阳（总部孟州）、昭义（总部潞州）、保义（总部陕州）、戎昭（总部均州）、泰宁（总部兖州）、平卢（总部青州）、忠武（总部许州）、匡国（总部同州）、镇国（总部华州）、武宁（总部徐州）、忠义（总部襄州）、荆南（总部江陵府）、天雄（总部魏州，原称魏博，现在朱温盟友罗绍威控制下）、武顺（总部镇州，原称成德，同样为避朱温父讳而改名，现在朱温盟友王镕控制下）、义武（总部定州，现在朱温盟友王处直控制下）、武定（总部洋州，现在朱温对头之一王建控制下）等共二十一个藩镇都圈了进去，建立一个魏国，封朱温为魏王。

三、加赐魏王朱温以九锡之殊礼。

十二月四日，心情忐忑的蒋玄晖，带上这份精心准备的大礼包，赶赴汴州，准备进献给朱温。可是，在这里，他遇上了所有行贿者的最大噩梦：被受贿对象拒收！

其实，在古代，赐九锡或禅让之类，被授予对象表示拒绝是很正常的事。一般来说，事主总得推让三次，再让知趣的手下忧国忧民地劝进三次，然后才能"万般无奈"地接受那份荣誉或地位。

但可怕的是，蒋玄晖发现，朱温这次拒绝，并不是那种常规式的扭扭捏捏地推让，而是拒绝得斩钉截铁，根本不存在丝毫欲迎还拒的暧昧。老大这种毫不通融的强硬态度，让蒋玄晖有了脑袋即将搬家的恐惧，他不敢保留自己的看法了。

十二月九日，蒋玄晖又急匆匆赶回了洛阳，告诉柳璨：朱老大的火气并没有丝毫平息，我们都快没命了！

那就没办法了，什么封大国、赐九锡，让那些个惯例都见鬼去吧！两人使出了最后一搏，试图挽救自己的性命。十二月十日，柳璨上奏道："天下人望都已归向梁王，陛下您如果想释去治国的重负，获得清闲的话，现在正是最好的时机！"

李柷这个大唐历史上最没有存在感的小皇帝，比他那个著名的祖先李世民更加"从谏如流"，完全是大人说什么就是什么，现在要他下台，他也很欣慰地回答说："运祚早已抛弃了大唐，只是由于朱元帅的大功，才幸运地存活下来。今日的天下，并非我的天下，天子神器、传国宝玺，就应该归于有德之人，这是毫无疑问的事！我怕其他人不能将我的想法表达清楚，就请柳爱卿你辛苦一趟，前往大梁，向朱元帅述说我禅位的诚心。"

这话说得太像标准答案了，一点儿不像一个孩子该有的口吻，估计也是柳璨先写好，再让他背下来的。于是，柳璨抓住这根他亲自拟好的救命稻草，奔往汴州，做灭顶之前的最后挣扎。

但实际上，他们已经来不及了。就在他们安排封魏王、赐九锡之时，王殷、孔循就向朱温通报了他们掌握的"保唐阴谋集团"最新动态：蒋玄晖、柳璨、张廷范昨夜齐集积善宫，在何太后面前相约盟誓，要共同努力，重兴大唐。

据《资治通鉴》的说法，这件事不完全是凭空捏造。感到末日将至的何太后，这些天都在日夜不停地哭泣，她不知蒋玄晖等人已经是过河的泥菩萨，派亲信宫女阿秋、阿虔召见蒋玄晖等，哀求如果到了那一天，希望能保全他们母子的性命。不过真相如何，已经不重要了，朱温马上便通过王、孔二人，在洛阳设置了新的"遥控装置"，并按下换马的按钮。

十二月十一日，柳璨还在奔往汴州的路上，朱温的新"遥控器"已正式启用，让李柷下旨，逮捕了蒋玄晖及其两个心腹。蒋玄晖的两个主要职务枢密使和宣徽使，由王殷和孔循分别代理。朱温同时上疏，坚拒魏王及九锡的赐予。

柳璨上气不接下气地赶到汴州，来不及休息，便带着谄媚进见朱温，传达了天子要禅位的"大好消息"。谁知马屁又一次拍在了马腿上，朱温阴沉着脸，一口回绝：你们难道还幻想着可以用这些小手段来活命吗？

十二月十三日，蒋玄晖被以车裂之刑处死，稍后焚尸示众，褫夺生前一切官职，改称"凶逆百姓"。

十二月二十五日，何太后及宫女阿秋、阿虔被处死，李柷随后顺从地追废亲生母亲为庶民。稍后，再宣布取消明年的南郊祭天。

十二月二十九日，张廷范也在洛阳闹市被车裂而死。同日，柳璨也被绑缚于东门外，不过对他稍留面子，判处的是斩首示众。临刑之前，柳璨大概是回想了自己一生，满腹才华，抛却廉耻，陷害同僚，不遗余力地为一个奸雄卖力，到头来落得如此下场，不由得心生感慨，高喊道："负国之贼柳璨，该死啊，该死！"

诸神的黄昏

正如柳璨临终前的自我评价，蒋玄晖、柳璨、张廷范都属于那种打死也不冤的恶棍，但他们还是丧命于这样一场大冤狱。由王殷和孔循虚构出来的，大部分由朱温死党组成的"保唐阴谋集团"全军覆没，真正变成了死去的同党。

朱温老糊涂了吗？他为什么要对给自己卖命的人下如此狠手呢？

在下读过的古史都采用了统一的答案：朱温想当皇帝想疯了，忍受不了像"封大国，受九锡"这样的一点点拖延，所以才不分青红皂白地乱挥屠刀。不过，在下凡事喜欢问个为什么。比如这个答案，如果把它代入当时的环境仔细想想，有没有破绽？

果然，问题出现了。支持朱温急于称帝一说的证据，其实是非常勉强的，仅有朱温的那句"借使我不受九锡，岂不能作天子邪"而已，但这句话是否真正表明了朱温对皇位的迫不及待，大可商榷。

首先来看看朱温说得对不对。如果从篡位程序的发明人王莽来看，显然是不对的，但王莽定下的东西也不是不容更改的金科玉律，会在后世多次被打破，并且开先例的人并不是朱温。在中国古代以受禅建立的朝代中，最成功的头两名都未曾接受过九锡。

其次，受九锡真的会耽误篡位的进度吗？空口无凭，看看魏晋以来的实例。那些受九锡但本人未篡位的，如曹操、司马昭、高欢、宇文泰之类，姑且不论，举那篡了位的例子。

宋武帝刘裕于义熙十四年（418）六月接受九锡，于元熙二年（420）六月废晋称帝，间隔时间为两年。

齐高帝萧道成，于昇明三年（479）三月接受九锡，于同年四月称帝，间隔时间一个月。

梁武帝萧衍，于中兴二年（502）二月接受九锡，于同年四月称帝，间隔时间两个月。

陈武帝陈霸先，于太平二年（557）九月接受九锡，于同年十月称帝，间隔时间一个月。

隋文帝杨坚，于大定元年（581）二月接受九锡，于同月称帝，间隔时间不到一个月。

唐高祖李渊，于义宁二年（618）三月拒受九锡，于同年五月称帝，间隔时间两个月。

李唐在历史上的总体形象比朱梁好太多，所以在史书上，李渊拒绝九锡的理由光明正大。他说："你们这些马屁精，怎么能提这种要求呢？我刚刚辅佐国政，就给自己加官晋爵，怎么可以呢……这些玩意儿，不过是上欺天，下欺人……如果天子（隋恭帝杨侑）了解内情，他一定不会批准；如欺天子年幼无知，让我自己哄抬自己，再出面推辞，我平生岂能做这种骗人的事？"

但结合唐高祖稍后的实际作为，你能说"难道我不受九锡就不能当天子"不是他的心声吗？朱温推辞九锡的表章原文，今天已看不到，但想来，上面的文辞字句应该同样正气凛然。

由上面的诸多实例可知，从受九锡到称帝所需要的时间是没有固定标准的，大多数也就是一两个月，朱温是否急到连一两个月都等不得呢？那好，来看看他的实际情况。朱温在天祐二年十一月拒受九锡，到天祐四年（907）四月才篡位，间隔时间达一年零五个月。

至此，可能出乎很多读者意料的事实已浮出水面：闹了半天，原来所谓受九锡会影响篡位进度一说，根本就是个伪命题。在这一群篡位的皇帝中，就时间而言，只有刘裕比朱温更有耐心，以最夸张的隋文帝杨坚为例，从受九锡到称帝历时居然仅十天。

再退一步说，就算朱温真的等不得受九锡就想当皇帝，柳璨、蒋玄晖等人在最后一轮努力中，其实也已经帮他一步到位，把李柷的禅位诏书都弄来了。但朱温同样拒绝接受，他此时的意图不在他早晚会得手的帝位，已经非常明显了。在下认为，蒋玄晖等人是会错了朱温的真实意思，他们所有的自救行动，其实只是拍马屁拍到了马腿上。

但奇怪的是，古史宁肯抓住不确实的只言片语，说朱温急于称帝，却不愿将这一评语送给一大批远比他猴急的同行。

了解到这几点事实之后，我们猛然发现，在这一事件中，古史的作用就是一面巨大的哈哈镜，镜中那个望着皇帝宝座猛流口水如小丑一般的朱温，根本就不是他的真容。何谓"善善恶恶"？何谓"春秋笔法"？怎样用褒贬来代替事实？这就是古史中最典型的例证之一。

那么，话题又转回开头，如果不是因为称帝进度受阻而行凶，那么，朱温是为了什么非要杀蒋玄晖等人呢？在下以为，也许另外一则发生在朱温身上但具体时间不明的典故，可以为我们提供一个相对近距离的观察点。

据说有一次，朱温带着一帮幕僚文士外出巡视，走到一棵大柳树下，稍作休息。突然，朱温对着柳树大发感慨道："好大一棵树啊，这样上等的柳木，正好用来做车毂！"

所谓"车毂"，就是车轮正中，用来固定车轴与车轮的圆环，有时候也泛指车轮。车毂今天一般要用滚珠轴承来制作，是常见的机械中对硬度及耐磨性能要求最高的零部件。古人的马车没这么矫情，但也肯定不能用柔软易变形的柳木来制作，否则驾车走不出几里地，就得赶快拖回来大修了。

梁王冷不丁冒出这么一句缺乏常识的言论，众幕僚不由得一愣。但眨眼之间，其中几位聪明人已经想通了：这不就是指鹿为马的翻版吗？就是朱老大在考验我们，是否能在任何情况下，都与领导的立场保持一致。熟悉典故的人谁不知道，当年在同样权势熏天的赵高面前，那些不把马说成鹿的笨蛋是什么下场。于是，那几位聪明的幕僚马上附和道："梁王说得太对了，这样好的柳木，不用来做车毂真是浪费！"

可他们哪里想到，在很多地方，历史并不能提供唯一正确的标准答案。朱温突然脸色一变，斥道："你们这帮没底线的文人，就知道顺着老大的意思拍马屁，即使把老大拍沟里也不当回事儿！谁不知道，车毂必须用坚硬的榆木来做，柳木能做个屁！"然后，他回头对随身的卫士说："你们还在等什么？"左右卫士的理解力还是不错的，马上揪出那几位聪明反被聪明误的幕僚，当场处决。

这个故事说明了什么呢？首先，在朱温的本性中，存在视他人为刍狗的残忍，尤其在失去制约的情况下，可能为一丁点儿小事草菅人命；其次，朱温对于对自己有害的恭维存在一定免疫力；最后，他城府极深，可以为清除他所认为的隐患来实施"钓鱼"。所以，当他表现出似乎要当皇帝的意向时，也许是在用另一种方式，说这柳木可以做车毂呢。

如果说，朱温杀那几个顺杆爬的幕僚，是为了打击身边过度的谄媚之风，减少下边对自己的蒙蔽，那他杀柳璨、蒋玄晖等人，更不会是毫无深意的。现在，让我们结合当时一些被人忽略的记载，去探寻根本原因。

先从两个小故事讲起。

第一个故事。话说在不久前，裴枢、崔远、独孤损等重臣被拿下，但按唐朝的惯例，柳璨不能独相，所以又破格提拔了原本资望、能力都不怎么样的礼部侍郎张文蔚、吏部侍郎杨涉二人为同平章事。

被任命当宰相，这在历史上绝大多数时候，都是文人士子梦寐以求的终极理想，应该敲锣打鼓烧高香才对，但此时出现了把喜事当成丧事办的另一番景象。比如新任宰相之一杨涉，退朝还家后，竟把家人招到一起，为自己的升官而相对哭泣。他看着自己的儿子，后来的大书法家兼大诗人杨凝式，哀叹道："我们杨家家门不幸，摊到这样的祸事，将来恐怕连你都要受连累！"

第二个故事。当时，河中有一个著名的隐士，名叫司空图，本是咸通十年（869）的进士，曾在朝中担任知制诰及中书舍人，颇以才学和气节知名。后来唐僖宗李儇被黄巢赶到成都，他对世事感到悲观失望，便回到故乡河中府虞乡县长期隐居。在此期间，司空图建起了一个藏书七千余卷的私人图书馆，写下了有关诗歌评论的总结性巨作《二十四诗品》，还给自己起了两个很有个性的号，一叫"知非子"，一叫"耐辱居士"。

虽号"耐辱"，但其实他在当时是很受尊重的。比如朱温的"舅父"，前河中节度使王重荣，很仰慕他的名声，曾请他撰写碑文，赠绢数千匹作为稿费。只是司空图不领情，将这些绢帛全部堆放在虞乡县的集市，任人取用，自己分毫不受。

"白马之祸"后，朱温急于重塑朝廷的外在形象，特让李柷下旨，征召司空图入朝为礼部尚书。面对朱温的征召，司空图不敢不来，但他故意装作老朽痴呆，举止粗俗，动辄失礼，上朝时连笏板都甩掉在地上，柳璨又只好撰写诏书，将他驱逐回家。

从这两个典型事例，我们发现，由于此前朱温在朝中发动了一轮又一轮的大清洗，先后杀掉了皇帝、多位皇子和三任宰相，在将潜在政敌一网打尽的同时，也致使恐怖气氛弥漫朝野！此时，虽然朱温的权势已趋于顶峰，但在舆论战线上是一败涂地。朱温虽然控制着合法的洛阳朝廷，在天下大多数文人士子的眼中，却与黄巢差不多，几乎是个伪政权。身处其中的朱温，也不可能感觉不到。

天下可以马上得之，不可以马上治之，一个王朝如果得不到知识分子阶层的支持，要想长治久安，基本上是不可能的。所以，朱温在着手向天下士子释放善意，以期重新收拢人心。

例如，当时朝廷官员连制服都配不齐了，朱温特地拨出专款"乃制造逐色衣服，请朝廷等第赐之"。又如，由于朝廷收入微薄，官员长久以来都实行半薪制。朱温为此奏请，建议官员工资全额发放。

当然了，这些都治标不治本，要想从天下官员士子心目中夺回政权的合法性，必须使出更狠的大招，比如宰几只替罪羊。

说到对替罪羊的运用，可谓历史悠久，源远流长，比如在两百多年前，就有高人做过非常成功的实践。

那时，大唐的天空阴盛阳衰，所有的权力行星都在围绕着一个大名叫武曌，尊号叫"则天大圣皇帝"的女人做公转。坐在龙椅上的那位内心很清楚，在这片土地上，女人做皇帝是一件惊世骇俗、离经叛道的事，所以自己无法成为一颗正常的恒星，不可能仅仅靠万有引力来维持整个星系的平稳运转。

那怎么办？为了将对其不满的阴谋甚至念头都扼杀在萌芽状态，武则天豢养了周兴、索元礼、来俊臣、侯思止等一大帮牙口锋利的走狗，专门替她咬人。走狗们兢兢业业地制造了一起接一起的"谋反"大案，杀得天下士人见之胆寒，闻之色变。待士人反周复唐的念头渐渐淡化，武周帝国趋于稳固之后，武则天再适时收手，把罪行都推到走狗身上，将他们一一干掉，以便收拢那些惊弓之鸟的人心。

这样一来，一套经典的清洗程序完成。虽然把想杀的人都杀光了，但武则天保留了一双相对干净的手，最多就是一时失察，误受奸人蒙蔽而已。

再回到天祐二年冬天，我们会发现，朱温也有几条走狗差不多办完了他们该办的事，并因为这些事而结怨于天下，正处于适于屠宰的机遇期。

蒋玄晖，他杀皇帝、杀诸王，尽人皆知；柳璨，肆无忌惮地打击迫害同僚，天下士人闻名如见鬼；张廷范，长安士民百姓在用一路的斑斑血泪记着他的名字……

还用得着细述杀你们的理由吗？当然，按这标准，还漏掉了一个重要角色：被众人"尊称"为"鸱鸮"的李振。不过，李振除了咬人之外，在其他大计方面出谋划策的功劳更多，所以朱温一时舍不得杀他。

可能有朋友会提出疑问：这种论点有什么证据吗？当然是有的。看看朱温杀蒋玄晖等人时公布的罪状："……蒋玄晖在枢密之时，与柳璨、张廷范共为朋扇，日相往来，假其游宴之名，别贮倾危之计。苟安重位，酷陷朝臣，既此阴谋，难宽大辟……""酷陷朝臣"这些坏事都是这帮浑小子干的，咱们梁王只是一时失察，误信奸人而已。

同时，就像周兴、来俊臣那批人被干掉之后，武曌结束她的恐怖政治一样，在蒋玄晖、柳璨等人被杀后，朱温对士人的迫害也就基本终止了（当然，并不是放下了屠刀，只是转移了目标）。

最典型的，比如那位因为升官而哭得死去活来的杨涉，其实是白哭了，他当了几年后梁的宰相后退休，平平安安，善终回家。杨涉的儿子杨凝式，曾在朱温篡位时劝父亲不要效忠后梁，也没发生什么事，他几乎活过整个五代，直到后周世宗柴荣在位时，才以八十二岁高龄过世。

但就像隋炀帝征讨高句丽，朱温对蒋玄晖、柳璨等人的清洗，虽然动机上具有相当的合理性，在实际操作上却可以说是完全失败了。朱温想达到的目的，也就是要嫁祸于人，改变自己让人惧而不敬的灰暗形象，争取士人支持，扭转舆论战线的被动处境等，一样也没有达成。

即使在朱温自己的势力范围内，张文蔚、杨涉、张策、赵光逢等大臣，虽不敢反抗他的意志，但仍以当他的臣子为耻。胆子大一点儿的罗隐、杨凝式之类，大胆挑衅他的权威。而在朱温及其盟友的控制区之外，其声名狼藉就更不用提了。

朱温不但输了当世，更输了后世。之后的史家统统无视朱温改变形象的努力，故意用戏谑的态度和最大的恶意来揣测他的动机。于是，直到今天，每逢提到朱温，人们的印象除了并不冤枉他的凶残荒淫之外，还要加上一条：他想当皇帝，急不可耐。

杀蒋玄晖等人的副作用非常明显，朱温用了不留情面的简单粗暴的屠杀，功臣旧部自氏叔琮、朱友恭丧命之后，进一步冷却了对他的忠诚敬仰之心。其负面影响将在未来的岁月中越来越明显地体现出来。

也许可以说，朱温从来就不是一个好人，但他曾经是一个深得部下爱戴的好领导。这个领导有勇气、有魄力、有才华、有干劲，并且知人善任，也能公正地给属下论功行赏，让所有有能力的属下都能够感到跟着他，有肉吃，跟着他，有希望。于是，朱梁集团才能源源不断地吸纳大批的优秀人才，实力不断壮大，在群雄逐鹿中打成天下的霸主。

然后，这一系列巨大的成功，掩盖了一个巨大的隐患，朱温本人存在着致命的性格缺陷，他为人残忍、粗暴、冲动，遇事缺少三思而后行的稳重，极易做出错误的决断。之前，朱温之所以能够成功，是因为他很幸运地找到自己的互补结构，将他残缺的一面补全，从而在很大程度上缓冲或弥补了他犯下的错误。或者说，只有加上了她的他，才是那个能不断取得成功，得到属下爱戴的好领导。如果仅仅靠朱温本身，他是根本不足以在那个乱世脱颖而出的。

但我们知道，朱温已经在一年前永远失去了他的互补结构，此后再没有人能够填补这一重要的空缺。

所以我们也发现，在那之后，除了捏掉一个软柿子赵匡凝，朱温再也没有取得过像样的成果，相反，他败招频出，使集团渐渐离心离德，使他的帝国一经建立便走向衰败，并在不太远的将来，最终葬送了自己的性命。

也许可以这么说，伴随着那一年冬天杀气凛冽的寒风，迎来黄昏的不仅仅是即将灭亡的大唐帝国，还有那个尚未正式建立的后梁王朝……

第五章

大唐末路

王彦章　　周德威　　李晋王　　朱温

世里阿保机

把时间稍稍往前调回几个月，差不多就在朱温指使手下，对裴枢、独孤损等大臣进行大清洗的时候，他的对头李克用离开蜗居数年的太原城，前往自己的发迹之地云州（今山西大同）。

李克用这次出行，当然不是为了躲避梁军的锋芒，也不是年纪大了想回去怀怀旧，而是北边出现了新的危险：一支人数据称有十万的契丹大军，正在一位契丹人的二号首领的率领下，逼近代北。

如果光是对付这支契丹人，李克用虽说实力已今非昔比，倒也不怕，但谁都知道，他真正的强敌在汴州，他实在不想在北边再树一个敌人。而且据李克用所知，契丹人这些年的实力有了长足的进步，并和那个良心让狗吃了的刘仁恭发生了多次冲突，似乎是可以统战的对象。于是李克用决定仿效当年郭子仪见回鹘可汗的典故，尝试亲自出马，用外交手段解决与契丹人的争端，最好能更进一步，结成盟友。

李克用的谈判对象，也就是那位契丹人的二号首领，是一位值得大书一番的人物，如果仅论对后世的影响，他可以让李克用甚至朱温都黯然失色，在本书尚未出场的主角中，将来也只有一人能够超越他的分量。

首先，他的名字就值得说一说。如果用此时中原人的习惯，他的大名叫"安巴坚"。如果他活得足够长，他留在史书上的名字，可能会叫"刘亿"。但他自己不争气，活不过他的妻子，所以今天一般都用一个违背了他本人意愿的名字来称呼他——耶律阿保机。

关于耶律阿保机及其如何建立起一番功业的故事，也许得从契丹人说起。

一般认为，契丹人的祖先出自鲜卑宇文部。西晋末年，宇文部与慕容部、段部一道，同为东部鲜卑三大部之一，活跃于辽东。好景不长，公元

344 年，相对后进的宇文部，被先汉化的慕容部首领慕容皝打垮，部众星散，流落四方，后来大部分随魏孝文帝的改制逐渐融入汉人。

其中有一小部分宇文部遗族，顽强地坚持半游牧的习俗和文化传统，几经辗转，大约在北魏年间，迁徙到已经灭亡的原对头慕容部的老家，也就是今辽宁朝阳市一带。

他们没有发明文字，所以不知道为什么，他们到这里时，放弃了祖先使用过的宇文姓氏，演变成了三个支族——契丹、奚（或称库莫奚）、霫，契丹是其中人数最多的。

我是谁？我从何而来？这是人类用来自寻烦恼的经典问题。已经把祖先忘得一干二净的契丹人，缺少历史学家，却不缺少编故事的天赋，为了寻找答案，他们开始重新构造创世神话。

话说在很早很早的时候，有一位叫奇首的仙人，在老家马盂山待腻了，便骑着马，沿着土河（今老哈河）往下游旅行。他走到土河与潢河（今西拉木伦河）的交汇处，一个叫木叶山的地方时，正好碰上一位年轻漂亮的女子，正赶着牛车，从潢河上游款款而来。在民间故事里，帅哥与美女总是一见钟情，所以这次他们也不能坏了规矩，马上就宣布结婚，然后一连生了八个男孩儿，每人成为一个部落的首领，所以契丹人就是由八个部落组成的部族联盟。

从魏、齐到隋、唐，随着北中国的风云变幻，说强不算强、说弱也不算弱的契丹联盟，也在魏、齐、隋、唐等中原王朝与柔然、突厥、回纥等游牧大佬间来回摇摆。贞观二十二年（648），契丹联盟在可汗大贺窟哥的率领下，脱离突厥，举族内附，向唐朝称臣，唐朝随后给当时担任契丹人可汗的大贺家族赐姓"李"。

可能是时常有机会到长安朝贡的缘故，大贺家族见识了什么叫文明，什么叫繁华，有不少族人离开了契丹，到唐朝来打工。最有名的如参与平定安史之乱的中唐名将李光弼，祖上就是契丹大贺家族的人。

唐玄宗年间，契丹内部发生一系列动乱，大贺家族被推翻，由迭剌部世里家族的世里涅里掌握了大权。但鉴于前几任契丹可汗脑袋掉得太快，世里涅里不愿意做出头鸟，便拥立同属迭刺部的遥辇家族的遥辇俎里为名义老大，号称阻午可汗，自己则担任迭刺部夷离堇兼大迭烈府夷离堇（相当于迭刺部首领兼契丹联盟的武装部队总司令），在幕后操纵大局。

【作者按：所谓夷离堇，其实是突厥的官名"俟斤"的音译。大概当时契丹人感觉夷离堇就是大官的意思，结果你也夷离堇，我也夷离堇，每个部落的首领都号称夷离堇。】

从此，契丹联盟就形成了由遥辇家的人任可汗，世里家的人任大迭烈府夷离堇（后文简称"夷离堇"），代代沿袭，直至唐朝末年。

契丹人堪称民主思想的先驱。不管是可汗，还是夷离堇，按规定都是有任期限制的，三年一任，到期后通过民主选举，选出新一届的可汗或夷离堇。不过不知为什么，候选人总出自那两大家族，而且届数没有限制，可以连选连任。

从契丹人的选举实践来看，契丹那不值钱的可汗通常都能连选连任。所以到此刻为止，已经一百七十年过去，契丹人也只换到第九代民选可汗——遥辇钦德（又号痕德堇可汗），平均每位可汗要连任六次。

到了唐末，契丹联盟虽然还是由八个部落组成，但强弱已悬殊。其中有七个部落属于龙套级，分别叫作乙室部、品部、楮特部、乌隗部、突吕不部、涅剌部、突举部，唯一成为领衔主演的那个部落，自然就是同时产生了世里与遥辇两大家族的迭刺部。

唐懿宗咸通十三年（872），也就是朱温年满二十，正恋着张家小姐的美貌，做白日梦，李克用十六岁，在人前显摆一箭双雕绝技的时候，世里涅里的玄孙，契丹大夷离堇世里匀德实家里添了一个孙子。据《辽史》，这小子可能是哪吒转世，出生时和朱温一样满屋子放光，一生下就已经有三岁小孩儿这么大，并且都会爬了。

在史书中，小人物当然没有资格生得这么牛，他就是未来的辽太祖耶律阿保机。由此可知，其实他生前最合理的名字应该是世里阿保机。

虽然阿保机出生在世代显贵的世里家族，但这不代表他此后的人生就能一帆风顺，平步青云。因为大夷离堇不同于可汗，它是有实权的。有印把子的地方，就会有人在背后捅刀子。

契丹人虽然有选票，但他们的选举常常不那么认真，有时甚至很搞笑，他们之中的很多人，还是相信使用刀把子效率更高。阿保机出生没多久，他那个位高权重的祖父匀德实，就被一个可能出自遥辇家族，名叫"狠德"的家伙给捅了刀子，害得匀德实的四个儿子不得不出逃到突吕不部去避难。阿保机被奶奶月里朵藏了起来，才幸免于难。世里家族在迭剌部的势力一时大受打击。

狠德好像就要大功告成，契丹的未来似乎没有咱们的阿保机小朋友什么事了，可他哪里知道，他大大低估了大夷离堇那个印把子的烫手程度。

契丹人选出可汗或夷离堇，都要举行一个就职典礼，叫作"柴册礼"。就是砍一大堆木柴，堆成一个大台子，然后把这些木柴点燃，等于给老天爷点支烟，提提神，汇报一声：咱们的新领导马上要诞生了！确实是"诞生"，因为新的可汗或夷离堇，将要举行一个号称"再生"的仪式。其实就是钻进一个更衣用的帐篷，换上首领的全套制服，再钻出来在天老爷面前亮亮相而已。

孩子的诞生是危险系数挺高的事，狠德的"再生"就不幸遭遇了奇异的"难产"，他一钻进更衣的帐篷，就被早埋伏在帐篷内的几个人按倒在地，切掉了脑袋！要他脑袋的人，是匀德实二哥的儿子蒲古只，他就势换上夷离堇的行头，钻出帐篷，给参加典礼的契丹选民表演了一出"大变活人"的魔术。除了几个狠德的心腹被当场剁掉外，没人觉得有什么不妥，大家都认可了蒲古只有资格穿那身衣服。夷离堇的印把子，重新回到了世里家族手中。阿保机的父亲和几位叔伯兄弟，这才安全地返回迭剌部。

权力回到世里一家人手中，不代表大家就不争了。接下来的十多年内，可汗只换了一任，大夷离堇的大印却在世里家的不同成员之间争来抢去，继蒲古只之后，阿保机的二伯父、父亲、两位堂叔相继上位，直到阿保机的三伯父释鲁当夷离堇时才有了转机。释鲁认为，蛋糕少和嘴巴多是争抢的根本原因，如果把蛋糕多做一份，争抢不就可以减轻很多吗？

于是，释鲁在契丹中央进行了行政机构改革，在可汗之下和夷离堇之上，又设置了一个新的官职"于越"，工作据说是"总知军国事"，权力看起来比夷离堇还牛。

在释鲁的计划中，于越这个新职就是为自己准备的，但他毕竟不能一手遮天，所以他决定亲手扶植一位新夷离堇，然后让新夷离堇协助自己当于越。

在释鲁的夷离堇任期届满之时，最有力的下一任候选人是蒲古只的弟弟罨古只。释鲁认为，如果罨古只选上夷离堇，会自认赢得理所当然，所以绝不能让他上。阿保机这位狡猾的三伯父将目光一转，相中了罨古只的异母弟弟辖底。

很快，大夷离堇的选举结束了，没有意外，罨古只顺利地赢得了选举胜利。只不过，他赢得的仅仅是选举的胜利。因为选举完了并不算就任，还得举行柴册礼。

罨古只好像忘记了以前他哥蒲古只在更衣帐篷里玩过"大变活人"，没有增加一点儿戒备之心，没有想过这世上并不只有他哥一位"魔术师"。于是罨古只钻了进去，钻出来的却是换上了全套夷离堇制服的辖底。

辖底一出帐，释鲁安排好的手下拥上前，带头欢呼道："夷离堇出来了！夷离堇出来了！"这时，参加仪式的契丹人也不认识罨古只与辖底这兄弟俩究竟谁是谁，也跟着起哄。柴册礼是给老天爷的报告，是比选举结果更神圣的存在，所以释鲁的诡计成功了，辖底在选举失败之后又当选了。

被打了一闷棍的罨古只摸着头上的大包，得知煮熟的鸭子已经从他的盘子里飞走了，当然是格外愤怒。他去找痕德堇可汗主持公道，但遥辇家的可汗几乎从出现的那一天起就是摆样子用的，他推托说，这是你们世里家族的家务事，还是由你们在家族里协商解决吧。

可汗不管，就应该找于越释鲁了吧？但这怎么可能呢？辖底的后台就是释鲁。罨古只只好暂时忍下这口气，寻思着：等我找到机会，一定剁了你这只老狐狸！

老狐狸释鲁不用人提醒，也能感觉到罨古只那恨意绵绵的眼神。罨古只的支持者还很多，而自己的安保力量并不强大。按习惯，契丹人的武装力量是掌握在大夷离堇手中，他这个于越手中并没有直辖的军队，所以当务之急，就是要组建一支直接归自己掌控又非常可靠的亲军。

于是，为了安全，释鲁以极大的热情和极高的效率，很快组建起一支叫"挞马"的亲兵卫队，卫队的长官叫"挞马沙里"，而担任保镖头领的人，就是释鲁的侄儿、老四撒剌的大儿子阿保机。

一出生就是个大块头的阿保机，此时已经成长为一位英武的青年，外形发育得也更加夸张。据《辽史》介绍，他身高九尺（唐代一尺约合30.7厘米，九尺约等于2.76米），体形像只大陀螺（"丰上锐下"），目光炯炯如同电灯泡（"目光射人"），力大无比，能拉动三百斤的硬弓。

释鲁对这个侄儿非常满意，据说曾夸奖道："如果我算一条蛇的话，那你就是一条龙！"给阿保机的任务也比较简单：如果有人欺负我，你帮我打他！如果我欺负别人，你帮我打他！别人找我要账，你帮我打他！我找别人要账，你也帮我打他！

工作守则虽然简短，但不代表这个工作简单轻松，因为在当时契丹人的身边，就有一个很难缠且严重缺乏公德心的邻居——卢龙节度使刘仁恭。刘仁恭与朱温几次较量，都是被虐，但这并不妨碍他一转身，回头去虐契丹人来给自己出气。

契丹人是游牧族群，没有固定的居所。由于完全靠天吃饭，如果老待在一个地方，草是不够马牛羊吃的。每到春夏之交，他们赶着牲畜前往更北方的草原放牧，而入秋之后，又得赶着牛羊回南边的草原越冬。

于是，没安好心的刘仁恭就派出军队，趁契丹人北上放牧之时，越过渝关（今山海关），潜入他们的越冬草原，结结实实地放上一把大火。等契丹人满怀着对来年的期望回来，才发现这里只剩下一地的草木灰了！这是直接要饿死契丹人的马牛羊，不给留活路嘛！怎么办？打吗？可刘仁恭的军队不但战斗力很强，而且已经退入渝关，雄踞天险，根本不给契丹人有效的还手机会。他们只要高坐关城之上，美滋滋地泡杯茶，慢慢欣赏关外契丹人饿肚子的惨象就可以了。

打不过，那就没办法玩硬的了，痕德堇可汗只好代表契丹人给刘仁恭送礼行贿：您行行好，明年别把草场烧得这么干净，给我们留一口吧！

打不过刘仁恭的原因之一，是契丹人没有专业的正规军。以往，契丹人要出去抢东西，或者阻止别人来抢东西的时候，都是等着夷离堇大人一声吆喝：是男人的，都给我带上武器，骑上马杀！然后，一支临时编制的民兵就上路了。这样的民兵，对付太平时期没见过打仗是怎么回事的中原军队还行，可要对付唐末五代那些从尸山血海中杀出来的老兵油子，基本就是送死。

不过现在情况开始有了变化，释鲁开创的"挞马"卫队，使契丹人第一次出现了兵牧分离的正规军，而阿保机作为这第一支正规军的第一任长官，凡熟悉中国历史的人，都应该想到这个地位有多么重要。

几十年后，赵匡胤在中原崛起，最关键的原因之一，就是他在后周时负责整顿禁军，积攒下深厚的军中人脉。

阿保机当然也是如此，很多年后，在契丹军中混过的人，都会尊称他为"阿主沙里"。更重要的是，正如柴荣、老佛爷等人在创建新军后不久，都驾鹤西游，当不了最大受益人一样，释鲁组建"挞马"部队也没能保护自己的安全，很快被人干掉了。

堡垒是从自己家里打破的，释鲁有个叫滑哥的不孝子，既有色心也有色胆，他与老爹的小老婆通奸，次数多了消息有所走漏，深恐被老爹发现，便产生了弑父的念头。这桩家庭丑闻让释鲁的仇人辖古只知道了，于是，由滑哥负责里应，辖古只担任外合，合力杀掉了契丹人的二号首领释鲁。

三号首领大夷离堇辖底胆小如鼠，听说辖古只杀了自己的同党释鲁，竟吓得脚底抹油，逃到渤海国去了。至于一号首领痕德堇可汗，当然还是继续负责他的壁画功能，契丹乱成什么鬼样都与他无关。

辖古只眼看就可以拨乱反正，捍卫几年前契丹人神圣的选举权了。但就在这个时候，他的堂侄，手握兵权的阿保机出手。身为保镖头，没能保住雇主的性命，已经有点儿失职，如果再不表现一下，为雇主报仇，那让他的职业信誉情何以堪？更何况，于越和大夷离堇一个死一个逃，这突然出现的权力真空，正等待着这位有才有志有兵权的青年去填补呢！

阿保机马上动员了手中的精兵，因为觉得自己资历尚浅，又抬出另一位伯父，曾经担任过大夷离堇的偶思作为本方首领，然后迅速出兵击溃辖古只一党，并将这位堂伯父处决，再次将契丹人的选举权踩到地上踩了两脚。随后，偶思出任新一任大夷离堇，于越暂时空缺，阿保机则凭借其以武力操纵选举的壮举，成为契丹人中最有实力的政治新星。

天复元年（901 年，就是唐昭宗李晔被绑架到凤翔那一年），偶思去世，他在临死前推荐阿保机为大夷离堇候选人。接下来的选举没有发生意外，阿保机高票当选大夷离堇，以二号首领（因为于越空缺）的名义，实际掌握契丹部落联盟的最高权柄。

东城之盟

雄心勃勃的大夷离堇阿保机觉得，不好好放几把火的话，实在对不起自己这个新官上任的荣誉。据说有一种观点：幸福是看到别人不幸时引发的感觉。阿保机决定遵循这一理论，充分发挥自己的强项，在揍人抢人方面干出成绩，让被欺负已久的契丹人，好好体会一下欺负别人的幸福感。

刘仁恭是不好对付的，不过好在除了刘仁恭之外，契丹人还有好几个邻居可供欺负。阿保机先是向西南面出兵，痛击了与契丹"本是同根生"的奚人首领辖剌哥，俘获了大批战利品，又向北进击，打败了室韦诸部落，大抢了一笔。室韦人中有一部分被打服了，当了契丹的顺民，还有一部分不服，但又不是阿保机的对手，只好选择搬家，躲开凶巴巴的契丹邻居的攻击。

据说就有这样一支室韦人，把家搬到了斡难河流域，把本族人的大号改成了"萌古"，再后来他们又改成"蒙古"，并在三百多年后创造出远远超过契丹人的征服业绩。不过那些都是后话了。

再说阿保机对着几个弱邻小试身手，连连得手，这使他信心大增，不再满足于对几个穷邻居的抢掠，决定将富庶繁华的中原也纳入打劫的目标。

天复二年七月，阿保机率领一支号称有四十万之众的契丹大军侵入了属于李克用的代北之地。

按咱们的印象，李克用应该比刘仁恭更难对付才对，但阿保机这次进攻遇上了好时候，数月前李克用的主力部队刚刚在蒲县遭到朱温大将氏叔琮的痛击，几近全军覆没，而后又是晋阳被围，代北叛乱，搞得李克用焦头烂额，根本分不出余力来对付趁火打劫的契丹人。于是，阿保机的军队没经过什么大战，就发了大财，他们共掳走了九万多名代北百姓回去当奴隶，抢到的驼、马、牛、羊多得不可胜计。

这次打劫竟轻而易举地获得巨大的成功，一下子提升了契丹人的眼界。比如，阿保机回来后，就觉得原先住的帐篷很土，于是让俘虏来的那几万中原百姓转行当施工队，仿照汉人的城池，在潢河以北修筑了一座叫龙化的新城。

其实在此之前，契丹人已经有"城"了，但那些"城"不过就是在营地外边垒起一道土墙而已，叫土围子也许更合适。像龙化这样有宫殿，有衙门，有利于老大威风摆谱的城市，还是第一座。

战场上的成就与品位的提高，提升了阿保机的信心，使他决定将下一个对付的目标，指向让契丹人苦大仇深的刘仁恭。

要知己知彼才能百战不殆，阿保机敢去挑战刘仁恭，除了对自己的力量信心增强之外，也因为刘仁恭最近的作风越来越有当年高骈的风采。

自从被朱温几次痛扁之后，刘仁恭算是认清了自己的历史定位，壮志雄心和他注定是有缘无分。据地一方，当个土皇帝，好好享受享受人生，才是他这一生的最佳选项。

刘仁恭"端正"了自己的人生观后，行事风格渐渐变得离奇。首先，他发现幽州城中那个被俗务缠身的节度使官邸实在不是人住的地方，决定搬个家。刘仁恭跑到幽州城西约二百里的地方选中了一块宝地，当时叫大安山（今天叫作百花山自然保护区）。瞧瞧，光是名字都透着一股山清水秀的景区味，正是修度假中心、建豪华别墅的不二之选。

于是，刘仁恭用军事的观点发话了："这座山四面险峻，可以以少制多，正适合修要塞。"然后，卢龙镇开始大兴土木，一座打着军事要塞名义修建的大型豪华别墅，在大安山上拔地而起。真正舒适的豪宅当然不能光有好房子，所以卢龙镇不少有漂亮女孩儿的人家又得做贡献了。为了让这好日子能够天长日久，刘仁恭还找到一个叫王若讷的道士，向他学习修道成仙的法术。

华丽的住所，活色生香的知觉体验，长生不老的执着追求，都是得花钱的，为此，刘仁恭下令，通过各种渠道搜刮来的铜钱以后都不入府库，统统要运到他的大安山别墅。钱多的地方自然会招贼惦记，所以刘仁恭这位大盗为了防盗，特意秘密在山上挖掘了一个大洞，用于埋藏金钱，他甚至在山洞工程完工后将所有参与劳作的工匠民夫杀光，免得他们泄露藏宝地点。

可刘仁恭把钱都收走了，卢龙地区的商品买卖怎么进行呢？他又用极具想象力的办法"解决"了这个问题。刘仁恭下令，用黏土制成土钱，强行在境内发行，代替铜钱。这种一碰就碎的"钱"自然是没人用的，幽州一带的商人被迫退回到以物易物的原始状态。除此之外，刘仁恭还很眼红杨行密、马殷那些人靠茶叶来发财，于是又下令，禁止江南的茶商入境，自己在大安山上寻找一些外形类似茶叶的树叶来冒充茶叶出售。真不知这玩意儿是怎么卖出去的。

总之，刘仁恭通过厚颜无耻的垄断经营和胆大包天的制假贩假，在让治下的百姓遭殃受罪的同时，成功地让自己生活在了无边的幸福之中……

只可惜，即使是这样的幸福，也做不到毫无瑕疵。刘仁恭一不留神，他的小儿子刘守光就和他的小妾罗氏有了奸情。刘仁恭大怒，狠狠揍了刘守光一顿，把他轰出家门，发配到平州（今河北卢龙县）去戍边。刘守光驻守的平州，成为卢龙军防线上的一根软肋，据说守兵只有区区五百人，一看就属于被刘仁恭扔出来打狗的肉包子。

面对迎面而来的肉包子，契丹人来了，可能觉得这只包子皮太薄，连带队的都不是阿保机本人，而是他的一位铁杆心腹述律阿钵。

"阿钵"，是契丹语中对有地位男子的尊称，非真名。这位述律阿钵，本名叫述律敌鲁，是阿保机正妻述律平的弟弟。

述律家族据说祖先本源自回鹘，后来成为契丹人中的名门，世代与世里家族通婚，拥有非常强大的家族背景，在契丹的影响力举足轻重。尤其是阿保机的这位妻子，不寻常！

述律平拥有一支独立于阿保机的卫队，不止一次亲自上前线指挥作战，行事果决，性格强悍，声称自己只拜天地，除此之外，没人值得她拜。论狡诈和权力欲，述律平不在阿保机之下；论阴险狠毒，她更在阿保机之上，对己狠，对人更狠。这位女子甚至可以决定阿保机在其身后叫什么名字，以及辽国皇族姓什么。

据《辽史》，作为性格一点儿也不宽厚的述律平的弟弟，述律敌鲁虽然"膂力绝人，习军旅事"，却是个"性宽厚"的人。在下猜想，"性宽厚"，是不是暗指他有时候对人诚恳过了头，容易轻信别人的承诺，不像他姐姐与姐夫那样猜忌多疑，口是心非。

比如说这一次，述律敌鲁还没到平州，就接到了平州守将刘守光的欢迎信。在信中，刘守光痛诉了父亲强加给自己的不公正待遇，表达了对契丹威武之师的钦佩之心和对述律阿钵及其姐夫的景仰之意：这样吧，我决心要弃暗投明，已经在平州城外设下酒宴，到时请一定赏脸，具体合作大事，咱们边喝边谈！

述律敌鲁一看信，大喜，这可是不战而屈人之兵啊，孙武他老人家最喜欢的兵家最高境界。他毫不猜疑，带上几名亲兵，就按时准点，满怀诚意地赴宴去了。结果一去，他就被视信用为废纸的刘守光设下的伏兵给抓了起来。

这样，契丹大军出师，还未一战，主帅先被擒了，吓坏了述律敌鲁的手下：要是述律敌鲁就这么被杀了，回去可没法交差啊，就算过得了阿保机那关，阿保机夫人也会把他们活剥了！众人吓得跑到平州城外跪下放声大哭，向刘守光哀求：绑匪老爷您就开个价吧，要多少我们都给，只要放人就行！

还没等刘守光开价，沉不住气的契丹人先提出一个他们愿意支付的赎金数目：好马五千匹！

这可不是一笔小数目，据后唐明宗李嗣源的爆料，李克用坐镇河东之时，常备的战马也不过七千匹。但刘守光天生具有"绑匪"素质，绝不会被大钱砸晕，正好相反，对方出血出得这么爽快，只能证明一件事：从这张"肉票"身上一定可以榨出更多的油水！于是，刘守光决定要放长线，钓大鱼，这次关于赎金的谈判就不得不捅到了阿保机那里。

阿保机很恼火，自己刚刚用几次胜利和大批战利品，在契丹人中间树立起来的威信，就这么打了水漂吗？无奈英雄难过夫人关，阿保机纵然天不怕，地不怕，对凶悍的妻子也得敬让三分，只好打脱牙和血吞，满足刘守光的要求，交钱换人。

但为了维护自己的英雄形象，将认栽付钱的负面影响降到最低，阿保机请出契丹人的一号首领痕德堇可汗，由他来负责谈判赔钱。反正您老也不是第一次了，应该经验比较丰富吧？

老头子出马果然管用，谈判成功了，刘守光还算盗亦有道，拿钱之后还是放人了。至于这笔赎金的具体数目，契丹人这边引以为耻，没说，中原人那边，刘守光也是反面典型，没人记，这就成了一个历史之谜，估计比五千匹马更多。

尽管战斗在丢脸第一线的人是痕德堇可汗，但很多人都知道，很久以来，这契丹一号首领是摆样子用的，管事的一直是二号。等述律敌鲁安全回来，阿保机就决定找个办法报复刘仁恭，把失去的面子和威信夺回来。

直接和刘仁恭开干？阿保机暂时还没那个底气，于是，他选中了一个比较适合的出气对象——黑车子室韦。

顾名思义，黑车子室韦也是室韦人的一支。他们原本生活在遥远的大兴安岭，后来举族南迁，迁移到幽州西北，燕山北麓，一个据说叫黑沙，但现在谁也搞不大清楚的地方。不过，有一点还是可以确定的，他们的游牧地同契丹人的一样，紧贴着刘仁恭的辖区。和契丹人不同的是，他们非常听话，是刘仁恭眼中的忠实小弟。阿保机打他们，醉翁之意不在酒。

一个合格的老大，岂能罩不住自己的小弟？能让刘仁恭害怕的人只有朱温，至于蛮夷阿保机，暂时还不入他的法眼。所以刘仁恭立即以老大的身份做出反应，派一个名叫赵霸的义子（不知道他为什么没改姓刘，不过，后来的后晋高祖也没改叫耶律敬瑭）率兵出武州（今河北宣化），救援黑车子室韦。

阿保机是有备而发。他一闻此讯，派出手下一个名叫弁里的室韦人，冒充黑车子室韦的使者，前去进见赵霸，谎称黑车子室韦的人马正屯驻桃山，请赵将军赶去会师。赵霸未起疑，立即驱军前往，奋不顾身地钻进了契丹人精心准备的埋伏圈。一仗打完，赵霸被生擒，所部全军覆没！

收拾完刘仁恭的援军，阿保机马上派人穿上赵霸军队的军服，拿着赵霸军队的信物，冒充刘仁恭的使者，跑去黑车子室韦人那里，进行二次行骗。室韦人比赵霸还老实，被蒙得晕头转向，然后输得稀里哗啦。

这次胜利不但让阿保机扳回了面子，还引起了李克用的注意：这个异族的年轻人有前途！虽然双方曾经有过不愉快，但李克用还是认为，阿保机是一位值得争取的潜在盟友，而且，李克用自以为从阿保机身上看到了过去的自己。谁年轻时还能不犯点儿错误呢？所以他有心扮演一次杨复光的角色，将阿保机引上忠义的正轨。

李克用派出了一名叫康令德的使者出使契丹，说：咱们的晋王希望与"契丹王"阿保机亲自会面，把酒言欢，缔结同盟！

阿保机也很高兴，李克用在塞北的赫赫声名，是其他中原强藩比不了的，现在能得到他对自己的赏识与合作，这是一个好消息！

于是，阿保机爽快地答应了李克用的会面邀请。不过，为了避免小舅子述律敌鲁式的悲剧，阿保机带上刚刚修理完黑车子室韦的七万大军，一道上路，直奔云州而来。

这种防备其实是多余的。李克用是位枭雄偏科生，论在战场冲锋陷阵，早已是博士生导师的水平，但论玩弄阴谋诡计的造诣，一直停留在学前班阶段。即使有朱温这样的阴谋大师在上源驿亲自指导了一课，学不会的人还是学不会。更何况，李克用此时是真心要与阿保机交朋友。

心机比较纯正的李克用，与心机绝不纯正的阿保机在云州东城（这里可不能顾名思义，这个"东城"并不在云州之东，而是在云州西南约三十七公里处）相会。两个根基都来自草原的汉子见了面，必不可少的事就是喝酒，而酒桌上交朋友的速度总是最快的。

李克用几杯下肚，酒劲上来，老毛病又犯了，真把阿保机当成自己的多年至交了，不厌其烦地向这位契丹二首领诉说自己的家史，同时灌输忠义观念：刘仁恭，不是个东西！朱温，更不是个东西！俺，是大唐的忠臣，你要帮俺，也做大唐的忠臣！一起教训那班 × × 的！

阿保机可不是李克用，他们家世代与大唐没多少交情，就算有交情，也犯不着为了那个忠臣的虚名去拼命。不过，在外交场合，尤其是在酒桌上，拍胸口吹牛都是基本功，所以阿保机也格外"真诚"地迎合着李克用：大哥说得对！咱们都是大唐忠臣，一起教训那班 × × 的！

这声大哥不白叫，李克用一时兴起，就与阿保机交换了战袍与战马，焚香祭天，结拜为异姓兄弟。同时，两位义兄弟一起拟订了初步的合作意向：先齐心协力收拾刘仁恭，再联兵南伐，消灭朱温，中兴大唐！

不过，五代时的义兄弟多半不属于"刘关张"模式，像朱温与朱瑄、朱瑾，杨行密与田頵、高霸，李罕之与张全义，成汭与许存等，才是这个时代义兄弟的主流。那么，李克用与阿保机这对新的义兄弟，又会走向何方呢？

绍威铸锉

不久，阿保机就用实际行动证明，他是一位紧跟时代潮流的俊杰，不会坏了这年头的规矩。第二年，也就是天祐三年（906），朱温北巡河北，随便派了一拨使臣渡海前往契丹，送给阿保机一些书币、衣带、珍玩之类的礼物，请求交好，可以的话，还请契丹人帮忙拖一拖李克用与刘仁恭的后腿。

阿保机一琢磨，朱温的势力比李克用更大，与他结盟好像更有利，而且远交近攻也更符合自己扩张主义的战略需要。于是，阿保机马上就把前不久与李克用喝酒时拍胸脯的话扔到了九霄云外，一转身又与朱温缔结了一个不负责任的同盟。李克用后来才发现自己又被甩了，气得半死，并一直记着这笔账。

回头来看朱温这次北巡，这可是朱温一次深思熟虑的大行动，里面有很深的算计，与阿保机打个招呼，尝试将其从李克用阵营拉出来，只是他要达成的诸多目标中最次要的一个。朱温的主要目的，是将计就计，争取一劳永逸地解决河北问题。而整个计划的发端，是他的一位亲家翁向他提出的一次秘密求援。

朱温至少有五个女儿，由于古史记载的坏毛病，她们都没有留下名字，只有封号。朱温没有浪费这些资源，将女儿都用作了外交工具。

长女被称为安阳公主，嫁给魏博节度使罗绍威的儿子罗廷规；次女称长乐公主，嫁给大功臣赵犨的儿子赵岩；三女称普宁公主，嫁给成德节度使王镕的儿子王昭祚；四女金华公主的道具成色更浓，她在姐姐安阳公主死后，续嫁罗廷规，以维持两家关系，在罗廷规死后又应朱温之命到宋州云静寺为尼，为罗家守节；只有五女真宁公主，也许是早夭，史书上没有记载她的丈夫。

从以上可知，朱温最重视的联姻对象，是魏博的罗家，而这次悄悄喊亲家救命的人，也正是魏博节度使罗绍威。让罗绍威如此恐惧的敌人，不是李克用，也不是刘仁恭，而是他手下的亲兵，赫赫有名的魏府牙兵。

唐中期以后，就流传着这样一句俗语，叫作"长安天子，魏府牙军"，将这两者并列，是因为当时很多人都认为，在世上就数这两拨人是最牛的。当然两者也有不同之处，长安的天子，牛在他是大老板，可以炒手下鱿鱼；而魏府的牙军，他们牛在只要一时不高兴，可以炒老板的鱿鱼！

前文提到的前几任魏博节度使中，除了罗绍威的父亲罗弘信运气比较好，是病死之外，其余如韩简、乐彦桢、赵文弁等，无一不是让牙兵干掉的。

现在，长安的天子早就牛不起来了，但魏博的牙兵还牛着。话说他们也有好长一段时间没换老板了，手也有点儿痒痒了，更何况咱们如今的老板罗绍威，怎么看都符合被替换的标准。

从外表看，罗绍威其实长相不错，挺有军人的威仪，"形貌魁伟，有英杰气"。但罗绍威其实既不喜欢也不善于征战杀伐，倒是对舞文弄墨颇有心得。比如说，魏博的书信、檄文大多数都是由罗绍威亲自起草的，倒不是魏博没有幕僚，而是幕僚的那点儿文笔实在入不了他的法眼。

罗绍威最崇拜的人，不是争霸天下的英杰，而是五百年前可能和他是一家的著名丑才子罗隐，连他写的诗集都定名为"偷江东集"，表明自己在文学创作方面坚定不移的山寨立场。仗着大家都姓罗，有一次，罗绍威屈尊降贵，自称侄儿，将偶像请到魏博见面，甚至在见面之时，罗绍威还行了晚辈的跪拜之礼。罗隐是出了名的狂傲，毫不客气，以一介布衣之身，坦然接受一方诸侯的下拜叩头。

"叔侄"两人交往了一段时间，罗隐那文人的臭脾气又犯了，因为看不惯自己这位"便宜侄子"依附他眼中的大奸臣朱温，执意要离开魏博。罗绍威不顾热脸贴上冷屁股，殷勤挽留，实在挽留不住，又送了他一笔巨款作盘缠，还亲自写推荐信，安排罗隐去投奔钱镠。

在罗绍威看来，这也许是成就了一段文坛佳话，但在魏博那种百余年来重武轻文的风气熏陶下不解诗书的大兵看来：你既然当我们的头，还去向一个穷酸书呆子下拜，这就不仅仅是丢你自己的脸了，连咱们的脸也被你丢光了！

在"白马之祸"发生的第二个月，一个叫李公佺的魏博牙将也许是看不惯罗绍威的书卷气，忍不住手痒痒，还有可能是受到了某支外部势力的挑唆，率先发动了一次兵变。

不过，罗绍威的所作所为虽然不招牙兵待见，但牙兵也知道罗绍威背后有朱温罩着，那家伙可不是好惹的！因此，牙兵内部尚未对换老板这一议题达成共识，李公佺也就没能获得成功，他只是带着他的兵变兄弟痛痛快快地过了一把打砸抢烧的瘾，然后离开魏博，奔往沧州，投奔刘仁恭去了。

李公佺的兵变让罗绍威大为震惊，结合魏博的历史经验，罗绍威断定，在自己节度使的座位之下，埋有不止一枚"定时炸弹"，不能确定的只是它们会在什么时候被引爆。

不想重蹈前人覆辙的罗绍威，将"拆弹求生"的希望寄托在朱温身上。他派出心腹将领杨利言，将自己在魏博岌岌可危的处境报知这位强大的亲家公，希望借外力来平内患。

朱温一听，立即意识到这是一个把魏博镇由盟友变成领土的难得机会。

自安史之乱后，魏博就变成了著名的法外之地，天下的致乱之源。现在朱温即将改朝换代，为了新朝的长治久安，一定得扭转下克上的不良风气（虽然他自己也是靠这个崛起的），重建中央集权的新秩序。魏博镇和牙兵是迟早要解决的重点问题。如今罗绍威自己申请给魏博来一次清理，这简直是打着灯笼都难找的好机会啊，有什么理由不把它好好抓住呢？

天祐二年底，就在朱温安排屠杀蒋玄晖、张廷范、柳璨等替罪羊，欲盖弥彰地表明自己无篡位之心的同时，他又从黄河以南的各藩镇调集了约十万人的庞大野战军，由大将李思安担任前锋，自己担当后援，浩浩荡荡地假道魏博，开往深州（今河北深州）（属成德节度使王镕的辖区）。

这次军事行动的公开理由，是要惩罚公然收留叛将李公佺的刘仁恭。但朱温同时以大军过境和辎重运输的合理需要，非常巧妙、"和平友好"地将自己的武装力量安排到魏博的多个要点，随时应对突发情况，只差最关键的总部魏州（今河北大名）还没有进入。

就在这个时候，罗绍威长子罗廷规的妻子，也就是朱温的长女，后来追封的安阳公主，突然在魏州逝世。朱温得知此消息，决定不能让女儿"白死"，立即抓住这一机会，好好利用一下自己的"悲痛"。朱温调来护卫自己的最精锐的长直兵一千人，让他们脱下军服，扮成挑担子的民夫，挑着各种裹着武器的丧事用品，由客将马嗣勋带队，准备给女儿办一次规模宏大的丧事。

一切看起来都那么合情合理，魏州的牙兵只忙于在白喜事的流水席上好好打打牙祭，完全没有想到，朱温女儿的丧事规模会比他们能想象到的要大得多。

天祐三年正月十六，罗绍威乘牙兵沉浸在吃喝中，警惕心最低的时候，让心腹"例行检查"了魏州牙兵的军械库，悄悄动手破坏了里面的武器，将弓弦割断，弄坏铠甲上的搭扣。

当天深夜，趁着绝大部分牙兵酒足饭饱，进入梦乡之时，马嗣勋的那一千名"挑夫"取出暗藏的武器，立即武装起来，由罗绍威的心腹死党数百带路，突然袭击牙兵居住的家属区。于是，三十一年前高骈突袭将营的那一幕惨剧，又以更大的规模重现于魏州。

最早丧命的一批牙兵和他们的家属，因为毫无防备，都没来得及睁开眼，就永远失去了睁开眼的机会。但他们被杀时的惨叫声和杀戮的声音惊醒了剩下的牙兵，醒来的牙兵来不及弄清楚究竟发生了什么事，本能地急奔军械库取出武器准备抵抗。但他们马上发现，所有的铠甲都已经无法穿了，所有的弓都射不出一支箭，失去协调指挥的他们，将只能赤手空拳来对抗一支计划周密、战斗力最强的精锐梁军！虽然魏博牙兵还是进行了绝望的抵抗，甚至把马嗣勋打成重伤，让他在几天后伤重不治，但也改变不了他们被屠杀的命运。

这的确是一次规模空前的大丧！魏博的牙兵共八千家，按常规一家五口人计，共约四万人，包括牙兵的妻儿，全部被杀得干干净净，一个不留，为安阳公主做了陪葬——虽然这并不出于她的意愿。

朝阳升起之时，朱温率领大军开进魏州，为罗绍威站台，震慑城中所有可能对屠杀不满的危险分子。

这样的危险分子，很快就随着魏州屠杀消息的传扬，出现在魏博各地。不难想象，只要是个魏博的军人，听到这样的事，能是什么心情：哪有像你罗绍威这样当老大的，竟然勾结外人来杀自己人！

震惊、恐慌与愤怒汇集在魏博军人的心中，如一支支已被拉满弦的箭，目标全指向了罗绍威。

罗绍威也知道了事态严重，不断发表文告，巡视部属，宣布除总部牙兵以外的其余各军绝不追究，并加发薪饷以取悦各军，但效果微乎其微。各军都恨透了罗绍威，人人都担心自己成为下一拨被清洗的对象。

魏州有朱温亲率大军坐镇，那里的魏博军士敢怒不敢言、不敢动，可其他地方就没那么安静了。

三月，魏博牙将史仁遇发动兵变，集结部众，攻占了高唐（今山东高唐县），宣布自己为魏博留后，代替被他宣布已经丧失统治合法性的罗绍威。

史仁遇兵变的消息一经传出，魏博各军纷纷响应，很短时间内多处起兵，贝（今河北清河）、博（今山东聊城）、澶（今河北内黄东南）、相（今河南安阳）、卫（今河南卫辉）等五州，几乎是全境皆反。

不过，朱温既然敢对牙兵下狠手，就是对这样的结果早有预料，他调到魏博及其周边的十多万大军，可不是来吃斋念佛的。庞大的梁军立即行动起来，迅速将起兵的魏博军队分割包围，逐一消灭。在梁军坚决快速的打击下，人数虽不少的魏博叛军，无法形成一个整体，只能各自为战，被动迎敌。史仁遇这个"魏博留后"能够真正号令的地方，就只有小小的高唐。

史仁遇当然也没有被起兵初期的"大好局面"冲昏头脑，谁都知道，要反罗绍威，就不可能幻想朱温不干预。为了对抗强大的朱温，史仁遇在攻占高唐的第一时间，就向李克用和刘仁恭派出了使节，请求他们出兵救援。

李克用和刘仁恭都做出了反应，但事出仓促，河东与卢龙目前的状况也都不太好，故而两镇对魏博叛军的支援，象征大于实际。

李克用派出的又是河东李嗣昭，他率三千骑兵翻过太行山，进攻邢州（今河北邢台）。此时邢州的守军非常少，才数百人，但守将牛存节是梁军名将，用这么少的人，竟然把城池防守得滴水不漏。再加上骑兵本就不擅长攻城，李嗣昭连攻七天，邢州城仍屹立如初。

七天后，由朱温派遣，梁右长直都将张筠所率的援军已临近邢州。李嗣昭不敢恋战，收兵西撤，在邢州西北的马岭被张筠击败。李克用对魏博的干预行动就此结束。

与李克用相比，刘仁恭这次似乎更有诚意一点儿。那时，应朱温的要求，成德节度使（实际上，为避朱温之父朱诚的讳，成德镇已改名为武顺镇，不过它将来还要改回来，本书一直称成德）王镕也派出军队，参与魏博的平叛行动。刘仁恭可能认为有机可乘，派其长子义昌节度使刘守文率军一万，攻入冀（属成德）、贝（属魏博）二州，打下数个县城，既牵制成德军行动，也乘乱为自己捞取好处。

不过，在朱温看来，兵力雄厚的李思安部就驻扎于深州，吃过他大亏的刘守文定然不敢深入，故而卢龙军至少在短期内并没有真正影响魏博战局走势的能力，可以将他们放到后面再解决。

因此，朱温不但没有向北派出援兵，反而命令李思安从深州调出一支劲旅，在李周彝（原岐军大将，就是李茂贞的弟弟，前保大节度使李茂勋，降梁后改的名）、符道昭（原岐军大将，李茂贞的义子李继昭）这两员降将的率领下回师魏博，进攻叛军总部所在地高唐。

因为李思安部是在朱温屠杀牙兵之前，以讨伐刘仁恭的名义派驻深州的，所以为体现团结，这是一支联合部队，里面掺有魏博与成德的军队。魏州屠杀的消息传开后，这支联军中的魏博军士人心惶惶，多有反意。这支联合部队行至高唐之北约六十里的厉亭时，军中的魏博军人认为血浓于水，遂集体反叛，响应已近在咫尺的"魏博留后"史仁遇。

然而，这些魏博军人很可能低估了朱温的阴险。也许是朱温故意派他们回来讨伐史仁遇，在做个鱼饵，要引诱他们起兵，然后顺水推舟，最大限度地消灭魏博的武装力量。

因为李周彝和符道昭显然已经有了精心的准备，魏博军人一动手，立即被梁军用最快的速度镇压了下去。随后，梁军将厉亭也变成了一个屠杀场，超过半数的魏博军人被处决。

杀光了该杀的"友军"，李周彝与符道昭猛攻高唐。分散在各地的魏博叛军已被其他梁军分割包围于各地，无法对名义首领史仁遇提供任何支援，小小的高唐自然不可能长期坚守下去。数日后，梁军陷城，生擒史仁遇，仿效当初李克用杀孙揆的方法，用锯子将他活活锯成了两段。

为了杀一儆百，梁军还将高唐城中的所有人，无论他们是军人还是平民，也无论男女老幼，全部用绳索绑成长串，挨个儿砍头！

在朱温如此铁腕和残忍的武力镇压下，一度席卷魏博全境的军人造反，只持续了一个多月，就被完全压制了下去。魏博牙兵全军覆没了，牙兵以外的魏博军队也大半被从肉体上消灭了，魏博各地被魏博军人的鲜血浸透了！失去制约的朱温，现出嗜杀的暴虐本性。

不过，如果换一个角度看，在血腥的表象下，这既是自中唐安史之乱以来，以下克上为主要特征的河朔风气受到的第一次重创，也是朱温对如何走出晚唐乱世这个大泥塘，消除其社会不安定因素的深层根源，重建中央集权与和平秩序的一次重要尝试。

也许在历史大潮的演变中，大功与大罪常常就是一对相伴而生的双胞胎吧！

朱温既然出力帮罗绍威杀了这么多人，当然也就有了充足的理由来收取一笔不菲的服务费。于是，朱温和他的十几万大军就不把自个儿当外人，心安理得地住了下来。而且一住就是大半年，胡吃海喝，随意赏赐，完了找罗绍威买单。

罗绍威也只能刮干魏博的家底，来填补朱温那毫无节制的狮子大张嘴，谁让你有求于人呢？光是为了供应朱温大军的吃喝，魏博宰杀的猪、牛、羊就接近七十万头！其余粮食、蔬菜、酒类的开支也不比肉食少。另外，罗绍威还得赔着笑脸，给朱温及梁军上上下下赠送各种能见光的厚礼，以及见不得光的贿赂，为此又花掉大约一百万贯的巨款……

等一切差不多尘埃落定，魏博多少年攒下的积蓄已被掏空，魏博的军力更是一落千丈，必须有梁军驻扎在其境内，才能维持基本的防卫水平。这还没有计算那些难以量化的软实力损失，比如罗绍威本人在魏博人心目中的形象。

总之，罗绍威这才后悔不迭地发现，自己需要付出的这笔保护费，数额竟是如此巨大！罗绍威不敢直接发牢骚，只能用暗喻的手法对身边的心腹哀叹："就算把六州四十三县（魏博的辖区）的铁都聚到一处，也铸不出这么大的锉（错）啊！"

丁会降晋

朱温在成功地剥夺了魏博这个"亲密盟友"赖以独立的本钱之后，下一步就是要收拾胆敢向他挑衅的刘仁恭了。

九月初，朱温亲率十几万大军，假道魏博，开始大举北伐，兵锋所指，直逼沧州。防守沧州的义昌节度使刘守文自知不敌，忙闭城死守，同时向父亲刘仁恭紧急求救。不管是为了安全，还是为了亲情，刘仁恭都不能坐视不救，但在梁军围点打援的强大攻势下，刘仁恭派去的援兵到一批就被灭一批，连连战败！

刘仁恭发了狠，在卢龙全境下达了强硬的总动员令："所有十五岁以上，七十岁以下的男子，都必须自备粮食、武器，前往指定的大营报到。大军起程之后，只要发现有在年龄范围内的男丁留在家乡的，一律处决。"后来，在部下的劝说下，刘仁恭稍稍放宽了标准，改为"拿得动武器的男子，全部出征"。为防止这些被强征来的百姓逃跑，刘仁恭又命令在他们的脸上刺上字"定霸都"。如是知识分子，那留点儿面子，就不刺脸了，改在手腕上刺字"一心事主"。

刘仁恭集结起一支据称十万人的乌合之众。但这样临时凑出来的军队，哪有战斗力？如果凭借坚城防守，还可以壮壮声势，但要主动攻击，去冲开朱温对沧州的重重包围，那就是勉为其难了。结果，这支庞大的队伍只走到瓦桥（今河北雄县）就止步不前了，这里距离他们的出发地幽州差不多二百里，而距离他们的解围目标沧州差不多也是二百里！

援军不得力，沧州的处境就越来越危急。梁军构筑的层层营垒，将城池围困得密不透风，就算是一只老鼠也很难穿过去，城外的粮食自然是一粒也运不进城。

没过太长时间，沧州城内的存粮就被吃光，观音土和死人肉成了最主要的食物。死人肉太抢手，很多体弱还未死的人，也被旁人杀掉，充作食物。

看着满城饥饿，朱温觉得沧州必克，便派人到城下，向刘守文喊话说：

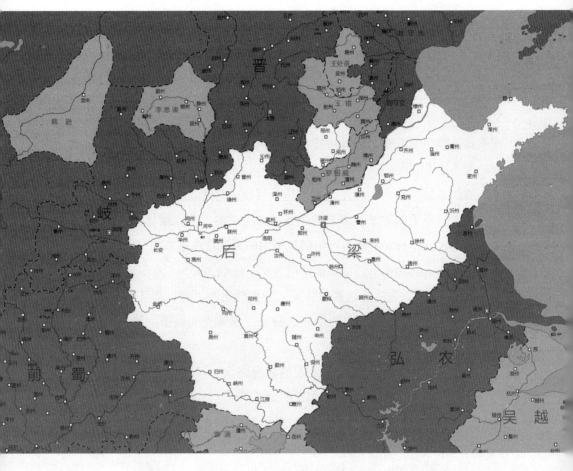

▲ 907 年，后梁及臣服于后梁的势力

"你老爹的援兵不可能来了，你干吗还不早早投降呢？"

刘守文登上城头，高声答道："卢龙大帅是我的父亲，我怎么能背叛他！大王您不正要以大义取天下吗？岂能接受一个背叛父亲的儿子？"

朱温听罢，颇有些意外，没想到像刘仁恭这样的无赖父亲，竟也能生出一个讲忠孝的儿子。朱温不免对刘守文生出几分好感，有了招降的念头，随后命军队将攻势稍稍放缓，让城中人有了喘口气的机会。

不过，仅凭朱温暂时的手下留情，沧州还是不可能长期坚守的。刘仁恭只好把救命的希望再次投向了河东，厚着金刚不坏的老脸，向太原派出一拨接一拨的求救使节：看在我们曾多次合作的分儿上，李大哥你就拉兄弟一把吧！

据史书，李克用因为痛恨刘仁恭的反复无常，所以嘴很硬，一直不答应。恰在此时，李克用的第三子（老大李落落和老二李廷鸾都已让梁军干掉了，老三已经变成长子）李存勖发表了不同的意见。

李存勖道："看一下如今的大势，朱温已经能号令天下的十分之七八，在黄河以北，连魏博、成德、义武这样的老牌强藩都成了他的附庸。还能和朱温掰掰腕子的，就只剩下我们和刘仁恭了。现在朱温大举进攻幽（幽州，代指卢龙）、沧（沧州，代指义昌），我们如果不尽力援救，一旦刘仁恭被消灭，我们就面临唇亡齿寒的危险局面！我听说胸怀大志的人，不记小仇小怨，正因为刘仁恭曾经伤害过我们，我们现在去救他，就更能建立起以德报怨的名声。用一次军事行动，既得美名，又得实利，还可以成为我们河东转危为安、否极泰来的契机。这样一举多得的机会，怎么可以不好好抓住呢？"

李存勖这一番话，可谓高屋建瓴，洞察时局。李克用听罢大喜，将众将召集到一起议事，做出了河东将不计前嫌救援刘仁恭的决定。

不过，关于这条记载，在下隐隐觉得存在某些可疑之处，可能在这表象下还藏有别的什么东西。

首先，刘仁恭对李克用的恩将仇报，可是有历史传统的：第一次，刘仁恭突然攻击河东在卢龙的驻军，而后在木瓜涧大败李克用，还上疏朝廷，联络朱温，试图发动天下藩镇讨伐河东；第二次，刘仁恭再次背弃与李克用的盟约，在口头上表示愿当朱温的小弟，然后煽动李克用手下的一个偏将造反。

很显然，如果对比一下两次背信弃义的恶劣程度，那么第一次无疑要比第二次严重得多。

刘仁恭将李克用得罪得很重、很狠的第一次背叛之后，惨遭朱温大修理，李克用在没人劝说（至少是史书上没记载）的条件下，同样不计前嫌地出兵救了他。可见，对于唇亡齿寒这个大道理，李克用只要在没喝醉酒的前提下，应该是用不着别人提醒的。

那他第二次为什么要等儿子劝说才想得起来呢？在下猜想有两种可能性。其一，这是史家出于美化李存勖而虚构的。其二，这是李克用有意安排的。

当年纵横天下的李克用，已经有好几年没亲自上阵打过一仗，主要原因还不是他实力衰退，而是他身体状况恶化，已经变成了一条独眼病龙。这样，一个很严肃的问题就摆在了他的面前：是考虑安排接班人的时候了。

初看，这似乎也不是个很难决断的问题。李克用的正妻刘夫人没有生育，谈不上立嫡，那就只能立长，现在李克用还活着的亲子之中，最年长的就是李存勖，表现也还算得上聪明，应该是不二人选。然而，这样的标准在太平之世没什么问题，在如今这有枪就是草头王的乱世就难说了。

与十四岁就出阵拼杀，并在沙陀人中勇冠三军的父亲相比，已经二十一岁的李存勖存在一个最大的弱点：他还没有立下过任何军功，甚至都没上过战场！是李存勖自己胆小，不敢上战场吗？恰恰相反，后来的历史告诉我们，李存勖不但胆大，也喜欢打仗，在用兵方面其实是一位比父亲更杰出的天才！那怎么还会出现这样不合理的情况呢？

这大概是因为，之前李克用曾让李存勖的两个哥哥李落落和李廷鸾带兵打仗，好积累军功声望，谁料运气都背得要命，一出阵就双双把命送掉了。害得李克用心疼得要死，以后一看见井绳就想起毒蛇，再也舍不得让亲儿子上战场了。

可这么一来，儿子们的安全系数虽然提高了，却失去了磨炼才华与积累人脉的最好机会。有朝一日，李克用去世，在军队没有威信的李存勖，要靠什么去驾驭那些身经百战的叔叔和义兄呢？

临渴掘井已经有些不赶趟了，李克用就只好抓住这次刘仁恭求救的机会，来一次一举两得的剑走偏锋，有意扮演一次老糊涂，而让李存勖在河东众将面前展示一下他明智的战略眼光，纠正自己的错误。不管能起到多大效果，这至少是为李存勖积累声望的一次努力。

所以，不管刘仁恭这家伙有多么讨人厌，李克用这次是肯定会救他的。不过，如果直接出兵沧州，那就会被朱温牵着鼻子走，高明的兵家都有一项用兵的基本原则，那就是要制人而不制于人。所以李克用决定采用围魏救赵的手段，派大将周德威、李嗣昭，会同刘仁恭派来的将军李溥，集中河东所能派出的兵马，组成一支联军，挥师向南，杀往晋南重镇潞州（今山西长治）。

与此同时，不知道是否有过协调联系，得到王建支持的岐王李茂贞也兴兵，进攻依附朱温的定难镇（按《唐藩镇年表》，本年的定难节度使似为拓跋思恭的弟弟李思谏）。未来的西夏国还处在婴儿期，难以独自顶住李茂贞的攻击，于是，党项人派出密使，携带告急书信穿过李茂贞的控制区，向朱温求救。

此时朱温的实力仍处于巅峰期，完全有足够的预备兵力分头抵御，虽然同时接到了两处告急，但朱温毫不在意，命令对沧州的围攻毫不放松，用不着从这里调走一兵一卒。

至于那两处受到攻击的地方，在朱温看来，潞州是危险较小的一处。虽然李克用的军力一直比李茂贞强，但潞州也是有名的坚城，而且镇守潞州的人是追随自己最久的老将丁会，用兵沉稳老练，很让人放心。相反，对定难的那些党项人，朱温没有太大信心，想当初，自己还在黄巢手下的时候，拓跋思恭的党项兵就是唐军中最好欺负的一支。

综合考虑，朱温决定派虎将刘知俊与康怀贞统数万兵，攻击李茂贞的后方，救援定难；而对于"相对安全"的潞州，朱温只派了能力一般的降将李周彝统数万兵，增援丁会。

朱温的这次决策取得了百分之五十的成功。刘知俊与康怀贞大败静难节度使李继徽（就是杨崇本）所率的五万岐军于美原（今陕西蒲城西），其余岐军纷纷败退，定难的危机就此解除。从此之后，李茂贞多年不敢向朱温挑衅。

但在另一个方向发生了完全出乎朱温意料的事：李周彝的援军还没有开到潞州，潞州城上已经竖起了晋军的旗帜。原来，朱温最早的铁杆手下，梁军的百战老将丁会，竟然不战而降了！现在，潞州的守将，已经变成了李嗣昭。

丁会究竟怎么啦？其实在两年前就已经出现今日的征兆。那时昭宗李晔被害的消息传到潞州，丁会就带着手下的全体将士，穿上了素色的丧服，为不幸的皇帝举哀哭丧。据说丁会自己非常悲痛，恸哭了很久都停不下来。

不过，在当时，这并没有引起朱温的警觉，大概是因为：

一、朱温自己也在李晔的灵柩前号啕大哭过，不管他是用什么方法把眼泪挤出来的，但流泪的量不一定比丁会少。毕竟按照朱温集团统一的口径，李晔是被李渐荣与裴贞一两位妃子谋害的，所以悼念天子很正常、很合理，并不等于向朱温挑衅。

二、丁会在加入黄巢军之前，就是一位靠给别人办丧事为生的职业哭丧人，掉眼泪跟吃饭、睡觉一样正常，是他最基本的谋生技能。

有了这两个前提，朱温就算听说了丁会的表现，也顶多认为他是一时技痒，重操旧业而已，万万不会想到这是丁会降晋前的铺垫。

此刻，丁会前往太原进见李克用时，为自己的投降原因提供了一个说法。据《旧五代史》，丁会是这样哭诉的："我并非守不了潞州，只是见朱温如此欺凌皇室，意欲篡夺唐祚，又猜忌功臣旧将，我虽蒙他提拔举荐的大恩，但无法顺从他的恶行！所以今天吐盗父之食（《吕氏春秋》的典故，一个叫爰旌目的人快要饿死时，得到狐父地方一个强盗的救助，爰旌目得知给自己食物的人是强盗，便吐掉口中的食物选择饿死），来投奔大王。"

简单来说，丁会口中的投降理由就是两点：一是朱温要篡唐，二是朱温猜忌旧臣。

后世史书都喜欢强调第一点，以体现丁会对大唐的赤子之心，《资治通鉴》在记载丁会的话时，干脆把第二点省略了。看看丁会走过的这一生，再站在他的角度好好想一想，会发现极可能第二点才是主因。

丁会出身低微，少年放荡，有不惜打破戒律，出人头地的强烈愿望，至少在志向上曾经与朱温是同类人，所以他们当年也确实走到了一起，都造了大唐的反，加入了黄巢的军队。他不同于世受国恩的部族首领，也不是郑畋那种忠孝传家的士族名门，从他身上很难找到忠于李唐皇室的遗传基因。

自离开黄巢，到降晋之前，丁会的直接领导一直是朱温，从来没有换过人。他的功名富贵全部是因为他效忠于朱温而得到的报酬。与只剩下一个虚名的大唐皇帝没多大关系，甚至就史书的记载来看，他很可能从来没见过李晔。

如果当初丁会望着洛阳的方向恸哭时，他的眼泪出自真诚，那在下相信，他真正眺望的地方，也不大会是城中那金碧辉煌的洛阳宫，而是城外那设施简陋的驿站，是氏叔琮、朱友恭被杀的地方。朱温杀戮功臣的恶果，终于实实在在地显露出来了。

闰十二月二十四日，还在沧州城下的朱温接到了丁会降晋，潞州失守的急报，大吃一惊。如果连丁会都不可靠，那谁知道自己任命的那些封疆大吏中，还藏着多少枚"定时炸弹"呢？现在不能再在沧州打下去了，得迅速赶回汴梁，稳定人心，防止潞州事件引发的连锁反应。朱温一举吞并河北的大战略，就此被全盘打乱。他下令收回部队，尽快班师。

原本朱温战略目标的胃口很大，所以调集的人力、物力也是大手笔（很大部分是由倒霉亲家罗绍威提供的），在梁军即将撤退之时，大营内的粮草、辎重堆积如山，无法快速带走，只好下令一把火烧掉。刹那间，沧州城外烈焰腾空，十几里外都能看见滚滚的黑烟。

刘守文见这架势，知道朱温要走了，派人出城，向朱温请求道："大王您因为爱惜百姓，赦免我的罪过，现在解围而去，我十分感念大王的恩德。不过，城中百姓已经有好几个月没饭吃了，大王您与其将那些粮食都化为飞灰，落为泥土，干吗不好人做到底，留下些粮食救救他们呢？"

朱温本来已经对刘守文有些好感，现在听他一番诉说，更为动容，特地下令留下几个粮仓不要烧。沧州城中还活着的百姓，也因为这几个仓的粮食，得以渡过饥荒。

李唐崩解

天祐四年（907）正月十日，班师的朱温大军行至魏州，也不知是对丁会的背叛过于愤怒，还是对自己平定河北的大战略落空过于失望，总之，朱温突然病倒了，只得暂时停止前进，下榻于魏州的馆驿。

罗绍威见这位亲家翁去而复来，想想去年的经历，生恐他又留下来再住上半年，那自己岂不是要由节度使降职成丐帮帮主啦？深思熟虑之后，罗绍威决定略施一计，既能讨好朱温，同时也能尽快将这帮讨债鬼送走。

罗绍威来到朱温的卧室，端着一脸赤诚道："如今李茂贞、李克用这些人之所以兴兵作乱，不断给大王制造麻烦，都是因为唐朝还有个小皇帝在，他们能够打着中兴唐室的旗号招摇撞骗。依我看，唐朝的气数已尽，大王是到了自取神器，以绝人望的时候了。上天赐给你的东西，你如果不虔诚地接受，古人也认为是不对的！"

病中的朱温，这几天也在反复思考自己的得失，现在一听罗绍威此言，不由得触动了心事：对啊，丁会为什么有二心，就在于名义上他是唐臣，而不是梁臣。自己的年岁也渐老，如果还没有将君臣名分确定下来，自己突然死去，手下众将在法理上并没有向朱家第二代效忠的义务，朱家的天下可能就此崩塌。很可能到这个时候，朱温才真正做出决定，要尽快篡位，建立朱家王朝。

也许是纠结在内心的疙瘩被解开，朱温的病情有所好转，他很快与罗绍威告别，离开魏州，返回汴梁。

世间有无数拍马高手，都在等待着这一天，所以朱温心思的变化，马上就被一位细心的朝中大臣发现了。正月二十七日，御史大夫薛贻矩代表李柷来汴州给朱温问安，到达后，他请求以臣子朝见天子的礼节进见朱温，朱温假意谦让，不许。薛贻矩试探道："如今殿下的功业恩德广布人间，天、地、人均归心于殿下，天子正欲效法舜帝禅位于大禹，像我这样的人怎么敢对抗天意呢？"

朱温听罢，没有再推让，只稍稍侧了侧身子，以示谦逊。薛贻矩心中有谱了，立即返回洛阳，报告李柷说："元帅已有接受禅位之意。"这位大唐历史上最无存在感的小皇帝，仿佛带着总算能将一块烫手山芋扔出去的欣慰，马上下诏，他将在二月禅位于梁王，让宰相写信通知朱温。

按惯例，朱温再次谦虚地辞让了帝位。那怎么行？于是，在朱温的控制区及势力范围内，由两位宰相张文蔚和杨涉领衔，大小臣工掀起了劝进朱温即皇帝位的舆论大潮，连远在湖南的马殷、岭南的刘隐等地方实力派，也纷纷上书，向朱温表达誓死拥戴的忠心。

所有的铺垫都做足了，朱温终于"迫不得已"地"顺从天意人心"，接受天下臣民对他的"衷心爱戴"。三月二十七日，李柷亲笔写下了大唐王朝的最后一道圣旨，也就是给朱温的《禅位诏书》。为示隆重，洛阳小朝廷派出了一个规格很高的代表团来传圣旨，由张文蔚、苏循担任正副册礼使，杨涉、张策任正、副押传国宝使，薛贻矩、赵光逢任正、副押金宝使，再带上皇帝出行用的法驾，浩浩荡荡，前往汴梁。

四月十日，洛阳使团到达了汴州，下榻于上源驿。与使团一同到达汴州的，还有各方竞相呈现的祥瑞。例如，有人发现朱家祖庙中长出五色灵芝，祖坟上紫烟直冒，朱温的故乡宋州又飞来了不少红色的乌鸦，陈州袁象先献上了白兔，福建王审知献上了白鹦鹉，还有不知道什么地方进贡的白马、白乌鸦、白色并蒂莲等。

按照儒家玄而又玄的五行相克理论，唐朝是木德，金克木，取代唐朝的新王朝应该是金德，色尚白（当初朱温的老领导黄巢当皇帝时，也认为自己是金德），所以白色的玩意儿最吉利。

汴州要升级为东都开封府，所有城门都要换上威风大气的新名字，原先的宣武节度使衙门也将升级为皇宫，各间房屋也得改名，如最重要的内室大厅改名为"金祥殿"，其余的命名为"崇元殿""元德殿""万岁殿""玄德殿"等。这些换牌匾工作累加在一起，忙坏了汴州城内的木匠师傅。

除了地名要改，人名也得改。朱温目前的正式大名还叫"朱全忠"，可他马上要废掉李柷，自己当皇帝了，再用那个"忠"字就太讽刺了。于是，朱温以日光普照之意，给自己改名"朱晃"（在下继续按照习惯称他朱温）。

这将是朱家大喜的日子，朱温的大哥朱全昱也被从砀山老家请到汴州，一起见证弟弟的辉煌。朱全昱却感到非常不踏实，在他眼中，皇帝是多么高不可攀的神圣存在，而他想得起来的老三，仍是昔日乡间那个惹是生非的不良少年，现在要将这两者结合在一起，怎么看都充满了不和谐的感觉。于是，他提醒三弟说："老三啊，你好好掂量掂量，你也配当天子吗？"

四月十八日，新牌匾大概都做好挂上去了，其余的准备工作也已完毕，终于到了新皇登基，给旧朝执行死刑的日子。朱温身穿衮龙袍，头戴珠玉冠，高坐于金祥殿正中的龙椅之上，张文蔚、苏循、杨涉、薛贻矩等禅让使团的大臣依次上殿，宣读了李柷的《禅位诏书》，而后退下，率文武百官对新皇帝行三跪九叩的大礼。

朱温宣布定国号为"大梁"（后人为了与南北朝时的梁朝相区分，一般称其为"后梁"），改唐天祐四年为梁开平元年，封唐朝废帝李柷为济阴王，封劝进积极的武安节度使马殷为楚王，追尊朱家的四代祖先为皇帝等一大堆诏命。

等大礼结束，朱温在玄德殿设宴，款待张文蔚等大臣，举杯给他们敬酒说："我辅佐朝政的时间不长，这么快就能创建大业，实在离不开诸位的拥戴之功啊！"张文蔚、杨涉两人只是胆小怕事，廉耻之心还是有一点点的。像杨涉在出使之前，他的儿子杨凝式曾对他说："父亲是大唐的宰相，国家衰败至此，不能说没有责任，怎么还能手捧天子玉玺献给他人？

就算能保住自己的荣华富贵，可让后世史书怎么写？这样的差事，应该推掉才是！"杨涉吓得赶紧捂住儿子的嘴，惊道："我们全家都要被你一个人害死了！"现在，听朱温这么说，两人更觉得羞愧，只顾趴在地上叩头，不敢再说一句话。

自然，也有些早已把廉耻扔得干干净净的朋友，比如一年多前劝进比蒋玄晖还积极的礼部尚书苏循，不久前揣摩出朱温已打算篡位的御史大夫薛贻矩，还有刑部尚书张祎等人，都极尽肉麻地吹捧朱温是如何功德盖世，当皇帝是如何顺应天命。

当然了，马屁只是一种手段，不是目的，人家把老脸修炼得刀枪不入，就是在期待荣华富贵的回报。比如说，苏循回去之后，就天天让儿子起居郎苏楷去私下里打听：我爹对新朝的功劳这么大，这么忠心耿耿，什么时候才能升任宰相，好为朝廷做更大的贡献啊？

很不巧，这段话的听众中有一位是敬翔。敬翔觉得实在看不下去，便找朱温私下进谏道："陛下开创新朝，应该选择那些道德端正的君子坐镇朝堂，好移风易俗，洗涤前朝的弊政。像苏循、薛贻矩这些人，没有一点儿士大夫应有的操守，他们是唐朝的'鸱鸮'，如今的狐媚谗臣，专门靠出卖国家来牟取私利。这样的人，怎么能让他们在咱们万象更新的大梁朝中立足呢？"

前文说过，朱温对于马屁还是有一定免疫力的，听了敬翔的话，深以为然，苏尚书追求晋升的美好理想就这样被一刀封杀了。不仅如此，为了创造一个好一点儿的朝堂风气，朱温还特别下了一道敲山震虎的诏书："苏楷、高贻休、萧闻礼，皆人才寝陋，不可尘污班行，并停见任，放归田里。"这样，不但苏老爷升不了职，连苏公子也失业了。

苏循父子大失所望。眼看在朱温的朝廷中不再有出头之日，更担心敬翔什么时候再找他们的麻烦，于是苏循辞去朝中职务，与儿子一道前往河中，投靠朱温的义子朱友谦，当个幕僚，混混日子。当然，他们并没有放弃"尘污班行"的理想，只是在等待，等待下一个对马屁的免疫力没那么高的工作对象。

重新回到登基典礼的当天。朱温款待完朝中大臣之后，又在宫中设下私宴，宴请亲朋故旧。谁知，就在这其乐融融的场景之中，发生了当天最不和谐的一件事。

在当年离家投军之前，朱温最主要的业余爱好，一是打架，二是赌博。今天高兴，自然要重操旧业，与亲朋故旧分享自己的快乐，打架的乐趣不太容易分享，所以朱温拿出骰子，与大家一起赌博（当时还没有发明麻将）。

朱温的大哥，刚刚被弟弟封为广王的朱全昱，喝得半醉，一眼瞟去，只见老三扔骰子赌博的样子，与当年那个屡教不改的浑小子并无多大差异。一时间，朱全昱一股激愤涌上心头，几步走到朱温的面前，一把从弟弟手中抢过骰子，然后往地上一扔。骰子四处乱蹦，滚落桌下。没等朱温反应过来发生了什么事，只见朱全昱已指着他的鼻子骂道："朱三，你原不过是砀山的一个小小百姓，只因天下饥荒，跟着黄巢当强盗，李唐的皇帝不但赦免了你的罪过，还让你当上了四镇的节度使，荣华富贵都到极点！你怎么还能这样忘恩负义，一夜之间就毁灭了人家李唐三百年的江山社稷，自己当皇帝？你看好了，用不了多少年，我们朱家一定会遭到灭门之灾，到时候你还赌什么博！"

刹那间，朱温被气得发抖，要是换了别人，肯定当场就叫人拖下去砍了，但朱温虽然不是好人，却也是一个贫家出来的孝子，对母亲，对亲兄弟还是很有感情的，所以他强压怒火，拂袖而去。第二天，不愿沾弟弟光的朱全昱离开汴梁，回到家乡砀山午沟里，继续过农夫的生活，在九年之后寿终正寝（比朱温多活了四年）。

举行了登基大典，朱温又命相关官员祭祀天地社稷，同时派出使节通告天下各路诸侯，让普天之下都知道改朝换代了，你们以后表忠心，缴贡赋，拜码头的时候，要注意别弄错了对象。

天下大多数藩镇和边疆藩属，甚至包括刚刚被朱温狠揍的刘仁恭，以及李克用的拜把兄弟阿保机等，都平静地接受了这个现实，纷纷向新皇帝表示最诚挚的祝贺，然后在各自的辖区内换上后梁的"开平"年号，与新朝廷保持一致。

不过，也有四个强藩耳力太背，对朱温扯破了嗓子的诏告天下充耳不闻，继续在自己的辖区内使用唐朝的年号，装出唐朝还活着的假象。

为首的一个，当然是与朱温势不两立的死对头河东李克用。朱温也知道李克用是绝对不可能向他臣服的，所以在称帝伊始就下了一道诏书：革去李克用所有的官职与爵位，废为庶人！虽然新皇帝朱温与此前的李晔、李柷大不相同，是真正的实权君主，他的旨意一般都能得到不折不扣的执行，但很显然，这一道诏书例外。

不过，要说在口头上对朱温称帝表达了最大愤慨的强藩，还不是李克用，而是论狡猾、阴险和演技都活像朱温镜像版的巴蜀王建。

早在两年前，李晔被害的消息传到蜀中，野心膨胀的王建就按照手下大文豪韦庄的建议，拒绝承认朱温控制下的洛阳小朝廷的合法性，也不承认李柷这个小皇帝，所以蜀中一直沿用昭宗李晔的"天复"年号。

然后，按照预定的剧本，王建还特意选了个黄道吉日，亲自义演了一场忠臣大戏。在大量"观众"的注视下，王建向东方行三跪九叩的大礼，叩完头后，又放声痛哭，边哭边对着空气诉说："自从圣驾东迁（指朱温强迫李晔迁都洛阳一事），我蜀中军民就再也接不到天子的诏命（其实是前来成都传递诏书的使节都被他轰走了），为救国家于危难，请圣上准许臣在成都暂时设立行台，依照李晟、郑畋的先例，代天子行使任官封爵之权（最后一句才是重点）。"

就这样，王建充分利用了李晔的死，自己给自己授权，使他在法理上不用再接受任何诏书，成为不打折扣的一方土皇帝。

现在，听说朱温竟然篡唐称帝了，王建不由得义愤填膺，不过，不是因为对李唐的满腔忠义（虽然他竭力这样表演），而是出于对朱温的羡慕和嫉妒：他朱温能当皇帝，难道我不能吗？

这个念头一从脑海中涌出，就让王建如百爪挠心。不过，要当皇帝的话，王建的条件确实远远不如朱温，地盘、实力都没法和朱温比，更关键的是，他没法找个小皇帝，给自己弄一道禅位诏书。

为了圆自己的皇帝梦，王建开始耍弄手段。首先，他遣使与弘农王杨渥、晋王李克用、岐王李茂贞等联系，然后发表檄文，公告天下，高调唱得震天响，宣称要集合忠于大唐的勤王义师，讨灭逆贼朱温！

等到自己的忠义形象高高树立，并且与李克用套足近乎之后，王建再遣使带着他的亲笔信前往晋阳，呈献给李克用，忽悠他道："现在逆贼朱温已经称帝，而我们这一方没有天子，论号召力，我们要吃亏啊！为了尽快实现中兴大唐的伟业，依我看，不如这样吧，你和我都登基称帝，这样我们在声势上就不落下风了。等义师将来铲除了朱温，再寻访李唐的宗室后人，立为天子，你我再取消帝号，退归臣属如何？"

李克用虽然没有王建狡猾，可也不是笨蛋啊，当然看得出王建那浓浓的私心：既想当皇帝，又怕当出头鸟，所以要拉一个垫背的。

被看穿其实并不要紧，只要李克用与王建一样私心作祟，那他自然会装傻同意的。王建估计也是以己之心，度李克用之腹后，才想出这一招的。

但王建显然失算了，李克用回信道："我早已发下誓言，这一生不敢再有失臣节！我所思所想，唯愿在历代先君的庇护下，早日替国家铲除寇仇。如果事与愿违，志向无法实现，那我只要能与臧洪同游于地下，也就死无遗恨了！"

李克用的回答让王建很失望，但他实在受不了皇帝宝座对他的诱惑。纠结了一段时间，王建一咬牙：豁出去了！出头鸟当就当吧，反正自己也不是第一只。

于是，在四川的土地上，接连产生了多个生物学上的"不解之谜"：有人奏报说发现一条黄龙跑到嘉陵江中戏水，又有人奏报在万岁县上空有凤凰飞过。黄龙与凤凰不在自己的神话世界里好好待着，不辞辛劳地跑到蜀地来秀镜头，老天爷想表达的意思，各位应该有所体会了吧？

不过，更有趣的事，就发生在王建脚下的成都会昌庙。有人发现庙旁边的洞穴里有四只背上各长着一个金字的乌龟，四只龟背的字合起来就是"王字大吉"。难道是因为"贼王八"要当皇帝了，所以"王八"也派代表来祝贺吗？

九月二十二日，王建觉得舆论工作准备得差不多了，便在成都召集手下文武官员，带着极强的暗示请大家共同讨论一个重大议题：如今贼势猖獗，而天下无主，我们该怎么办？

大伙心领神会，发出共同的心声：大王您对李唐的忠心虽然感天动地，可唐朝已经灭亡了，我们又如何效忠？如今祥瑞频出，很显然，这是上天将重任交付于大王，古人言，天与不取，必遭其殃，大王您可不能做出违逆天意的事啊！

这一番话，从理论高度证明了王建称帝是合法的、合理的，甚至是必需的。王建很自然地被"说服"了，准备欣然同意。谁知此时，那个经常与他不对付的节度判官冯涓跳了出来，公然唱反调。

冯涓主张，王建只要继续以蜀王的身份代行天子职权就行了，不应称帝。他还用很不客气的语气，进一步强调说："如果将来大唐复兴，大王才能不失臣子的本分。如今朱温篡位，妄称皇帝，将自己逆贼的真面目暴露于天下！大王您也知道这一点，怎么还能向他学，去与逆贼同流合污呢！"

这话让王建很不高兴，而且根据少数服从多数的原则，这种"脱离百姓"的言论也应该驳回。于是，冯涓回家闭门思过去了。

按照韦庄设计的步骤，王建率蜀中文武、军民，为大唐的灭亡举行了为期三天的哭悼仪式。九月二十五日，哭悼完毕，王建正式称帝，定国号为"大蜀"（史书称为"前蜀"），改年号为"武成"。而韦庄因劝进有功，与王建的头号养子王宗佶一道升任前蜀帝国的首届宰相。

与王建怀有同样梦想的，还有王建的盟友——凤翔的岐王李茂贞。李茂贞见李唐已经灭亡，也想过过皇帝瘾。可惜，他的条件比起王建又差了一大截，地盘只有十几个州（同时期朱温直辖区有七十多个州，加上所有臣服于他的藩镇则超过两百个州，王建也有四十多个州），而且比较穷，也没有蜀地那样的天险可供自保，所以他思来想去，还是没敢直接称帝。

既然不能当皇帝，李茂贞就挖空心思，让自己这个岐王能够享受到的尊荣和待遇尽可能地接近皇帝。比如，他把自己居住的王府改称宫殿，手下文武呈递给自己的报告要叫"笺"或者"表"，出巡时的仪仗和礼节都与过去的唐朝皇帝一样。

　　最有创意的是，李茂贞还封自己的妻子刘氏为皇后，这样，刘氏夫人就创下了一项纪录，成为中国历史上唯一一位从未嫁皇帝或追认皇帝的皇后。

第六章

五代开端

王彦章　周德威　李晋王　朱温

徐温夺权

最后一个不承认朱温帝位的强藩，自然只能是刚接班不久的弘农郡王杨渥。与王建的口头反对不一样，这两年来，杨渥的军队是实实在在地在南方大打出手，到处攻击奉朱温为"带头大哥"的藩镇小弟。

比如去年夏天，一向与钱镠、杜洪等合作，对抗淮南的镇南节度使、南平王钟传病死了，他的儿子钟匡时合情合理地接了班，当选为镇南留后。可惜，即使是多数人认为合理的事，也架不住少数人认为它不合理。钟传有一个义子，叫钟延规，长期担任江州（今江西九江）刺史，在钟传活着的时候，地位一直比钟匡时高。这一习惯就成了自然，使钟延规觉得：就算义父死了，也是自己接班才更合理。一见期待落空，钟延规大怒，遣使向淮南投降，欲借杨家之兵来报他野心未遂之仇。

杨渥很高兴，天上掉下来的馅儿饼岂有不接之理？于是，他任命昇州刺史秦裴为西南行营都招讨使，在钟延规的引导下，大举攻入江西。

秦裴虽然曾经是顾全武的手下败将，但要对付多年来没打过什么大仗的江西兵，优势还是非常明显的。他率军长趋直进，抵达洪州（今江西南昌，镇南总部所在地）郊外一个叫蓼洲的地方扎下营寨。从地名看，这地方应该是江中的一个小岛。

秦裴手下众将建议，应该再前进几步，渡过河后再扎营，否则，让镇南军队预先占住对岸，再想渡河就没那么容易了，但秦裴就是不听。

果然不出众将所料，钟匡时见淮南兵杀到，急派手下大将刘楚出城迎击，预先占据了河对岸。这下子众将纷纷埋怨秦裴指挥失误。秦裴这才笑道："你们不知道，钟匡时手下能战的大将就只有这个刘楚，如果让他指挥大军，固守城池，那洪州可不是那么容易能打下来的。我驻军蓼洲，故意露个破绽，就是为了把他从城中诱出来。"

言罢，秦裴驱动战船，发动猛攻，果然大败镇南军队，生擒刘楚，然后乘胜将洪州团团包围。

相传在一年前，钟传还在世时，洪州上蓝院有一个老和尚为他写过一条偈语："但看来年二三月，柳条堪作打钟槌。"（又传为"杨老抽嫩鬓，堪作打钟槌"）围城一个月后，这个预言应验了。秦裴对洪州展开了总攻，他的部将郑璠"以所部发机飞火"，引燃了洪州龙沙门，然后不待火灭，便带领敢死队冲破火障，率先入城。一番巷战之后，钟匡时及其部下五千余人，都变成了淮南军的俘虏，之后被押送扬州。割据赣北二十四年的钟氏集团灭亡。

不过，这次规模不大的战争中，最值得一提的是《九国志》中的"发机飞火"四个字。《五代史话》作者沈起炜先生认为，这是人类历史上有史可查的第一次将火药作为武器应用于战争，意义极为重大。

但仅从那意义不够清晰的四个字来看，它也许更像是即将在五代战场多次出现的另一种新武器——猛火油柜，一种以加工后的石油为工作介质的原始火焰喷射器，拜占庭帝国护国神器希腊火的东方远亲。

不管是火药武器，还是猛火油，这个细节都至少说明了一点：这虽然是一个充斥着灾难的不幸时代，但绝对不是一个停滞不前的时代，从科技水平到意识形态，都在军阀激烈的生存竞争中不断演化。

这样，杨渥在上台一周年之际，没费太大力气，就交出了一份很让自己满意的成绩单。他虽然逼反了一个王茂章，导致对钱镠的浙江战场失利，却在江西取得了大胜，使淮南集团的实力大增。另外，淮南军西线的主帅刘存，还派将军陈知新对湘北进行了一次袭击，出人意料地击败了马殷的手下名将许德勋，攻占了进入湖南的北大门岳州。这么顺的手气，让杨渥的自我感觉一时间极度良好——看来自己比父亲更强啊！骄傲之余，杨渥决定在新的一年再接再厉，争取更大的胜利。

那么在新的一年里，谁会是最佳的被攻击对象呢？这时又发生了一个突发事件。新任黑云都指挥使吕师周正被杨渥猜忌，担心大祸临头，就乘着被派驻洪州上高县，距离马楚边界比较近的机会，以打猎的名义离营，悄悄西逃，投奔马殷。马殷非常高兴，立即将吕师周任命为马步军都指挥使，加以重用。

好极了，这回知道该扁谁了。这个马殷，去年才被自己踢开了大门，竟然还敢收留自己的叛将，着实可恶！更何况他还因为带头劝进，刚刚被朱温封为楚王，也是不忠之臣。于公于私，都非常合乎靶子的标准。

于是，杨渥非常"正义"地命令刘存为主帅，刚刚当上岳州刺史的陈知新为副将，别将许玄应任监军，统水军三万出洞庭湖，沿湘江南下进攻潭州，讨伐朱温的"帮凶"马殷。

刘存是唐州泌阳人，有"骁悍，善用兵"的名声，曾长期担任淮南第一名将李神福的副手。李神福在讨伐杜洪的过程中病死，正是由刘存接手指挥，攻下鄂州，生擒杜洪。之后，刘存升任鄂岳观察使，在淮南此时的诸将中炙手可热。

大概正因如此，刘存颇为轻敌，他没有仔细调查湖南的水道状况以及楚军的水军实力，草率地挥动全部战船从广阔的洞庭湖进入狭窄的湘江，然后逆流猛进，很快越过浏阳口（浏阳河注入湘江之处），直抵潭州之北。

见淮南兵来势凶猛，马殷有些恐慌，虽然他也做了很详尽的御敌计划，但毕竟马楚的水军是新近建立的，之前从未经历大战，论实战经验，与李神福留给刘存的那支常胜之师没法比。想到这是背水一战，胜负未卜，万一失败，那后果不堪设想，马殷禁不住面露惧色。

楚军的静江军使杨真定是个聪明人，他见马殷神情慌张，忙道贺说："恭喜大王，我们这一战必胜！"

马殷一愣，问："你怎么知道？"

杨真定答："两军交战，当然是谨慎小心的一方取胜，骄傲松懈的一方失败。这次淮南兵逆流而上直扑我们总部，完全不考虑自己的后路会不会受威胁，其主帅的傲慢轻敌已经显而易见。而大王您尽管做了这么多准备，仍然在脸上显露出紧张的样子，所以我知道我们赢定了！"

马殷听明白了，杨真定这话就是在帮他稳定军心而已。是啊，自己身为全军主帅，怎么可以让手下觉得没有信心呢？于是，他打起精神，于城头督战。

与淮南军的蛮干相比，楚军的计划是严密的：在潭州城北的湘江之上，三万楚军水兵已在楚军老将——秦宗权的族弟秦彦晖的指挥下，严阵以待，御敌于城下。而在更北的地方，楚军另一支拥有三百艘战船的偏师也在副指挥使黄璠的率领下，悄悄顺浏阳河行进，一旦冲出浏阳口，就能切断淮南水军的后路。这就是孙子兵法所说的"以正合，以奇胜"。

自信的刘存对楚军发动了攻击，没想到几轮打下来只证明了一件事：他以前常胜的原因是李神福，李神福以前常胜的原因却不是他。楚军水师的新兵蛋子在同样是水战新手秦彦晖的指挥下，竟成功地顶住了刘存的常胜军，打得不分胜负。激战至夜，刘存放弃了轻取潭州的幻想，收兵立寨，再思进取之策。没想到湖南地区下起了大雨，住在船上的刘存大军很快发现食物发霉了，大军又远离后方，补给不畅，苦不堪言，只好后撤至一个叫越堤的地方，试图与楚军脱离接触。

但也许想开打楚军做不了主，想不打却得问问楚军同不同意。秦彦晖就不同意，他紧紧咬住刘存的军队，数次将其挫败，使淮南军无法在不溃逃的条件下脱身。稍后，楚军黄璠部也冲出了浏阳河，在刘存大军的北面封住了湘江航道，不但断了他们的炊，也堵住了他们回家的路。

这下轮到刘存慌张了，他连忙给马殷写信，表示自己愿意投降。马殷见信还有些迟疑，秦彦晖可不客气，对马殷说："这些淮南人很狡猾，这一定是诈降，不可轻信！"然后，秦彦晖军自南向北，黄璠军自北向南，同时发起总攻，夹击陷入绝境的刘存所部。刘存急了，跑到船头冲着秦彦晖高喊："杀降不祥，将军难道不为自己的后世子孙积点儿阴德吗？"

他也不想想，秦彦晖要是会手下留情，那还配做秦宗权的弟弟吗？

果然，秦彦晖当面一口拒绝："如果盗贼闯进家还不跟他拼命，那当下都活不了，还谈什么后代子孙？"楚军继续猛攻，淮南兵大败，主将刘存和副将陈知新都成了秦彦晖的俘虏，只有应援使刘威的部队因在浏阳口以北，未被包围而得以收拾败兵撤回。秦彦晖乘胜追击，又收复岳州。

刘存、陈知新被押到潭州，马殷命解开二人身上的绑绳，亲自劝他们投降。刘、陈二将一改此前修书乞降的可怜样儿，对着马殷破口大骂："还记得昔日宣城大战（指杨行密击斩孙儒那一战）的时候吗？你马殷只是侥幸从我们的刀下逃脱。今天打败仗那是天要亡我，你就以为我会向你屈膝来苟且偷生？我岂会是辜负杨家的人！"马殷见二将果然不会投降，才吩咐将他们处斩。

浏阳口之战，是淮南杨氏集团自建立以来少有的惨败，共损失了各级将领一百余人，伤亡士卒万人，被楚军缴获的战船达八百余艘，其余物资的损失也极为惨重。不过，杨渥已经用不着为这次败仗的后果而操心，他需要担忧的已经是自己的性命了！而威胁他性命的人，正是当初在杨行密面前表示将誓死忠于杨家，把胸膛拍得当当响的左、右牙指挥使张颢、徐温。

那他们为什么没能兑现誓言，把君明臣贤的模范关系延续下去呢？史书上给出的解释很简单、很直观：杨渥是个混蛋！

其一，杨渥不孝。他在给父亲杨行密服丧期间，一点儿难过的样子都没有，而且不知是不是因为兴奋过度，精力旺盛。他白天的时间都用来饮酒作乐，晚上的时间则用来打马球。

其二，杨渥铺张浪费。比如说，晚上打马球的前提条件是必须看得见球和球门，所以杨渥特制了一种有十围（古代的周长单位，大小说法不确定，有两人合抱，径尺为围，以及五寸、三寸等说法，从古史很多人都是"腰带十围"来看，三寸之说似乎最合情理，那么十围接近周长一米）粗的巨型蜡烛用来照明，一支估计有一个壮汉这么大，每支的造价都达到数万钱，一个晚上就烧没了。

其三，杨渥举止轻浮、不稳重。据说杨渥经常单人匹马，私自出府游玩，然后跑得无影无踪，徐、张二将领导的侍卫亲兵，一次又一次地找遍大街小巷，争取在闯出祸事之前将这位爷找回来。

总之，史书的意思就是，杨渥用他超人的精力，净干些意义不大的坏事，一切以娱乐为中心，活脱脱就是一个五代版的昌邑王刘贺。

一次，徐温、张颢花了好大力气，在路上堵到了杨渥，声泪俱下地劝少主要改正错误，当一个好首领。可杨渥闻过辄怒，咆哮道："你们说我这样做也不对，那样做也不对，那好吧，你们干脆把我杀掉，自己当节度使得了！"

徐温、张颢二人大惊，看来这位新领导真不好伺候，还没怎么着就把他给得罪了。那可如何是好？干脆就按照领导的吩咐办。

不过，间接的一些记录会让我们发现这件事的另一面，也许是更真实的一面，杨渥绝不是个只知道玩的不良少年，而徐温、张颢更不是一心为公的谏臣。

原先，杨渥在宣州的时候，手下有三个心腹将领，名叫朱思勍、范思、陈璠，统领亲兵三千，负责保卫自己的安全。等杨渥来到扬州，坐上淮南一把手的大位后，理论上负责其人身安全的就变成了徐温、张颢二人统领的牙兵。

俗话说，一朝天子一朝臣。杨渥打心眼儿里信不过这两位他叔叔辈的淮南老将，很想将他们哄出权力圈（当然，后来发生的事实证明，这二人确实不值得信任）。

于是，杨渥将朱思勍等三将调到扬州，在牙兵之外另行组建了一支叫作"东院马军"的亲兵卫队。杨渥便以此为武力资本，大量提拔自己的心腹充任各级官员，逐渐疏远和架空父亲留下来的那些元老功臣。

杨渥的这些心腹也自恃与新领导的关系更密切，大多行事骄横、肆无忌惮地蔑视即将被他们取代的老前辈。

对此，淮南的老将几乎人人愤怒：蛋糕总共就这么大，还是先王杨行密带领着我们一起奋斗做出来的，现在，你们这帮在做蛋糕过程中无尺寸之功的伸手党，竟然想全部拿去，是可忍，孰不可忍！

于是，作为扬州城内元老派的代表，徐温、张颢决定反击。

他们采取的第一个真正可信的步骤，可不是流泪进谏，而是装作替杨渥着想，"善意"地提醒他说：朱思勍、范思、陈璠等三位将军，没立下什么功绩，就突然被提拔到这么重要的岗位上，多少有些不妥吧。当然了，对此我们是举双手赞成的，可也保不齐有人会在背后说闲话。不如这样吧，您不是刚刚命令秦裴去打江西吗，就让朱思勍他们跟着出征，等得胜回来，不管怎么提拔重用，就都合情合理了！

杨渥是不是像史书上写的那样是个混蛋，在下不敢确定，但可以肯定他在徐温、张颢这些老江湖面前就是个笨蛋。他认为这个建议很好，糊里糊涂就中了计，欣然将自己的三个心腹将领一起派往洪州前线。保护杨渥的武力就这么被他自己调走了，杨渥在扬州城内暂时变成了真正的孤家寡人，一旦变生肘腋，谁也救不了他。

徐温、张颢并没有草率动手，他们觉得还没有十足的胜算。不久，淮南军攻克洪州，平定赣北，朱思勍等人并没有等来论功行赏，而是等到了一纸索命的文书。徐温、张颢诬陷三将企图谋反，伪造了一份将三人处斩的秘密指令，让别将陈佑化装成老百姓，带着这份密令，昼夜兼程，直奔洪州，面见秦裴。

老将秦裴先是大吃了一惊，但当他弄清事情原委之后，就毫不犹豫地站在了徐温、张颢一边，摆下一场鸿门宴，邀请朱思勍等三将前来赴宴。朱思勍等三人毫无防备，一进入宴会现场，就被伏兵拿下。他们只听到没头没脑的一声喝问："你们为何谋反？"接着立即被斩首！

杀掉三将，消除杨渥一党反击元老派的最大筹码之后，徐温、张颢的下一步，就是对付杨渥本人。

实际上，就算是杨行密，对徐温、张颢也不是完全信任的。所以他在世时，也在牙兵之外另设了一支数千人的亲军，驻地就设于扬州内城，可与牙兵相互牵制。无奈杨渥有自己的班底，对父亲留下的人全都信不过，故上台之后将这支军队也迁往外地，扬州城内只剩下徐、张的牙兵一家独大，想干什么都畅通无阻了！

这天清晨，杨渥刚刚升堂办公（没在宴会厅，也没在马球场，光从这个细节，也可以看出史书上说杨渥不是吃喝就是玩乐的记载至少被夸大了），一同在座的大多是他刚刚提拔的心腹官员。这时，徐温、张颢突然带着二百名牙兵，杀气腾腾地闯入大堂。

已经中计，自去羽翼的杨渥，这才大吃一惊，哆嗦着问道："你们真的要杀我吗？"

二人答道："我们怎么敢杀大王呢？只不过出于一腔忠诚，要帮助大王清除身边那些祸国殃民的奸臣罢了！"

徐温和张颢说到做到，马上公布了一个十多人的"奸臣"名单，全部是在座的杨渥心腹。每读出一个人名，后面都跟着一段所犯罪行的详细控诉（不过，从朱思勍等人所犯的"谋反罪"来看，这些罪名恐怕不一定是事实），念完一个，就将那个人从座位上拖下来，用铁锤砸脑袋，一锤了事。

杨渥心惊肉跳地看着心腹在他面前变成一具具血淋淋的尸体，一个字也不敢替手下辩驳。等这些人都死了，他就被徐、张二将的牙兵给严密"保护"了起来，淮南暂时由徐温与张颢联合执政。

这种不正常状态当然是无法长期维持稳定的。一方面杨渥不甘心变成徐、张二人案板上的鱼肉，总想找机会翻盘。另一方面，徐温与张颢两人也绝对不是亲密无间的好战友，除掉了共同的对手，按照"政治力学"的基本原理，也该轮到他们之间来分个高下了。

但开始时，至少张颢还缺少这样的自觉。就在朱温称帝近一周年的时候，张颢主动找徐温商议：杨渥这小子仍不安分，为防万一，不如我们把他杀掉！徐温表示同意，但他多了个心眼，建议说："干这样的事一定得人心齐，如果左右牙兵的人混编在一起，万一大家的想法不一致，可能误大事。这样吧，这件事就由我的人来干好了。"

张颢一听，心里打起了小算盘：什么意思？在这关键大事上想把我撇开，以后就都由你说了算吗？于是，他拉长了脸，很不乐意。徐温于是又说："那么，都由你的兵来干吧。"张颢一听，由自己掌握主导权，那一定错不了，欣然同意。

后梁开平二年（908）五月八日夜，张颢派部将纪祥率一小队左牙军士闯进杨渥的卧室。杨渥此时尚未入睡，见这伙人提着刀冲进来，就知道将要发生什么事。他抱着最后一线希望，争辩道："我怎么说也是淮南之主，不能就这么不明不白地死。今夜你们杀了我，明天指使你们动手的张颢、徐温一定会杀你们灭口！如果几位壮士想明此理，反戈一击，帮我把张颢、徐温干掉，我马上升你们当刺史！"

杨渥毕竟仍然是淮南名义上的合法领导人，冲进来的多位军士听了此话，心有所动，竟然想不起咱们是来干什么的了，纷纷放下了手中的刀。但奇迹终究还是没有发生，带头的纪祥对张颢忠心耿耿，见军心有变，二话不说，冲上前手起刀落，顿时鲜血横飞！

二十二岁的杨渥就这样命丧黄泉，在位时间仅两年半，其中还有一年是当傀儡。他行事荒唐，很可能被夸大了，但他的权谋水平低下，手中没几张好牌，却敢公然挑衅整个功臣元老集团。他这样的人当最高领导，放在皇权高度成熟、政权超级稳定的明清时代没什么，放在君弱臣强、以下克上如潮的五代，那就只能是找死。当初杨行密要真听周隐所言，把大权交给刘威，杨渥的下场也不见得会比这个更糟吧？

第二天，张颢将他的军队部署于弘农郡王府内，控制府内大堂和各条通道，士兵个个钢刀出鞘，如临大敌。接着，他召集在扬州的文武官员到王府议事，宣布了一则不幸的消息：昨天晚上，咱们的少主杨渥因为突发疾病，已经不治身亡了！随后，张颢胸有成竹地向众文武官员提出了一个迫切需要解决的问题："嗣王已薨，军府谁当主之？"

听到这个消息，其实众文武官员已经猜出发生了什么事。可他们虽然不喜欢杨渥，但对既出身降将，又从未立过什么大功的张颢更无好感，所以尽管张颢已经暗示得这么清楚，甚至连问了三遍，还是没人站出来提名他来当淮南新首领。徐温估计早料到会是这样的情况，才"慷慨"地把杀杨渥的"收益"让给他吧？

张颢有点儿火了，难道非逼着我毛遂自荐不可吗？正在这时，只见幕僚严可求走到他跟前。没错，就是那位徐温的心腹，当初给杨行密设计诱杀朱延寿的严可求。他发表的意见，你要说和徐温一点儿关系没有，那是鬼才信！

只见严可求低声对张颢说："主管军府的责任十分重大，现在淮南的四面边境又都在打仗，在这样的情势下，当然只有张公你才担当得起如此重任。不过，你现在就登上大位，恐怕为时太早。"

张颢不解："为什么这么说？"

严可求道："现在刘威（庐州刺史）、陶雅（歙州刺史）、李遇（宣州刺史）、李简（常州刺史）等人各拥重兵，镇守各地。当初他们曾与先王是平起平坐的老朋友，资历、威望一向在你之上，今天如果你自立为王，你认为他们会乖乖地接受这个结果，老老实实当你的部下吗？还不如拥戴先王的幼子为王，那样名正言顺，既可以掌实权，他们也没理由反对。"

张颢没话可说了，严可求于是率人进入王府后堂，找到杨行密的正妻史太夫人，以她的名义下令，宣布拥立杨行密的次子，十一岁的杨隆演为新弘农郡王。众文武一听到这个消息，一起欢呼，只有张颢脸色惨白，他这才隐隐感到：我是不是上了徐温、严可求的当？

张颢回去后，越想越气愤，决定要报复。张颢先是推荐徐温出任浙西观察使，想把他挤出淮南中央，但严可求串通清口之战的功臣李承嗣一起反对，游说张颢："张公你把徐公安排到润州，你知道外边的人怎么议论你吗？都说你连自己的好友都不能相容，想夺他的兵权再杀掉他！别人这么想，对你也很危险啊！"张颢又一次被忽悠了，连忙听从严可求的主意，把徐温留在扬州。

过后，张颢总算是想清楚了：敢情我又上当了！他很生气，悄悄派遣刺客，欲刺杀严可求。谁料张颢这次派出的那位刺客，专业技能虽然不错，但偏偏是个正义感过强，敬业心不足的人，竟然在行刺之时被严可求视死如归的镇定和笔下大义凛然的文辞打动，当即将任务扔到九霄云外去了。他回来报告说，没找到严可求，只拿了严家的几件财物应付差事。

联想一下张颢杀杨渥差点儿失败的先例，不得不说，张颢带兵用人的本事真不怎么样，他应该派纪祥去的。

张颢连发两招不中，徐温当然不愿再给他发第三招的机会，便向严可求问计。严可求向徐温推荐说："要干掉张颢，非钟左卫不可。"所谓钟左卫，指左监门卫将军钟泰章。在行政编制上说，左监门卫将军本是左牙都指挥使张颢的属下，但严可求认为，钟泰章是位忠义之士，早已对自己顶头上司的作威作福非常不满，并不与他一条心。而且如果由张颢的亲近手下动手，张颢几乎不可能防备。

徐温便遣人将除掉张颢的密谋通知钟泰章，钟泰章大喜，立即从手下挑选了三十名壮士，杀牛沽酒，与他们喝血酒盟誓，要为国除奸。

五月十七日，钟泰章带着那三十人一路无阻，镇定自若地走进张颢的办公地点左牙都堂，就在堂上突然发难，一举砍下了张颢及其左右亲随的人头。政变成功，徐温马上宣布了张颢谋杀杨渥的滔天罪行，将直接动手的纪祥逮捕，在集市上以五马分尸的酷刑处死。仅仅过了九天，杨渥临死前对他的预言便应验了。

随后，徐温率领扬州的文武百官进入王府，进见史太夫人。史太夫人不知道发生了什么事，惊慌失措，哭着向徐温等人哀求道："我儿子还小，突然遭遇这样的滔天大祸，先王留下的基业就由你们处置了，只希望你们能将杨氏之百余口人，平安地送回庐州老家，便永感诸公的大恩大德！"

徐温是来扮演忠臣的，忙安慰说："张颢这个混蛋竟然犯下弑主大罪，所以我们才不得不伸张国法，将他处决，现在罪魁已经伏诛，史太夫人您只管安心，不会再有祸事了！"

为了证明这一点，淮南开始彻查杨渥被害事件，果然所有参与者全都是张颢的人，外人遂以为徐温真的不知道张颢的阴谋，是个大大的忠臣。随后，根据杨隆演的命令，徐温出任左右牙都指挥使，今后总部的所有军政大事，全由他决定。从此，杨氏失权成为定势，淮南集团正式进入徐温时代。

卢龙易主

公平地说，徐温还算是一个不错的政治领袖，他性格刚毅，生活节俭，更重要的是知人善任。他让谋略出众的心腹严可求担任扬州司马，主管军务，又提拔以前田頵的老部下，精通经济的骆知祥任支计官掌管财政——骆知祥号称"严骆"，时人传为美谈——真正实现了专家治国。

有了治国的团队基础，徐温又将通过这个团队将淮南带往何处呢？他

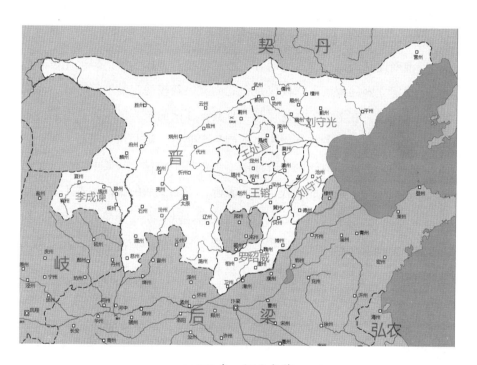

▲ 907 年，河北各藩

对严可求说过的一段话，阐明了他的治国理念："如今大局已定，我将与各位一道推行仁政，与民休息，让百姓不用担惊受怕，晚上能够脱掉衣服，安安心心地睡觉。"为此，徐温严抓军纪，尽可能地公平执法，淮南的政治和经济都由此步入良性轨道，军民百姓渐渐生活安定，不再有身处乱世的感觉。

初听起来，徐温似乎就是个有良心的政治家，勤政爱民，理念非常高尚，但仔细一琢磨，会发现他已经将自己的私心包装进了这脉脉温情之中。破绽就出在第一句：如今真的是"大局已定"了吗？

以淮南此时的地盘、实力而言，虽然已在南方排一流，但远还没有达到可以稳定立国的程度。它仅仅是在北面有一条较稳定的淮河防线，而东西两面都透风。在下游，它还得与吴越共享江南的核心区域，其上游的荆湖更是在朱温与马殷的控制之中，他们只要愿意，随时可以出动大军顺江东下。且不提淮南军对这两个方向前不久都打了败仗，只要中原的大乱结束，北方出现一个稳定的强权，防线破碎，三面受敌的淮南根本不可能抵挡。所以，站在淮南集团长远利益的角度看，现在正是需要大力进取，统一江南的时候啊！如果坐失良机，等待南方分治局面稳定下来，北方战乱结束，那就太晚了。怎么能稍有一丁点儿安就不思危了呢？

假如徐温能听到在下的质问，他一定会在心里骂：你以为我不想吗？可我首先得站在自己的角度考虑问题。

作为"三十六英雄"的老兄弟之一，徐温在淮南的执政基础要好于两面三刀的降将张颢，但也没有好太多，因为他在"三十六英雄"中的排名和威望差不多是垫底的。纵然田頵、李神福这样的大神级人物都已不在世，但在淮南集团中名望超过他徐温的元老，仍然一抓一大把，由徐温独揽大权，让这些人如何心服？平定田頵之乱的功臣，常州刺史李遇，后来就很不客气地发牢骚说："徐温是什么人？我从来没听说过！怎么平地一声雷，冒出这么个无名鼠辈来给我们发号施令？"

一个威信不足的一把手，要想提升威望，坐稳自己的位子，最有效、最快捷的方法，无疑是亲自指挥出兵，打一场大胜仗，就什么都有了。我们马上介绍这样的成功例子。

但问题是被打败了呢？徐温在最早追随杨行密的淮南元老中，是战功最提不起来的一个，那当然不是因为他谦虚，只能说明军事能力是他的短板。

在这种情况下，如何发动统一南方的战争？如果由徐温亲自指挥，不一定能打胜，但如果大败，一定万劫不复！如果把兵权交给其他能打的大将，那不更是授人以柄？在自己威信还这么低的时候，前方大将如果得胜，自己的地位甚至性命，都不一定保得住！

因此，理性的徐温就只能选择现在这条道路：用改善民生来赢得民心，用尽量停止战争来藏拙，同时避免其他元老、将领有坐大的机会。

综上所述，我们可以将宣布不承认后梁王朝的四个强藩分成三个类型。

王建与李茂贞是一类。在自身野心及对李唐王朝的忠义程度上，他俩与朱温其实不相上下，他们要是有朱温的实力和机会，百分百篡位，只是谁让他们实力有限呢？因此，他们忠于李唐是假，以此为借口，关起门来，守住自己的一亩三分地做个打折版的土皇帝才是真。这不，一听到朱温称帝了，王建马上跟上，也给自己升级为皇帝，李茂贞拐弯抹角给自己升级为皇后的丈夫，其私心路人皆知。至于发起同盟，出动大军，与"逆贼"朱温拼个你死我活那种事，就拉倒吧！

淮南杨氏属于一类。杨家人称王或是称帝都没什么意义，因为他们已经不重要。集团真正的领头人是徐温。因其执政的合法性不足，主要威胁来自淮南集团内部，他不敢轻动刀兵，以免给其他元老带来上位的机会，所以在相当长的时间内，淮南也不会真给朱温带来多少麻烦。

这样一来，真正有心和朱温作对到底，给新生的后梁帝国造成重大威胁的，其实还是只有河东李克用这一家。

就地盘论，在朱温称帝之时，这四个强藩中，晋王李克用拥有十八个州府，淮南杨氏有二十三个州府，岐王李茂贞有十五个州府，蜀王王建有四十一个州府（蜀地的州一般都比较小，州数最多，但不代表其实力最强），合计九十七个州府，约占唐末天下的三分之一。

在其余三分之二的土地上，都奉后梁的正朔，承认朱温的正牌天子之位。那是否意味着朱温的实力已经比他的反对派合起来还要强两倍呢？其实也不见得，因为朱温真正直接控制的州府目前只有五十六个，这当然比黄巢起义后的唐中央强得多，但作为一个新朝就不足了。至于其余那些使用后梁年号的藩镇，他们虽然一般也会遵循朱温的号令，在必要时出兵配合梁军作战，但朱温对他们的控制力多数还是很弱的。

比如，刚刚被朱温封为"吴越王"的钱镠，应该算朱温小弟中比较忠实的一个了，多年来在南方组织小同盟，积极拖杨行密的后腿，给朱温帮了不小的忙。乘着朱温称帝之时，钱镠派遣进奏使到汴州，除了劝进称臣，还非常贴心地献上了平淮南的建议书。从地缘政治上说，淮南虽是钱镠的对手，可也是两浙的屏障，淮南真要为中原所平，那钱氏的两浙之地也无法长期保持独立。对于藩属而言，这几乎算得上是"忠诚"的极致了吧？

朱温也亲自接见了钱镠的进奏使，亲切地问道："钱公平生有什么喜好吗？"

进奏使答道："就爱玉带、名马。"

朱温大笑赞道："真英雄也！"立即下令精选玉带一匣、好马十匹，赠给钱镠。

由此看来，双方的关系似乎融洽得不得了，堪称天子与藩王交往的典范。

然而，另一则记载就暴露了钱镠的真实想法。当时，罗隐经名义侄儿罗绍威的介绍，来到钱镠手下担任幕僚。罗隐得知朱温已正式篡唐，除了封钱镠为吴越王，还特别征召他入朝为谏议大夫时，不但一点儿也不领情，反而愤怒地向钱镠建议说："大王您是唐朝的藩镇重臣，以大义应该兴兵北伐朱温，匡复社稷！就算不能成功，也可以退保杭越，自称东帝。怎么可以屈身事贼，贻羞于后世呢？"

钱镠是个有理性的聪明人，当然不可能接受罗隐的这套自杀计划，但他此后越发欣赏和器重罗隐了。这说明了什么？很显然，钱镠虽然在理智上站在朱温的阵营，但在感情上也是反朱温的。

尽管貌合心不合，钱镠仍然是后梁当之无愧的模范藩属，而有些名义上的藩属，基本上等于后梁的敌人，比如刚刚发生领导人交替的传统强藩卢龙。

话说就在朱温从沧州撤退，返回汴梁，紧锣密鼓地安排改朝换代之时，卢龙节度使刘仁恭认为危机已经过去，安全重新降临，又放心地一头钻进大安山别墅，去享人间艳福。

朱温留在河北的大将李思安听说卢龙军防备松懈，有心立个奇功，就出其不意地杀了个回马枪，率军长驱直入，直抵卢龙总部幽州（今北京）城下。梁军突至，幽州告急，可刘仁恭还在西郊大安山醉生梦死，大概正赶上酒精大发神威，他对此竟毫无反应。幽州几乎失守。

李思安这个名字不是第一次出现。他上次出场，正是靠狠揍刘仁恭的儿子刘守文与卢龙名将单可及而扬威一时。不过，那一战只是一个特例，不代表他是一位常胜将军。

非常欣赏其骁勇的朱温，曾对左右给李思安下过一段评语："李思安在临阵面对大敌时，其英勇果敢在军中无出其右。可是，每当大战将至，我打算提拔他独当一面，马上前方就会传来他打败仗的消息。这样的事不是一次，而是再一再二再三。我这才相信，古史中飞将军李广不得封侯的事是真的，有些人就是天生点儿背！"

这一回，缠绕在李思安身上的魔咒又一次显灵了。刘仁恭的儿子，被父亲赶到平州的刘守光，在关键时刻超水平发挥，及时率军赶回幽州。

也许因为在不久前，刘守光靠绑票和敲诈阿保机大赚了一笔，他靠这笔不义之财招兵买马，扩充实力，如今已是鸟枪换炮，有了一支由狐朋狗友和亡命之徒组成的不弱的班底。其中最重要的是刘守光的两个心腹大将，一个叫李小喜，一个叫元行钦。刘守光依靠这两位心腹，出城一搏，竟击败了梁军，使李思安功败垂成。

突然立下这么个大功，还把幽州城控制在了自己的手中，与昏庸不作为的父亲形成鲜明对比，你们认为刘守光还有可能返回平州，继续当个刺史吗？

当然不可能了！刘守光立即宣布，自己已经是新的卢龙节度使，连"留后"那道常规的过渡程序都没有走。小刘要上任，那老刘怎么安排？

刘守光当上卢龙节度使后的第一道命令就是解决这个问题。他命令李小喜、元行钦立即率军进攻大安山——不要让自己的老爹逃脱了！

刘仁恭这才慌慌张张地调遣军队，抵挡儿子的进攻，但他在执政末期的那些倒行逆施，让他失尽了人心，很少有人愿意为他一战。于是，曾在刘仁恭眼中固若金汤的大安山，轻而易举就被儿子的军队攻破，他也当了俘虏，随后被刘守光长期囚禁。

抓住父亲之后，刘守光接下来要做的事，是有冤报冤，有仇报仇。刘仁恭的心腹旧将、左右子侄，只要和刘守光有一丁点儿矛盾，或是刘守光看着不顺眼，统统都招来拿下，挨个儿处决！

一时间，恐怖气氛弥漫卢龙，刘仁恭的外孙王思同、巡检使李承约，还有刘守光的弟弟刘守礼等，纷纷出逃，最后前往河东，投奔李克用。卢龙上下都换成了刘守光的人，一呼百应，好不痛快！

不过，刘守光也有一枚大号眼中钉，是不那么容易拿下或者赶跑的。他就是刘守光的大哥，在沧州任义昌节度使的刘守文。

如果说刘守光是刘仁恭的肖子兼不孝子，那刘守文就是刘仁恭的不肖子兼孝子。当刘守文得知父亲已经被弟弟抓起来之后，在沧州召集文武，大哭着对他们说："哀哀父母，生我劬劳（出自《诗经·蓼莪》，意思是，我可怜的父母，多么辛苦地生我养我），自古以来，岂有儿子把父亲当作仇人的？谁想我家家门不幸，偏偏生出这样的枭獍（传说中的两种邪恶动物，枭会食母，獍会食父），说起来简直让我生不如死！请诸位与我一同立誓，讨伐叛徒，救出父帅！"

刘守光得知大哥要来打他，为争取主动，决定先找一条粗腿抱上去。他派遣使者到汴梁，向刚刚和他打过一仗的后梁帝国称臣，为了表示谦虚，还稍稍自降了级别，自称卢龙留后。朱温对这种送上门的藩属也是来者不拒，下旨正式任命刘守光担任后梁帝国的卢龙节度使兼使相，将卢龙镇纳入后梁的名义领土。

这样一来，刘守文的义昌镇好像就陷入刘守光与后梁的包围网中，处境似乎非常危险。当然了，朱温并没有帮刘守光收拾他哥的打算，正如前文所述，朱温对刘守文还是比较欣赏的，不然就不会在沧州撤退时给他留粮食了。刚刚被朱温加封为邺王的魏博节度使罗绍威认为，刘守文独守义昌一隅，四面受敌，孤立无援，肯定急于摆脱困境。于是，他决定出面劝刘守文归附后梁，进一步讨好自己的亲家朱温。

刘守文收到罗绍威的书信后，深恐自己遭到弟弟和后梁的夹击，便也派遣使者向朱温称臣，为示诚意，还特别送自己的一个儿子刘延祐到汴梁充当人质。朱温得到刘守文的臣服，鼓掌大笑说："罗绍威的一封信，胜过十万雄兵！"

如此，刘家两兄弟就都成为朱温的名义属下，他们继续掐架，朱温则作壁上观，不予干涉。朱温为什么不采用拉一个打一个的办法，像不久前淮南吞灭江西钟氏那样，将卢龙、义昌两镇由后梁的名义领土变成实控领土呢？

第一个原因是，后梁建国伊始，朱温非常忙，一时分身乏术。第二个原因是，在刘氏兄弟内讧前，朱温已经策划并开始实施一次大规模军事行动，后梁大军的主力已经出动，但目标不是卢龙。

先来看看朱温有些什么需要忙的事。后梁帝国是一个短命帝国，但刚刚登位的朱温心中可没有这样悲观的宿命论，他还是用心去分析了李唐帝国灭亡的原因，并在自己新王朝的国家体制内进行了一些有针对性的变革，为期待中的长治久安竭尽所能。

首先，朱温认为，李唐的国事有一半是坏在那些没种的宦官身上。由于出身，这些人大多数不具备军国之才，但他们出任枢密使，掌管国家机要，能够沟通或阻隔皇帝与大臣间的联系。但凡皇帝有什么新想法要交给大臣去办，或是大臣有什么新建议要上达天听，在正常程序上都必然经他们的手，他们可以预先排查，把对自身利益有害的条款拿下。他们同时担任神策军中尉，控制着皇帝身边的近卫军，如果宦官内部没有矛盾，一致对外，皇帝或大臣对此即使有所不满，一般也不敢反抗。可如此一来，国家怎么可能治理得好呢？

朱温深知此弊，要防止宦官势力死灰复燃，就得从制度上剥夺宦官的这两项权力。

当初他在当皇帝之前，已经对宦官进行了屠杀，随后任命蒋玄晖为枢密使。不久，蒋玄晖也被干掉了，枢密使这个职务被取消。但一个机构能存在这么久，必然有一定的合理性，取消它会带来很多不便。

所以现在后梁王朝建立，朱温便设置了一个新的中央机构崇政院，长官为崇政院使或知崇政院事，具体工作是"备顾问，参谋议，于禁中承上旨，宣于宰相行之"，其职权接近明初的内阁或清代的军机处，比唐代的枢密院权力更大。同时规定崇政院要职不得由宦官担任，首任崇政院使是朱温最信任的首席谋臣敬翔。

与唐末长于深宫的诸帝不同，朱温是靠军功从一介士卒打成大军阀，又由大军阀升为皇帝，每一步足迹都与军队息息相关，在军队中享有很高的威望，所以在控制军队方面也就有天然的优势。

后梁建立后，朱温将原宣武节度使的亲兵，如左右长直、左右内卫等，升级改编为八支天子禁军，分别称作左右龙虎军、左右羽林军、左右神武军、左右龙骧军，亲自掌控，不假手于人。后来，朱温还不断增设新的禁军军号，增加军力，保证后梁中央禁军较之其控制下的藩镇地方军享有绝对优势。这是李唐王朝自安史之乱后从未出现过的有利条件，客观上有利于中央集权，也开启了结束乱世局面的第一步，虽然这个趋势后来又被打断。

与行政权和兵权同样重要的是财政权。朱温有一个叫朱友文的义子，本名叫康勤，其人多才艺，尤其善于理财。早在朱温担任四镇节度使的时候，就用他当四镇度支盐铁制置使，征敛调度四镇的钱粮财物，为朱温的征战提供源源不绝的军需补给。

从朱温在征战过程中很少遭遇后勤困境来看，朱友文的工作应该算是称职的。朱温对他非常满意，遂给了他一项破格的优待，将其加入亲子排行，算作自己的第二子。这是朱友恭、朱友让、朱友谦等其他义子都不曾享有的待遇。

朱温称帝后，封朱友文为博王，将他原先的理财机构升级为具有后梁帝国特色的财政部——建昌院，升朱友文为建昌院使。

除了新机构的建设，朱温还努力改善当时异常糟糕的社会治安。

不过，当时后梁辖区内治安状况恶劣的原因，除了战争影响，一大半是朱温自己造成的。

为保证军队的战斗力，朱温制定过一条非常严苛的军法，叫作"跋队斩"。意思就是，在交战中，如果主将阵亡，保卫他的亲兵卫队全部处斩。这就逼得将领的亲兵卫队必须在战斗中竭尽全力来保卫主将的安全，因为那也是在保自己的脑袋，梁军的作战能力因此得到提升。

在下觉得，这样的军法如果出自李存勖之后，到柴荣之前的五代君主，那差不多就等于自杀行为，下这种命令的皇帝，至少有八成的概率会被兵变士兵干掉，但朱温竟然能将它制定出来并执行多年，可知他对军队的控制力比五代的绝大多数君主要强。可以说，虽然五代是由朱温开启的，但朱温本人算不上一个典型的五代军阀。

不过，战争毕竟是风险最高的人类活动，士兵再怎么不要命地拼杀，也不能完全保证主将就不会出事，一旦主将真的在战场上战死了，那他的亲兵卫队怎么办？大多数人都认为好死不如赖活着，所以一般不会回营等死，而是选择逃亡。

为对付士兵的逃亡，朱温决定制作一份很难损坏或丢弃的身份识别牌。这个识别牌利用古老的黥刑技术，直接刺在梁军士兵的脸上，上面注明了士兵所属的军队番号，不论跑到那里，都能被人一眼认出（这个方法后来成为五代惯例，一直用至赵宋。但不知要是遇上军队重新整编，或是士兵立功升职怎么办。难道在左脸刺字上打个"作废"，然后接着刺右脸？）。于是，所有逃亡的士兵都不敢回家，只能躲进深山老林，聚集起来靠打家劫舍过日子。

朱温只能乘着称帝，宣布大赦天下，允许所有脸上有刺青的逃兵回家乡定居，后梁官府不再追究。此诏令一下，大批沦为盗匪的逃兵获得新生，重新回家务农，后梁境内的土匪强盗竟在极短的时间内减少了百分之七八十！

但并不是后梁境内的所有人都沾到朱温称帝的光，对某些人来说，朱温称帝恰恰成了他们的灭顶之灾。比如当上安王妃的朱友宁之妻（朱友宁被追封为安王），就向朱温哭诉说："陛下化家为国，朱家人都跟着同享荣华，只有妾身的丈夫最不幸，因为王师范叛乱而死于战场。现在大仇人还好好地活着，妾身一想到这件事，就心痛难当！"

朱温一听，背弃了他曾经答应过的给王师范的赦免，说："我差点儿把这个蠹贼给忘记了！"

朱温立即派人前往洛阳，诛杀住在那里的王师范一门。使者到达洛阳，先在王家的住宅旁边挖了一个大坑，然后才把王家人叫出来，向他们宣读圣旨。王师范听完诏令，神色平静地说："死这种事，只要是人，终有那么一天，何况还有罪呢？只是，我不希望王家人横七竖八地躺在大坑中，这乱了礼法顺序，死也对不住先人。"随后，王师范摆下酒宴，请全族人参加。酒至半酣，王家一门共两百余人，以年龄顺序从幼至长，一个个主动走到大坑边，从容就死！

这真是"民不畏死，奈何以死惧之"，王师范一家最后的表现，为他们赢得了广泛的同情，不知有多少人都在心底对朱温的失信与暴行，进行了无声的抗议！

鼓角灯前

简单介绍过后梁初期的内政状况，就该回来讲讲乱世中永恒的主题——战争了。

正如前文所述，现在对后梁帝国构成现实威胁的力量其实只有一家，即他的老对头李克用。因此，在后梁开平元年（907）五月十六日，朱温称帝还不到一个月，他就下令发动了后梁正式建国后的第一次大规模军事行动。此一役，朱温集结了梁军八万人，又从罗绍威那里征调来魏博兵二万，共计十万大军，目标是从李克用手中夺回因丁会倒戈而失去的重镇潞州。

朱温招来了曾在西线屡破岐军的保平节度使康怀贞担任此次作战的主

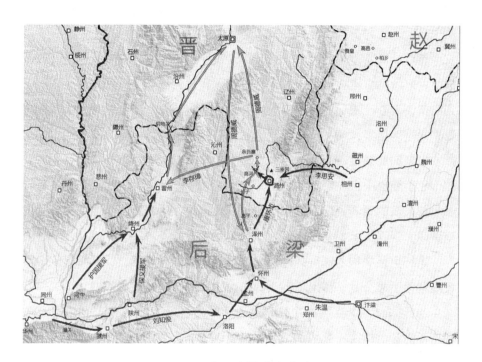

▲ 907 年，后梁围攻潞州

帅。大概是因为有了丁会的惨痛教训，朱温先对这员正得宠信的大将进行了一番深刻的教育："爱卿位居上将，勇冠三军，从征以来破敌摧锋，所向披靡！朕也没有亏待爱卿，授予卿今日的高官厚禄。我读史书，见汉将韩信曾说：'汉王赏我华车，赐我锦衣，供我美食。食人之禄，死人之忧！'韩信真不愧为忠烈的大丈夫啊！可那个丁会，朕待他不为不厚，就算他呆如木石，也应该知道感恩才对，谁知晋兵一到，他竟然倒戈降敌。倘若上天有灵，岂能放过这个叛贼！自古以来，凡忘恩负义、恩将仇报之辈，必受忠义之士的耻笑！"

然后，朱温才向康怀贞部署了作战任务：朕今天尽发精兵，委任于你，你要好好勉励自己，竭尽忠诚，不要辜负我对你的期待！现在晋人刚刚得到潞州，人心还未安定，你以大兵突至，一定能旗开得胜。等到你凯旋之日，朕定然招集满朝文武，亲设盛宴，为你接风论赏！

朱温如此勉励，康怀贞哪敢怠慢？他忙驱动大军，直扑潞州。梁、晋四十年争霸史中，一场堪称历史转折点的关键性大战，由此拉开了序幕。

与朱温的预料不同，潞州是坚城，负责防守的晋将又是以顽强著称的李嗣昭，强强组合，坚如磐石。

康怀贞最初抱着速胜的想法来到城下，立即发动强攻，几乎是不分昼夜地猛攻了半个月，付出了不小的伤亡，攻城却没有丝毫进展。

与此同时，李克用得知潞州遭到后梁大军攻击，虽然已经疾病缠身，却毫不退让，以决一死战的气势派出了一支颇为豪华的援军，基本上代表韬光养晦数年后晋军所能动员的最强阵容：精兵五万，主将是蕃汉都指挥使周德威，其他大将还有马军都指挥使李嗣本、马步都虞候李存璋、先锋指挥使史建瑭、铁林都指挥使安元信、横冲指挥使李嗣源、骑兵将领安金全等。不用觉得人多难记，因为这些名字，大多将在接下来的史书中熠熠生辉。

不过，在当时的人看来，这个阵容安排存在一些不妥之处。据说援军主将周德威与等待援救的守城主将李嗣昭之间有矛盾，那他们的私人恩怨会不会影响到晋军的战场发挥呢？

总体来看，周德威与李嗣昭都算得上公忠体国、顾全大局的良将，史书上也没有明说他们为什么不和，但这个不和估计并非由来已久。因为就在几年前，李克用还让李嗣昭当主将，周德威为副将，南下攻梁。只不过那次会战打得很难看，被梁将氏叔琮大败于蒲县，梁军乘胜三攻太原，差点儿让李克用集团关门大吉。在下猜想，两人的不和也许就和那一战有关。

周德威长于攻，李嗣昭长于守，两个主将作战观念不一致，彼此有个磕磕碰碰在所难免。如果一战下来大获全胜，那还可以你好我好大家好，可大败而归，就很容易都认为是对方的错了。

正在潞州城下一筹莫展的康怀贞，又得知了周德威大军正在集结，即将赴援的情报。不利的现实迫使他改变了潞州攻略的作战方案，放弃强攻，转而采用长期围困。难以用刀剑打败的敌人，就用饥饿打败他。

梁军新战术的难点在于：如何在晋军强大援军的时时威胁下保证对潞州城围困长期有效？为此，康怀贞创造性地发明了一个圆环套圆环的超级军营，叫作"夹寨"。

夹寨是这样建成的：梁军先围绕着潞州城，挖掘了一道不间断的环形壕沟，将城池完全包在其中。然后，梁军在这道环形壕沟的外面，又挖掘了一道更大、更长的环形壕沟，将第一道壕沟包在里面。两道壕沟之间这座奇异的环形区域，就是梁军的夹寨大营。

后梁大军加班加点，以极高的效率完成了这项大工程，梁军大营如同一个巨大的"句号"，将潞州城紧紧包裹在中间。如此一来，不管是城里的李嗣昭想冲出来，还是城外的周德威想冲进去，都变得极为困难了。

周德威等所率的晋军援军开到了前线，他们见梁军营垒坚固，如果用正面进攻给潞州解围，那正好是以己之短攻敌之长，甚为不智。与诸将商议后，周德威决定采用围魏救赵之计，进攻潞州南面的泽州（今山西晋城），做出断梁军后路的架势，欲调虎离山，把后梁大军从夹寨中引出来。

作为开国后的第一战，朱温非常重视潞州之役，时刻关注着战局的发展。他一闻此讯，马上给康怀贞下了一道严令，夹寨大军不得分兵放松潞州的进攻。然后，朱温仗着后梁财大气粗，实力远强于晋，另外组织起一批援军，由号称"拳勇善战"的左神勇军使范居实率领，火速增援泽州，使周德威的计划落空。

一计不成，周德威只得放弃进攻泽州的计划。那怎么办？对了，后梁的十万大军守在夹寨，为的就是坐等城中粮尽，好把潞州困死，但问题也就出来了：梁军同样也得吃饭不是？康怀贞的人马比李嗣昭多得多，消耗会更大。周德威决定发挥本方骑兵较多、突击力强、机动性好的优势，把主要攻击目标锁定为梁军夹寨大营的补给线，以饥饿战术来对抗饥饿战术。

当时，夹寨内梁军的补给，主要有两条通道：一是取河南各镇租赋，经泽州北上运至夹寨，这条路相对平坦好走，不过也更便于晋军铁骑的袭扰作战；二是从魏博、成德等河北各小弟藩镇征集，通过滏口陉，西越太行山，再运至夹寨，这条路难走一些，但相对安全一点。

于是，周德威率军转至潞州西北的高河（今山西屯留东南），选择这个既能联通后方，又能在一天内往返袭击梁军两条运输线的合适地点，扎下大营，然后派出多队游骑，不断攻击后梁的运输队，掐住夹寨大营的咽喉。

此计一施，周德威等于将困难的皮球一脚踢回康怀贞的腿边：梁军如果要保护粮道安全，就不得不离开夹寨，这样就能为晋军发挥骑兵的野战优势，或乘虚攻破夹寨，为潞州解围创造条件；如果梁军坚守夹寨不出，任凭粮道被晋军蹂躏，那么首先因粮尽而撑不住的恐怕就不会是李嗣昭了。

既然不能困守，康怀贞决定出寨反击，直接进攻晋军的高河大营，拔除这个晋军游骑的出发阵地。

然而，自朱温本人日趋衰老，葛从周退休，氏叔琮冤死，丁会投敌以来，梁军的平均野战能力似乎也在不知不觉间降低了一个层次。尽管康怀贞以前对付李茂贞的岐军时表现优异，现在与周德威、李嗣源等人摆开阵势对攻，却显得相形见绌。一仗打下来，梁军被击败，只好退回夹寨中固守，同时向汴梁方面请求援军。

朱温原本满怀着收复潞州的期待，现在接到康怀贞的这份战报，不由得大失所望。不过，咱大梁刚刚开国，岂能让这第一战就虎头蛇尾，半途而废？

八月十二日，朱温下令将康怀贞的职务由潞州行营都统降为潞州行营都虞候，另调一直在河北指挥作战的李思安，率河北各镇军队西援潞州前线，同时接替康怀贞，担任行营都统。朱温难道忘记了：李思安是出了名的点儿背吗？

结果，李思安到达潞州前线，没有在战场上表现出一丁点儿他该有的英勇果敢，似乎不敢与周德威硬碰硬地打一仗。梁军的处境因而更加被动，活像一只缩在夹寨这个大龟壳中的乌龟。

为了增加龟壳的坚固程度，李思安在康怀贞版夹寨的基础上，进一步大兴土木，顺着内圈壕沟的外沿和外圈壕沟的内沿，修筑起两道夯土城墙，使夹寨变成一座环形城池，更加坚固难攻。

但缩在龟壳中，顶多保证不挨打，没法保证不饿肚子。在晋军游骑防不胜防的反复袭击之下，从泽州北上到夹寨的运输线路几乎完全被掐断，只有河北各镇穿越太行山西进的运输线，还能断断续续为夹寨内的梁军运来补给。

为了保护这条补给线路的安全，李思安只好以累死人不偿命的精神，继续加大已经很巨大的土木工程量。他下令，从夹寨到太行山口的道路两侧，挖掘不间断的壕沟，沿壕沟筑起护墙，把整条运输线保护起来。

这样，夹寨又多了一条长长的尾巴，它在鸟瞰图中的外形也由一个大"句号"，变成一个手写体的狂躁"逗号"。然而，在把这个"逗号"完整地"书写"出来之前，那条纤细的尾巴无疑是梁军的天然软肋。

周德威当然看到了这一点。自李思安的护路工程一启动，他就从余吾寨大营派出一小队一小队的精兵强将，从各个地段袭击破坏梁军的施工，不分白天黑夜，每天都要出击数十次之多！每次出击，杀退后梁的工程兵和民夫之后，晋军必然要填平尚未挖好的壕沟，推倒刚筑起半截的护墙，给工地留下一片狼藉。

虽然梁军为保卫粮道，也频繁出动，疲于奔命地驱赶晋军，但谁让破坏的难度历来都比建设低呢？李思安为夹寨大营设计的这条长尾巴，始终不能顺顺当当地建成。

庞大的夹寨大营，每天需要大量的军粮补给，战马所需的草料和做饭用的木柴也不是大营内能够变出来的。所以梁军会不时派零散士兵出营牧马打柴。这当然也是绝好的攻击目标，晋军将梁军出营的马匹、打到的柴草洗劫一空，还抓了不少俘虏。李思安不敢重兵出击，攻击晋军主营，后梁大军只好关上除运粮通道之外的夹寨其他营门，不再轻易派人出营，只剩下被动挨打的份儿。

时间不长，夹寨内的李思安大军，就与被他们包围的潞州李嗣昭守军一样，都陷入了严重的补给不足，需要厉行节约，勒紧裤腰带来熬日子。

守城的李嗣昭也发现了梁军的窘境，决定趁热打铁。他装模作样地在潞州城楼上举办盛大的酒宴，在梁军士卒眼前狠狠地显摆了一把。在下不知道李嗣昭他们在酒席上有什么吃的，有什么喝的。但显然他们的表演很投入，个个兴高采烈，放开嗓门划拳行令，以便充分打击梁军的士气：看见了吧，我们城中的存粮是多么充足，我们的伙食是多么丰盛，哈哈，馋死你们！

被迫节食的梁军士卒，看到城头上李嗣昭导演的节目，果然不淡定了，躁怒地向城头射箭示威。

一般来说，这种远距离的弓箭没有什么准头，杀伤力也很小。但凡事总有万一，一支流箭超水平地飞跃入城楼，正中李嗣昭的脚。李嗣昭虽然身材短小，却是一条真正的铁汉子，仿佛没有痛觉似的，一面谈笑自若，一面悄悄将箭从脚上拔下来。一起喝酒的人竟然都没有发觉他已经受伤。

李嗣昭表现出了英雄气概，可梁军的士气虽受打击，但并未低到崩溃的程度，继续死守夹寨，仍旧将潞州围得水泄不通，城中守军的处境未有丝毫改善。李嗣昭只能用心抚慰士卒，与全城军民同甘共苦，保住军心不变。

潞州城的攻防战就这样在双方的苦苦僵持中，对峙了几个月。总体来看，梁军虽陷于被动，但尚未落到不能支持的地步。晋军援军虽频频得利，但苦于没有一举打破僵局的有效手段，如果长期拖下去，潞州守军毕竟完全没有补给，不可能一直坚持。所以，如果打成持久战，梁军成为赢家的概率仍然大过晋军。

眼见潞州迟迟不能解围，李克用十分心焦，指示周德威分兵攻晋州，以调动梁军，减轻潞州承受的压力。但这方法又不是没用过，朱温迅速从护国、保义两镇调兵支援晋州，拒不减少夹寨的一兵一卒。李存璋围魏无法救赵，无奈收兵，返回太原。

与此同时，不知是否出于李克用的请求，淮南老将米志诚率军五千渡过淮河，取从淮南到汴州的最短路径，攻击淮北重镇颍州（今安徽阜阳），发动了一次规模不大的北伐。

这件事大概可以算淮南新领导人的外交表态：杨行密死后，淮南与河东的合作关系依然有效。但由于淮南这一次动员的兵力太少，朱温从汴梁抽出五千步骑支援颍州后，米志诚就不战而退了，未能使晋军承受的压力得到丝毫减轻。

待转过年来，到了后梁开平二年正月，原本身体就已经不太好的李克用，在忧心忡忡中病势骤然加重，渐渐走到人生的尽头，不可能再陪老对手朱温打下去了。正月十九日，垂危中的李克用感到自己大限将至，将自己的继承人，挂名的晋州刺史（此时晋州属于后梁）李存勖招来，吩咐后事。

传说在那一刻，李克用拿出了三支箭，对儿子说道："第一支箭，你帮我讨伐忘恩负义的刘仁恭，你不先拿下幽州，稳定后方，也就不可能打到河南去。第二支箭，你帮我讨伐阿保机，这个契丹人当初与我盟誓结义，要一同效忠皇室，兴复李唐，却突然背信弃义，向窃国大盗称臣，你一定不能放过他！第三支箭，消灭朱温！你要能做成这三件事，那我也就虽死无憾了！"

司马光认为这段记录不是真的，理由是：此时李克用集团并未与阿保机完全撕破脸，李克用死后不久，李存勖曾遣使至契丹，请求阿保机出兵帮助救援潞州。阿保机的回答亲密无比："我与你们的先王是结义兄弟，他的儿子就等于我的儿子，哪有做父亲的不帮自己儿子的道理？"然后阿保机一如既往地口惠而实不至。另外，稍后刘仁恭的两个儿子刘守文和刘守光打内战，李存勖还出兵救援过刘守光，所以河东根本没有与契丹和卢龙对立。

不过，长期目标和一段时间内的短期行为暂时不一致，这是正常得不能再正常的现象。所以司马光老先生的论证恐怕不够有力。

但是，在下仍然觉得此事虚构的可能性很大。因为它太过于神话李克用了，他交代的这几个任务，其难度之高，在当时的形势看来，简直是对超人的要求。李克用凭什么认为自己那个已经二十三岁，还不曾有过任何卓著表现的儿子，会是一位军事超人呢？

也许有朋友会说，知子莫如父，你看不出，不代表人家老爹也看不出。但如果李克用真有这样的慧眼，为何这么多年来不让李存勖参加战斗呢？不就是因为李存勖已经有两个哥哥在战场上遭遇不幸，所以放心不下。

在李克用对李存勖另一个版本的临终遗言中，他至死念念不忘的都是当时最现实的潞州战局问题，言语之间看不到太多的雄才大略，却灌注了一个父亲满满的人情味，甚至有些反反复复的唠叨。

李克用对李存勖说道："进通（李嗣昭的小名）忠孝双全，是我最爱的孩子，可他被困在孤城中那么久了，到现在还不能解围。难道是因为德威忘不了昔日的那点儿矛盾，不肯尽力解救？等德威回来，你替我告诉他：潞州的包围不解除，那我死了也闭不上眼睛啊……进通现在身陷孤城，我已经来不及看他最后一眼，等你们把我安葬，你和德威一定竭尽全力，赶快去救……"

除了李存勖，在李克用临终前一同接受召见的至少还有五个人，他们分别是：李克用的弟弟，内外蕃汉都知兵马使兼振武节度使李克宁；对李唐忠心耿耿的李克用的挚友，河东监军宦官张承业；李克用义子，刚刚从晋州前线撤回来的河东老将李存璋；史书中一个出场很少的将领吴珙；以及新任河东掌书记卢质（曾让朱温称叹的李袭吉已在两年前病亡）。

其中，李克宁是一个最关键的人物。他是李克用最小的弟弟，早在大同兵变时就追随兄长南征北战，虽然并没有立下显赫的战功，但资历深厚。而且，李克宁在李克用的众位兄弟之中，号称最为仁孝，在侍奉三哥李克用时小心谨慎，百依百顺，深得李克用的喜爱。

现在，李克用即将过世，作为李克用此时还活着的唯一的亲弟弟，职务与声望暂时都远在李存勖之上的李克宁，如果按照乱世应该国有长君的看法，那他以兄终弟及的次优原则，继承李克用的晋王之位，是不是也有很大的合理性？而且，这并不是某一个人的看法，而是晋军中很多人的想法。

当了一辈子好弟弟的李克宁，也不可能完全不受这种想法的影响，对那个触手可及的大位，多少有了一点儿动心。在见到奄奄一息的兄长时，李克宁流着眼泪，非常委婉地问道："大王您万一不讳，后事该交给谁？"

直心直肠的李克用好像完全没有察觉这句问话中那种微妙的感觉，也许他心中的李克宁形象，一直是那个对他唯命是从，无比听话的弟弟吧。李克用指着李存勖，对五位托孤之臣道："这个孩子志气远大，一定能够成就我们的大业，你们，要好好协助辅佐他……我就把亚子托付给诸公。诸公，受累了……"

声音渐渐弱了下去，又过了一会儿，唐末两大风云人物之一，对大唐最忠诚的强藩，河东节度使兼晋王李克用，与世长辞，享年五十二岁。

八百多年后，清人严遂成有感于这段历史，写诗《三垂冈》赞曰：

> 英雄立马起沙陀，奈此朱梁跋扈何。
> 只手难扶唐社稷，连城犹拥晋山河。
> 风云帐下奇儿在，鼓角灯前老泪多。
> 萧瑟三垂冈下路，至今人唱百年歌。

老的传奇没有终结，新的传奇即将开始……

附文：世间已无李克用——致我们终将逝去的天真

"善善恶恶"，春秋笔法，是儒家的大圣人孔子，为中国的传统史学开创的一个个人认为不太好的传统。依照这一传统，史家的第一步，要把主要的历史人物先划分为正面和反面。第二步就要尽量放大正面人物的光明面，将他们的过失加以淡化，同时对反面人物进行相反处理，用牺牲一点儿客观公正的代价，来加强整个历史画面的对比度。因此，我们的古史往往看起来比较清晰，一个个忠臣义士、道德君子与奸邪佞臣、卑劣小人相应而生，而国家的兴衰荣辱好像就由这正反双方在博弈中谁得势来决定。

用孔明先生的话说，就是"亲贤臣，远小人，此先汉所以兴隆也；亲小人，远贤臣，此后汉所以倾颓也"（在下认为，这也并非孔明先生这样的治国名相对国家盛衰的理解如此浅薄，只不过他对历史的解读是给君主做借鉴用的。影响国家走向的其他深层原因，往往是君主极难掌控或者根本无法掌控的东西，只有用人、吏治是相对容易操控的部分，君主能干好这些就很不错了）。

毫无疑问，这种"道德决定论"的史观是存在巨大缺陷的，它掩盖了人类社会深层次的逻辑规律，流于表面。但今天有些讲史的朋友，尤其是习惯用"阴谋论"来解释历史的朋友，在解说历史时有几项原则。

其一，任何一个历史人物永远是理性的、利己的、不讲情义的，都是些阴谋家。或者说不具备阴谋家才华的人，肯定走不上历史舞台。就算他们刚上台时偶尔有人暂时缺乏耍阴谋的经验，只要他们不在第一轮被淘汰，就肯定会被周围的环境熏陶打磨成为合格的阴谋家。

其二，因为耍阴谋是历史上所有大人物的必修课，所以那些大人物做出的全部决定，一定是在当时条件下对他们而言的最优选择。所谓道德、信念、忠贞、大义、情感这一类东西，只会是覆盖在利益外面的漂亮包装，永远不可能成为动机。

其三，由前两条推导得出，忠臣、义士这一类物种在本质上是不存在的，历史上所有的忠臣、义士都是因隐藏得好或条件不成熟，真面目尚未充分暴露的奸臣、小人。如果你看史时推不出这一结论，原因只可能有两种：你太笨，只会看表象，不会看本质；如果连他们都找不到明显的破绽，那也没关系，因为还有无往而不胜的一条——历史肯定被篡改了！

那些在史书上留下名字的大人物，上位方法五花八门，千奇百怪，耍阴谋虽然很重要，但并不一定是必考科目，那是不是就更有可能混入一些权谋庸手呢？

这样的人并不难找，就像刚刚离我们而去的李克用。

有些朋友想把李克用证明成深谋远虑的一代枭雄，但这个过程几乎不可能圆满完成，因为李克用出过太多被实践证明非常失败的昏招。如他在大同兵变时，放纵士卒残杀段文楚，与自己的目标南辕北辙，大大降低了李唐朝廷与其妥协的可能性；因为上源驿落难后得到李罕之的招待，他就将这个暴虐反复的小人视为知己，等李罕之想从他的地盘中撕一块时，他又冲动暴怒，致使百战得来的西昭义轻易沦陷；他花大力气拿下强镇卢龙，却交给拍马屁有功的卢龙叛将刘仁恭，也不想想人家既然回到自己的主场，何妨再背叛一回？李克用只是白白为自己的遗嘱多创造了一支箭：当他杀进关中勤王，大破李茂贞等人，一伸手就可能控制天子的时候，又将这样的机会放弃……

以往过去的就不多说了，人总该是会成长的吧？可如果回顾李克用临终前的安排与遗言，不难发现，即使经验值攒到最高，李克用的政治洞察力依然低下。

《资治通鉴》与《新五代史》《旧五代史》都一致记载，当时由于李克用一直不让李存勖有实践机会，使这个儿子缺乏威信，军中很多人都在策划拥戴李克宁。对于身边这种迫在眉睫的巨大危机，李克用岂止是毫无防备，简直就是毫无察觉，否则他只要先行安排李克宁出镇振武，接下来的灾难就有九成的概率可以避免。

李克用能看到的问题在哪儿呢？他的遗嘱告诉我们，就是李嗣昭与周德威之间那种公开的被稍后的历史证明无关紧要的小矛盾。

李克用此人的思维，似乎有这样一个特点，他将与其有交集的人分成两类——"自己人"和"不是自己人"。被李克用认为是"自己人"的人，只要不是当面触怒他，他总会以铁哥们儿的态度对其非常信任，百般维护，甚至放纵。李克用对于心目中的"自己人"几乎是零设防，包括上源驿酒席上的朱温、举卢龙背叛前的刘仁恭、东城会盟时的阿保机……

即使被"自己人"一次又一次地背叛、出卖，李克用所做的也仅仅是将与自己反目的人剔出"自己人"名单而已，至死也没有动摇他信念中相信义气，相信诚信，相信朋友，相信"自己人"的那份天真。当然也就包括病榻前的李克宁。

在下与一个朋友讨论过："你觉得李克用是不是李唐的忠臣？"

他回答说："我觉得不是。李克用对李唐王朝的感情不是忠，而是义。否则怎么解释他早年还带头造李唐的反？但到了后来，杨复光对他的召唤，李唐王朝对他的赦罪，以及随后将他加入皇族谱系这些事，感动了这个虽然不无凶暴，却情感丰富且政治头脑有些简单的塞北汉子。从那一天起，李克用开始真正视李唐王朝为'自己人'。就像战国刺客豫让的名言：'众人遇我，我以众人报之；国士遇我，我以国士报之！'之后，李克用忠君的种种行为，不是出于儒家的忠诚，更不是出于复杂的算计，而是出于江湖的义气，就像一个忠诚的义兄弟对结义大哥的报答。"

在下忽然间有了醍醐灌顶的感觉，也许正如刘慈欣先生在《球状闪电》中的那句格言："（有些时候）我们的错误不是因想得不够复杂，而是因想得不够简单。"李克用也许就是这么一个心机单纯的人呢？

最后总结一下李克用其人。在下不敢担保这是他的真容，但至少这是在下看清楚的一面。李克用是一个很典型的偏科生，因机缘巧合，闯进了一个并不太适合他的班级，不得不与很多同学玩他很不拿手的心眼儿，屡屡吃亏，只是仗着单科成绩非常突出，才没有被淘汰出局。

他是一个义士，但非忠臣；他是一个志士，但非仁人；他是一个勇士，但还够不上战神。

如今，世间已经没有了李克用，没有了那个被命运一次次打得鼻青脸肿，待擦干血迹爬起来，依然以为情义可以大于利益的傻瓜……

从此以后，在角逐天下的大舞台上，再难见到李克用式的天真。满眼看去，乱世到处可见的，是朱温式的狡诈、刘仁恭式的卑鄙、徐温式的阴险……触目伤怀，就让我们在心中，为曾经美好的天真，保留一块最后的存身之地。

第七章

生子当如李亚子

王彦章　周德威　李晋王　朱温

亚子初立

李克用死了，正面临强敌压境的河东集团骤失了顶梁柱，太原全城都因此而沉浸在一片深深的悲伤与不安之中，有一种仿佛暴风雨来临前压抑的平静。李克用生前的日常职权，现在暂时由他的幼弟李克宁代理，而李克用的合法继承人李存勖，则将自己反关在父亲的灵堂，哭得不能自已，以至于太原城中的文武将吏迟迟见不到他。

李存勖的悲伤应该不是装出来的，除了父子之情，他也得为自己微妙危险的处境而担忧，因为他的政治嗅觉要比他的父亲灵敏，知道此时晋王的宝座之下是一座状态极不稳定的活火山口。想想南边的同行杨渥，就知道这个时刻什么事都可能发生。成王败寇，生死就在一线间！

当时被几乎所有人低估的李存勖，在下很难判断他的准确想法，也许是他还未想出良策，出于恐惧，在躲避难以评估的风险，但更可能是在等待着转机的出现。

转机果然来了，灵堂的大门被推开，李克用生前的挚友，河东监军张承业走了进来。他看见李存勖仍旧跪在灵柩前痛哭，很着急，便以长辈的身份，很严肃地对他说道："担当大任的人，行孝的关键在于不败坏先人留下的事业，怎么能像个匹夫一样，只知道哭呢？现在先王刚刚过世，你迟迟不接班，就不怕有凶猾不逞之徒乘机觊觎大位吗？何况汴梁的贼寇也正大兵压境，就希望我们内部混乱，他们就声势倍增，各种谣言也必然自己冒出来，不可测的大祸就随时有可能发生！所以，你现在应该赶快遵循先王的遗命，戴孝接管总部军政，保住家业，安抚亲族，这才是目前的大孝啊！"

李存勖听罢，耸然动容，他感激地望着眼前这位骨鲠的老人（张承业此时六十二岁，比李克用还年长十岁），知道自己已经从父亲留下的遗臣中，找到第一个危机之时可以依靠的柱石。

张承业扶着披麻戴孝的李存勖，走出灵堂，来到公堂，以李克宁为首的太原文武已在此等候。李存勖知道，自己能不能顺利接过老爹的班，第一个关键是要看能不能过老叔这一关。于是，李存勖当着张承业和众人的面，对李克宁谦让道："侄儿我年纪尚幼，从未处理过军政事务，虽然有先王的遗命在，但恐怕也镇不住局面。叔父您德高望重，大家都很服您，还是请您主管军府如何？侄儿一切都听您的吩咐。"

李克宁在兄长临死前，确实有过兄终弟及的念头，但见李克用决计让李存勖接班，也就暂时放弃了那个想法。李克宁为人低调，也并非太有野心的人，何况一同接受顾命的张承业就在旁边看着，你怎好意思出尔反尔？

于是，李克宁答道："你按理就该继承大位，何况还有先王的遗命在，难道还有谁敢违逆先王的遗命吗？"说罢，李克宁亲自带头给李存勖下拜，表示正式承认了李存勖的领导地位。

既然连最有理由质疑李存勖继承权的人都表了态，在场的所有人也只能依次向李存勖下拜，李克用的继承人问题好像就这么简简单单地解决了。谁知树欲静而风不止，要知道，在唐末五代这个大兵维权意识异常高涨的特殊时代，要不要造反，常常都不是由首领的主观意愿来决定的。

比李克宁的权力欲更强大的造反动力，主要来自李克用的一部分干儿子。当年，为了培植心腹，收买军心，李克用收过很多军中的勇武之士当自己的义子，其数量远远超过了民间传说中的"十三太保"，达到了一百余人！当然，其中真正比较重要的也就是十几个而已。

在平时，也就是不涉及继承权的时候，李克用给义子的待遇基本上等同于亲子。他们每人领到一套新衣的时候，李存勖也不会多得两套，吃什么喝什么，也都一个样。这样时间久了，习惯成自然，他们中的很多人真觉得自己与李克用的亲儿子是平等的。这些义子大多都比李存勖年长，功劳比只在家中抄写《春秋》的李存勖大，官位和权力也高于继位前仅仅当过一个挂名刺史的李存勖。

可现在义父死了，所有权位都留给李存勖，没他们这些"哥哥"什么事，按照人的正常心理，他们不由自主地涌出一阵失落感。很多人闷闷不乐，心中很不愿意向这个"弟弟"行礼。有人干脆就装病，不去上班见新领导，好腾出时间，躲在家里生生闷气。

李克用真正第一流的义子，如李嗣昭、李嗣源等，此时都在前线忙于作战，所以真正对李存勖继位不满，将牢骚发扬光大的，都是些不那么出色的二流义子。其中为首的一个，名叫李存颢。

李存颢，在李克用如此多的征战记录中，在下从来没见过这个人的名字，可见其才华与功勋都比较有限。不过，这并不妨碍他渴望荣华的壮志雄心。想往上爬，真刀真枪地立功，不但太慢，也太辛苦，甚至太危险，他还不见得有那本事。搞政变倒是条捷径，但他自己又没有当头儿的威望和资格，几乎不可能成功。那么剩下的最现实的办法，莫过于煽动一个有资格的人出头，一旦成功，就能收取回报很丰厚的拥戴大功。

于是，等李克宁一回家，李存颢就跑到他家里来挑拨离间了："兄终弟及，是自古以来的良好制度。要不然，您身为叔父，却必须向一个侄儿叩头行礼，这不是败坏咱们尊老敬老的优良传统吗？古人说，天予不取，必遭其祸，趁现在还来得及，您得赶快改正这个错误啊！"

李克宁一听，训斥道："你怎么可以说这种不吉利的胡话！我们李家，三世功臣，历来以父慈子孝闻名天下。只要我兄长开创的基业托付得人，我还有什么不满意的？你不要再挑拨我们叔侄的关系，否则我砍你的头！"

李存颢碰了个钉子，但他仍然相信自己的判断：李克宁这颗鸡蛋是有缝的，是可以被利益收买的，只要加大煽动的火力就行了。

李存颢决定改走夫人路线，如果叔侄关系暂时不能挑拨，那就剑走偏锋，先挑拨李克宁的夫妻关系。李存颢回去让自己的妻子出面，去找李克宁的正妻孟氏聊天。在聊天过程中，李存颢之妻顺便将李克宁如何见到天上掉馅儿饼时还往旁边闪的事，添油加醋地说了，再加上两句叹息：婶婶啊，你嫁给这样的男人，命真不好啊！

话说这位孟氏夫人，人住在河东，也当真是属狮子的，而且她坚信自己不但头发长，见识也长。当她得知自己本可轻轻松松升级晋王妃的机会，被丈夫推让掉之后，气得劈头盖脸对着李克宁就是一顿臭骂：你本来一点头就可以当上晋王，这么好的机会，居然还把它白白送出去！被你哥管还不过瘾，还要被你侄儿管！你个万年老二！

不知是谁首创了一句名言："每个倒下男人的背后，都有一个需索无度的女人。"李克宁本就是个意志不太坚定的人，有妻若此，等于初步具备了含笑九泉的必要条件。于是，曾经对晋王大位动过念头的李克宁，现在回过头想想，越想越为自己的推让感到懊悔。

李存颢趁热打铁，又来到李克宁家，表达了他与另外几位李克用义子对李克宁的拥戴之意，并且巧妙说明：咱们拥戴您的政变计划已经开始进入秘密实施阶段，您即使不参与，将来万一阴谋泄露，您作为被拥戴对象，也不可能独善其身了！

至此，李存颢用半劝说半胁迫的方法，终于让煽动造反的必要条件升级为充分条件。被老婆和义侄牵着鼻子走的李克宁，被迫同意充当政变首领，用非法手段将自己曾经辞让的权力再抢回来。

不过，李克宁要把决心变成行动仍有一定困难。在太原有心拥戴李克宁的人虽然不少，但兄终弟及在礼法上毕竟不如父死子继正常，拥护李存勖，不甩李克宁的人，同样不少。其中最重要的就是与李克宁同受顾命的张承业、李存璋，他们也是很有影响力的人物，不设法除掉他们，政变难以成功。

除此之外，还有一个重要因素也是李克宁等人不能忽视的。此刻晋军的主力并不在太原，而在以周德威为首的前方诸将手中。太原政变即使成功，周德威等人若以平叛为名挥师杀回来，李克宁的部下论质论量都将不是对手。

如何克服重重困难，将阴谋安全稳妥地进行下去呢？李克宁与李存颢等一时没有必胜把握，遂决定在正式放大招之前，先进行试探性攻击，看看李存勖的应手，好掂量一下这个对手的等级，然后再相应制订新的计划。

试应手第一招：李克宁先罗织罪名，杀掉与自己不是一条心的都虞候李存质，悄悄剪除侄儿的羽翼。李存勖得知后，表示叔父做得对，完全尊重叔父的决定。

试应手第二招：已经身为振武节度使的李克宁提出，应该恢复自赫连铎败亡就已被李克用撤销的大同镇，由自己兼任大同节度使。李克宁如此跋扈的行为，激起了张承业、李存璋等重臣的不满，双方发生了争吵，但李存勖依然对李克宁的要求有求必应：同意，一切按叔父的意思办！

两招过后，李克宁等人发现李存勖竟如此顺服，大喜过望：这小子果然是读书读傻了，一点儿不像个刀尖舔血的沙陀人，就是个没能力没胆色的书呆子！看来我们可以放心大胆地开始正式的政变了。

李存颢等人估计不怎么读书，不知道在李存勖曾亲手抄写的《春秋》中，就有郑庄公姬寤生欲擒故纵，收拾弟弟姬段的著名典故。他们已经悄悄步了姬段的后尘仍未自知。

由李存颢拟订的政变计划是这样的：找一个合理的借口，邀请李存勖到李克宁家来做客，乘机将他扣押。同时，政变者一起出击，诛杀张承业、李存璋等异己分子，再正式拥戴李克宁为河东节度使。最后，向后梁帝国称臣，同时将李存勖及其生母曹太夫人一起押送汴梁，用以向朱温证明自己归顺的诚意。

有不少讲述这段历史的文章，觉得李克宁搞政变为的是给自己夺权，不是为了帮后梁一统天下，夺到权力之后当然要好好享受享受，焉有屁股还没坐热就向仇敌朱温低头的道理？因此怀疑最后一条可能是李克宁失败后被李存勖强加上去的莫须有罪名。

不过，在下认为，如果没有周德威的大军在外，李克宁向朱温称臣的做法的确奇怪，但既然前线有这么一支李克宁控制不了的，实力胜过李克宁部众的大军，那么用抱朱温的大腿来牵制周德威等前方大将，就很有必要了。当时向后梁称臣，但保持实际独立的藩镇很多，这对李克宁来说，并不是不能接受的条件。而且，此后多条记载，包括李克宁自己，都没有否认这个说法，似不能用简单推理来认为此事必不存在。看来，为了权力，李克宁等人已经堕落到"宁予外人，不予家奴"的境界了。

　　计划的一个难点是，由谁出面把李存勖请到李克宁的鸿门宴上来，才能最大限度地不引起李存勖的警觉呢？为此，李存颢向李克宁推荐了一个与自己私交很深的好友，晋王府内的近臣史敬镕。

　　从"史敬镕"这个名字看，他很可能与当年在上源驿事变中为掩护李克用逃走而战死的史敬思是兄弟或从兄弟。同史敬思一样，史敬镕是河东旧人，从小就开始追随李克用，为李克用亲信主簿之一，很受信任。只是，史敬镕好像也不是个才华出众的人，不见立什么大功，官一直升不上去，这一点又与李存颢相似。

　　不过，这个人好说服吗？李存颢以己度人，认为没有问题，谁会愿意当一辈子小主簿？谁会不喜欢荣华富贵、飞黄腾达呢？

　　果然，当史敬镕在密室听完李克宁要他做政变内应的一番劝说后，似乎颇为兴奋，连连点头同意。但他们没有料到，史敬镕一回王府，立即向李存勖和曹太夫人报告了李克宁、李存颢等阴谋政变的事。

　　李存勖似已胸有成竹，他要与母亲曹太夫人合作演一出双簧。他立刻召见了河东监军张承业。显然，选择张承业正是因为李存勖母子都知道他肯定没有参与李克宁的阴谋，更相信这位老人的忠义。但等张承业进来，曹太夫人却装出不了解此事，指着李存勖对张承业哭诉道："先王临终前曾将这个孩子托付给你们，可现在外面的人却想除掉我们！到那时，只希望您能给我们母子安排一个隐居之处，不要送到汴梁，其余的不敢奢求！"

　　张承业吃了一惊，惶恐道："老奴就是拼了这条命，也要捍卫先王的遗命，太夫人您怎么能说这样的话呢？"

　　李存勖这才将史敬镕的密报告诉张承业，待张承业又惊又怒之际，又假意睁大一双无辜的眼睛，很痛心、很煽情地说道："想不到叔父竟会做出这样的事，一点儿不顾及我们的叔侄之情！但骨肉之间，不应该自相残杀，看来只有一个办法了：我辞去王位，让叔父来执掌大权，也许这次大祸就能避免。"

　　张承业连忙阻止说："老臣等受先王的顾命之托，一定要尽心竭力辅佐大王，如今言犹在耳，李克宁就已经生出二心，竟然伙同李存颢之辈打算献太原降贼，还要将大王母子投入虎口，大王你还有可能靠退让求生吗？不迅速动手除掉他，先王留下的基业就算完了！"

然后，张承业凭借自己对太原诸文武的了解，向李存勖推荐了一批肯定不属于李克宁一党的可靠人员。其中有同受顾命的大将李存璋、吴珙，还有李克用另一义子李存敬、长直军使朱守殷等。李存勖分别召见了这些人，秘密吩咐安排，抢在李克宁动手之前，做好了反政变准备。

二月二十一日，也就是李克用死后一个月零两天，李存勖在王府设宴，招待各军将领。按说李克宁、李存颢既然要做贼，多少应该有点儿心虚，不该轻易赴宴。但在下猜想，很有可能是他们在王府中的"卧底"史敬镕告诉他们：很安全，没事的。所以李克宁和李存颢都没做什么防备，就这么放心大胆地自投了罗网。

酒未过三巡，李存璋布下的伏兵突然冲了出来，就在座席上将李克宁、李存颢逮捕，一举粉碎了他们的政变图谋。李存勖走到五花大绑的李克宁面前，流着泪数落："大家都知道，侄儿我一开始就情愿将大位让与叔父，是叔父您自己拒绝的。既然名分已经确定，您为何又要施展阴谋来抢夺权力，甚至忍心将我们母子送给仇人！"

李克宁后悔也晚了，只得长叹道："都怪那些野心勃勃的奸诈小人不断煽风点火，威逼利诱，事已至此，我还有什么好说的？"随后，李克宁与李存颢一起被推出斩首。就这样，原先几乎被所有人轻视的李存勖，出人意料地以较小的代价，顺利跨过了他继晋王位后的第一个大难关。

然而，如果不是事后诸葛亮，仅就当时的情势看，这位新晋王的处境并没有太大的改善，仍然处在生死存亡的关头。因为除了李克宁，还有李克用留下的另一颗威力更巨大的疑似"定时炸弹"，随时可以威胁李存勖的存亡，那就是正统领大军在外的周德威。

如果说李克宁有了二心，李存勖还有对付手段的话，那么假设周德威因为李克宁被杀，心生疑惧而造了反，李存勖可以说一点儿办法都没有。

就在李克宁被杀的第二天，另一个在晚唐最没有大人物感觉的大人物，也被迫走到了人生终点。这一天，朱温的密使闯进了曹州（今山东菏泽）的济阴王府。这座王府曾经是那个倒霉的梁军名将氏叔琮的旧居，而此刻，它的新主人济阴王马上要步旧主人的后尘，被迫饮下密使带来的毒酒，片刻之后一命呜呼。

一年前，这位济阴王的头衔还是大唐皇帝，是的，他就是李柷。凡以禅位形式退下来的亡国之君，都得在一两年内被干掉。

稍后，朱温装出很难过的样子，追谥这个横死的十六岁少年为"哀皇帝"，以亲王之礼安葬。又过了二十多年，后唐明宗时代认为朱梁是伪朝，所以它的谥号不作数，又改谥李柷为"昭宣光烈孝皇帝"。

就在杀废帝的时候，朱温得到了一条惊人的消息：比自己还小四岁的死对头李克用，竟然已经真的变成了死去的对头！朱温擦去眼角挤出的鳄鱼泪，第一个反应是不相信。

朱温认为，现在梁、晋两军均投入重兵，在潞州前线相持不下已有数月，双方都有些精疲力竭，很难取得突破。在这个时候，李克用之死，很可能是晋军释放出来的烟幕，好让梁军以为胜券在握，从而放松警惕，为晋军制造战机。

于是，朱温决定亲往前线视察督战，再随机应变。同时，鉴于李思安的霉运一如既往，自他担任潞州行营都统以来，战果不比康怀贞大，损失却比康怀贞还要惨重，共折各级将领四十余人，士卒上万！朱温非常不满意，打算再次换马，所以他又命时任匡国节度使，有"刘开道"之称的梁军猛将刘知俊，马上集结本部兵力开拔，与自己会合。

三月六日，朱温抵达潞州之南的泽州，在此驻留。四天后，刘知俊率领军队赶到泽州，朱温马上任命他为潞州行营都招讨使，即日前往夹寨，接替李思安，同时将李思安召回泽州治罪。

李思安真不愧是后梁军中首屈一指的"霉运王"，朱温对他的处理比他的前任康怀贞狠多了：剥夺一切官职，押赴原籍，充当苦役！不过，李思安的故事并没有就此结束，不久他还将被起用，然后将他的"倒霉"传奇史续写下去。

本来朱温的本意，是不想再在潞州打下去了，给刘知俊的任务是要他安全地把军队撤回来。谁知刘知俊表现太好，一到前线，就给他传来了捷报，称击破了周德威统率的晋军援军，斩俘多人，晋军已从余吾寨全线后撤，退至乱柳（今山西沁县东南）！综合俘虏的口供和各种情报判断，看来李克用已死应该是确凿无疑的事了！

这战报一传到泽州，朱温及其梁军众将人人欢欣鼓舞。朱温立即再一次派出使节，携带着大梁皇帝的诏书进入潞州，告诉李嗣昭这一特大"喜讯"：你干爹都死了，你还不投降吗？

李嗣昭可能认为这是敌人的宣传战，压根儿就不信，可能觉得义父过世与否，与自己要不要投降没有关系。总之，他像对付前几次朱温的劝降一样，把后梁的诏书一把火烧了，把使节砍了，再把人头高高挂出，告诉朱温：我宁可死，绝不会降！

尽管又碰了一次钉子，但梁军众将一致认为，既然李克用已经不在，周德威的援军短期内不可能再来，那么仅剩潞州一座孤城，内无粮草，外无援兵，无论李嗣昭多么顽强，都不可能坚守太久。只要再围个十天半个月，就应该能拿下。

朱温也觉得这种看法是非常合理的，于是接受了众将的提议，不顾梁军师老兵疲，决定继续把这一仗打下去。

不但如此，在某些方面朱温甚至比他的部下更乐观。

想想看，你们听说过李克用有什么有能力、有威望的亲儿子吗？没有吧！与此同时，他却有一大堆才干、威信都很突出的干儿子和部将，彼此互不相让（比如李存信与李存孝、李嗣昭与周德威），一旦失去李克用这个强人对他们的约束，他们还不闹翻天？看来，从此以后，河东李氏对后梁帝国的威胁即使不说完全消失，至少也会大打折扣，不用过于担心了。

这样一来，原先对后梁威胁排在第二位的西线，也就是由一位皇帝和一位皇后老公组成的王建、李茂贞联盟，自然而然上升至第一位。

基于这一考虑，朱温给前方主帅刘知俊下达了新的命令：不要率得胜的梁军追击晋军，先退回长子休整十天，然后移师潞州西面的晋州，以便兼顾河东与关中这两个战场。如果一段时间后，晋军没有持续发援兵救潞州，那刘知俊就不用再等，直接回匡国本镇防备李茂贞就行了。至于留在夹寨的后梁大军，其实际指挥权由原招讨副使，梁军中的"水货级"名将符道昭接管。

这位符道昭，就是原来李茂贞的义子李继昭，在干爹最危险的时候背岐降梁。符道昭也算当时一位奇人，在下觉得，到此时为止，他至少可以获得三项"荣誉"头衔。

一、跳槽达人。他作为秦宗权的心腹将领，发现秦宗权不行了，就投奔薛潜，再背叛薛潜，投奔葛佐，接着背叛葛佐，投奔李茂贞，最后背叛李茂贞，投奔朱温。

二、马屁达人。史书记载，符道昭"刚而无操，善迎人意，一见若尽肺腑，必爱其才"，所以到哪儿都能得到新首领的赏识。

三、常败"名将"。史书对符道昭将才的总结是"道昭性勇果，多率先犯阵，屡有摧失"。他做葛佐部将时，输给杨守亮，做李茂贞大将时，大败于康怀贞，在他之前的战绩中，似乎就不曾有过像样的胜利。

就是因为轻敌，而让符道昭代替刘知俊，成为前敌总司令，可以说，朱温在不经意间已经犯下了大错。

周德威率领五万晋军确实撤走了，他后撤并不是因为在与刘知俊的交手中打了一次小败仗，甚至也不是因为李克用死了，而是因为新王李存勖命他收兵回太原，为过世的先王奔丧。

李存勖是冒着巨大的风险下的这道命令。从情势上判断，周德威实在太有理由生二心了：如果李存勖让他回太原，仅仅是为了给李克用奔丧，那为何不在李克用死去的一月份让他回去，却在李克用死去三个月之后才召他？这三个月间，还有一个元老李克宁被杀了。李存勖的这次召唤看起来更像一场清除元老的阴谋。

虽说李克宁是因谋反而被杀的，似乎罪有应得，但自古以来，死在谋反罪名下的人，至少有一半是冤案，身处前线，并不知太原发生了什么事的周德威会怎么看？

假如我们并不知道历史的进程，只是用阴谋派史家眼中最正常的人人利己的乱世逻辑来预测周德威的行动，会得出什么结果？估计不外乎两种情况。

其一，周德威打着替李克宁报仇的旗号，反攻太原，或者干掉李存勖，立李克用的另一个儿子当傀儡，或者被李存勖打败，让河东集团元气大伤！

其二，周德威仿效丁会，为了避祸而临阵倒戈，投降后梁，晋军最强大的一支主力兵团就此被瓦解！

显然，不论按照哪一种"合理"的逻辑推演下去，都将是河东集团的致命伤。但接下来的事实证明，人性始终是丰富多彩的。当你自认已经看穿世事，为世态炎凉而感到绝望之时，仍然会有人用他的行为证明，信任、忠诚、情义依旧存在于这个世界上。

周德威没有反叛，也没有倒戈，他就在众人的猜疑之中坦坦然然地回来了。四月一日，周德威率领的大军抵达太原城下，他将军队留驻城外，独自一人进城，用自行解除武装的方式，证明自己绝无二心。

周德威先进入李克用的灵堂，趴在李克用的灵柩之上放声恸哭，闻者为之心伤。稍后，周德威又进见了新王李存勖，态度毕恭毕敬，与当年侍奉李克用一模一样，原先的猜忌流言顷刻间瓦解冰消。自借助张承业等人铲除李克宁之后，李存勖的第二把豪赌又撞了大运，河东集团居然在很短的时间内再次组建起一个比较团结的领导核心，为李存勖即将开始的辉煌历程，迈出了不那么起眼但至关重要的第一步。

夹寨大捷

依照李克用临终前的谆谆嘱托，地位稍稍安定的李存勖，立即将解救潞州之围优先提上日程，召集众将共议救援方案。

晋军的多数将领第一次见识了这位二十三岁的新首领颇具英雄之气的发言："上党（今山西东南部，潞州、泽州所在的那一片地区，自古兵家必争）是河东的屏障，如果上党守不住，那河东也很难保全！朱温这辈子所畏惧的人，只有先王一个，现在他听说先王过世，由我这个从未打过仗的少年继位，肯定看不起我，会以为天下已无敌手而放松警惕。乘着他骄傲自大的机会，我们集结一支精兵，出其不意，以一次闪电式的进攻奇袭夹寨，那将他们打败，还不是像摧枯拉朽一般容易？解潞州之急难，开天下之霸业，就在此一举了！"

听到李存勖这一番充满自信的发言，始终忠于李唐的老宦官张承业大喜：天可怜见，李克用后继有人了！他积极支持李存勖出兵，并建议联络岐王李茂贞，邀请他一同出兵，牵制梁军的行动。李存勖同意了这个计划，命张承业及判官王缄出使凤翔。

如前文所述，王建大力资助，干儿子杨崇本再次倒戈归来，再加上朱温没有再把主要精力放在他身上，这一切使李茂贞对朱温的战争大有起色。从地图上看，李茂贞基本上恢复了占有过的关中诸州，岐王的控制区与晋王的地盘已经相邻，岐军的声威似乎重新振作。

但在相似的地图背后，有着已经完全不同的内核。凤翔之围前的李茂贞，踌躇满志，野心勃勃，有逐鹿天下的雄心；而凤翔之围后的李茂贞，已经掂量清楚自身的斤两，知道自己没有争天下的命，能据守一隅，当个土皇帝也就罢了。再加上李茂贞年纪也比较大了（五十二岁，与李克用同岁），暮气渐深，做事求稳，并不想过分刺激朱温，引火上身。

因此，张承业并未能说动李茂贞出兵相助，但至少晋、岐之间有异常外交互动的事还是让朱温知道了，这大概也是他调刘知俊到晋州，兼防岐军的原因之一。

除了找李茂贞，李存勖还派出使臣，携带大批金银财帛出使契丹，请他父亲那个毫无信义的义兄弟阿保机帮忙。前文提到过，阿保机的许诺如手纸一般廉价，拍胸脯的时候慷慨激昂，抄家伙的时候音信渺茫。阿保机不单单是这一次放了李存勖的鸽子，在整个梁、晋争雄期间，他就从未真正资助过这位义侄一兵一卒，给晋军找麻烦，拖李存勖的后腿倒是一次又一次！总之，阿保机用实际行动证明，他成为传说中李克用遗命的三箭之一，实至名归。

不过，李存勖知道求人不如求己，能拉到外援固然更好，拉不到这世界也得照转，晋军自己奋战才是最重要的。四月二十四日，出击夹寨的晋军离开晋阳城，一路招摇着南下，好像怕别人不知道他们已经出发。不过，让人大跌眼镜的是，这支援军的数目，居然还没有周德威带回去的五万大军多，难道是李存勖他们在这段时间里的物资筹备工作干得太差，凑不够军队一次出击所需的粮草？

还有更雪上加霜的事呢。这支援军采用了一个奇怪的干部配置。能猜到这支援军的"总司令"是谁吗？是李存勖？对不起，答错了。是周德威？对不起，又答错了。是李嗣源、李存璋，或者李存审？不卖关子了，是丁会！

倒不是说沙场老将丁会不会打仗，但他当然不属于出类拔萃的军事天才，晋军中将才比他高的大有人在。更重要的是，丁会以往的大部分功绩可是同晋军较量得来的。对于河东集团来说，他就仅仅有一次倒戈之功而已，在晋军中毫无人脉与威信，说不定不少人还同他有过杀父杀兄之类的仇恨。李存勖突然间把丁会的权力提得这么高，中间一点儿过渡也没有。周德威等功高资深的晋军老将都要受其节制，这明显不合理啊！

按一般规律，这样本末倒置的安排，理所当然地会造成主帅的指挥不灵，大家各自为政。在这种情况下，打败仗是正常的，能打胜仗才是怪事。

密切关注太原方面动向的后梁军方将领，在得到这些情报之后，估计就是这样想的，说不定还在心底发出感慨：没有了李克用的晋军，真是不行了！夹寨中梁军的主将符道昭，本来就是个勇猛但粗疏的人，得知此次晋军再来，各方面的水准都比上次低了一截，更加麻痹大意。

是的，朋友们应该猜到了。李存勖的这一招，在"三十六计"中叫作"假痴不癫"。

此时，虽然由于氏叔琮被杀，葛从周退役，朱温本人也渐渐衰老，后梁军队的战斗力已经越过了巅峰状态，开始进入平缓的下坡道，但从整体而言，实力仍然非常强大。梁军的平均作战素质与晋军相差无几，数量则远远超过，兵源和物资补给能力的优势则更大。如果打正常的消耗战，晋

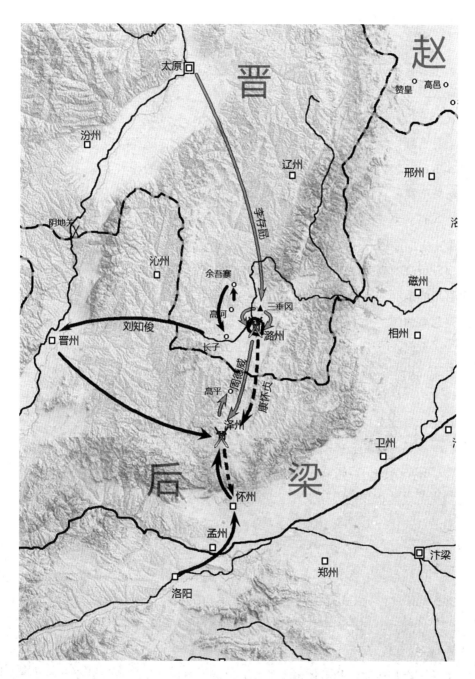

▲ 908 年，夹寨之战

军肯定耗不过梁军。

因此，李存勖清楚地了解，他要想奇袭成功，打赢这一战，唯一可以利用的就是自己没有名气，而给对手带来的骄傲与疏忽。为此，李存勖故意派出一支兵力不强的部队，进行不合理的人事安排，刻意制造自己领导水平很低的假情报，帮助对手进一步看不起自己，以增加他们的犯错概率。

不过，如果到了大战打响时，丁会指挥不灵，贻误战机怎么办？那根本不是问题，因为丁会这次出去，只是担任短时间的挂名主将，真正的总指挥将在稍后到达，他就是李存勖本人。

原来，李存勖将此次出击的晋军分成了两部分，这也是第一批晋军数量不多的原因。四月二十九日，在第一批援军出发四天之后，李存勖亲自率领精锐的第二批援军（估计是骑兵部队）悄悄离开太原，以一天接近两百里的速度，昼夜兼程，向南疾驰。两天后，与第一批晋军秘密会师于夹寨之北约四十五里的黄碾，并立即从丁会手中接过全军的指挥权。

五月一日晚，李存勖借着夜色的掩护，率全军从黄碾南下，一直前进到距离梁军夹寨大营仅六里的三垂冈。李存勖命军队借助山冈的掩护，在这里稍作休息，同时派几个精干士兵前去远远侦察梁军大营的动静，看看自己麻痹敌人的种种手段，是否已经收到理想的效果。

三垂冈，又名三垂山，是由三座挨得很近的黄土岗组成，岗上草木茂盛，环境清幽，绿树掩映中，有一座祭祀唐明皇李隆基的祠堂（李隆基在当皇帝之前担任过潞州别驾）。二十年前，李克用曾在这里大会亲朋，摆酒放歌，让伶人演唱了陆机的乐府名篇《百年歌》，为人生的短暂而唏嘘。

李存勖到达祠堂前，不禁触景生情，对身边的将士叹道："这就是先王置酒的地方啊！当年，先王曾将着胡须，指着我说：'二十年后，这个孩子必然战于此！'先王已逝，此言如昨，但我们果然要与梁贼在此决战了！"

片刻后，兵士回报侦察到的敌情，情况正如李存勖最乐观的设想：梁军戒备松懈，几乎全寨人都在呼呼大睡，连最基本担任斥候的士兵都没有派！李存勖将夹寨的敌情观察得通通透透的时候，符道昭等梁军大将却自己闭上眼睛，对已近在咫尺的敌情一无所知。

李存勖大喜，命全军走出三垂冈的掩蔽地域，悄悄逼近夹寨。

五月二日凌晨时分，天上下了大雾，数十步外便是茫茫一片，什么都看不清，晋军直达夹寨边上，守寨的梁军依然毫无察觉。

梁军夹寨对外防御的设置是很严密的，分成三层。最外面一层，插着很多粗壮削尖的树枝，称为"鹿角"，用于阻止敌兵前进，靠近夹寨，作用近似后世的铁丝网。"鹿角"的后面，是深深的壕沟，壕沟后面才是夹寨的夯土城墙。但再好的防御设施，也得有人用心防守才会是坚不可摧的，否则就发挥不了作用，甚至起到反作用。

李存勖将全军分成了三部分，分别协调行动。第一部分，由相对老弱的兵士和丁夫组成，由将军李存璋、王霸等率领，分散成多个小队，在夹寨的四面同时放火点燃外围的"鹿角"，同时擂鼓呐喊，制造声势，迷惑梁军。第二部分，李存勖本人统率的帐下亲军，由猛将李嗣源打前锋，从夹寨的东北角发动猛攻。第三部分，由大将周德威、李存审指挥另一支精兵，从夹寨的西北角发动猛攻。三路齐发，势如猛虎下山！

梁军士兵被巨大的喊杀声惊醒，睁开蒙眬的睡眼一瞧：天哪，好多地方都着火了！他们知道遭到了袭击，慌乱之中凭着本能反应，纷纷聚集到火势和喊杀声最猛烈的地方，朝着看不清的远处乱放弓箭，对晋军的杀伤非常微小。

要知道，在晋军的真正主攻方向，也就是夹寨的东北角与西北角，恰恰是没有放火的。李嗣源带着一批最精干的士兵，乘着梁军的混乱，手持大斧，将夹寨东北角的"鹿角"大批砍倒，然后就近将砍下来的"鹿角"，加上土石填进壕沟，在很短的时间内，就将一小段壕沟填平。然后，李嗣源率将士攀着土墙而上，砸开角门，率先突破了夹寨的东北角。

紧接着，周德威、李存审也攻破了夹寨的西北角。晋军的两路劲旅同时呐喊着，像决堤的黄河水一般，汹涌着冲进梁军的夹寨大营。梁军大乱，自相践踏。梁军主将符道昭还试图阻止梁军的溃败，挽回局势，英勇但无谋地对晋军发起反冲击。但在军队已乱作一团，完全失去控制的情况下，符道昭根本组织不起有效的抵抗，相反，他就如淝水之战中的苻融，在徒劳无功的努力后失败，被乱兵从战马上挤了下来，然后立即被冲上来的晋军砍杀！

主将符道昭战死，十万梁军面对数量只有自己一半的晋军完全失去了抵抗能力，战斗沦为单方面的杀戮。曾经的梁军主将康怀贞比符道昭聪明，一见大势不好，立即带着一批亲卫骑兵冲到夹寨的南门，开门出逃。将军带头逃跑，梁军势如山崩，纷纷扔下武器，涌向南门，各自逃命。

至天明时分，梁军苦心构筑，经营了将近一年的夹寨大营，在李存勖的雷霆一击之下灰飞烟灭。自清口之战后，梁军又一次输了个彻彻底底，干干净净！

这一战就投入而言，梁军方面最初出动的兵力为后梁直辖兵马八万，加上小盟友魏博的援军两万，共十万人，此后不断有损失，但也不断得到增援，至最后关头，夹寨的兵马数量可能仍在十万左右。晋军方面，李嗣昭的潞州守军数量不详，不过在最后决战中他们并没有参战。周德威带去的解围部队为五万，这似乎已接近河东集团此时的最大动员能力，李存勖出击时，不会比这个数字多多少。故梁、晋双方的兵力对比，大致为二比一。

就损失而言，被晋军当阵斩杀的后梁军士卒就超过一万人，阵亡的各级将领有四十余人，较之十万人的总数，这似乎并不十分惊人。但其余的后梁大军，大部分估计是溃散逃亡之后，再也没有归队，而是各回各家了（别忘了"跋队斩"和朱温刚刚签署过的大赦令），因为大将康怀贞只带着一百多名骑兵逃回去报告。晋军的伤亡不详，由于交战中梁军很快崩溃，失去有组织的抵抗，估计数字不会太大。

相较于人员伤亡，后梁在物资方面的损失更加巨大，由于要支撑一支大军长期驻守的需要，朱温从各地调集了军队所需的物资，源源不断地送往夹寨，夹寨内储存的各种辎重、粮食、兵器，堆积如山，现在全成了晋军的战利品。

但夹寨之战对梁军真正最大的打击，既不是人员，也不是物资，而是心理上的，是必胜信念的丧失，是"恐晋"思潮的出现。从今后将要发生的一系列会战中，我们将越来越清晰地体会到这一点。

夹寨内这一夜惊天动地的搏杀之声，自然也惊动了潞州城内的李嗣昭，但由于大雾与夹寨内墙遮挡了视线，李嗣昭也搞不清楚究竟发生了什么事。他以不变应万变的态度，带着守军坚守在城头，严密戒备。夹寨的内侧大门被打开了，一个身材魁梧的身影，带着一队晋军士兵从寨内冲出来，马上来到潞州城墙之下，对着城上高声喊道："先王已经逝世，今王亲自领兵前来救潞州，获得大胜！现在夹寨已被打破，贼兵已然溃逃，你们可以打开城门了。"

一听到这个熟悉的声音，李嗣昭就知道了：这不就是老熟人周德威吗？由于李嗣昭以往对周德威就没什么好印象，因此不太相信他的话，对左右说："这家伙多半是让敌人给俘虏了，现在想用诡计来骗开城门。"李嗣昭一边说着，一边取弓搭箭，准备射下去。左右劝住李嗣昭，现在情况不明，还是不要草率为好。万一他说的是真话呢？

于是，李嗣昭从城头露出头，对周德威说："今王如果真的来了，那能不能让我见上一面？"片刻后，穿着白盔白甲的李存勖出现在城下，李嗣昭这才相信：义父是真的死了！这个一直在人前坚强无比的汉子悲从中来，放声恸哭，伤心得几乎昏厥过去。李嗣昭用不着做戏，他是从一出生被李克用养大的，是与李克用感情最深的义子（李克用的墓志上甚至称他为李克用的"元子"），而且秉性忠孝。

开战前，李存勖曾召见周德威，告诉他李克用临终前仍记着他与李嗣昭的矛盾，要求他一定要救潞州，并希望二人和好的遗言。周德威大为感动，在夹寨之战中英勇无比。现在，李嗣昭得知此情，唏嘘不已。二人从此冰释前嫌，和好如初。

大胜之后，李存勖并不想马上收手。在亲自导演了周德威、李嗣昭二人的河东版"将相和"之后。李存勖又命周德威、李存璋二将率军乘胜南下，打算把同属昭义镇的泽州也夺下来。

此时，夹寨大败的消息已传至西京洛阳，后梁的河南留守张全义闻知此事，急召右龙虎军统军牛存节商议对策。二人反应迅速，仓促间马上从右龙虎、羽林等后梁禁军中拼凑出一支偏师，由牛存节带领北上，准备接应夹寨的败兵。

牛存节部以最快的速度穿过晋南要隘天井关，跨过太行山，保住了梁军败兵的南归要道，康怀贞等败将得以顺利逃生。

牛存节的任务完成了，但他深知泽州刺史王班手下兵力薄弱，又是个不得人心的草包，在如今这危急时刻，不可能仅靠自己守住泽州。于是，牛存节动员部下诸将说："我们这次出征，虽然没有天子的明令诏书，但泽州是国家的要害之地，不可以轻易放弃，我们应该去救援。"

听夹寨败兵诉说战败的惨状，众手下如惊弓之鸟，一听牛存节竟然还要带着他们"偏向虎山行"，纷纷反对说："晋军威猛，锐不可当！何况我们现在兵力也太少，寡不敌众啊！"

牛存节不悦，斩钉截铁地否决了部下的提议："见危不救，算什么义士？见到敌强就躲开，算什么勇士？"说罢，他立即策马向前。

在老将军的勇气鼓舞下，众人跟着一起前进。当牛存节所部连夜赶到泽州时，城中的一些守兵、百姓已经哗变，正在放火鼓噪，准备响应晋军。刺史王班则躲进内衙，紧闭大门，就差自杀了。牛存节迅速进城，一面迅速分兵把守城墙，一面以武力弹压城内骚乱，城中局势才稍稍恢复稳定。

周德威、李存璋的晋军比牛存节只晚到了一步，但就是这一步之差，让他们与曾经唾手可得的泽州城失之交臂。轻取不成，那就强攻，周德威命晋军一面佯攻吸引守军注意力，一面在城外开挖地道，欲从地下穿进去。经验丰富的老将牛存节看穿了晋军的图谋，也在城内挖横置的隧道阻截，把晋军挡在地下。又用长射程、大威力的大型床弩射击佯攻的晋军骑兵，被射中的晋军甚至连人带马被巨箭洞穿，极具视觉震撼力，也在一定程度上打击了晋军的士气。

周德威等连攻了十三天，付出了不少损失，攻城却没有太大进展。此时，驻守晋州的刘知俊，闻讯紧急赶来救援，即将到达泽州城外。周德威知道，再攻下去就有可能转胜为败了，遂烧毁攻城器械，收兵退保高平，双方暂时休战。

在一个月前，朱温可是带着百分之二百的放心，从泽州返回汴梁的，在他看来，死了李克用的晋军不足为惧，只要坐在深宫静候捷报就行了。等康怀贞等败将逃回，朱温猛然间得知前方大败，夹寨在一夜之间被李存勖打破，震惊得半晌说不出话来。

过了好一会儿，仿佛刹那间苍老了十岁的朱温禁不住悲叹道："生子当如李亚子！李克用等于没有死。和他比起来，我那些儿子，简直就是一群猪狗！"

重师之死

正在朱温为夹寨的失利而长吁短叹之际，有一位重要的使节来到汴梁请求进见大梁皇帝，朱温一听此事，精神稍为振作，立即安排接见。

这次会见是在融洽的气氛中进行的，宾主双方就如何加强双边的传统友好关系等共同关心的议题，交换了意见，达成了不少口头上的共识。趁热打铁，这位使节又表示：我方愿意与大梁帝国协调行动，组建同盟，共同打击沙陀人，只要大梁天子答应我方的一个小小要求……

究竟是哪支势力这么积极主动向朱温示好，要与李存勖过不去？其实，只要等使节脱去帽子，露出全秃头顶，只在周围留一圈发丝的发型，就知道这是一位契丹官员。没错，他的首领就是李存勖的名义"叔叔"，一个月前还当着李存勖使节的面儿大拍胸脯，表示"我一定帮你"的那个阿保机。他就是这样"帮助""侄儿"李存勖的！

原来，就在去年，比朱温篡唐还早几个月的时候，契丹人内部也发生了一次改朝换代，遥辇家族的最后一代可汗遥辇钦德病逝，估计他已经认命，不再为遥辇氏子孙争取那个有名无实的汗位，故留下遗命，推荐事实上早就是老大的阿保机为下任可汗的第一候选人。阿保机一生虽然嗜权如命，但也不能别人递就伸手接，那吃相多难看啊？所以作秀工作还是不能少的。他连连推辞，几个心腹拼命劝进，三轮双簧过后，阿保机终于勉为其难地当选契丹大汗，从名义和实际两方面都成为契丹民族的头号首领。

内心比较向往中原文化的阿保机，并不满意"可汗"这么土的称号，

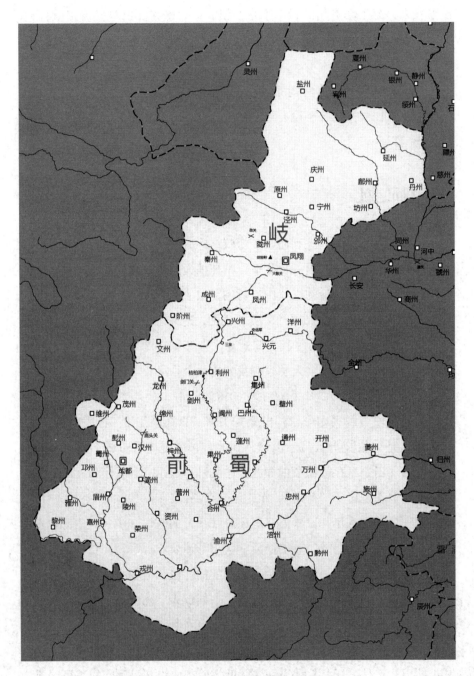

灵州

盐州

襄州
银州 静州

宥州
绥州

石

延州

慈州

庆州
鄜州
丹州

原州
坊州

宁州

岐

泾州

放关
陇州 X
剑阁郫 ▲

同州
河中

凤翔
秦州

华州
虢州

大散关

长安

凤州

成州

商州

洋州

阶州

兴州
安远军

文州

兴元

金州

三泉

枯柏津

利州

龙州

剑门关

集州

剑州

璧州

茂州

绵州

阆州
巴州

维州

开州
通州

彭州
鹿头关

渠州

汉州

前

蜀

果州

蓬州

归州

蜀州

邛州

成都

简州

普州

万州

施州

雅州

眉州

陵州

资州

忠州

黎州

嘉州

荣州

合州

涪州

渝州

茂州

黔州

辰州

▲ 907 年，前蜀与岐国

所以一登位就给自己创造了一个很牛的职称"天皇帝",同时给妻子述律平加尊号为"地皇后",从此在级别上就与大唐天子(以及稍后的朱温)齐平了。可问题是,阿保机此时对契丹内部的统一还远未完成,几个同样野心勃勃的弟弟,以及契丹除迭刺部外其余老七部的贵族,对他的"皇权"都很不感冒。特别是他们见阿保机肆无忌惮地破坏契丹人三年一选可汗的"民主"传统,都非常不满,在积极酝酿着发动政变。

见此,阿保机暂时关起门来在自己家里称皇帝,打开门就把"天皇帝"称号藏起来,以便向中原最大的强权称臣,用讨好朱温的方式,请求朱温封自己为王,好借后梁这张虎皮来作大旗。

朱温听罢,非常热情地写下亲笔诏书,派司农卿浑特为特使,回访契丹。在诏书中,朱温慷慨地表示,同意封阿保机为王,只要满足一点儿小小条件就行:等契丹人出兵,共同消灭了李存勖之后,立即行册封大礼,绝不食言。

朱温与阿保机这两个老狐狸都指望着别人去当鹬蚌,自己去当渔夫,结果可想而知。既然大家都这么有"诚意",合作就只能停留在口头上,此后就没了下文。它最大的用处,也许只是帮助朱温调剂了一下沮丧的心情。

朱温会见契丹使臣三天后,五月二十二日,康怀贞等共四十三员夹寨的败将都已经回到汴梁,他们忐忑不安地跪倒在汴梁皇宫右银台门的门前,请求皇帝治罪。为了在大败之后稳定人心,朱温异乎寻常地宽宏大量,宣布自己去年出兵时没看黄历,没算好时辰,所以战败的原因全在天时,诸将的过错全部赦免,不再追究。

朱温还对牛存节临危不乱,保住泽州的功绩进行奖励,升他为左龙虎统军,代理六军(后梁的天子禁军,包括左右龙虎军、左右天武军、左右羽林军、左右天威军、左右神武军、左右英武军)马步都指挥使。表面看起来这官升得不小,但真实情况又如何呢?

自从朱珍事件以后,朱温就非常注意强干弱枝,绝不让部下中重新产生一个威望、功绩过分突出的人物。所以每隔一段时间,朱温都会从军中提拔一批资历相对较浅的新人,加以重用,同时顶替那些功绩或资历过高的旧将，而不管他们才能是否出众，在用人之际退休是否可惜。

牛存节早在二十年前，就担任过丁会的副将，在河阳大败晋将李存孝、康君立，资格实在老得不像话了。因此，尽管他几乎是夹寨之战中梁军方面的唯一亮点，但也只能给予物质奖励和精神奖励，绝不能再真正委以重任。于是，升官后的牛存节虽然活了很久，比朱温活得还久，虽然后梁仍然三面临敌，大战不断，但终朱温之世，牛存节的名字再也没有出现在战场上。

就像同样健在的葛从周，牛存节是不能再用了，从各种迹象来看，此时在朱温准备加以重用的大将候选名单中，大致有四个人。其中排在第一位的，就是虽一度担任夹寨第三任主帅，但对战败没有责任的大将刘知俊。

刘知俊不是新人，不过他此前一直没有进入聚光灯的中心，所以有必要叙述一下他的生平来历。

刘知俊，字希贤，徐州沛县人，汉高祖刘邦的同乡，他们之间有没有血缘关系就不知道了。刘知俊的样子可能有点儿神似周德威，同样面色黝黑，高大魁梧，有英雄之气。他披甲上马，挥剑杀敌，号称"勇冠诸将"。总体来看，刘知俊有勇也有谋，算得上当时的一流将才，从时溥手下倒戈，投奔朱温以来，建了不少功绩，但除了需要打折扣的夹寨之役，还未担任过独当一面的大军主帅，也就是说，资历尚在可接受的范围内。这些因素加起来，使他满足了朱温的用人原则。

所以，和养老的牛存节不同，马上就有新的战斗等待着刘知俊。

此时后梁面对的各个敌人中，实力最雄厚者其实还不是河东的李存勖，而是西面的蜀帝王建与岐王李茂贞的联盟。蜀岐联盟原先对李存勖的协助请求并不怎么热心，但见李存勖取得大胜之后，也来了精神，于是在五月底，组成了一支五万多人的蜀岐联军，大举进攻雍州大安府。这个地名听起来有点儿陌生，其实它就是被朱温拆得只剩下一点儿骨架的大唐旧都长安。

给朱温添堵，无疑是最让李存勖喜闻乐见的事，所以尽管此时他暂时将河东集团的工作重心转移到内政方面，但还是安排张承业虚张声势地兴兵西进，制造出晋军将与蜀岐联军夹击关中的态势。

军情急迫，朱温立即命刘知俊为西路行营都招讨使，统一指挥后梁在关中的军队，对抗这三个大敌。接到任命，刘知俊马上奔赴关中走马上任，紧急会见了正处于敌军矛头攻击之下的佑国节度使（总部位于大安府长安新城）王重师。

王重师，颖州长社县人，在本书中出场不多，但他其实是此时梁军资深的老将之一，早在朱温到汴州上任时就已经在宣武军中服役，精于用剑和使槊。当时如果有照相机，王重师可能会是最不喜欢拍照的将军之一，当然，这事出有因。

当年，朱温进攻义兄天平节度使朱瑄的濮州城，在激烈的战斗中，城墙被砸开一处缺口，天平守军急忙向缺口内堆积柴草，点燃一道火墙阻止朱温的军队攻入。火势凶猛，见者惊惧，一时战斗相持不下。那时王重师本已负伤，正卧于营中治疗，一闻此事，马上从卧榻上跃起，裹着湿毡，带头冲到火墙边，以毡压火，带头冲进城中，击溃了守军的反抗，为朱温攻克濮州立下头功。

那时的朱温还是个关爱部下的好领导，当战友抬着浑身都是烧伤、刀伤、枪伤，似乎马上就要死去的王重师回来时，朱温当着众人的面且惜且叹道："虽然得到濮州，却要失去重师，我是一点儿也高兴不起来啊！"

要是王重师就在那时恰到好处地死了，那他就是后梁帝国教科书上的学习榜样了。可王重师偏偏命大，又活了下来，后来还与牛存节一起攻陷徐州，逼死感化节度使时溥。随着资历与功劳的积累，王重师也升到了节度使的高位，并最终在不经意间将自己送上不归路……

再说刘知俊与王重师共同分析了一下战局，认为这回虽然是蜀、岐、晋三军联手反梁，声势浩大，但王建、李茂贞、李存勖三人根本就不是一条心，彼此行动也有些脱节，只要集中力量打败其中一支，另外两支的声势也会受损，就不难对付了。

按照先易后难的原则，被刘知俊与王重师选中的第一号打击目标，是蜀、岐、晋三军中，位置最突出，又相对最好欺负的岐军。六月十七日，刘知俊、王重师率精兵北击，出其不意，大破岐军于幕谷（今陕西乾县北）。这一战具体经过不详，但据称在混乱中，岐王李茂贞只身逃离战场，大量的兵器盔甲被缴获，但被梁军斩、俘的岐军人数不过千余，看来这是一次奇袭形式的击溃战，岐军的有生力量损失并不算特别大。

尽管如此，得知岐军幕谷战败的消息后，各怀鬼胎的蜀、晋两军谁也不愿去为别人火中取栗，迅速各自收兵。后梁帝国的这次关中危机得以解除。

不过，正由于反梁联军实力尚存，只过了三个月，李存勖与李茂贞又协调一致，对后梁发动新一轮的联合进攻。这一次由晋军担任主攻，大将周德威、李嗣昭率军三万出阴地关（今山西灵石县西南），直取晋州。同时，岐王李茂贞派其属下的保塞节度使胡敬璋率军西进，准备取道上平关（又称上平津，今山西离石西北的一个黄河渡口）入河东，与周德威等会师。

此时后梁的晋州守将，也是个值得一提的人物，他原名叫徐琮，是梁军中一位英勇尽职的百战老将，虽然没有建下出众的大功，却也留下了遍布全身的伤疤。朱温不知出于什么考虑，给他赐了一个优美的新名字——徐怀玉。在前不久的牛存节保卫泽州的战斗中，负责挖拦截地道阻止晋军从地下入城的将领，就是这位徐老将军。

且说徐怀玉得知晋军来袭，一面紧急修书向朱温告急，一面拿出家财犒赏城中将士，激励士气。然后，徐怀玉出其不意，乘晋军未至，带着数量并不多的守军主动北上，在洪洞县袭击晋军。周德威、李嗣昭这两名晋军大将，一时疏忽，竟让徐怀玉当头一棒，杀了个下马威。梁军乘胜收兵，回城固守，晋州城显然已经不是晋军可以轻取的了。周德威、李嗣昭重新整顿士气，围攻城池，等待岐国的援军。只不过，在这个世界上，靠等待等来的常常都不是好消息，比如说这一回。

周德威他们等来的第一个消息，发生在九月九日重阳节，得到徐怀玉告急的后梁皇帝朱温，决定亲自统军从首都汴梁出发，驰援晋州。也就是说，梁军的援军就要来了。

他们等来的第二个消息，发生在九月二十日，胡敬璋所率的岐军，遭到梁军西北主帅刘知俊的拦腰痛击，大败亏输，丢盔卸甲，还挂着彩逃回其驻地延州（今陕西延安）。也就是说，晋军的援军是没戏了。

周德威、李嗣昭等人一合计，这样的仗显然不能再打了，只好乘朱温的大军还未到，收兵退回隰州（今山西隰县）。

虽然西北前线的危机再次得到解除，但朱温发现，后梁的首都，他的老根据地汴梁距离西北前线稍微远了一点儿，每次从危机发生，到他得到报告，再做出应对措施，总是慢了半拍。于是朱温下令，在开平三年（909）正月，将帝国的都城由汴梁西迁至洛阳，以便就近指挥与晋、蜀、岐三个反梁强藩之间的战争。

再说岐国的保塞节度使胡敬璋败回延州后，身上是懊恼与伤病齐发，举目是秋雨共长烟一色，备感凄凉。只过了三个月，他就一命呜呼。由于路程的远近不同，岐国的静难节度使李继徽（杨崇本）在干爹之前先得到这个消息，他不待向李茂贞报告，就命心腹部将刘万子急奔延州，就任保塞节度使。

接下来发生的事就有些奇怪了，史书的记载充满了矛盾，显得凌乱而不合逻辑。

按《资治通鉴》与《新五代史》的说法，杨崇本在选人、用人方面的眼光差不多就等于瞎子，被他委以重任的刘万子性格凶残暴虐，在短得不可思议的时间内弄得保塞一镇上下离心，还发神经似的突然想献出保塞投降后梁。

这已经够没道理了，杨崇本竟然又秘密联络原胡敬璋的牙将李延实（《新五代史》称为"许从实"），让他乘刘万子送胡敬璋灵柩下葬的机会发动兵变，毫无逻辑地用这个非心腹干掉自己的心腹。稍后，李延实成功地斩杀刘万子，自称延州刺史。这时，在保塞军中有两位颇具影响力的骑将高万兴、高万金兄弟，兵乱一起，他们不知底细，唯恐祸及自身，故率所部数千精兵叛逃，直奔同州（今陕西大荔）向刘知俊投降。

与之相比，《旧五代史》的记载稍微合理一点儿：高万兴兄弟早就有心要背岐降梁，遂乘刘万子送葬之际把他杀掉，然后率众赴同州归降刘知俊。

自夹寨之战后，后梁帝国就一直处于被动防御的地位，哪有一点儿大张挞伐，一统天下的新朝气象？因此，得知岐国内乱，高万兴兄弟归降的消息后，朱温虽然正忙于迁都的各种琐事，还是非常兴奋，立即转移工作重心，指示刘知俊：千万不可错过天赐良机，马上大举出师，对岐国展开进攻，把李茂贞打回他凤翔城那个乌龟壳里去！

为了实现在西北战场的转守为攻，朱温调动了所掌握的各种资源，用"下一盘大棋"的严肃态度来支持刘知俊的进攻。朱温本人也离开了洛阳，进驻河中，就近督战。

还记得朱温的上上"一盘大棋"是怎么下砸的吗？那时朱温借口给女儿发丧，血洗了魏博牙兵，顺便掏空亲家翁的家底，乘势狠扁刘仁恭，威风无比。谁知就在一切都按计划顺利进行之际，李克用突然在另一块棋盘上向朱温挑战，出兵昭义，丁会投降，害得朱温只能弃子脱先。

这一次，当然不能再给李存勖机会玩这种围魏救赵的把戏。为此，朱温判断，淮南刚刚上台的新领导层对他的威胁减小，便冒着一定风险，削弱后梁在南线的防御力量，调山南东道节度使杨师厚（朱温准备重用的第二员大将）北上，出任潞州四面招讨使，主动对李存勖施加压力，使晋军无力在其他地方伸手。

为了开辟对岐国作战的第二战线，朱温本着实用主义的想法派出使者，也不知道是绕道塞北，还是穿越敌境，总之是不辞辛劳地跑到灵州（今宁夏灵武），突然加封朔方节度使韩逊为颍川王，与其建立较亲密的宗藩关系。

在唐朝中期，朔方是闻名天下的强镇，如今风光不再，但其地处李茂贞的后背，正好用得着。为了进一步笼络韩逊，朱温称赞韩逊在朔方治理有方，批准灵州人为韩逊建生祠，还特地命礼部侍郎薛廷珪撰写一篇给韩逊歌功颂德的碑文，立于即将开建的祠堂之中。

此时，向朱温称臣，但尚未封王的强藩还有好几个，先封一个并不起眼的韩逊，会不会让他们感觉不爽呢？于是，封韩逊后的第二个月，朱温让人刻了不少大印，撒出一大堆王爵：封义武节度使王处直为北平王，封福建节度使王审知为闽王，封广州节度使刘隐为南平王……

值得注意的是，除了给这些向自己称臣的强藩赠送大礼包，朱温还特意褒赏了两个自己真正的手下：封刘知俊为大彭郡王，封杨师厚为弘农郡王。这可是朱温的大将以往从未获得过的荣誉啊（比如资历和功绩都比刘知俊、杨师厚高很多的葛从周，要等到朱温和朱友珪去世，后梁第三代皇帝朱友贞上台后，才加封为陈留郡王）！这时仗才刚刚开打，刘知俊等人大功未建，朱温就不惜如此破格地奖励，可见他对这次新的战略进攻寄予多么大的期待。

荣誉有时就是无形的压力，刘知俊当然不敢扫朱温的兴，二月底即以高万兴兄弟为向导，挥师北进。梁军兵锋所至，鄜州（今陕西洛川东南）守将率先投降。三月十六日，岐国丹州（今陕西宜川县）刺史崔公实，也献城投降刘知俊，使保塞首府延州暴露在梁军的攻击矛头之下。

四月一日，刘知俊对延州发起猛攻，同时派偏将包围坊州（今陕西黄陵县）。攻城战只打了几天，延州就被刘知俊拿下，还没来得及领到节度使告身的李延实急忙赶在被俘之前投降。

眼见梁军攻势如此凶猛，不论岐王李茂贞还是晋王李存勗，在这一个多月的时间内，都没能往这一战区派出任何援兵（估计是朱温的布置发挥了作用），岐国的保大节度使李彦博与坊州刺史李彦昱都丧失了抵抗的勇气，一起放弃应由自己坚守的城池，逃回凤翔。于是刘知俊又轻取了鄜（今陕西富县）、坊二州。这样，刘知俊只用了一个多月，就攻占了岐国六个州，使李茂贞的地盘缩水三分之一。

"这盘大棋"的开局挺成功，朱温心情不错，但这远未达到他的期待，于是朱温又派人催促棋盘上那枚最重要的棋子刘知俊，要他再接再厉，乘胜进击，拿下邠州（今陕西彬州），收拾背叛大梁的杨崇本，把李茂贞的地盘再砍掉一半。

应该说，朱温考虑到了很多问题，但还是在一个很重要的问题上有了疏忽：在历史上下大棋，毕竟与在家中的棋盘上对弈不同，那些"棋子"

自己也是有思想的，并不是你想把他摆在哪里，他就一定会乖乖地挪动到哪里。

说起来似乎有点儿矛盾，刘知俊虽然是战场上的勇将，但他其实是个多愁善感的人，一辈子都在追求一样东西——安全感。他刚刚建下一个大功，又在朱温的将军中率先封王，在外人看来是风光无比了，可他自己心惊肉跳：自己的成就是不是越来越接近被杀前的朱珍、氏叔琮啦？如果真的成功平定李茂贞，那按照朱温以往的行为模式推测，自己的未来可是相当不妙。

"狡兔死，走狗烹。"刘知俊决定，为了自己的安全，一定要给李茂贞留一条活路，得见好就收，不能再打了。不过，要公然违抗朱温的命令，刘知俊也没那胆儿，只得设法找了一个借口，做点儿假账，宣称军队接到的补给不足，军粮短缺，不能再战。

刘知俊这么做，无形中坑了战友王重师一把。军粮供应不及时，谁应该承担主要责任呢？

在古代既无汽车，也无火车，尤其是没有水道的条件下，要实现大宗物资的长途运输，是非常困难的，成本极高，途中消耗常常比送达前线的多得多。因此古代的军事家非常强调"因粮于敌"，如果战区不够富庶，无法满足军队需求，那么从后方输送，也得尽可能地就近运输。

在后梁帝国的直控领土内，哪个藩镇距离刘知俊的战区最近呢？显然是王重师担任节度使的佑国镇。所以，当朱温接到刘知俊前线缺粮的报告后，非常愤怒，首先想到的就是：莫非王重师这个老家伙倚老卖老，嫉妒资历不如他的刘知俊当他的上司，所以消极怠工，拆刘知俊的台？

如果说这个误会来自刘知俊的无心之失，那么接下来发生的事，就完全是王重师自掘坟墓了。

除非遇上非常情况，如牛存节救泽州，否则朱温是很不喜欢老将表现过于积极的。王重师白白跟随了朱温这么多年，竟一点儿也没有发现朱温不好意思直接说出口的公开秘密。

王重师傻乎乎地觉得，梁军现在是势如破竹，刘知俊却拖拖拉拉，不肯乘胜进兵，要是让岐军缓过气来，错过良机怎么办？王重师一着急，居然既不与刘知俊商量，也不奏请朱温批准，擅自派部将张君练北上，进攻邠州。谁料刘知俊未得消息，按兵不动，张君练兵少，遭到李继徽（杨崇本）的痛击，战败而回。

原本想给朱温一个惊喜，没想到玩砸了，王重师只好灰头土脸地向朱温交报告，承认自己的错误。也许在王重师看来，胜败乃兵家常事，何况这次也不算什么大败，凭借自己多年为朱温卖命的功绩，也就批评而已。

但在朱温看来，王重师这次败绩，恰到好处地证实了他对王重师的看法：你不就是不安现状，想与刘知俊争功吗？这已经不是一个简单的能力问题，而是一个严肃的态度问题。不能再让王重师继续担任节度使了！

五月五日，朱温下了一道圣旨，命王重师速至洛阳觐见，同时调左龙虎军统军刘捍赶往大安，就任佑国留后，接替王重师。

刘捍是朱温最信任的铁杆心腹之一，征战并不见长，但为人聪敏，口才也很好，多次出任监军，监督诸将有无不轨。之前他最著名的一次事迹，是在讨伐王师范期间，前往朱友宁军中督战。结果他一到前线，就引发了造成十余万无辜百姓死难的博昌屠杀。光看这件事，刘捍的为人如何，也就可想而知了。

出于很好理解的原因，王重师非常看不起刘捍，他个性又过于直率，连在职场上宁可得罪君子，不能得罪小人的道理都不懂。听说朱温派刘捍来接替自己，王重师更加不爽，竟毫不掩饰地将自己对刘捍的蔑视直接表现出来，对这位继任者态度冷淡，爱答不理，进一步缩短了他与棺材之间的距离。

刘捍大怒，他来的时候就已经察觉朱温正想收拾王重师，这么好的公报私仇之良机，焉能不用？于是，刘捍立即悄悄给朱温打了一份火力十足的小报告，诬陷说，王重师已在暗中背叛陛下，私通岐王李茂贞，所以有意阻挠破坏陛下对岐国作战的方略。

自丁会事件后，朱温对手下那些老将的信任度已是极低，基本上都把他们当成是潜在的叛徒，对王重师更是早已积累起深深的成见。接到亲信刘捍的报告，朱温连调查核实一下的念头都没产生，就已决定痛下杀手。

五月二十日，王重师一到洛阳，立即被解除了职务，贬为溪州（今湖南永顺，此时属于楚王马殷）刺史。王重师的侍从、亲随都被解散，被押往贬斥地。但这远远不算完，等王重师一离开洛阳，离开亲朋故旧以及可能存在的关系网，马上就接到朱温的第二道圣旨，勒令他自杀。与此同时，王重师一门全族，全被逮捕，满门抄斩。

与氏叔琮、朱友恭略有不同的是，史书没有记下王重师在生命的最后一刻有什么反应，但我们可以设身处地地想象一下：不顾生死地为朱温卖命几十年，最后得到的只是满身伤痕和一个无处申诉的千古奇冤，这样的事落在头上，谁能淡定处之？早知如此，还不如杀掉刘捍！

希贤之叛

不敢肯定王重师是这样想的，但可以肯定有人替王重师这样想了。

朱温对岐王李茂贞的打击计划，由于刘知俊的消极怠工，暗中抵制而半途而废，还阴差阳错地搭进去一个王重师。朱温并未完全弄清其中的因果，虽有点儿扫兴，但并不气馁：打邠州的主要困难不就是缺粮嘛，那就把原来的佯攻对象改成主攻，先打李存勖。朱温的新计划是，梁军将兵分两路北上：东路军进攻潞州，吸引住晋军的注意力，这个任务已经由杨师厚负责了；西路军则更为关键，他们要沿汾河谷地而上，直逼太原，让兵力数量处于劣势的晋军顾此失彼，这个重任，则将交给仍然被朱温寄予厚望的刘知俊。

进攻河东的有利之处是，可以从洛阳这个后梁帝国的大粮仓就近提供补给，军粮不足的问题比较容易克服。

于是，朱温先是下令重赏了刘知俊，然后命他离开同州，前来洛阳觐见，准备任命他为河东西面行营都统。

至少在下达这道命令的时候，朱温的想法中并不包含阴谋的成分。可问题在于，他这个人一生阴谋诡计耍得太多了，以至于熟悉他的人，任何时候都不敢轻信他的"真诚"。疑心很重的刘知俊又是其中很突出的一个，特别是"前往洛阳进见"这道这么眼熟的命令，太容易让人产生联想了。一个月前，王重师就是这么没的，难道轮到自己了吗？

刘知俊心中忐忑不安，正好，他有一个弟弟刘知浣任右保胜指挥使，就驻扎在洛阳，也许会打探到一些内幕消息。刘知俊决定等待弟弟给他的消息，再做最后决断。

刘知浣没有他哥哥的将才，却有比他哥更加丰富的想象力。他就在朱温身边，仍然得出了朱温对他们兄弟不怀好意的错误判断，派人秘密给刘知俊送去一封家信，警告说："你千万不要来洛阳！否则你一到，便是第二个王重师！"

刘知浣一面写信"坑哥"，一面又上奏朱温，请求率领全家老小，以及刘知俊的其他兄弟子侄，一同西行，去迎接刘知俊回洛阳。

显而易见，朱温如果真对刘知俊起了疑心，焉有将这么多现成人质放走的道理？想想当年朱珍出征在外时将妻子接到身边，引起了朱温多么强硬的反弹。可朱温正器重刘知俊，对刘家人不但脾气超好，也没有对刘知浣的举动产生一点儿戒心，接到请求，立即批准。

自己吓自己的刘知浣连忙带着一家人逃出洛阳，他深恐朱温会反悔，派人来追，因此不敢走大路，尽选那些人迹罕至的小道，很快消失在豫西的重重山岭之中。

在同州，弟弟送来的密信给了刘知俊一个晴天霹雳，待他稍稍稳住心神，做出了决定：绝不能步王重师之后尘去洛阳自投罗网，那就反了吧！

刘知俊立即行动起来。首先，他回奏朱温，声称自己受到当地百姓的热情挽留，暂时不能离开同州。这种借口说出来估计也没人信，但只要公文在路上折腾，就能为造反计划赢得十来天的行动时间。

刘知俊目前虽然是关中梁军的最高统帅，但显然只有在继续忠于朱温的情况下，关中各镇军队才有可能听他指挥，否则他能控制的仅有同州一座孤城。也就是说，刘知俊不具备自立的条件，因此第二步，迅速找一条可以抱上去的粗腿，就显得非常必要了。

同州距离晋王李存勖与岐王李茂贞的辖区都不算太远，可也都不挨着。

要与晋军接上关系，得通过保塞与保义两镇的地盘，而此时保塞节度使是颇有点儿战斗力的降将高万兴，保义节度使更是战功赫赫的老将牛存节。显然，这条道是很难走的。

与之相比，要与岐军接上关系，只要通过刘捍担任节度使的佑国镇就可以了，这可是一个明显的软柿子。

权衡利弊，刘知俊觉得还是应该归降李茂贞，他马上在此基础上接连使出三个大招。

第一招，刘知俊乘各地梁军还不知自己造反，出兵南下，迅速袭占了华州和华州东面的天险潼关，抢先堵住朱温大军西讨的最重要通道。

第二招，刘知俊派密使携带大批金银珠宝赶至长安，悄悄买通佑国镇的各位将领，劝说他们发动兵变。在普通官兵的眼中，像王重师那样肯身先士卒，带大家冲锋陷阵的领导，当然是比较得人心的，像刘捍这种新领导根本没法比。更可恶的是，这个新领导还害死了咱们敬爱的老领导，人人对他敢怒不敢言。现在，刘知俊肯替咱们出头，肯替老领导报仇，顿时人人激奋。由偏将张君练带头，众人一起动手，攻入节度使衙门，生擒刘捍。

随后，刘知俊的使节将五花大绑的刘捍当作进见礼带到凤翔，正式拜了李茂贞的码头。李茂贞下令将刘捍斩首，然后派将军王建（与此时前蜀皇帝王建同名同姓的另一个人）率岐军东进，兵不血刃地接管了长安，声援刘知俊。

虽把李茂贞拉来当靠山，但刘知俊也深知岐军的实力并不强大，所以他同时又使出第三招：竭力争取李存勖参战。刘知俊给李存勖写了一封求援信，请求晋军出兵威胁晋、绛（今山西新绛县）二州，这样梁军主力就不敢冒着侧翼暴露的危险，轻易西上平叛了。

为了增加这一方案的吸引力，刘知俊在信中夸大其词地说："事成的话，顶多十天，就可以收复两京（长安和洛阳），中兴大唐！"但不知道是这封书信并未能安全送到太原，还是李存勖对刘知俊反梁的诚意有所怀疑，总之，晋军此后并未采取丝毫行动来配合刘知俊。刘知俊的全套造反计划，也因此一开始就出现了一个巨大的破绽。

刘知俊正式反叛的时间是六月一日。六月十一日，后梁帝国的皇家天文馆馆长（钦天监）仇殷，一位据说能掐会算，料事如神，但所说的话在应验前基本没人知道是怎么回事的半仙级人物，对他的长官崇政院使敬翔说："三两天内，可能会有不好的消息传来。"两天后，六月十三日，陕州奏报：刘知俊的军队突然袭占潼关，造反了！

朱温大为吃惊，这甚至比丁会倒戈还要让他深感意外。历来都是他朱温用阴谋来算计别人的真诚，现在他好容易真诚一回，竟然被别人用阴谋算计了，情何以堪啊！朱温感到自己太受伤了，马上派亲信西上质问刘知俊："朕待卿可不薄啊！知道朕现在对卿寄予了多大的厚望吗？为什么突然间就反叛，辜负朕对卿的一片心意呢？"

刘知俊答道："我怎么敢忘记陛下的大恩，但刚刚发生的事就摆在眼前，王重师没有罪，却全族被杀！我并非甘愿做个忘恩负义之辈，只是怕一到洛阳，落得和他一样的下场罢了。"

朱温这才恍然大悟，后悔不迭，急忙再派亲信给刘知俊传话说："朕实在没想到爱卿是因为这件事产生的误会。这都是刘捍那个浑球打了小报告，说王重师与岐国暗中勾结。我一时大意，中了小人的奸计，误杀功臣，还让爱卿做出这样的事来。我现在真是追悔莫及，刘捍简直是死有余辜！"听到朱温这样的表白，刘知俊似乎心有所动，但现在势成骑虎，难以回头，他未给朱温答复。

朱温没有完全死心，一面火速调集军队准备平叛，一面豁出去做最后一次温情攻势，派刘知俊的侄儿刘嗣业带着他的亲笔诏书前往同州，表示只要刘知俊回来，就既往不咎，当什么事都没发生过。

如果有选择的话，刘知俊真的不想反，他见朱温诏书上的话说得如此让人动心，又能放侄儿过来，本来就不够坚定的反叛决心又摇摆了，便与在自己身边的另一个弟弟刘知偃商量，打算主动放弃抵抗，只带一两个卫士前去觐见朱温，请求大梁天子的宽恕。

刘知偃愣了，坚决反对：兄长你傻了吗？你难道不知道自古以来造反都是株连九族的不赦之罪吗？咱们的皇上是什么人，到现在他还真的有可能会宽恕你吗？

刘知俊知道刘知偓说得有道理，但他心头始终存在的一丝侥幸之心，使他既没有去向朱温请罪，也没有进一步主动出击，推进他的反叛计划，只是待在同州城中迟疑不决地耽搁时间。刘知俊用他的优柔寡断证明了：他确实比不上三十年前同样在这里反叛的那个人，干大事而惜身，这辈子也就是给人打工的命。

但时间是不会停下来等待刘知俊的，朱温已经正式宣布，革去刘知俊的一切官职爵位，并将刘知俊兄弟的脑袋明码标价，开出了价码很高的悬赏名单：凡能捉住刘知俊者，赏钱一万贯，授忠武节度使，并赐上等庄园及豪华别墅各一处；凡能捉住刘知浣者，赏钱一千贯，授实缺刺史，有官位的升三级，无官位的报兵部优先录用；捉住或杀死刘知俊亲属及心腹部将者，也分别有高低不等的奖励。

那么，哪些人最有可能领到这些重赏呢？自然还是刘知俊以前的同事。由于在刘知俊造反前，朱温已经在距离同州不远的河中、昭义等镇，集结了用于再次进攻河东的庞大武力，现在只要让他们把枪头往西边一转，就可以立即投入对刘知俊的讨伐。因此，就在刘知俊只顾长吁短叹，不作为的时候，朱温组织的平叛大军已向他杀来。

这是一支将领阵容颇为豪华的讨伐军，除了刘知俊，朱温准备提拔的另外三员上将均在其中。主帅（西路行营招讨使）是第二号大将，与刘知俊一起封王的杨师厚；先锋是第三号大将，号称"一步百计"的侍卫马步军都指挥使刘鄩；第四号大将是拥有宣州节度使（辖地现属淮南）、检校太傅、同平章事等三个荣誉虚衔的王景仁。

王景仁其实就是咱们的老熟人，得到过朱温高度赞赏的淮南名将王茂章。四年前，他被杨渥逼反，投靠了钱镠，被钱镠任命为镇东节度副使兼两府行军司马，并上报朱温。朱温得知自己非常欣赏的王茂章投入本方阵营了，立即授予高官，并指示钱镠召王茂章入朝。于是，王茂章又换了新领导。朱温的曾祖父名叫朱茂琳，为了避讳，王茂章在去见朱温之前改名为王景仁。随后，王景仁离开杭州，绕了个大弯，经今江西、湖南，进入后梁的直辖区。

在王景仁途经江西抚州的时候，割据抚、信二州的危全讽，打算接替已败亡的钟家当江西之主，正在积极筹划联合江西南部的彭玕兄弟对淮南开战，进攻洪州。他得知王景仁过境，便在抚州城下搞了一次"阅兵"，邀请王景仁一道观看，想听听他的意见。

王景仁也不客气，说道："我替吴国打了好些年的仗，总的来说，吴兵的精锐程度也参差不齐，大致可以分成上、中、下三等，像危公您的这些部众，也就相当于吴军中的下等兵。除非您再得到十万援军，否则还是别考虑与吴国交战的好。"

这话就太伤自尊了，危全讽没有把王景仁的劝诫当回事，就在刘知俊反叛的这一年，他还是起兵与淮南开战了，然后当然就败了，详情以后再说。只是王景仁因为这段话，更加有了知兵的名声。

闲话少叙，让我们把镜头转回战场。六月十六日，也就是刘知俊还在同州城中，为要不要停止造反而纠结的时候，由刘鄩指挥的梁军先头部队已经到达潼关东郊。考虑到刘知俊叛军一定有所防备，刘鄩的行动既迅速，也比较谨慎，对于他认为有利于隐蔽和埋伏的地段都要仔细搜查。

果不其然，在临近潼关的地方，刘鄩就抓获了三十余名埋伏的叛军。人数如此之少，不大可能是出来作战的，估计只是侦察用的探哨，又或者他们是刘知俊派去接弟弟刘知浣的。怎么，刘知浣还没到潼关吗？没错，刘知浣为了避开可能的追兵，不走人来人往的大路，专拣人迹罕至的小道走。刘知浣的办法很"有效"，不但追兵不知道他在哪儿，连他自己都在豫西的群山中转昏了头。刘鄩认为，刘知俊并不是长期割据一方的诸侯，他手下的多数士兵是朱温派给他的，并不是刘知俊自己带来的，他们的家属多半不在同州，军饷也是朝廷调拨的，因此，他们对刘知俊造反不可能有很高的支持度。于是，刘鄩下令给这些俘虏松绑，和颜悦色地给他们做思想工作：你们都是大梁的战士，国家又不曾亏待你们，为什么要跟着刘知俊那个反贼去干掉脑袋的事呢？受蒙蔽无罪，反戈一击有功！

没花太大力气，被俘的士兵便统统表示愿意反正归梁。刘鄩大胆下令，将这些士兵统统释放，让他们为大军引路，回去设法骗开潼关的大门。

正常来讲，这一招其实并不算特别高明，失败的可能性很大。毕竟此时的潼关是刘知俊起事成败的最关键节点，戒备格外森严，守关的叛军也是长着大脑的，岂能不严格盘问。可谁知，就在刘鄩释放的这队士兵来到潼关城楼下准备叫门时，发现他们与另一队衣衫褴褛，满脸菜色的"难民"不期而遇了，再一看，哟，这不正是大将军的弟弟刘知浣他们吗？

原来，刘大路痴历尽千辛万苦，终于用二十多天的时间，把这段正常情况下只需五六天的路走完了！就这么巧，不早不晚，刘知浣正好此时来到潼关，将"坑哥"的事业进行到底。

关城上的守军一看，还以为是派出去的士兵完成了任务，把小刘将军接回来了，毫不怀疑打开了关门。躲在后面的刘鄩见自己的运气这么好，那还有什么好客气的，立即乘势发动突袭，一举冲了进去，击垮守军的反抗，占领了潼关，生擒了价值一千贯的刘知浣。

稍后，杨师厚、王景仁等统率的后续大军赶到，越过潼关，直逼华州。刘知俊的叛军士气更加低落，守卫华州的将军聂赏没有抵抗，见梁军一到，便开城投降了。六月二十一日，刘知俊接到潼关与华州相继失守的消息，大吃一惊。华州位于渭水之南，同州的西南方，它被梁军重新占领后，杨师厚大军只要向北渡过渭水，同州即将陷入合围，以军队现在的士气看，真到了那时，自己不可能守住同州，想逃也来不及了！

生死之际，刘知俊总算战胜了自己的纠结，马上离开同州，带着家人，逃往凤翔。

实际上，杨师厚并没有挥师北上来包抄同州，而是继续西进，杀向长安。防守长安的岐将王建与梁军叛将张君练也已得后梁大军入关的消息，两人不敢怠慢，将守军分成两队，一队登城固守，一队出东门列阵迎敌。

与此同时，杨师厚也将他的军队分成了两队。主力大队沿大道前进，直逼长安东门；另派一支精骑作为突击队，避开大路向南，沿着秦岭北麓的小道急行军西进，绕到长安城西。

两队梁军的配合堪称天衣无缝：杨师厚主力前进，将岐军的注意力牢牢吸引在长安东门外之际，绕道的突击队出其不意，如利剑般杀进长安西门，直刺岐军的后背！

梁军前后夹击，岐军大败，王建、张君练弃甲投降，长安城再次易手。

至此，后梁帝国的刘知俊之乱就基本结束了，叛乱中一度丧失的土地也全部收复。刘知俊三心二意，将本应孤注一掷的造反，弄得扭扭捏捏，再加上晋军缺席，使得这次开始时声势颇为浩大的叛乱仅仅维持了不到一个月。

但尽管如此，这次叛乱仍然是对后梁帝国的重大打击。叛乱开始前，朱温原本已经制订了一个以两路大军并进，消灭晋王李存勖的大规模进攻计划，刘知俊就是计划中主攻方向的主帅。从当时的力量对比来看，李存勖要想挡住这次攻势，绝非易事！

结果呢，这次进攻还没开始，朱温计划中最大的一张王牌刘知俊，就摇身一变，成了敌人。他这么一反，使已经蓄势待发的后梁大军被迫掉转枪口，用于内耗，朱温的大战略不得不又一次胎死腹中，让晋军用于积蓄实力、休养生息的战略间歇期又延长了一年多。

一年多后，朱温再次集结力量（凑不出前一年那么强的兵力了）北进时，李存勖完成了一系列军政改革，力量增强了，而且他所处的战略环境大幅好转，特别是一些原本依附朱温的藩镇转而与李存勖结盟，这大大缩小了双方的实力差距。甚至可以这么说，正是刘知俊的反叛，使朱温错失了在其有生之年最后一次消灭河东集团的机会。

不仅如此，在接下来的岁月中，刘知俊又给朱温制造了不少麻烦。且说刘知俊来到凤翔，让岐王李茂贞很高兴，因为在此之前，他还从未得到过像刘知俊这么能干的手下，可不能亏待了，所以李茂贞马上任命刘知俊为中书令。

中书令即中书省长官，如果放在初唐，那可是当朝宰相，是最重要、最显赫的官职之一，不过，在这战火纷飞的乱世，中书令早就不值钱了，有兵、有地盘的节度使才是官场的宠儿，大家的最爱。

刘知俊在后梁就是忠武节度使,按说他到岐国也不该给他降职,可问题是:岐国的地盘本来就比较小,每个坑里都已经填进了萝卜,坑外边还有好多候补萝卜在排队等待。没道理你刘知俊一来,寸功未立,就得腾个坑给你吧?真那样做,会多么严重地伤害萝卜们的纯真感情啊!

于是李茂贞给刘知俊指出了一条金光大道:你帮我打朔方的韩逊,如果打下来,朔方就是你的。

河东图强

后梁开平三年八月底,刘知俊逃到凤翔两个月之后,便作为岐军的大将领兵北上,准备进攻朔方的韩逊。

站在李茂贞的立场上看,韩逊的确是个很讨人厌的家伙:小小的朔方不过凤翔的后院,原本也对我这个关陇霸主服服帖帖,谁知就因为朱三封了你一个颍川王,你就目无尊长了,甚至趁火打劫,从我手中抢走了盐州(今陕西定边县),是可忍,孰不可忍?

当然,如果追根溯源,那盐州本来就是李茂贞从朔方抢来的。但在敌对状态下,站在敌人角度考虑他们的诉求是否有合理性之类的,显然不符合大多数人的思维定式。尤其是李茂贞这类人,请他拿时如小朋友抢糖,要他给时如老和尚面壁。

所以李茂贞想的是能不能多拿点儿。如果刘知俊的仗打得顺利,还可以顺带着把旁边的定难镇也一并收拾了。因为那个叫李彝昌(时任定难节度使)的党项人也是向朱温称臣,不管自己叫老大。

毕竟是逐鹿天下几十年的老江湖,李茂贞不用卜卦也知道,朱温肯定不会顺顺当当地让自己享用北边这两道大餐,于是他寄书告知晋王李存勖:我兵发灵(今宁夏灵武,朔方镇首府)、夏(今陕西靖边县白城子,定难镇首府),是为了我们共同的反梁大业。所以请晋军尽快出兵,南下晋、绛二州,牵制梁军的行动。

自夹寨之后,李存勖就一直将他的主要注意力,放在河东的内部治理方面，改善民生，发展生产，提高对辖区内人力、物力的利用效率。在这方面，河东是大有潜力可挖的，这倒不是说李存勖的内政才华有多么杰出，主要是李克用当政时期在这方面的表现太差了，留下了非常大的进步空间。比如说，沙陀军那害民的恶行，无组织无纪律的恶劣作风，就很有整治的必要。

李存勖童年受过正统的儒家教育，认为民意还是重要的，这与自幼长在军中，只重视军心的父亲不同，所以他还在闭门读《春秋》的时候就数次向父亲提出要严抓军纪。但以李克用的观念来看，哪有为了小民的利益亏待自己弟兄的道理。李存勖说的当然不算。李克用死后，李存勖刚上台时，自己的生命都受到叔父和一大群名义兄长的威胁，其地位如同过河的泥菩萨，当时要敢抓军纪，基本等同于自杀，自然无暇顾及。当以叔父为首的反对派被清除，一场辉煌的大捷更为李存勖赢得了执政所需的威望，他终于有能力将自己的想法付诸实施了。

对李存勖忠心耿耿的老将李存璋，被任命为河东马步都虞候兼军城使，重拳出击，狠抓军纪。李存璋杀一儆百，逮捕了几名欺压百姓的军官，公开斩首示众，这让众多为非作歹已成习惯的晋军骄兵大为震惊，谁也不敢再顶风作案，于是没过几天，晋军的军纪、风气大为改善。

这下子，河东的老百姓惊喜地发现，他们总算不用天天生活在土匪窝旁边了。不过，这仅仅是个小小的开端，李存勖在反思父亲如何由强变弱，而朱温又如何由弱变强的基础上，有针对性地推出了更多的新政措施。

为了加深大家的理解，在叙述李存勖的更多改革措施之前，不妨先来探讨一下朱温是靠什么取得现在的成功。是因为他的军队比李克用的军队仁义，坏事干得少吗？不见得。其实，单纯论烧杀掳掠的暴行，梁军干得也不少，但朱温做这类坏事有一项原则，那就是只在对手的地盘上干，坚决不吃窝边草，不像李克用的军队。

一旦某块地方被自己有效控制，朱温就像一位技艺精湛的川剧演员，立马将凶神恶煞的面具摘下，换上一副慈眉善目的外包装，变得爱民如子。唐末北方所有大藩镇中，朱温向自己辖区内征收的税率可能是最低的。

为此，《旧五代史》评论说："后梁太祖的开国，正值黄巢大乱之后，天下一片荒芜。朱温据守夷门（汴州的别称）一镇，对外则严防死守，阻止外敌入境，对内则大力推动垦荒，奖励百姓从事农桑，只收取很低的税赋。虽然战事不断，但乱世中的百姓很珍惜朱温治下这一方的安定生活，都乐于交粮交税，支持梁军作战。正因如此，朱温才在二十多年间成就了中原的霸业！"

可见，税率低是朱温的成功经验之一。但低税率难道不会带来正常收入的减少吗？朱温又靠什么养活当时天下群雄中数量最多的军队呢？

18世纪法国财政大臣科尔贝的一句名言可以部分解答这个问题："税收的艺术，就是拔最多的鹅毛，听最少的鹅叫。"多拔鹅毛与少听鹅叫，这两个看起来彼此矛盾的目标，是有可能同时达成的吗？

你当然可以把鹅都杀光再来拔毛，即使把毛拔光，死鹅也肯定不会叫，但这样做的话，等这批鹅被处理光，你就无毛可拔了！所以，即使完全不考虑要不要尊重鹅的生存权和发展权，这也不会是一个拔毛的好办法。秦宗权、孙儒就是因为用这种方法拔毛，最后把自己拔死了。

因此，最具可持续性的方法，无外乎给鹅群创造一个可以正常生存繁衍的环境，调动它们生蛋和长毛的积极性，扩大鹅群的种群数量。这样只要鹅多了，虽然从每只鹅身上拔得不多，不会让它们太痛，但拔的鹅毛总量也可以得到显著提高。当然了，这种方法也不是完美无缺的，尤其是在你家的鹅群数量还很少，鹅圈又经常被隔壁的黄鼠狼热情光顾的时候，如果你还坚持在每只鹅身上都只能拔少量的毛，那根本等不到数量壮大，你就会因入不敷出而破产倒闭。

那究竟存不存在最佳方案呢？其实朱温已经提供了一个比较可行的答案。朱温在唐末群雄中脱颖而出，取得如今的阶段性成功，究其经济上的原因，那就是他比较灵活有效地综合运用了以上两种拔毛方案。

当年朱温刚到汴州时，真正能发号施令的地方只有汴、宋两州，在诸多藩镇中，属于比较弱小的一个。鹅太少怎么办？朱温就一面用心保护着自家的小小鹅圈，拼命做大做强，同时一有机会就闯进邻居家的鹅圈，丧心病狂地大拔邻居家的鹅毛，甚至大杀邻居家的鹅。在自身造血能力还不强的时候，朱温就是用损人的方法来利己，用别人的银子来填补自己的赤字，最终渡过难关的。

比如，朱温与朱瑄、朱瑾两位义兄的战争，虽然历次战役中双方互有胜负，但战场总是在朱氏兄弟的地盘上，关于梁军有组织地抢劫，大面积地破坏农田，甚至滥杀无辜等各种负面记载充斥于史书。朱瑄、朱瑾兄弟最后败给朱温，其实主要是经济上支撑不下去了。

还有个更有趣的例子。清口之战后，朱温数次讨伐淮南，仗打得不怎么样，没一次取得多大成功，但在顺手破坏杨家的"鹅圈"上，还是干得不遗余力，光抢来的耕牛就有十余万头。朱温转手将这些耕牛租给淮北一带新征服区的百姓使用。这些百姓在还不属于朱温管辖的时候，饱受梁军的洗劫之苦，落得如今的窘境，现在朱温帮助他们尽快恢复生产，重建相对安定的生活。虽然"牛租"这项利民措施被朱温之后的统治者变成了苛政，但不得不说，朱温是很重视战争胜负与经济实力之间的关系的。

朱温在称帝之后，给地方下达过多道赈济灾荒、减免租税或要求地方官体恤民生的诏书。有一次，宋州闹水灾，朱温有一个受封为衡王的侄儿朱友谅，正在宋州担任节度使，他为讨叔父的欢心，特意找了一株一支麦秆上长出三个麦穗的少见麦子，当作祥瑞进献。朱温一看就火了，骂道："今年宋州发大水，我没听说你去救灾倒也罢了，竟然还敢把丧事当喜事办，找株破麦穗来糊弄我，粉饰哪门子的太平？"

接着，朱温就下令免除朱友谅的一切职务，在洛阳找间屋子把他关了起来，给不关心民生的地方官立一个反面典型：谁要不管百姓的死活，就算是我侄儿也不轻饶！很久之后，大哥朱全昱来给朱温探病，朱温才看在大哥的面子上释放了朱友谅。

说到底，朱温此人，究竟算爱民，还是不爱民呢？

其实朱温的标准很简单，一切以能不能给他带来好处为出发点。向他交粮纳税、提供兵源的民，他就爱，就保护。除此之外的民，谁管你死活！

看清了朱温成功的原因，那李存勖该做的主要也就是那两点：第一，建好自己的鹅圈，好好对待自己的鹅；第二，尽最大可能将打斗、拆屋等有可能殃及鹅圈的事都压到朱温的那半场去干！

关于自己的鹅圈做好做强方面，李存勖很幸运，李克用给他留下了两个非常忠诚也非常称职的得力帮手，虽然他们在李克用的时代未能人尽其才。

第一个，就是在狠抓军纪方面已经干出实效的托孤重臣，河东马步都虞候李存璋。当年李克用掌权的时候，李存璋就认为，由于李克用统御部下过于宽大，河东集团的上上下下，尤其是在沙陀、吐谷浑、昭武九姓等"胡"风尚存的藩部军人中，已经滋生出一个个既得利益小集团，它们就像一根根吸血管道，不但从生活多艰的小民身上吸血，同样侵蚀着河东大集团的肌体。与其等着这种不良趋势继续发展，等到救无可救的"君之疾在骨髓"，还不如趁早动手术，将这些已经发生癌变的坏组织切除。

不过，李克用虽然易怒，但对"自己人"心是很软的，从来不去下狠手，连李存勖说话都没用，李存璋就更不行了。不过，现在河东老大换成了新官上任，正锐意进取的李存勖，李存璋终于可以将自己早就想干的事付诸实施了。

史称："存璋得行其志，抑强扶弱，诛其豪首，期月之间，纪纲大振，弭群盗，务耕稼，去奸宄，息幸门，当时称其材干。"河东的军营风气、官场风气和民生，在一段时间内都得到了很大的改善。

经过肃贪，河东各地征收上来的钱粮，减少了中间层的消耗，不至于沦为某些人非法致富的手段了。不过，要将这些钱粮有效率地用好、用实，真正转化成角逐天下的军事实力，也是一件需要高度技巧与责任心的事。在这方面，朱温有一个朱友文，而李存勖则任命了一个操守与能力都比朱友文优秀的大管家，李克用的另一位托孤重臣，河东监军张承业。

如果道德可以量化分级，即使放在整个中国古代的名臣中，张承业也有资格排进最高的一级，在宦官中更是第一流的人物。他不但清廉正直，忠义无私，做事也极为认真负责。每一文钱都被张承业精打细算地利用起来：或用于招募士兵，或用于购买战马，或用于安置招揽战乱中的流民，或用于资助生产，劝课农桑。张承业做的这一切，为支持李存勖后来持续不断的长期战争，做出了巨大的贡献，其功不亚于汉之萧何。

钱就这么多，一个方面用得多了，其他方面自然就不得不少用点儿了。晋王府的权贵，无论是李存勖的母亲曹太夫人，还是其正妻韩氏、次妻伊氏，李存勖的弟弟，乃至李存勖本人，谁都别想为了私人享受从张承业手中抠出一文钱的公款。张承业的"抠门"，后来甚至让本质上喜欢奢华而"被节俭"的李存勖后悔至极：早知就不把钱袋子交给这个老宦官来掌管了！不过，那是后话，在发起新政改革的时候，他对张承业的做法还是完全支持的。

也许是整个风气使然，除了李存璋、张承业这两位内政干才，河东集团还有不少官员在同期展现出了不俗的治绩，比如功勋卓著的名将昭义节度使李嗣昭。

在夹寨之战中，潞州城被梁军包围了一年有余，据说城中光饿死、冻死的人口就超过了总人数的一半。解围之后，城中不论大街小巷，处处冷冷清清，一片萧条景象。

面对眼前实实在在的困难，李嗣昭一方面掏钱购买种子、种蚕，帮助百姓恢复生产，鼓励他们将因战争而抛荒的田地重新播上希望，让空荡荡的蚕房内重新传出蚕虫咀嚼桑叶的沙沙声。另一方面，李嗣昭又宣布，将正常缴税的日期大大推迟，应缴纳的数量也将酌情减少，官府将与百姓同心协力，共渡难关。

有了李嗣昭这样的好干部，再加上接下来一段时期内，潞州有点儿幸运地未再成为梁、晋双方争夺的焦点，这座遭受重创的城市竟然在数年间又渐渐恢复了昔日的繁荣。

在河东这一幕幕亲民、爱民的感人大戏中，当然也少不了李存勖自己的戏份。要知道，在处理军政事务之余，李存勖最大的爱好就是看戏与演戏，他给自己取了一个霸气十足的艺名"李天下"。李天下者，难道不该担当天下的主角吗？

于是，很多河东百姓看到了最让他们动容的一幕：年轻、英俊、高贵的晋王殿下，常常因为在路上遇到挨饿受冻的平民，就立即下马，亲切地与他们交谈，问一问他们有什么困难，需要怎样的帮助，有没有受到官吏的欺压，等等。

所有见过李存勗的河东百姓，无不在心里赞叹：咱们是多么幸运啊，竟然能遇到晋王殿下这么仁爱贤明的主公！像他那样的人，一定是天上的星宿下凡吧？

李存勗的内政改革，其措施并不局限在吏治与民生两方面。在出台惩贪措施的同时，李存勗就向所辖各州府下达了求贤令，要求各地方政府、各级官员用心寻找发现人才，并向总部推荐人才，由总部量才录用。

李存勗的这个举措，不仅仅是要找人来填补惩办贪官后留下的行政空缺，更是为了向天下士人释放善意，吸引他们的支持与加入，改变以往河东集团总以代北武夫为核心、统治基础过于狭小的缺陷。

从长远看，李存勗的求贤令对河东集团影响颇大。以往，唐末士人为躲避战乱或迫害，都是逃往南方，自李存勗上台后，前往河东寻求庇护的人才多了起来，如冯道、吕琦等，天下的读书人也不再把河东集团看作半野蛮政权了。河东集团原来就高举拥唐大旗，现在大量士人加入，使其在本质上与汉人政权已不存在区别。有的著作将脱胎于河东集团的后唐、后晋、后汉三朝称为"沙陀三王朝"，其实，这三朝根本就找不到任何沙陀人的特色，时人也从未以异族视之。

总之，没过太长时间，李存勗就在辖区内赢得了广泛的爱戴，这是他的父亲李克用从来不曾达到过的成就。

读史之余，掩卷静思，在下禁不住产生遐想。那些经历过这个时代的人，假如能够有幸活到十七年后，见证李存勗所有荣光的最终幻灭，也许会发出一声沉重的长叹：靡不有初，鲜克有终！如果时光能够定格在当初的一刻，该有多美好啊！

王彦章　　周德威　　李晋王　　朱温

长城岭之战

军事是李存勖改革的另一个重点。虽然在整个李克用时代，晋军一直是天下诸镇军队中最敢打也最能打的一支，但他们也存在明显的缺陷，那就是过于自由散漫，并为此打输过不少根本不该输的仗。

李存勖上台后，开始加强军队的训练，主要是服从命令、听指挥的纪律性训练，发布了一整套类似后世《作战守则》之类的规范制度。

例如，每当作战命令下达，军官将本部所承担的任务细化，并分配完毕后，每名士兵都要遵守自己的职责，不得做任务范围以外的事，不得擅自交换任务，违者斩首。行军途中，不得随意逗留，不得为规避风险而擅自改变路线，违者斩首。分路前进，到预定地点会合，要严格遵照计划速度行进，无故不得早到或迟到，凡与预定会合时间误差一刻以上者，一律斩首……

在这一堆充满了"斩"字的森严军规中，有一条最耐人寻味：骑兵在行军过程中，一律步行，见到敌人前不准上马。毫无疑问，这条规定是为了节省战马的体力，但它牺牲了对于骑兵尤其是轻骑兵而言最为宝贵的战略机动性，使长途奔袭、大纵深迂回包抄等骑兵的经典战术变得无法实施，看起来应该是弊大于利。

如果李存勖的沙陀骑兵，像后世成吉思汗的蒙古骑兵那样每人至少有两匹战马，多的有五六匹，那么这条规定就很奇怪了。

他这么做，在下估计只能有两个原因。

第一，晋军虽然以强悍的沙陀铁骑闻名天下，但他们此时拥有的战马数量仍是比较有限的，从李嗣源后来的说法看，也就在七千到一万匹之间。一般来说，按游牧族群的生产方式，他们可能会缺很多东西，但很少会缺马。只是沙陀人自东投大唐以来，已经在中原生活了两三代人，其生活方式已经与当年生活在沙陀碛的祖先毫无共同之处了。在农耕地区要养出合格的战马，难度陡增，成本也比草原上高得多。

按说河东集团的地盘紧挨着塞北，就算自己养的马少了，也应该能比较容易从北边的邻居那里得到战马补充。何况李克用就曾向朱温夸耀说："阴山部落，是仆懿亲；回纥师徒，累从外舍。"以显示自己与塞北那些游牧族群的关系有多铁。不过，现在契丹人已经在阿保机的领导下崛起于塞北，沙陀人的"懿亲""外舍"，正陆续变成契丹人的小弟。而阿保机与李存勖之间，表面虽然经常装亲善，但内心其实都把对方当成未来的大敌，可以合理地推测，阿保机一定会给晋军使点儿绊子，阻止晋军扩充军力，尤其是骑兵力量。

第二，对战马临阵时体力的高度重视，这意味着晋军拥有的骑兵很可能多是人、马皆披重铠，以冲击敌阵为主要作战方式的重骑兵。所以牺牲轻骑兵的优势对他们的整体战斗力影响不大。

不管怎么说，通过强化军纪，李存勖在相当长的一段时间内，将晋军打造成一支敢于打硬仗，能够如臂使指、灵活操控的精锐武力。根据前面的总结，接下来该做的事，就不仅是让他们守住河东，而且是要带着这支军队，主动出击，打到朱温的地盘上！

于是，李茂贞为掩护刘知俊攻朔方而送来的求援信，也正好契合了李存勖自身的需求。李存勖下令，将亲自率军南下攻梁，先锋部队由大将周德威、李存审、丁会等率领，出阴地关，先进攻河中的北面门户晋州。

不过，李存勖整顿军备后的第一次出征并不太顺利，虽然后梁晋州的守将已经不是两年前那个有些扎手的老将徐怀玉，但新换上的晋州刺史华温琪，也是个猛人。

【作者按：据《资治通鉴》记载，此时的晋州刺史是边继威，但在稍后的记载中，因防守晋州有功，得到朱温特别奖励的晋州刺史却是华温琪，明显前后矛盾。另外，在《新五代史》《旧五代史》中，都提到了华温琪

守晋州之功，却完全没有出现过边继威这个名字。故边继威守晋州一说，疑误。】

华温琪，字德润，宋州下邑县人，据说身高七尺有余（按唐代的度量衡算就是 2.15 米以上），相貌粗犷，是位久经战阵的老兵，也是个在将来还会牵出不少故事的官场老油条。

这位大高个儿，很小时便离家，投入黄巢的门下当童子军。在黄巢自称大齐金统皇帝的时候，年仅十九岁的华温琪就因功被授予了一个叫供奉都知的官职，勉强也算是朱温的老同事之一。

后来，黄巢在王满渡被李克用彻底击溃，部众星散。华温琪一路亡命，逃到滑州白马渡（就是《三国演义》中关羽斩颜良的地方，也是后来朱温让几十名朝廷公卿集体喂鱼的地方）。望着眼前滚滚的黄河水，他感到一阵绝望。他寻思着，以自己这身材相貌，到哪儿都容易被人认出来：哦，来了个黄巢余孽！与其被人抓住后砍头，还不如自己死了算了！

于是，华温琪心一横，就纵身跳进黄河。假如华温琪的消息稍微灵通一点儿，知道他的好多长辈、同事，像李谠、霍存、张归霸、张言、王贤、葛从周等都已经顺利当上唐朝的将军，不知会做何感想？这可真是天堂有路他不走，地狱无门偏去投！

不过，也不知道是不是那天阎王爷偷懒，地府早早打烊了，华温琪投河后不仅没沉下去，还被河水冲到岸边，为路人所救。

一次失败算什么？吓不倒咱们华大个子，他再接再厉，继续自杀。华温琪找了棵大桑树，在树枝上打个绳结，然后把脑袋伸进去，只听咔嚓一声，他没事，树枝断了！连续敲了两次地府的门，都被小鬼赶了回来，华温琪终于相信，自己肯定是阳寿未尽，那就不再求死，跟大齐同亡了。

华温琪在民间一个同情他的农夫家躲藏了一年多，等到朱温的长子朱友裕在濮州招募士兵，他才前往应募，辛辛苦苦地从头再来。

也许正因为走了这么一大段弯路，资历极老，能力也不差的华温琪，积累功劳，很晚才升为一州刺史。

且说周德威、李存审等晋军大将再一次来到晋州城下，见后梁守军的防守颇为严密，强攻可能导致较大伤亡。而且这地方距离后梁的新都洛阳不远，估计朱温的援军用不了太长时间就会赶来，因此兵力较弱的晋军，也不具备将它长期围困的条件。权衡利弊，周德威决定，还是用地道攻城吧。

在古代的城池争夺战中，守城方通常居于天然的优势地位，可以用比攻城方少得多的兵力实现战斗力的平衡。《孙子兵法》说"五则攻之"，也就是说，在孙武老先生看来，平均而言，攻城一方的兵力要是守城一方的五倍，攻击才较有把握。原因很简单，就是守城方拥有一道又高又厚的城墙，因此用地道攻城，基本目的也就是设法让守城方的城墙失效。而用地道让守城方的城墙失效，大致有两种方法。

第一种方法，是绕过城墙，在城外与城内之间打开一条供军队进入的地下通道。这种方法在那个时代很流行，如当年刘仁恭就靠挖地道进易州而得到"刘窟头"的绰号；而淮南田頵攻常州，直接在卧室生擒守将杜棱，更是地道攻城战中百年难遇的经典战例。当然，也有失败的例子，像一年前，也是周德威，用地道攻泽州，被牛存节在城内挖的深壕截断。

大概正因为有了一年前的失败经历，所以周德威、李存审采用的是地道攻城的第二种方法：用地道来破坏城墙。

南北朝后期，北齐王朝的实际创建者高欢，就很喜欢用这种方法攻城，其中最有名的一个战例——玉璧之战，发生的地方就正好与晋州同属黄土高原，同处汾河下游，彼此间的距离不足一百公里。

高欢是这样攻城的。开挖地道，直达敌方的城墙之下，然后在那里继续挖扩大空间，每挖大一点儿，就立一根木柱做支撑，防止坑道坍塌。待城墙下面的空洞达到足够的大小，再一把火将木柱全部烧掉，空洞上面的城墙就会因为缺少支撑而在自身的重力作用下崩塌。

这种攻城方式，因地道不需要越过城墙，所以守城方也不易在城内挖壕拦截。不过，高欢的方法连咱们说起来，都是一大长串，做起来的工程量自然更是巨大，特别是城墙下的空洞必须挖得非常大，才能承受不了城墙，同时能存储燃烧木柱时所需的足够氧气。这应该都不是短时间内能够完成的，至少我们知道，当年高欢以十万人攻玉璧，用了五十多天。

不过，晋军只用了比高欢少得多的人力，短得多的时间，就让晋州城墙崩塌出了一个二十余步（唐代一步约等于 1.514 米，二十余步就是 30 至 40 米长）的巨大缺口！虽然没有任何直接证据，但在下有些怀疑，晋军可能是以当时问世不久的中国四大发明之一——火药，作为助力。

然而，正如高欢最终并没能拿下玉璧一样，周德威等也未能靠地道攻克晋州。

守城方在城墙被放倒时的应对方法也是多种多样的。比如朱序守襄阳，是提前在被破坏的城墙里边又修了一道墙；韦孝宽守玉璧，则是在城墙破口处竖起木栅作为屏障；朱瑄的军队守濮州，直接累积柴草，再燃起一道火墙……

由于史书上没记载，我们不知道，也不好瞎猜，华温琪他们究竟使用了哪一种方法防守，但我们知道，后梁守军奋力抵抗，硬是将周德威、李存审等晋军名将牢牢挡在了城墙之外。

第一次总攻失利，周德威打算调整攻城方案，再试一试，但时间是宝贵的，就在不到一个月的攻守战过去后，对局大势已经发生了变化：后梁的援军就要到了。

再说朱温在接到朔方、晋州两处告急时，反应还是比较迅速高效的。李存勖的晋军是劲敌，朱温马上派他现在最看重的大将杨师厚为主帅，统军北上救援晋州。

相比较而言，李茂贞的岐军要好对付一些，朱温便派曾在西北战场多次痛扁岐军的康怀贞为主帅，自己极为宠信的心腹爱将寇彦卿为副手，统兵西进，直接打入岐国境内，以"围魏救赵"之法，支援正被刘知俊攻击的朔方节帅韩逊。值得一提的是，在这支梁军中，还有一员在后来特别有名的将军，左龙骧军使王彦章。

先说周德威。当他得知杨师厚大军将至，便当机立断，迅速从围城部队中分出一支兵马，亲自带队，急驰至晋州南面的蒙坑，据险而守，堵住梁军北援的道路。

蒙坑位于今山西襄汾、曲沃两县的交界处，是黄土高原上一条巨大的天然冲刷沟，它东连乔山，西连汾河，长三十余里，平均宽度约一公里，深约一百米，沟两侧是竖直的峭壁，自古以来就是兵家必争的天险要隘。五百多年前，北魏道武帝拓跋珪，曾与后秦文桓帝姚兴在这里打过一次决定由谁来当北方霸主的柴壁大决战。后秦军队就是因为无法突破北魏军防守的蒙坑，无法接应被困于柴壁的姚平之军，最终惨败。周德威选择在这里迎战梁军，确实是最恰当的地点。

杨师厚挥军直进，与周德威的阻击部队战于蒙坑。但各种史料对这一战的记载均矛盾重重，给在下的写作提高了难度。姑且综合来看，如果它们都说了部分事实，此战经过可能是这样的。

梁、晋两军一番激斗后，周德威凭借天险，小挫杨师厚，斩梁军首级三百。杨师厚遂佯退绛州。晋军以为梁军败走而放松了警惕，周德威可能又返回晋州城下重新指挥攻城。不想杨师厚突然杀了个回马枪，斩晋将萧万通，突破晋军的蒙坑防线。周德威等收到败报，忙整军北退，晋州解围。朱温得到捷报，赐杨师厚白绫三百匹、银鞍辔马一套。

杨师厚对周德威的晋州会战，算是以梁军的小胜而收场，但在同期康怀贞对刘知俊的另一个战场，梁军就没这么走运了。

开始时，已经成为岐军大将的刘知俊北伐朔方，同周德威打晋州一样，也不太顺利。韩逊自知野战不是刘知俊对手，便收缩兵力，退保自己的大本营灵州。韩逊在灵州经营已久，根深蒂固，也比较得当地人心。

于是刘知俊屯兵灵州城下，一连数月，攻而不克，而此时，他的老战友康怀贞，已经率领着后梁大军杀进岐国境内。

别看康怀贞因夹寨的大败，褪尽了身上常胜将军的光环，这次重装上阵，收拾昔日的手下败将岐军，仍显得神勇十足。康怀贞在很短的时间内，就压制住了岐国第二号实权人物杨崇本的军队，将他按在邠州城中不敢出头。岐军野战部队缺席，梁军便乘机连克邠州之北的宁州（今陕西宁县）、衍州（今陕西宁县东南约三十公里处），再进一步北进，攻破庆州（今甘肃庆阳）南门，岐国庆州守将李彦广见势不妙，忙放下武器向梁军投降。

同时，梁军的先头部队已经攻入泾州（今甘肃泾川）境内，假如他们再把泾州打下来，就会使正在围攻灵州的刘知俊所部，与自己的大后方岐国完全失去联系，变成一支深入敌境，四面被围的孤军了。

在这种危急的情况下，继续攻打还很坚固的灵州就是大傻瓜了，所以刘知俊理所当然地撤退。不过，善战者制人而不制于人，刘知俊并没有惊慌失措地向正南方撤退，去保护泾州这个逃命的要道，而是化被动为主动，大胆地转向东南，去切断康怀贞的退路。

当年十二月底，朱温得知岐军已从灵州撤走，知道康怀贞西进的目的已经达到，又担心他不是刘知俊的对手，便连下了两道诏令。一道命康怀贞紧急回师，一道命关中部队（主将可能是时任佑国节度使的刘鄩），进至长安之北的三原、青谷一线，接应康怀贞。

然而，朱温的反应和康怀贞的脚步，还是慢了半拍。刘知俊已经以迅雷不及掩耳之势，用他出人意料的大迂回急行军数百里，悄悄挡在了康怀贞大军回家的大道上。

等梁军回到邠州之东约五十里的三水县长城岭，士兵因即将回到后梁境内而稍有松懈之时，先已在此设伏等待的刘知俊大军突然从几处要害杀出，迅速将梁军切割包围，刚才还是一支大军，眨眼间变成了由主帅康怀贞，以及偏将李德遇、许从实、王审权等分别统领的好几小支，各军之间失去了统一的指挥！

开始时，各支被分割的梁军都有一个同样的想法：从东南方杀开一条血路，去与三原方向的接应军队会合，但刘知俊仿佛铁了心，一定要把老战友往死里整，他将岭上所有隘口都牢牢控制住，封堵得如同铜墙铁壁。已经被打乱了建制的后梁军队虽然为了逃命，一次次往上冲击，但却因协调不好，只是在岐军的防线上撞得头破血流，根本无法突破长城岭的山脊线。刘知俊指挥着岐军从四面围上，眼看梁军面临着全军覆没的危险！

生死关头，只见如一大群无头苍蝇般乱碰乱撞的康怀贞军中，一条大汉突然跃马而出，手持一柄黑乎乎的长枪，用雷鸣般的嗓音大吼道："还想活命的，跟我来！"

大家一看，都认出来了，他就是前文提到过一次，在梁军士卒中赫赫有名，绰号"王铁枪"的左龙骧军使王彦章。

王彦章，字贤明（另一说字子明），郓州寿张县（今山东梁山）人，出身比较低，能够查考到的其祖、父两代都是平头老百姓，等到王彦章发达后，他们才被追赠了一大堆官衔。

虽然这寿张的王家很可能穷到买不起鞋穿，但在当时应该仍不属于最穷的人家，至少在那遍地饥荒的年代，王彦章身上看不到任何营养不良的迹象，他刚刚成年时，就力大无比，骁勇绝伦。

据说，王彦章善使两柄枪头和枪杆都用浑铁铸成的铁枪，每柄都重约一百斤，比传说中武圣关二爷的青龙偃月刀还沉。这是白纸黑字写在正史上的，不是什么"李元霸手持八百斤大锤"或"李存孝手持八百斤毕燕挝"之类的小说家言。至少是在下看过的古史典籍中，单人操持冷兵器重量的最高纪录。

由于有《残唐五代演义》之类旧小说的渲染，王彦章是五代同行中知名度较高的人物之一，可能仅次于李存孝。在小说中，王彦章是唐末第二条好汉，武功膂力也仅次于李存孝。不过，在旧小说中，第一与第二的差距常常大得不像话，所以里边李存孝与王彦章交过一次手，只用了一个回合，就把正当水贼头目的王彦章生擒了。李存孝还饶王彦章不死，王彦章失魂落魄，极没有面子地发誓说，"只要李存孝在的一天，某不敢反大唐"。

不过，《残唐五代演义》与史实的距离比从长安到大雷音寺的路程还远。

就拿王彦章这个人来说吧，首先，王彦章从未与李存孝交过手，真要单挑也不见得李存孝就一定能赢，至少在史书中他并没有一件比王彦章更牛的兵器。其次，论个人的气节操守和一身铮铮铁骨，王彦章其实都远在李存孝之上，更适合扮演正面人物。另外，王彦章也从没做过贼、反过唐，他一出道就是响应官府的号召，加入大唐藩镇的正规军，至于他的大首领后来要篡唐，与他并无关系。

可能因为天生神勇，王彦章的性格和李存孝有些类似，颇为自负，甚至是高傲，情商不太高。比如他去应募当兵的那一天，前来投军谋生的人有好几百，王彦章通过考核后，大大咧咧地去对负责招兵的军官自荐："就让我当这批人的队长吧。"此言一出，众皆哗然，继而纷纷大怒：这个穷小子是从哪条山沟里钻出来的，居然一来就想当我们的领导？

王彦章转过身，傲然冷对千夫指："我天生雄壮，估计你们谁也比不上，给你们当头儿，就是罩着你们！你们怎么还不领情，乱叫乱嚷的，看来不和你们分个胜负，你们不会服气。身为健儿，如果开口就说死不值得，这样吧，我就光着脚到撒满蒺藜的地上走三五趟，你们谁要做得到，都可以试试！"

蒺藜，本义是一种草本植物，其果实带刺，很扎手，不过好像还到不了让一大群粗猛武夫全都望而却步的程度，所以王彦章提到的蒺藜，可能还是人造的铁蒺藜。这是一种古今战争中经常用到的防御小兵器，通常由四根金属尖刺焊接而成，随意抛撒出去，不管如何总会有一个尖头朝上，一般用于阻碍或迟滞敌人的行动。如果不小心踩到上面，就是马蹄也可以扎穿，更别说人的脚了。

于是，大家都认为王彦章在吹牛，但王彦章马上拿出实际行动，让这些不服气的人看看。他脱下刚刚领来的军鞋，走到撒了蒺藜的地上，来回溜达了两圈，那茧子厚得如盔甲般的脚底板什么事也没有。这种表演，光靠厚老茧肯定是不够的，因此众皆叹服。

其实，王彦章的勇武虽然是惊人的，但在他那个年代，仍然不能说是无与伦比。实际上，后来又有一个人加入宣武军，是王彦章共过事的山东老乡，其勇武很可能不在王彦章之下。只不过那个人不像王彦章这么爱张扬，勇于自荐，所以成名要晚得多。

让我们把镜头重新切回长城岭战场。且说王彦章的那一声暴喝，惊醒了不少大脑已经处于混乱状态的梁军将士，随后，只见王彦章挥舞着那两柄他赖以成名的铁枪，以猛虎下山的气势直冲敌阵。不过，王彦章并不是个只知道猛冲猛打的莽汉，他没有一头撞向岐军重点封堵的东南方向，而是以逆时针方向转了九十度，向着刘知俊布阵中相对薄弱的东北方向突围。虽然从这个方向突围出去也许得不到友军接应，但至少突围本身会变得容易很多。

在一旁的康怀贞等梁军众将士看到王彦章的英勇行为，就像徒步沙漠的旅人看见一眼清泉，浮在破门板上的泰坦尼克号乘客看见救生船，求生的意愿一下子变得无比强烈。他们争先恐后地跟着王彦章，一起为活命而拼命，奋勇冲杀，终于将刘知俊布下的大网撕开了一道大口子，如决堤的河水般破围而出！

刘知俊正立于山头，居高临下地指挥作战，目睹了这只煮熟的鸭子从他碗里飞走的全过程。他本以骁勇过人而享有"刘开道"的美誉，但见到这一幕，也不免有些吃惊。果然是长江后浪推前浪，一代新人换旧人啊！

刘知俊虽有点儿失望，但并不灰心：只要梁军还没有回到后梁的控制区，就不能算真正脱险了。他立即指挥一部分岐军离开战场，也向东北方向进军，与突围的梁军败兵展开平行运动，继续封堵他们的退路。

于是，康怀贞、王彦章等撤至坊州之西约七十里的升平县，再次落入了刘知俊布下的伏击圈。就像长城岭之战的翻版，已经战败过一次的梁军残兵再次被打败，王彦章也再一次小宇宙爆发，打穿刘知俊的包围网，保护着康怀贞脱险，退入后梁境内。但一将之勇终究有限，康怀贞手下偏将李德遇、许从实、王审权等几部梁军全部覆没，使此次战役成为梁军自夹寨之役后的又一次大败。

此后，朱温的战略也越来越多地陷入被动，有远见的主动出击越来越少了。

梁、晋伐谋（上）

长城岭之战、升平之战，是李茂贞当上岐王以来，岐军取得过的最酣畅淋漓的大胜利。不重奖一下会战的大功臣刘知俊，就有点儿说不过去了。于是，李茂贞正式任命刘知俊为彰义镇（原来的泾原镇）节度使。

当初李茂贞的原意是让刘知俊取朔方镇当自己的地盘，现在朔方一城未下，岐国的蛋糕并没有做大，却得分出一大块给刘知俊和他带来的人，这就意味着李茂贞的旧部中必然有些人，得从吃蛋糕的阶层中退出，降为在一旁看人吃蛋糕流口水的级别。受损失最大的前任彰义节度使不是别人，正是李茂贞的长子李继曮。

这对儿子也不公平不是？因此，拿下一块新地盘，弥补旧人的损失，仍然是李茂贞在当前阶段的既定方针。

李茂贞最先想到的办法是找土豪送。如果以历史某一时段的归属看，也可以说是请求别人拨乱反正，物归原主。

李茂贞派遣使臣前往前蜀的都城成都，向他此时亲密的盟友蜀帝王建提出，岐军一直在替蜀军抵挡朱温的进犯，付出了巨大的牺牲，蜀国应该有所报答不是？不如这样吧，你们将北边的几个州划给我们，反正这些地方原本也曾经是岐国的。

王建现在虽然没有打出蜀地的野心，但也没有进化成慈善家，对李茂贞没脸没皮的敲竹杠感到非常不悦，他一口拒绝："我对李茂贞算得上是仁至义尽了！没我他哪能撑到今天？如果再给他土地，等于遗弃我们的人民，在这种原则问题上我是决不能让步的！"

不过，王建暂时还不想和李茂贞撕破脸，于是送给岐国一大批生丝、茶叶、棉布、锦缎等，算作安慰。没能要回那几个州，李茂贞面临的问题依旧，自然也不太满意，蜀、岐联盟的裂痕再现，为双方再一次翻脸埋下了伏笔。

文攻得不到的东西，看来还得靠武斗。正巧在此时，上天好像又为李茂贞创造了一个机会。后梁开平三年底，定难镇发生兵变。

自黄巢打进长安时起，定难镇就落入党项人豪强李氏（原为拓跋氏）家族手中。李氏家族的第一代，是当年最早兴兵勤王，却屡屡被齐将朱温打败的夏州地头蛇拓跋思恭。虽然战绩惨淡，好在大唐皇帝不看功劳看苦劳，给他赐了一个李姓，承认其为定难节度使。

拓跋思恭死后，由其弟李思谏继任，随后，不知什么原因让位于思恭之子李成庆。李成庆主管定难时，党项李氏一度扩张，与李茂贞争夺关中霸权，结果大败而退回定难一隅。而后李成庆死，叔叔李思谏再次上位。朱温篡唐，李思谏是率先向其叩头表忠心的藩镇之一，朱温授予李思谏检校太尉、兼侍中。开平二年，李思谏卒，其子李彝昌继任定难节度使。新人上位，威望不著，仅过了一年，牙将高宗益可能以为更进一步的机会来了，就在刘知俊大破老战友康怀贞之时，发动了一次兵变，杀掉了李彝昌。

问题是，定难与中原那些由大兵统治的藩镇不同，这里属于少数族群占主导地位的地区，部族势力强大。李氏世代为党项酋长，在这一隅土地上早已是树大根深，不会因为被砍掉一个树冠，整棵大树就跟着倒掉。所以紧接着，高宗益又被另一批定难将领干掉，李彝昌的族叔、蕃汉都指挥使李仁福，争取到多数人的支持，就任定难留后。

开平四年（910）三月，初步站稳脚跟的李仁福遣使上报后梁皇帝，表明在自己领导下，定难镇将紧抱朱温大腿的坚定决心，同时请求朱温给予他一份定难节度使的正式委任状。四月，朱温批准了李仁福的请求，任命其为检校司空、兼定难节度使。

此事让李茂贞觉得，定难镇既然刚刚发生过内乱，李仁福又是与原节度使李彝昌比较疏远的亲戚，理应威信不足。所以现在打定难镇很可能是个好主意。不过，一旦开战，朱温肯定会来阻挠，光靠岐军很难对付强敌，所以应该依照上次的成功经验，把李存勖也拉进来参战。

盘算停当，李茂贞就由自己领衔，李继徽（杨崇本）、刘知俊副署，联名致信晋王李存勖：为了伸张大义于天下，我们岐、晋两军应该共同进退，比如像李仁福这样，厚颜无耻地向朱温称臣的败类，就不能不讨伐！

现在唯一让李茂贞不能确定的是：上次李存勖攻晋州，可是一点儿便宜也没有占到，那他这次会不会拒绝出兵呢？不承想，李存勖非常爽快地同意了，当年八月命大将周德威统兵西进，与岐军会攻夏州（今陕西靖边县白城，定难总部）。

原来，不断设法给朱温找麻烦，就是李存勖现阶段的大政方针，只要能损人，哪怕那件事暂时不利己，也是值得干的。其实，就在接到李茂贞的请援书信稍前，李存勖就刚刚做了一件让朱温不舒服的事。他抓住一个小小的机会见缝插针，向以朱梁为首的大联盟中打入了一枚微小的楔子，稍后，这枚楔子引发的巨大连锁反应，可能连李存勖自己也没有完全预料到。

事情的起因，是一位老妇人的离世。八月初，向后梁称臣的武顺节度使、赵王王镕的母亲何老太太死了，镇州（今河北正定）城内开始大办丧事。

本来王镕死了母亲，好像与李存勖也扯不上多大关系。虽然身为邻居，表示一下哀悼是人之常情，但自十年前王镕背弃与李克用的盟友关系，倒向朱温，甚至向朱温献计献策赶走李克用的女婿义武节度使王郜以来，成德与河东就断绝了联系。李克用死的时候，王镕也没派人来吊丧。

但是李存勖硬是从这件不大不小的突发事件中，看到了挑拨朱温与王镕关系，进而改善河东集团战略态势的良好契机。于是，不管会不会受到欢迎，李存勖都把自己的热脸凑了上去，派出吊丧使节，前往镇州。

想想看，作为河朔三镇中实力最弱的软柿子，成德王家却能够屹立江湖近百年而不倒，其很重要的一条生存智慧，就是绝不在一棵树上吊死。王镕现在虽因畏惧朱温的强大而依附朱温，但他肯定更清楚，朱温的长远目标是要将河北各藩镇全部吞并，而不仅仅是收作小弟。无疑，这不会是王镕愿意看到的结局。

可人生不如意事，十常八九，王镕越是不想见到的事，越是会出现在他眼前，虽然暂时不是发生在他自己身上。就在王镕的母亲病逝前三个月，怂恿朱温篡唐的最关键人物，魏博节度使、邺王罗绍威死了。

这位生错了年代的文学青年罗少帅，享年仅三十三岁，可想而知，他的两个儿子罗廷规、罗周翰的年纪能大到哪儿去。同时，在罗绍威死的时候，支撑着魏博保持长期割据的力量核心——魏州牙兵集团，已经被他的亲家朱温和他自己一同剿灭了，为此还掏空了魏博的府库，并将魏博的军、民得罪了个遍！显然，罗家已经不具备将魏博的独立地位维持下去的内外条件。所以，罗绍威为了给儿孙求个平安，在死前上书朱温，主动将魏博一镇献给后梁。

朱温接到上书，不由得喜形于色，虽然他为了给众小弟安心，有意让罗绍威的次子罗周翰来继任魏博节度使，但罗周翰实际上什么权力也没有，曾是河朔三镇中最唯恐天下不乱的魏博镇，至此竟第一个失去了独立地位，变成了后梁帝国的直辖领土。

虽然魏博的消亡出于半自愿，非朱温张嘴硬吞，但这一叶落，还是足够让王镕有了天下秋之感。须知后世三藩的完蛋，也是从尚可喜主动请求撤藩开始的。王镕不想学罗绍威，那么找一个新的靠山，为将来万一与后梁翻脸做做准备，就非常必要了。何况，现在的风向也有了一点点变化：后梁先是在潞州打了败仗，接着大将刘知俊反了，然后又在关中打了败仗。这一桩桩变故，怎么看也不像一个新朝开国的气象啊！也许朱温并不能一统天下呢？

于是，当王镕得知李存勖竟派人来吊丧，决定予以接待，但不要声张，安排住下，管吃管喝就行了。所有的欢迎标语仍要留给朱温的使团。

按照王镕的意愿，应该尽可能地不让这两拨使团见面，但李存勖的使团是肩负着挑拨离间的重要使命来的，如果没让朱温的使团看见，他们岂不是白来了一趟？所以，也不知道是成德方面的安排出了漏洞，还是李存勖的使节根本不管主人家怎么安排，总之，在葬礼的高潮，从洛阳来的嘉宾偶遇了从太原来的客人。

本来，朱温派出的使节，是带着厚礼与褒奖王镕母亲的祭文，还有劝王镕要节哀顺变，强忍悲痛，出来工作，也就是"夺情"诏书来的。按理只要等着看王镕感激涕零，叩头谢恩就行了。谁知想看的东西还没看到，先看到了最不想看的东西！双方大眼瞪着小眼，现场的气氛顿时凝固。就如同干柴碰上烈火，盐酸里放入了氢氧化钠，不祥的剧烈反应由此开始！

后梁的使节迅速返回洛阳，向朱温秘密奏报说："我们拿到了确凿无疑的证据，成德的王镕早已在暗中与李存勖勾结，另外义武的王处直很可能也与他们是一伙的！成德、义武两镇，本来实力就不弱，如果让他们完全与河东连成一体，那么朝廷再想将他们拿下，就会变得非常困难了！"

听了使节的秘密报告，朱温深以为然，开始考虑发起一次新的北伐，以期彻底解决成德、义武两镇的问题。但还没等朱温和谋士将征伐河北的详细计划制订出来，李仁福的告急文书就送到了洛阳。怎么办？权衡利弊，朱温决定暂时佯装对王镕的小动作毫不知情，将准备不足的河北征伐计划放一放，好腾出手先解定难之危。

八月上旬，朱温打算亲赴关中督战，为保证都城的安全，他先任命张全义为西京留守，替他守卫洛阳，又起用李思安，任命为东北面行营都指挥使，统兵一万进驻洛阳之北的河阳（今河南孟州），作为洛阳的屏障。

随后，朱温离开洛阳西进，同时开始在西线大规模调兵遣将：以杨师厚为西路行营招讨使，康怀贞为副，统军进驻三原，以武力威慑岐国，让李茂贞不敢全力攻定难；另从皇家禁军左天武军中，挑出一支精锐，由两员小将李遇、刘绾统领，取道鄜、延（今陕西延安），奔往银（今陕西榆林）、夏，尝试截断晋军攻夏州部队的补给线。

随口提一句，这个后梁禁军平常驻扎的地方，在今洛阳市第一高级中学附近，当时被称作"夹马营"，再过十七年，会有一个很重要的男孩儿在这个军营中诞生。那是后话。

其实，在派出这批援军之前，朱温为犒赏李仁福的知趣，已命供奉官张汉玫、杜庭隐等前往夏州宣谕赐币。得知岐、晋联军将进攻夏州时，他们已经走到石堡寨。事发突然，张汉玫、杜庭隐二将当机立断，马上集合寨中守兵，抢在联军到达前冲进夏州，协助李仁福守城。

张、杜二人带去的梁军虽然不多，但他们使李仁福确信大梁皇帝一定不会抛下自己不管，定难军也士气大振，防御的力量得到很大提升。

【作者按：柏杨《现代汉语版资治通鉴》一书中将供奉官误译为"贴身宦官"，给人一种朱温刚刚大杀完宦官，接着又重用宦官的误解。其实唐代的供奉官是中书省、门下省、内宫等很多官位的一个统称，是指能充当皇帝参谋顾问，宣传敕命的心腹官员，不一定就是宦官，而五代的供奉官则大多数都是武将，一个宦官也没有了。】

而且，夏州城正好也是一座坚城，它的前身其实就是十六国时代夏武烈帝赫连勃勃修筑的夏国国都——统万城。当时，为保证工程质量，大暴君赫连勃勃采用了史上最残酷的验收程序：用锥子刺夯土城墙，只要能刺进一寸，就立斩筑墙工匠。无数工匠沦为墙下的冤魂，但大概正因如此，统万城修得异常坚固。直到此时，虽已经过近五百年的日晒雨淋和风霜侵蚀，它依然是一座易守难攻的坚强堡垒。

坚固的城池加上顽强的守军，使岐、晋联军很快发现，他们叼上的是一块不仅没多少肉，还异常难啃的硬骨头！

晋、岐两军都是想乘定难内乱、人心不稳的机会来捡个便宜，谁也没有打一场恶仗的心理准备。再说两边也不是一条心：我去拼命，好处平分，谁愿意啊？于是，双方在城墙上下打了近一个月，周德威、刘知俊两大名将的攻城进度条几乎还是没有往前挪动过。

到了九月，眼看夏州城仍然拿不下来，而后梁援军即将到达，打各自小算盘的岐、晋两军皆无心再战，便各自撤军，结束了这次不成功的联合行动。

此时，朱温因突然发病，已返回洛阳静养，顺便策划一下，怎样才能既迅速又稳妥地把赵王王镕和北平王王处直解决掉呢？成德、义武都是早就脱离中央控制的老牌藩镇，内部军人集团世代相袭，根基稳固，对外扩张的力道虽然不足，但要守住自己既得利益的信念都是非常顽强的。

除非像当初清除魏博牙兵那样，在他们毫无防备之际突然袭击，否则镇州（今河北正定，成德总部）与定州（今河北定县，义武总部）的难啃程度，只会在定难的夏州之上，不会在夏州之下。而梁军一旦攻镇、定不下，李存勖的晋军必然卷入，胜负就难料了。所以，一定要打一场奇袭战。

只是，咱们既要将大军派进成德、义武境内，准备奇袭，又要尽可能不引起王镕与王处直的警惕，这样自相矛盾的任务怎么可能达成呢？

正在朱温和谋士百思不得良策之时，也算是正打瞌睡有人送枕头吧，北边正巧送来一个重要情报：卢龙节度使、燕王刘守光集结军队，进攻易州涞水县，似有进犯义武、成德两镇的意图。朱温心中一喜：总算让我找到一个合情合理的出兵借口了！

前文提到刘守光这位乱世"古惑仔"的时候，他还没有燕王的头衔，他爬上卢龙节帅的位子，然后与大哥义昌节度使刘守文展开大战。这几年来，他是怎么过的，如何开始有余力向外伸手了呢？

刘守光蠢蠢欲动的原因很简单：他已经把大哥刘守文的势力完全清除了，安了内，所以开始手痒痒地想攘外。

其实，就算不论人品，光比较打仗的本事，刘守文也要比刘守光强那么一点点，但在开战时，两兄弟手中抓到的底牌太不对等了。卢龙是天下第一流的强镇，不论地盘、兵力、经济实力，都是义昌镇的四五倍！不仅如此，刘守光还向李存勖借来了五千精兵参战，而刘守文的总兵力才两万，且他的强项是守城，不是野战。所以在两兄弟开战初期，一直是刘守光略占上风，但谁也灭不了谁。

刘守文一琢磨：这样打下去不行，我耗不过弟弟啊，干脆我和他一样，也拉拉外援吧。于是，刘守文掏掏家底，拿出不少金银财帛，重贿吐谷浑人和契丹人，请求他们出兵助战。

想想当年李克用与赫连铎的那把子交情，就知道吐谷浑部落早与河东沙陀结下世仇，虽然他们的力量已渐渐式微，但一听说是要去打李存勖的同伙，那战斗意志还是很高昂的，立即组织人马参战。

契丹人的情况不同，在阿保机的领导下，他们的势力正蓬勃而起。想当初，刘仁恭、刘守光都给契丹人制造过不少惨痛的记忆，即使不为报仇，只要让刘家兄弟自相残杀，彼此牵制，对契丹也是天大的利好。于是，阿保机也决定出手，派族弟舍利素和小舅子述律敌鲁（以前被刘守光绑架勒索的那位"肉票"）统兵南下，帮助正处于弱势的刘守文。

开平三年五月，就在刘知俊决定造反的时候，刘守文会合契丹与吐谷浑的援军，集结起一支六万人的联军，攻克了蓟州（今天津蓟州区）。重镇失守，刘守光不敢怠慢，也连忙出动大军，反攻蓟州。刘氏两兄弟的决战，终于在幽州与蓟州之间的鸡苏打响。

刘守光虽有些小聪明，但本非能将，以前以众击寡表现还可以，骤然面对如此强大的联军，尤其里面还有这么多野战能力很强的胡骑，他马上露出了纸老虎的本色，禁不住连连后退。

可战场通常就像弹簧，你这边弱了，他那边就强！刘守光这么一胆怯，刘守文的联军不禁锐气倍涨，个个猛冲猛打，眼看刘守光的军队就要且战且退。不过，想撤出战场也很困难了，毕竟刘守文联军的骑兵多，两条腿的要跑过四条腿的，哪有这么容易？

在刘守光眼看就要被一场战役扫进历史之际，发生了令战场双方绝大多数人都没有想到的一幕。

只见联军统帅刘守文一马当先，越过了他的大军，冲到了最前面。众人见此情况，还以为这位孝子大概是太恨他的弟弟了，一定要手刃了刘守光才解气吧？谁知刘守文突然急转一百八十度，背对敌阵，面向自己的联军，流着眼泪大声呼喊："你们要注意，千万不要伤到我弟弟啊！"敢情他不但要做个好儿子，还要做个好哥哥。

刘守文马上为他做一个好哥哥的理想付出了沉重代价。刘守光手下的头号猛将元行钦，本来正负责断后，掩护刘守光逃命，见联军方面的一个大人物竟跑过来，背对着自己向联军喊话，与自己相距仅数十步，身边连个卫兵都没跟上来。再仔细一瞧，哟，这不是咱们老大的哥哥刘守文吗？这样直接送货上门的大功焉能不要？元行钦反应迅速，纵马直冲过去，在两马一错镫的瞬间，已将刘守文生擒于腋下。真小人刘仁恭要亲见这一幕，恐怕得捶胸顿足地骂出声：不肖之子啊！这么白痴的事也干得出来！

这一刹那，成为这一次会战近乎荒谬的转折点。义昌军主帅被擒，一下子乱了阵脚，而前来助战的契丹与吐谷浑骑兵一看，还是趁早开溜吧！于是，联军大败，义昌大将赵行实等投降，刘守光乘胜收回蓟州，挥兵直取义昌镇的总部沧州。

到这个时候，刘氏两兄弟内战胜负已分，刘仁恭的不肖子输给了刘仁恭的不孝子。外部势力也纷纷承认了这个变化，例如朱温，虽然从当年的沧州之战就可以看出他比较欣赏刘守文，但还是很实用主义地向刘守光表达了诚挚的祝贺，授予他"燕王"的爵位。

刘守光乐滋滋地收下燕王大印之余，也在口头上投桃报李，信誓旦旦地表示愿为朱温铲除李存勖助一臂之力！不过，承诺与放屁差不多的刘守光，同时也在写信讨好李存勖，发誓要与晋军同心协力，一起铲除朱家的伪梁！

但这次内战其实并没有完全结束，留守沧州的刘守文部下吕兖、孙鹤等仍不愿投降，他们紧急拥护刘守文的儿子刘延祚为义昌留后，征募军民守城，继续坚持明明已经无望的抵抗。刘守光下令攻打，没用，将刘守文押到城下让守军看，也没用，只好下令将沧州城团团围住，断绝城中的一切补给。

没过太长时间，沧州城内不多的存粮几乎耗尽，城中百姓只能用野菜和上细泥充饥，勉强拖延死亡的到来。挨饿的不只是人，城中的马和驴缺少草料，竟相互啃食对方的鬃毛！在此困境下，忠诚但冷酷的节度判官吕兖，为了让军队保持体力，竟下令抓来一批平民，像养猪一样喂给他们酒糟，保持不死，按顺序杀掉煮熟，充作军粮，并将这个人肉加工机构取了个官方名称"宰杀务"。

即使有了吕兖的"宰杀务"，沧州守军撑到开平四年正月，还是因为弹尽粮绝而被迫投降。刘守光随即任命儿子刘继威当义昌节度使，因刘继威年龄尚小，又留下大将张万进、周知裕担任辅佐。原义昌镇的上下文武，则全部押赴幽州听候处置。

对自己地位威胁最大的哥哥刘守文当然应该除掉。但有趣的是，明明名声已经极差的刘守光，竟然还是很爱惜自己的名誉。他先派刺客杀掉被软禁的刘守文，紧接着又杀掉刺客为大哥"报仇"。

不知为什么，也许是觉得父亲已经失尽人心，不足为惧吧，刘守光没有杀掉刘仁恭，只是将他关押了起来，直到三年后，父子俩一同被李存勖送进阴曹地府。

刘守光侄儿刘延祚的下落则有些蹊跷，《资治通鉴》语焉不详，一些文章说他没有死，后来还投降契丹，官至瀛州刺史。在下查阅相关史书，并未找到此瀛州刺史刘延祚即刘守文之子刘延祚的铁证，相反，在《旧五代史·赵在礼传》和《新五代史·周知裕传》中，都提到刘延祚为叔叔刘守光所害。从逻辑上讲，身为刘守文之子，获得这样的结局好像也更合理一些。故在下猜测，后来出现在契丹的那个刘延祚，应该是与刘守文的儿子同名同姓的另一个人。

实际上，由于"延祚"这两个汉字的寓意较好，当时重名率挺高的，稍后在后蜀就又出现过一个叫"刘延祚"的将领。而取名"延祚"，但不姓刘的人，更可以轻易抓出一大把。

辅佐刘延祚守沧州的两位主要负责人中，孙鹤得到刘守光的赦免和留用，吕兖则为他杀人以供军食的暴行付出了沉重代价，吕氏全族被满门抄斩。

不过，刽子手在执行命令时，出了一点儿小小的纰漏。吕兖有一个叫赵玉的门客，是一位义士，他不忍见吕氏被灭门，于是，冒着被株连的风险，指着吕兖十五岁的儿子吕琦对监斩官撒谎说："你们抓错人了，这孩子是我弟弟，不是吕家人。"

幸亏这监斩官是个马大哈，也没去认真调查核实一下，随便就把吕琦给放了。一经脱险，赵玉马上带着吕琦逃出了幽州。吕琦年少体弱，走不动路，赵玉就背着他，更名改姓，装作乞丐，靠一路乞讨，终于逃至河东。

值得欣慰的是，这个关于义气的故事还有一个比较光明的长长尾声：获得新生的吕琦从此发愤自强，刻苦攻读，终成五代中期的名臣，以处事稳重、为人正派著称。吕琦为报恩，终身事赵玉如父，吕、赵两家的世交一直延续了好几代人。吕琦的家风也很好，后来他的两个儿子吕余庆（本名吕胤，字余庆，为避宋太祖讳以字行世）和吕端，成为北宋初期的名臣。

梁、晋伐谋（下）

言归正传，回到后梁帝国即将展开的军事行动上来。朱温宣布，他作为天下之主，绝不能容忍刘守光对成德、义武两镇如此赤裸裸的侵略性挑衅，后梁将坚定承担对两镇的宗主义务，出兵保卫两镇的独立与领土完整。

随后，朱温先命令供奉官杜廷隐、丁延徽二人就近征调魏博兵三千作为先头部队，分别进驻王镕所属的深、冀（今河北衡水市冀州区）二州，而后续大军正在调集中。

细说起来，朱温实际是将一个并不算严重的威胁加以夸大，然后名正言顺地向跟班小弟家里伸进自己的"正义之手"。而最终目标，是指向站在小威胁背后的那个潜在的大威胁。朱温长久以来的心机之毒、下手之黑，早已是有目共睹。要让小弟家的小红帽毫无戒备地给狼外婆打开大门，自然不会那么顺利。

因此，朱温才向成德伸出第一批触手，就遭遇了麻烦。赵军的深州守将石公立警惕性比较高，他不仅拒绝梁军进驻，还紧急给王镕上书，认为梁军此来，肯定包藏祸心，一定要尽全力拒绝他们入境！

赵王王镕虽然在私下与李存勗已有所接触，但他很可能并不清楚这种接触已经被朱温察觉。显然在王镕看来，晋、赵之间分歧还很大，在短期不大可能让太原变成镇、定两镇的靠山。所以在现阶段，搞好与朱梁的友好关系，仍然是成德外交工作的核心重点，凡与这个核心公然唱反调的人，只能暂时让他靠边站。

于是，在接到石公立的上书后，王镕忙下令，深、冀二州马上打开大门，欢迎大梁中央军的进驻。为了防止擦枪走火，王镕还特别命令石公立率其所部转移至深州城外驻扎，把城内营房腾出来，让给杜廷隐率领的大梁"友军"。

石公立只得带着万分愤恨执行了王镕的命令。当他走出深州城门，回望身后熟悉的城市时，想到里面还住着自己的亲戚朋友，禁不住把剑扔在地上，流泪叹道："朱温忘恩负义地灭掉李唐三百年的江山社稷，随便找个三岁小孩儿都能看出他是什么人！可我们的大王竟然只凭借一个亲家的关系（王镕之子王昭祚娶朱温之女），就把他当成忠厚长者，做出如此开门纳盗的蠢事。可惜了这城中的数万生灵，只能任人宰割了！"

就在杜廷隐、丁延徽所率的梁军分别进驻深、冀二州，石公立望门痛哭之际，赵王王镕对梁军的态度，突然出现了一个一百八十度的大转变。

据史书上说，转变的原因是这样的：有几个后梁官员不知为什么忽然叛逃到镇州，立即求见王镕，将朱温欲施假道伐虢之计，乘机吞并成德、义武的阴谋和盘托出。

这件事有点儿奇怪，按正常推理，后梁的官员如果要叛逃，合理的投奔对象可以是李存勖，可以是杨隆演，也可以是李茂贞、王建，而不应该是同样使用着后梁"开平"年号的王镕。

如果王镕不相信你们，你们立马死掉。就算王镕相信你们，跟朱温翻了脸，弱小的成德自身都如同过河的泥菩萨，又怎能为叛逃者提供有力的庇护？

也许，在史书这行短短的文字背后，隐藏着一个五代版的间谍故事吧。在下猜想，这几个后梁官员最合乎逻辑的身份，应该是王镕安插进后梁政府的卧底。所以他们不会去投奔别人，一弄到对王镕不利的情报，马上回来报告。所以王镕才会对他们的情报深信不疑。当然，这只是在下的推测。

惊恐的王镕决定做最后尝试，看看还能不能用和平手段度过危机。正好刘守光得知后梁大军正在开进成德、义武，他到底不太敢和朱温玩火，就撤军了，王镕赶紧派遣使者前往洛阳，向朱温上表陈情："据最新情报，刘守光已经和义武和解，燕军已从涞水撤回卢龙本土。与此同时，深、冀二州的百姓没见过世面，因为突遇外来的大兵入城，十分惊慌，纷纷奔走传谣，恐怕会发生骚乱。臣以为，天兵既然已凭借皇上神威，不战而屈人之兵，那现在已经可以将他们召回了。"

朱温一看到王镕的上表，再一联系最近有相关官员失踪的事，就知道：坏了，计划已经走漏了！但开弓没有回头箭，朱温决定只是修正计划，而不是终止计划。他一面装得若无其事，再派特使回访镇州，安慰王镕，一面急令已进入成德的杜廷隐、丁延徽二将，迅速巩固对深、冀二州的占领。

朱温的命令很快演变成一场屠杀。杜廷隐等分别关闭城门，不许任何人出入，然后像当初血洗魏博牙兵一样，使用欺骗性的手段，突然将深、冀城内的成德守军全部杀光。

杀人的规模一旦干到这么大，也就不可能保密了。震惊、愤怒、恐惧等多种情绪霎时间覆盖了成德镇的上上下下，赵王王镕这才确凿无疑地相信，不管他愿不愿意，能向朱温叩头称臣来换取和平的时代已经走到尽头了！

王镕几乎是下意识地急命石公立反攻深州，但哪里还攻得下来？

待稍稍冷静，王镕知道，他与后梁帝国的战争已经不可避免地开始了，而赵军的当前处境极为不利。成德镇或者叫赵国，本来就只有镇、赵、深、冀四个州，仅仅是后梁实控领土的大约二十分之一，何况还没交战，已经丢了一半。就算瞎子都看得出，光靠王镕自己那点儿微薄的兵力和他平庸的军事才能，是万万不可能打得过后梁大军的。所以王镕连忙派出使节，在第一时间分别急奔太原与幽州，向有能力帮助他的晋王李存勖和燕王刘守光紧急求救。

从地图上看，镇州到太原的距离，比到幽州要短一些，但由于成德与河东之间隔着高耸崎岖的太行山，而与幽州同属一马平川的华北大平原，所以通常从镇州到幽州所花的时间反而短一些。

这点儿小小的时间差，让前往幽州的王镕使节先到一步，见到了刚成为刘守光部下不久的原义昌节度判官孙鹤。此时，刘守光并不在幽州城中，而是到城郊打猎散心去了。孙鹤看过使节带来的书信，立刻意识到这是燕军争夺天下的难得良机，大喜之下，顾不得等刘守光尽兴归来，就急忙骑上马，飞奔到狩猎场，以便尽快把这个消息报告给新主公。

片刻后，正在围猎的刘守光一见孙鹤来了，还没等他说话，脸色已经晴转多云。这当然不是因为孙鹤长得丑，有碍观瞻，而是另有原因。

不久前，燕王刘守光定做了一套按礼制应该是皇帝专用的褚黄袍，兴冲冲地穿在身上，召见手下众文武，向大家征求意见："如今的天下四分五裂，生民无主，我不能袖手旁观，不作为啊！所以，我打算南面以朝天下（中国古代皇宫正殿的帝王宝座总是坐北朝南，'南面'即面朝南的意思，代指称帝，'北面'即面朝北，代指称臣）！诸君认为，我的想法是正确的，合理的，还是刻不容缓的呢？"

说完，刘守光带着期待的目光，等着大家歌功颂德，山呼万岁。可谁知，第一个对刘守光的征求意见做出回应的人，正是这位一本正经，不喜欢附和的孙鹤。

孙鹤是这么说的："现在我们西边有河东，北边有契丹，他们都不是可以和睦相处的好邻居，无时无刻不在盼着我们出现麻烦，好来趁火打劫！如果大王您称帝，当出头鸟，那正好给了他们足够的理由联合起来向我们进攻。到那时，我们纵然地势险要，兵强马壮，也不容易应付啊。就算能把他们打退，我们的损失也必然惨重！"

给正激情澎湃的领导当头浇了一盆冷水后，孙鹤又用一段儒家的老生常谈安慰刘守光说："其实，只要大王您厚待士人，爱护百姓，积攒军力，执行合理的税赋政策，做好了这些事，大王的仁义之名就会传遍天下，四方诸侯也就会争相拥戴您为天下之主。在此之前，仅仅以现有这点儿本钱称帝，我看不会是个好主意。"

孙鹤前边那段话还算比较切合实际，但后边这段话，尤其是什么有了仁义之名，四方诸侯就会主动来当小弟之类的，连在下都不信，更别说刘守光了。史书只用了两个字来形容刘守光对孙鹤谏言的反应——不悦！只不过姑念孙鹤是初犯，他暂时隐忍了。等将来孙鹤再犯时，我们才能清楚地知道，刘守光对于阻挠他当皇帝的人，究竟能"不悦"到什么程度。

当然，一个合格的领导人要做出一项决策，就应该就事论事，不能因为讨厌某人便因人废言。但问题在于，历史上并非每一个领导人都是合格的，更不可能做到每一项重大决策都是理性最优的。

孙鹤一点儿不了解领导的想法，只顾兴冲冲地祝贺道："赵王刚刚派使，来向大王求取救兵，这真是上天有心帮大王成就大业啊！"

刘守光瞟了他一眼，不冷不热地反问道："何以见得？"

孙鹤解释说："长久以来，王镕、王处直他们与朱温勾结在一起，使河北成为铁板一块，一直是我们最担忧的，那将使我们与梁军的力量对比处于明显劣势。朱温的野心非常明显，他不将河朔诸镇全部吞并，是不可能停止用兵的，所以我们和梁朝的战争，只是发生早晚的问题，不是会不会发生的问题。而现在，他们内部发生分裂，盟友变成了敌人，这就给了我们一个千载难逢的良机。只要大王迅速出兵，与赵王联合，凭借成德的主场之利，击败梁军的可能性是很大的。而一旦击败梁军，成德、义武必然归顺大王，大王的霸业便可水到渠成了！”

说完这段，孙鹤见刘守光还是一副若无其事的样子，担心自己是不是还没有把利害关系说清楚，又补充强调说：“相反，大王如果错过良机不出兵，那么这些好处必然都会落到晋王李存勖手里！”

如果这一番大论是出自讨人喜欢的李小喜或者元行钦，刘守光说不定还会好好考虑考虑，但既然是出自让人讨厌的孙鹤，还要言听计从，那岂不是向大家表示我这个领导的水平还不如你？

于是，刘守光马上高屋建瓴，一针见血地指出孙鹤见识的“浅薄”：“王镕那个大骗子也能信吗？他说话向来不算数，都背叛过多少次盟约了！我们只要坐在这里，等着他和朱温鹬蚌相争，斗个两败俱伤，我们再去渔翁得利，不就行啦？何必现在傻乎乎地去救他！”

刘守光说王镕经常背盟，倒也不是假话，他最初拜的是卢龙李匡威的码头，对抗李克用，后来与卢龙反目投靠李克用，然后又与李克用翻脸，依附朱温，而现在又要和朱温开打了。但透过这些表面的反复，我们可以发现，其实每一次变化，都是王镕在诸强夹缝中迫不得已地腾挪求生，并没有一次是主动为之，不这么干，他早完蛋好几回了！

就拿这次来说，如果没有第三方介入，朱温打王镕，如同狮子打绵羊，哪有可能两败俱伤？只要人家不“两败”，你哪来当“渔翁”的可能性？

尽管刘守光的理论明显漏洞百出，但在职场上辩论，有理多在官高，只要愿意，领导总能轻松驳倒手下。于是，刘守光带着胜利的快意翻身上马，继续追逐可怜的动物去了，只留下马蹄的扬尘，陪伴着目瞪口呆的孙鹤……

再说王镕的求援使节来到晋阳，同样引起了河东集团内部一阵关于救不救赵的辩论，只不过最高领导与手下干部担任的正反方角色，与卢龙恰恰相反。

估计是因为李存勖与王镕之间外交接触的保密程度比较高吧，晋军不少将领都不知详情。他们认为：王镕当朱温小弟，和我们敌对的时间已经很久了，每年都向后梁进贡大量金银财帛，朱、王两家又结成了儿女亲家，不相信他们会这么快就翻脸。所以这很可能是王镕与朱温联手设的一个套，目的是把我军诱出去加以歼灭。

但掌握情报比部下充分的李存勖，更相信自己的判断，他说："王镕依附朱温，只是为保持自己割据一方的地位罢了，哪存在什么真正的交情？何况成德王家以前对大唐天子，都是有时服从，有时反叛，又怎么会心甘情愿当一辈子朱家的臣子？再说朱温的女儿，还能强得过寿安公主？（寿安公主是王镕的曾祖父王元逵之妻。这句话多少有点儿强词夺理，寿安公主是唐朝亲王之女，郡主出身加公主头衔罢了，王昭祚之妻普宁公主却是朱温的亲女儿，后梁正牌公主，怎么会比不上唐朝的折扣公主？）今天他连自己的性命都快保不住了，还会在乎这种三心二意的姻亲吗？我们如果因为猜疑而不去救援，那就正好成全了朱温各个击破的如意算盘。所以，我军应该立刻出兵，只要晋、赵联合，同心协力，那击破梁军就是十拿九稳的事！"

这时，义武节度使、北平王王处直的使节，也带着与赵王来使同样的目的赶到晋阳。两藩心有灵犀，表示愿共同拥戴李存勖为盟主，建立一个由晋、赵、北平三国组成的反梁同盟。

李存勖早就等着这一天了，他欣然接受了盟主之位，命周德威先率领一支晋军，以最快的速度东下太行，出井陉，奔赴赵州（今河北赵县），阻断梁军向镇州推进的道路，坚定赵军抵抗的决心。同时，李存勖下令在辖区内展开大规模军事动员，尽快为前线集结起一支强大的后续援兵。

王镕、王处直见李存勖果然愿意出兵救援，悬在半空的心才得以落地。他们随即正式宣布脱离后梁，弃用"开平"年号，向晋国看齐，重新使用已经亡国好几年的李唐"天祐"年号。河北大势，骤然发生巨变。

此前，朱温为迷惑李存勖，特意命令军队在泽州集结，对外制造梁军要再次进攻潞州的假象。并从河中划出晋、绛、沁（今山西沁源县）三州设置定昌镇，以华温琪为定昌节度使，强化梁军在汾河谷地的部署，而这一谷地正是此前梁晋交锋的另一重点战场。

至十一月，朱温命此时后梁的第一号大将杨师厚驻兵陕州，引而不发，做出策应两路梁军北伐的样子。同时，声称要打潞州的后梁军队在泽州附近完成集结，兵力约四万，不是特别多，但基本构成全是朱梁在打天下过程中锤炼出来的皇家禁军，战斗力比较强悍。

朱温任命王景仁为这支军队的主帅，据记载，他的具体职务叫"北面行营都指挥招讨使"，但有趣的是，副帅韩勍的职务是"潞州副招讨使"。显然这是在"声西"，紧接着，这支梁军虚晃一枪，突然跨过太行山，进驻邢、洺（今河北邯郸市永年区）一带，与当地和魏博的后梁驻军会合，准备"击东"。

李存勖没有上当。太原东南方的潞州，有名将李嗣昭在把守，其固若金汤的程度，已在之前的夹寨之战中得到充分的验证，用不着李存勖操心。为防备梁军沿西南方的汾河谷地奔袭，李存勖留下蕃汉副总管李存审率少量兵力留守太原，自率张承业、李存璋、史建瑭、李建及等大将，统晋军主力取道赞皇越过太行山，前往赵州与先行一步的周德威部会合。

同时，北平王王处直也派兵赶来会合，一支初具规模的抗梁联军，便在赵州完成了集结。晋军当然是联军的主力，据记载约有三万人，北平军有五千人，参战赵军的人数不详，但在下认为，作为这一战的利害相关者，王镕没有坐观成败、保全实力的本钱，故赵军不应少于一万人。三方合计，联军总兵力不应少于四万五千。

至十二月下旬，由王景仁、韩勍、李思安统率的后梁大军，在邢、洺会合了魏博节度使罗周翰，以及梁将王彦章、阎宝等带来的援军后，总兵力增至七万余人，较之反梁联军仍拥有约 1.5 倍的数量优势。

但尽管如此，在下觉得，在梁军主将王景仁的眼中，恐怕还是忧患多于喜悦。

此次出征前，朱温曾召见王景仁，勉励他说："王镕此人反复无常，留着他，将来总要成为后世的灾难。你知道我一直很重视你，所以才将国家最精锐的几支禁军全都交给你。不要让我失望，镇州城就算是用铁铸成的，你也要帮我拿下来！"

领导的勉励，有时会是下属的动力，但有时也会是下属的压力。镇州城虽然不可能是铁铸成的，但王景仁面临的最大困难，并不是来自对方的城墙，而恰恰是来自朱温配给他的这些所谓精锐的后梁禁军。

王景仁虽有名将之称，但那是在淮南，在他还叫王茂章的时候。他投奔后梁的时间还很短，没有立下任何值得一提的功绩，朱温却一而再再而三地给他加官晋爵，可想而知，这已经让多少梁军中资格比他老、功劳比他大的人害上了红眼病。

后梁禁军，与唐朝末年的神策军之类只会搞宫廷政变，不会打仗的皇家禁军可大不一样，他们确实是跟随着朱温南征北战多年，实战经验非常丰富的精锐老兵。但相应地，他们的傲气也就很重，并不是随随便便给他们安个首领，他们就会乖乖地服从命令听指挥。更何况现在还是兵大爷牛气冲天的五代。

朱温大帅（当然，现在是皇上了）说的自然没问题，韩勍和李思安两位将军都是咱们禁军中杀出来的英雄，那咱们也服气，可这王景仁算哪块荒山沟里冒出来的洋葱？他立有何功，身有何能？凭什么突然间就当上大帅？甚至连韩勍、李思安两位将军都要听他使唤？等着瞧吧，他要打得像样还罢了，他要打得窝囊，咱们兄弟第一个灭了他！

王景仁没有办法，只能用打肿脸充胖子式的勇敢，而不是用知己知彼的客观判断来决定自己的行动。

实际上，后梁决策层的一些有识之士，在获知声西击东之计未奏效，晋军主力已东越太行山的消息之后，已经对这次出征产生了不祥的预感。

朱温的首席谋士崇政院使敬翔，撺掇着此前因预测刘知俊可能叛变而声名鹊起的司天监仇殷，两人一道以天象为借口，力劝朱温下旨班师回朝。朱温也有些后悔了，接受了二人的劝告，派使者前往王景仁军中，传令撤军。

但使者去晚了一步，王景仁的大军已经离开邢州北进，来到赵州之南约六十里的一个小县城——柏乡。

决战柏乡（上）

今天，柏乡县在中国地图上只是一个不起眼的小点儿，但在唐宋以前，这里土地平坦，交通便利，土壤肥沃，水源充足，是华夏文明核心区中最富庶的地区之一。凭借着领先一步的经济基础与连接四方的便利，它成为一个历史典故颇为丰富的地方。

据宋初编撰的《太平寰宇记》记载，上古时尧帝在柏乡筑尧王城，当作自己的都城。后世的考古学家果然在柏乡小里村北发现了一座数千年前的古城遗址，面积达三万多平方米，只是它究竟是不是尧帝古都，只有天知道了。

公元 25 年，汉光武帝刘秀也是在柏乡（当时叫鄗城）千秋亭筑坛祭天，宣布即皇帝位，创建东汉王朝的。这座小城继尧帝之后，又当了一次中国的临时首都。

不过，比起短暂显赫的政治史，柏乡及其周边那充满了铁血色彩的军事史更让人印象深刻。

如战国末年，赵国遭遇长平大败，燕国趁火打劫，出动十万大军攻打赵国，结果就在柏乡（鄗城）这个地方被赵将廉颇以寡击众，打得大败。

到了秦末，项羽率领的五万诸侯联军，在柏乡东南约三十五千米的巨鹿，大破章邯率领的号称四十万的秦军主力，决定了秦王朝的亡国宿命。

随后，在楚汉战争中，由韩信统率的数万汉军，在柏乡西北约七十五千米的井陉，大败号称二十万的赵军，为汉朝拿下了河北……

不知当颇带些艺术家气质的李存勖，骑着战马踏上这块多次被战火洗礼过的大地，遥望着远方后梁大军横贯数里的庞大阵容时，心中会不会涌起一阵豪情呢？

这一天是后梁开平四年十二月二十六日，在头一天，李存勖所率的晋军主力，已经与梁军发生了一次小规模接触战，旗开得胜，抓获了约二百名远离大营来砍柴割草的零散梁军。通过审问这批俘虏，李存勖不但确认了后梁大军已进驻柏乡，还得知了梁军出征前朱温对王景仁等大将的那段训话。

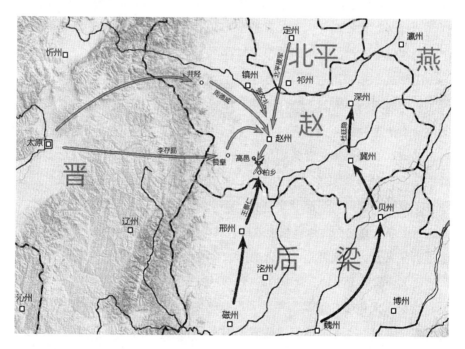

▲ 911 年，柏乡之战

李存勖当机立断，一面派人将这些俘虏押送到王镕那里，让这位赵王知道你不跟着我就死定了，一面下令三国（晋、赵、北平）联军离开赵州，向南开拔，于第二天将大营移动到柏乡之北三十里处，同时让周德威率一支精锐骑兵前往梁营挑战，试探梁军虚实。

在柏乡县往北约五里，有一条发源于太行山，向东注入漳水（今滏阳河）的小河，在谭其骧版《中国历史地图册·唐卷》中将其标注为"济水"，但《资治通鉴》及《新五代史》《旧五代史》均称它为"野河"，也许这"野河"并非正式名称，只是不知名小河的意思吧（由于华北平原千年来的地理变迁，这条小河如今不复存在）。

周德威率精骑跨过野河上的石桥，毫无畏惧地直逼后梁军柏乡大营，肆无忌惮地叫骂挑衅。王景仁不明晋军虚实，遂命令关闭营门，对周德威的挑衅不予理会。

见梁军示弱不出，经常勇气过剩、谨慎不足的李存勖，对自己必能取胜的信心再次得到加强。于是，十二月二十七日，他命令联军再次移营到柏乡正北面，紧贴着野河北岸驻扎，距离梁军的柏乡大营仅有五里路程。

扎下新营盘之后，晋军重施故技，又派周德威、李存璋率一支精锐骑兵逼近后梁大营，往来奔驰，向营地内放冷箭，炫耀沙陀骑兵的强大战斗力，同时还大声辱骂"问候"营中的梁将、梁兵，以及他们的直系亲属。

这梁军大营中的后梁禁军，大都是些刀尖上舔血，箭雨里穿梭过来的粗莽汉子。这些年来，他们追随着朱温南征北战，基本上胜得多、败得少，对打仗那也是轻车熟路，自信心十足，何曾像缩头乌龟似的，一直躲在营里打不还手，骂不还口，忍受这份窝囊气？真是欺人太甚了！杀出去吧！都是一个脑袋两条腿，刀枪并举，谁怕谁？何况咱们人数还占优呢！

于是，梁军副帅韩勍不待主帅王景仁下令，便点齐三万步骑，分成三路冲出大营，排成数个庞大方阵，就像数台巨大的压路机，以沉重、缓慢但不可阻挡的气势压向晋军骑兵。

这些"压路机"给对面晋军士兵留下的第一印象，还不是他们体量的庞大，而是他们装饰的豪华。韩勍带领的这三万人马，作为后梁的皇家禁军，其待遇自然也比同期大多数军队高得多，这一点，只要睁开眼睛便一目了然。

只见梁军士卒人人披挂着光彩耀眼的高级铠甲，上面镶嵌着金银，并饰以锦缎，在冬日的太阳映照下，金光闪闪，异常醒目。从史书的这些描述来看，在下猜想，后梁禁军穿着的甲胄，很可能就是在唐朝非常有名的"明光铠"。

明光铠，胸前、后背有经过打磨的金属甲板，明亮如镜，在当时属于外形最美观、防护水平也最高的铠甲，不过造价也比较高昂，装备量通常很少。这虽然并不能证明穿的人身手不凡，但足以证明穿的人身家不菲。

就像你在大汗淋漓地挤公交的时候，突然听说对头公司给他们的员工每人发一辆小车，你会怎么想？对对方员工感到嫉妒，对自身待遇感到沮丧，还是对公司老总不满？总之，不会有什么好心情就是了。

晋军士兵的反应也差不多，看着对面梁军那身光鲜的行头，备感丧气：都是拎着脑袋当兵领饷，可人和人之间的差距怎么那么大？

周德威一看，这样的士气怎么能打仗呢？他对身旁的李存璋说："我看梁军出来就是想炫耀一下他们的军威，打击我军的士气，并不是真想一战。如果不给他们点儿颜色看看，杀杀他们的锐气，那我军的军心就提振不起来！"

周德威不愧是沙场老将，精通战场上士兵的心理学，他马上将参战骑兵召到周围，用豪言壮语激励大家说："他们是汴州的天武军，原先都是一帮非法小贩、地痞流氓之类，别看他们打扮得花枝招展，论真本事，十个也打不过你们一个！只要逮一个回来，剥下那身行头，至少能卖个几十贯钱。这是老天爷开眼，送给你们一条致富的捷径，可不要白白错过！"

为了证明他不是在用嘴皮子忽悠，大话一说完，周德威便亲自跨马带队，寻找着梁军阵形的薄弱处发起冲击。

据说，那一天周德威英勇无比，率领一千多精锐骑兵，就在三万后梁禁军组成的几个大方阵间左拼右突，往来冲杀了四次，共俘虏了一百多名梁军士兵，然后且战且退，至野河南岸，在李存勖亲至河上石桥的接应下，胜利返回了北岸联军大营。

由于在记录中对晋军的损失只字未提，给人留下的第一印象就是：即使梁军都号称精锐，并且占有几十比一的巨大数量优势，仍然拿晋军骑兵毫无办法。

不过，细读现有关于柏乡之战中最关键的六天（开平四年十二月二十六日至开平五年正月二日）的史料记载，会发现，原始资料全部来自晋军一方的记录。在这些记录中，晋军的形象特别高大，梁军全程一直窝窝囊囊，被动挨打。这本不足为奇，谁让梁军是最后的大输家呢？但仔细推敲，还是不难发现记载中有不少不合逻辑之处，晋军的一些战绩肯定被史家用曲笔美化夸大了。

从世界古代军事史的诸多实际战例来看，用骑兵冲击有准备且训练有素的步兵方阵，效果一般都不会太好，晋军骑兵就独能如此逆天吗？史书反复强调这些后梁禁军也是身经百战的劲旅，拥有不少有利条件，他们的战场表现真会那样差吗？

更重要的是，随后周德威向李存勖报告交战战况时，是这样说的："对面的梁军声势惊人，战斗力也很强大，我方不能轻率决战，最好是按兵不动，待他们的士气三鼓而衰之后再战。"如果当天的交战果然是三万名梁军被一千多名晋军玩弄于股掌，那周德威这段话岂不是在无病呻吟，毫无说服力？直接把三万晋军开出去，梁军还能不被打垮？

因此在下认为，十二月二十六日的战斗，很可能晋军的损失要比梁军大，只不过仗着骑兵跑得快的优势，多数人安全撤出，而不是像史书刻意给读者留下的印象那样，是晋军又一次轻轻松松取胜。

听了周德威的进言，李存勖有不同的想法，他说道："我们以一支孤军翻山越岭深入河北，为的是救人急难。现在虽然拼凑起一支三国联军，但不久前赵王和北平王都还是朱温的小弟，所以我们的联军实质不过乌合之众，最利速战，不宜拖延，否则人心容易生变。而将军你主张持重不战，一点儿风险也不敢冒，是何道理？"

周德威解释道："义武、成德两支友军，他们的强项是守城，野战中很难指望他们发挥多大战斗力。我军的强项在于骑兵，但骑兵要充分发挥野战威力，一定要有充足的机动空间。现在两军大营相距仅五里，还有一条野河限制着我军的活动，骑兵连脚都迈不开，战斗力大打折扣。而且，梁军人多，我军人少，强弱分明，一旦让敌人看穿我军的虚实，我们的处境就十分危险了！"

李存勖作为大老板，又正是年轻气盛的时候，突然被当手下的周德威这一阵抢白，深感面子尽失，非常不高兴。只是看在周德威资格老、功劳大的分儿上，他才没有发作，只是一言不发地转身回自己的御帐，生闷气去了。其余晋军诸将见此情景，谁也不敢多说话。

周德威很着急，他担心李存勖因为轻敌或赌气而做出错误决策，而在这样关键的时刻，一次错误决策的代价，很可能是整个河东集团的不能承受之重！他决定向一位在李存勖面前说得上话的人求助，这个人就是河东监军张承业。

由于在李克宁之乱中，张承业对李存勖有巨大帮助，李存勖平时都将张承业当作兄长来敬重（虽然按年纪算，张承业做李存勖的爷爷其实都够了），只要张承业开口，李存勖绝不会无动于衷。

于是，周德威找到张承业，对这位正直的老宦官说："大王刚继位不久，就突然打了一个大胜仗（908 年夹寨之战），使他对敌人看得太低了，不能客观评估双方的力量，一心只想着速胜。但实际情况是，我们距离梁贼仅一尺之遥，中间唯一的屏障只是一条小河而已。如果他们看穿我军的虚实，建造浮桥杀过河来，我们马上会被打败！现在最好的办法，莫过于将大营撤至高邑，拉开与梁军的距离，引诱他们离开自己的营地。然后，他们出击时我们就撤退，他们撤退时我们就出击，不断使用小股轻装骑兵骚扰袭击他们的后勤补给线，这样顶多一个月，一定能将他们打败！"

周德威这一段长长的论述，堪称高明，但在一些细节问题上交代得不够清楚，似应略作补充。

首先，柏乡正北的野河上是有桥的，这两天内，周德威和他所率的骑兵两次往返于河南、河北（不是今天的两个省），并不是靠游泳过去的。

只不过这座桥的控制权现在握于联军手中，梁军无法使用罢了。周德威所担心的梁军造桥，是指梁军在柏乡正北以外的野河其他河段渡河，迂回夹击联军大营。

其次，需要介绍一下高邑的位置。高邑县城大约在柏乡县城西北三十余里之处，因为野河在这一带是由西北流向东南，故高邑虽然距离柏乡较远，但两者距离野河都很近，只不过不是同一段野河罢了。不清楚这一点的人，很容易被史书上记载柏乡之战的文字搞得晕头转向：为什么两军相距五里时交战地点是在野河边，等联军后撤到高邑，交战地点还是在野河边？

再说张承业听罢周德威的一席话，深感局势严重，他立即起身，几乎是闯进晋王的御帐，掀起床帘，手推正在装睡的李存勖，很严肃地说："现在岂是大王埋头睡觉的时候？周德威是身经百战的沙场老将，有极为丰富的作战经验，他的看法是不能忽视的！"

李存勖没有继续装睡，而是一跃而起，对张承业说："其实我刚才一直在细细思考周德威的话，他说得有道理。"然后，李存勖随张承业一道返回议事大帐。

正在这时，梁营有几名士兵叛逃过来，向晋军告密说："王景仁正在野河的另一个河段上赶工抢建浮桥。"听罢梁军叛兵的密报，李存勖望向周德威，两人会心一笑，李存勖赞道："将军果然料事如神！"李存勖当即下令拔营，全军退往高邑，远远避开梁军的威胁，使王景仁迂回夹击联军的计划流产。

虽然现有的史书都只单方面记录了联军方面在柏乡会战期间干了什么，没有记录梁军方面干了什么，但此刻柏乡大营中梁军将士的普遍心理，应该还是不难猜测的。

首先，韩勍不愧是咱们禁军中杀出来的将军，终于给了沙陀人一次迎头痛击，吓得李存勖当晚就后退三十里。解气，太解气了！与之对比（小声说），咱们的皇上是不是老糊涂啦？竟然让王景仁这个淮南来的废渣当我们的主帅？畏敌如虎，只会偷偷摸摸，想搞次偷袭还失败了！更可气的是，他给我们选择的柏乡大营是什么破地方，连干净的草料都没有，害得我军的战马天天跑肚拉稀！

据史书上说，王镕其实早在和朱温高唱友谊万岁的时候，就已经为未来和后梁翻脸做过准备。比如柏乡虽然属于比较富庶的地区，但因为太靠近后梁的边界，为免资敌，不设库府，不储存一丁点儿粮食、草料。结果等梁军进占柏乡后，人和马都没法就地解决补给问题。后梁的后勤部队运来了人吃的，再要管马吃的，那工作量就太大了，所以梁军不得不派出很多士兵，分散成小股到郊外割草。结果呢，大家也看到了，这些出营割草的小股士兵，一次次成为晋军轻骑的点心。

这样下去当然不行，小队梁军不敢再出营了，王景仁又不愿在没把握时让大部队轻易出营应战，梁军只好在柏乡城内拆毁民房，用铺房顶的茅草和床上的草席来喂马。这些玩意儿哪有什么营养啊？不少梁军的战马吃过这些东西之后，都生病了，甚至死亡，严重影响了梁军骑兵的战斗力，使他们在面对本来就拥有一定马匹优势的晋军骑兵时处境更加不利。这也使出动骑兵破坏对方的补给线，几乎变成了晋军的专利。

自追随皇上打天下以来，咱们什么时候打过这样的窝囊仗？不怪姓王的，还能怪谁？

决战柏乡（下）

开平五年（911）的大年初二，也就是联军移营高邑之后的第四天，周德威带上李嗣源、史建瑭两员猛将，点齐三千精骑，又一次不怀好意地，精神特别不文明地到梁军柏乡大营串门来了。

只见周德威他们来到距离大营一箭之地外，肆无忌惮地纵马奔驰，耀武扬威，扯开了分贝数不亚于破锣的嗓子，对梁军上上下下百般辱骂。更有甚者，部分晋军骑兵竟出其不意地冲向梁军大营门口，又迅速拨马撤走，待梁军不注意，又突然冲向大门放两箭！这样一而再再而三，配合着大声骂街的音响效果，让他们的观众也就是大营内的梁军将士，更加没法压抑心头早已熊熊燃烧的怒火。

说起来，朱温器重王景仁，就是看中了他当初在指挥吴兵与梁军对抗时那气定神闲的大将风度，具体来说，就是两条：一是特别沉得住气，二是善于捕捉战机。但朱温显然有一点误算，王景仁的大将风度是需要条件的，得有一支曾与他一起出生入死、相互信任、彼此团结的军队。

而此时，在柏乡大营中，尽管有数万精兵，但对于王景仁这个根基浅薄，尚未在梁军中有过战功的"空降司令"来说，信任他，崇拜他，能够无条件听他指挥的将士，可能一个也找不到了。更不用说韩勍、李思安这两位资深老将早对他阳奉阴违，就是像王彦章、阎宝这样的小字辈，也比他在军中有威信得多。

显然，如果再不顺从军心，那他这个"司令"就什么也不是了。王景仁只能装作同大家一样愤怒，下令大营主力全部出动，追击这些像蚊子一样讨厌的晋军骑兵。

这正是周德威想达到的效果，他仗着晋军轻骑对梁军的步骑混合大兵团有机动性上的优势，且战且退，把梁军引诱到高邑之南的野河南岸，这里就是联军计划中预设的决战战场。

这片平坦的开阔地的确是一块对联军非常有利的主场。

其一，这里距离联军的高邑大营只有几里地，站在高邑城头就可以俯瞰战场，大营伙房里的热饭热食可以很容易送上前线，帮助联军战士保持较长时间的战斗力。而与之相反，梁军柏乡大营在此东南三十余里之外，数量庞大的梁军士卒就别指望着等伙房送饭了。

其二，高邑大营与主战场之间隔着野河，连接两岸的只有由联军控制的桥，联军以此河为天然屏障，进可背水列阵，激励士卒死战，退可据河而守，梁军难以突破，从而能在很大程度上抵消梁军的数量优势。而梁军身后就是一马平川，联军要迂回或追逐都受不到什么阻碍。

且说在梁军追击下，双方交锋线已逼近高邑段的野河南岸。晋军原先设在南岸几个村庄中的伏兵，一拨接一拨地杀了出来，但在梁军步骑方阵的数量碾压之下，就像撞上墙壁的乒乓球又给弹了回去。

野河与梁军方阵之间的机动空间越来越窄了，周德威、李嗣源、史建瑭等放弃了轻骑的散兵线战术，将晋军诱饵部队与伏兵集结起来，再加上赵军和北平军两支友军，沿河岸列阵，背水死战。

在他们的身后，老将李存璋指挥的晋军步兵在野河北岸列阵，作为联军的预备队。他们将视战况变化投入战斗，他们的存在也能为南岸友军提供心理支援。

此时，梁军将帅发现联军主力出现，也将大军由细长的追击阵形转变为宽大的作战阵形。后梁军队向两侧展开，正面宽达数里，大致分成了两大作战单位。

梁军右翼，或称东集团，主要由魏博、宣义两镇兵马组成，兵力约三万，指挥官是主帅王景仁（大概王景仁觉得这些非主力部队比心高气傲的禁军要容易指挥），与由周德威指挥的联军左翼对垒。

梁军左翼，或称西集团，是梁军的主力，主要是龙骧、神捷、神威、拱宸、天武等精锐的后梁皇家禁军，兵力约四万，指挥官是韩勍、李思安等，与李嗣源等指挥的联军右翼正面对抗。

梁军阵营中，虽然没有一个人有绝对权威来协调全军的行动，但他们中间的很多将领也是身经百战，拥有丰富的战场经验。所以，他们很快察觉，中部由赵军和北平军防守的桥，是整个联军阵线中最薄弱的地段，于是，梁军决定采用中央突击，将进攻重点放在昔日的两个小盟友身上。试想，只要梁军夺取桥，将旗帜插到野河北岸，还在南岸奋战的周德威、李嗣源等部晋军一旦看到敌人出现在本方的身后，很难不军心大乱。

由于成德镇的地盘实力是义武镇的两倍，所以联军守桥部队便以赵军为主。此刻参战赵军的主将大名叫王德明，是王镕的一位义子，不过由于他后来干了一些很不地道的事，编史书的人觉得他不配姓王，故在大多数地方都使用他的原装大名——张文礼。

这位张文礼也是当时的一位奇人，至少有两项素质，是常人难以企及的。一是特别励志，二是特别自信。他原是刘守文的部下，有一次，刘守文回幽州看望父亲刘仁恭，张文礼寻思：咱们励志不能只停留在思想上吧，于是就乘机起兵造反，想抢了上司的地盘。刘守文虽然对弟弟有宋襄公式的仁义，但对造反的手下就没那么客气了，反身一巴掌就把张文礼给拍了下去。张文礼只得逃亡镇州，投奔成德。

到达镇州，一心当励志模范的张文礼通过贿赂王镕左右，让他们推荐自己，获得了与王镕见面的机会。两人一见面，就像当年吕用之邂逅了高骈，都有相见恨晚之意。张文礼在王镕面前口若悬河，粪土当年万户侯，说谁谁作战不知进退，谁谁瞎眼不识军机，总之全是一群草包！什么？王爷您问我的水平如何？哎，怎么说呢，也就比孙武、吴起、韩信、白起这几位古人稍微高那么一点点而已！

听了张文礼这一番高论，王镕竟真的认为他是一位难得的军事天才，不但认其为义子，此后赵军的军事行动也多交给他来负责。另外，张文礼也因此荣登在下私自评定的"五代四大嘴炮军事家"榜单，并且在脸皮厚度这一重要指标上独占鳌头。

不过，战争毕竟不能靠嘴炮来赢得胜利。所以，这一刻，在梁军的强大攻势面前，这位"军事天才"被压得节节后退，眼看就要招架不住了。

此时，在他们的身后，李存勖正立身于高处观战，他一眼就看出了桥有可能被梁军夺走的危险，以及这座桥对于这次会战成败的关键作用。李存勖忙对跟随在一旁的匡卫都指挥使李建及说："如果让贼兵过了桥，其凶焰就难以控制了！你能阻止他们吗？"

李建及，许州人，本姓王，曾在李罕之手下当过小军官，因骁勇过人得到李罕之赏识，认作义子（另一说李建及是李克用义子）。

李罕之被张全义赶出河阳，被迫投靠李克用之时，为表达自己的诚意，从手下精选了一百名勇士献给李克用，其中就有李建及。这一百人可谓是藏龙卧虎，从里面已经涌现出两位五代的一流名将——李存审和杨师厚。李建及达到的级别稍逊于这两位，不过也是一员难得的猛将。

他听罢李存勖的命令，立即挑选了二百名勇士，全部手提长枪，呐喊着冲过桥，与梁军死战于桥头。经过一番恶斗，向桥突击的梁军终被击退，联军保持了阵形的稳定。已经到了巳时（上午 9：00—11：00），正是冬日阳光最温暖明媚的时候，就在这暖暖阳光的照耀下，超过十万人正排成一个个密集的阵形，在横贯数里的杀戮场中相互碰撞，搏命厮杀，谁也不知道，当这一轮暖阳落下时，还有多少人能够站在大地上？因为此刻，真正激烈的战斗才刚刚开始！

生性胆大的李存勖再次从高处俯瞰战场（梁军方面就没这条件了），确认一度出现的危机已经解除，他那种习惯性貌视敌人的乐观主义精神又冒了出来，对左右说道："梁军虽然作战积极，但像一大群没头苍蝇似的，心气浮躁，争相前进，相互没什么配合；而我军阵形整齐，严肃安静，万众一心，团结作战。以此看来，我军必胜！"

应该说，李存勖算得上目光如炬，一下就看出这支后梁大军最大的缺陷所在：没有一个有效的指挥协调体系，王景仁这个主帅名不副实。不过，李存勖也过于乐观了，因为仅靠这一条，还远远没满足联军打赢一场大战役的充分条件。

在李存勖向左右发表必胜宣言之后，两个小时又在双方的拼杀冲突中过去了，整个战场仍呈胶着状态，暂时还看不出哪一方有胜出的态势。如果硬要论一论优劣，那么反而是在梁军禁军主攻的西翼阵地，李嗣源等部联军的抵抗有些吃力，稍处下风。

李存勖有些坐不住了，此战联军布阵，以较强的周德威部做东翼挡敌弱旅，稍弱的李嗣源部做西翼挡敌精锐，就隐隐含有田忌赛马的用意。

想当年，武功盖世的太宗皇帝李世民，在总结自己一生用兵经验时，就曾经说过："（朕）每观敌阵，则知其强弱，常以吾弱当其强，强当其弱。彼乘吾弱，逐奔不过数十百步，吾乘其弱，必出其阵后反击之，无不溃败！"

李存勖就是按这一原则行事的。如果联军的西翼失利，因为有野河的阻挡，梁军"逐奔"确实不容易超过"数十百步"。但与此同时，看来仅靠周德威的东翼，也无法完成"出其阵后反击之"的重任。

看来光靠手下不行，还是得自己动手，丰衣足食。于是，急于吃到热豆腐的李存勖离开后方大营，渡过野河，来到矢石横飞的南岸阵地，找到联军东翼主将周德威，对他说："两军已经黏在一起，很难分开了，而我方兴亡成败，就在此一战！这样吧，我现在就率领生力军冲破敌阵，公可率本部人马做我的后继。"

周德威心中已有了另一套破敌方案，一听此言，忙拦住李存勖的马头劝阻："对面的梁军不是弱旅，观其情势，我军只有沉住气，以逸待劳，才可能战胜他们。如果现在就出动精兵突阵，只会过早消耗我方的预备队，很难成功！"

然后，周德威解释自己的战术说："梁军一路追击我军到此，远离他们的大营已经有三十多里，即使身上带着干粮，也没时间拿出来吃，也没水喝（野河在我们身后）。等战斗持续到太阳偏西之后，他们既饿又渴，又身处刀林箭雨之中，不得片刻休息，哪里还能支撑下去？当然是人人都巴不得赶快脱离战场，回营休整。到了那时，我军再出动铁骑突阵，必可大胜！现在还为时过早。"

此时的李存勖，仍有从谏如流的雅量，听罢周德威一席话，便放弃了自己急于求胜的主张，继续等待战机。当然，等待下去的先决条件，是在梁军疲惫之前，联军的西翼不能被打垮，所以李存勖又赶到西翼阵地，为李嗣源他们加油打气。

李存勖找到李嗣源的时候，对面的后梁禁军正在发动新一轮攻击，隶属于龙骧军的骑兵部队白马都、赤马都担任梁军矛头，攻势颇为猛烈。李存勖用白金酒杯斟了一大杯酒，赐给李嗣源，同时有意激将说："你见梁军的白马、赤马两都人马了吗？看上去真有些吓人啊。"

酒壮英雄胆，李嗣源豪气冲天地答道："马，是不错，人嘛，虚有其表而已，隔天那些马就会养在我们的马厩中！"

李存勖大笑："卿真有气吞万里之豪迈！"

说过自己喜欢"以手击贼"的李嗣源没有再废话，一口将杯中酒喝干，带上最心腹精骑百余，直冲白马都，如一把锋利的匕首插进白色的海洋，顿时消失不见。过了一会儿，这支小小的骑兵队又从里边杀了出来，李嗣源身上已射满了箭矢，活像一只大刺猬。如果不是他的盔甲特别结实，估计就算李嗣源是属猫的，有九条命，也已经报销了！尽管如此，这一趟没有白闯，李嗣源左右手各擒着一名梁军军官，联军将士见了，皆高声欢呼，全军士气大振。李嗣源真不愧"李横冲"之名！

形势渐渐明显，即使在梁军的主攻方向——西翼，联军也有能力咬牙顶住，不会轻易崩溃。于是战局发展就完全进入了周德威计划的步调之中，两军继续搏杀，僵持着分不出胜负，但随着时间的推移，远离本方大营的梁军，较之很容易得到食物和水补充的联军，其原本在综合战斗力上的优势正一点点流失，而劣势却在一点点扩大。

双方交战至申时（下午3：00—5：00），梁军将士自今天一早起来出营追击晋军轻骑，到现在已经处在高劳动强度，且中间没有丝毫间断，也没有一点儿饮食补充地战斗了八九个小时，人人都接近体力透支的极限了。梁军主帅王景仁感到士卒已成强弩之末，不能再打下去，于是下令他指挥的东翼梁军稍稍后撤，打算用且战且退的方式渐渐脱离战场，返回柏乡大营。

但周德威一直在等待着这一刻，岂能让王景仁的如意算盘得逞？周德威马上带着一批嗓门大的晋军士兵，乘机一起高声大喊："梁军逃走啦！梁军逃走啦！"

这一声呐喊，效果酷似淝水之战中朱序的那一嗓子。东翼联军顿时欢声雷动，人人争先，个个奋勇，都拿出最后冲刺的精神，奋不顾身地杀向正在后退的梁军！而东翼的梁军，本来就属于战斗力稍弱的魏博军、宣义军，已是又累又饿，耳闻本军战败，目睹敌军猛冲，更是心胆俱裂，竟真的把王景仁的后撤命令执行成周德威口中的逃跑。东翼梁军于是大溃，四散逃命，战斗力几乎霎时降至零！

此时，由精锐禁军组成的梁军西翼仍在坚持战斗，但东翼的溃败已经不可避免地影响到他们的发挥了。联军西翼主将李嗣源乘机对他们高声喊话："东边的军队都已经逃光了，你们还傻愣愣地留在这儿想等死吗？"

在混乱的战场上，大部分后梁禁军并不可能真正看见他们东翼的战友发生了什么事，但能从东边喊杀声的变化感觉到隐隐的不祥。现在突闻东翼已败，那么按照经验，这一仗显然已经打输了！疲惫惊恐的禁军士兵你看看我，我看看你，脸上已露出惧意。

突然，也不知是谁带的头，有人开始掉头逃跑，瞬间传染了全军。恐惧终于越过这些百战老兵并不算低的心理承受上限，西翼梁军也随之全线崩溃。

此时，留在野河北岸养精蓄锐的联军预备队全面投入了战场，在老将李存璋的率领下，对溃败的梁军展开追击。晋军兵士一面追杀，一面大声高喊他们的俘虏政策："梁人同样属于大唐的子民，也是我们的父老兄弟，只要放下武器投降，绝不滥杀！"

已经丧失斗志的梁军败兵，纷纷脱下盔甲，抛弃刀枪，自我解除了武装。但他们没想到的是，晋军的俘虏政策，赵军不认，他们要为深、冀二州被梁军屠杀的战友报仇（不过在下觉得还有另一个原因，是"嘴炮张"想用痛打落水狗来显摆一下自己的"武功"），因此对梁军俘虏也杀。龙骧军、神捷军等几支精锐的后梁禁军部队，几乎全员被杀光，从野河南岸战场，到柏乡大营之间三十余里的原野上，布满了梁军败兵的尸体。

当天深夜，联军未经战斗便占领了柏乡大营，残存的梁军已经抛弃了全部能抛弃的东西，逃得一个不剩。后梁老百姓不知要交多少粮才积累起来的巨额战争物资，包括战马三千匹、铠甲七万套，以及难以计数的军粮军械、运输车辆等，都成了联军的战利品！

据说，能用钱解决的问题都不是问题。虽然估计占全人类99%的劳苦大众都会觉得，说出这句名言的家伙纯属站着说话不腰疼，但现在的朱温显然就属于腰真不会疼的那1%，所以柏乡之败对后梁帝国造成的主要损失，并不在物资方面。

梁军大将王景仁、韩勍、李思安等，只带着几十名残兵逃回来。另外两员重要的大将王彦章、阎宝的表现，没有记载，估计也好不到哪儿去。

据联军一方战后统计，柏乡之战中，他们共斩获梁军首级两万余。这个数字相对于七万余众的参战梁军总数，好像还不能算一个无法承受的损失。但要注意，军队的阵亡人数与实际损失数，是两个完全不同的概念。

比方说，在此战中，联军光俘虏梁军各级将领就有二百八十五人之多，俘虏和招降的梁军士兵数量没有记载，但只可能比这个数字多得多。即使那些没阵亡、没投降，也没被俘的士卒，也会有很多逃亡山野，不再归队，有些则因伤致残而永久丧失战斗力。

因此，梁军在柏乡之战中的军力损失，要从后梁帝国一方的记录才能够较准确地看出来。事后，坐镇邢州的后梁保义节度使王檀和接替王景仁就任北面都招讨使的杨师厚，花了很大工夫来收容安抚逃回的败兵，但归队返回建制的梁军总数只有一万余人。也就是说，梁军在此战中损失了大约六万人马。

比数量更重要的是质量，这六万人中的大部分是后梁开国以来的百战精锐。在历史上以少胜多的战例中，双方兵力差距比柏乡之战更大的多的是，但在那些会战中，人数多的一方通常也是军队素质差的一方。像柏乡之战这样，强对强、硬碰硬的以弱胜强，要难得多，这才是这一战真正了不起的地方。

怎么理解这个概念呢？也许用另一段历史做比较，我们能有更清晰的感觉。

七百多年后，李自成建国"大顺"，攻克北京，逼死明崇祯皇帝，在其势力如日中天之际，他对外号称手下兵马百万，但真正有战斗力且政治较为可靠的精兵，也就在六万左右。稍后，李自成亲率包括大顺军绝大部分精锐在内的八万大军，征讨据守山海关，拥有四万多关宁精兵的吴三桂。不想吴三桂引来了多尔衮统率的大约十四万清军，联军以超过顺军两倍的优势兵力，大败李自成于山海关。

山海关之战，大顺军的投入和损失，都与梁军在柏乡之战中的投入和损失非常接近，吴三桂军的数量则与晋、赵、北平三家联军的数量非常接近，所以我们可以如此作比：如果吴三桂是独自打赢山海关之战（不是打垮大顺朝），那他的军事成就，就和打赢柏乡之战的李存勖相当了。

刚刚兴起的大顺王朝被这一战打得一蹶不振，之后在清军的打击下几乎是百战百败，只过了一年便随着李自成的败死而灭亡。极盛之时的大顺朝,论控制的地盘比朱温的后梁帝国还要大一些,但稳固程度则远远不如。所以被分量相当的一榔头砸脑袋之后,大顺朝给打趴下了,后梁固然也是头破血流,但暂时还没有性命之忧。

后梁帝国连忙采取了种种措施,来包扎头上的大伤口。

第九章

蜀、岐相争

王彦章　周德威　李晋王　朱温

燕王称尊

首先坐不住的是后梁的深州守将杜廷隐和冀州守将丁延徽。这两州长期属于成德，再加上他们入城后好事没干过，坏事干得不少，民心不附。王景仁大军战败后，他们显然无法坚守。于是，杜、丁二将乘联军暂时还没有杀到，残忍地将城中老幼全部屠杀，裹挟着青壮年弃城南逃，返回后梁境内。

在距离柏乡最近的邢州，后梁保义节度使（原邢洺节度使）王檀下令全镇戒严，边严密防卫边收容前方逃回的败兵，同时紧急上报朱温，请求援救。

正月初八，得知柏乡大败的朱温，连忙让杨师厚取代王景仁，出任后梁的北方战区总司令，率军北进，声援邢州。同时，朱温派偏将徐仁溥先行率精兵一千，沿太行山山麓悄悄北上，乘夜色躲过晋军游骑，进入邢州，让城中军民知道：大梁天子不会轻易放弃邢、洺，杨师厚的大批援军已在路上！邢州守军的惊慌情绪才得以稍稍安定。

考虑到李存勖有可能乘胜进攻比邢洺更富庶也更重要的魏博（天雄镇），二月五日，朱温命深受他信任的二号谋士户部尚书李振紧急出任天雄节度副使，负责魏博防务，顺便彻底架空罗绍威的儿子罗周翰。

事实上，李存勖也确实没有见好就收的意思，他乘着大胜，撰写了一篇《讨梁檄文》，复制多份，散发到河北的邢、洺、魏、博、卫、滑等州，同时借此声势，分兵两路，大举南下。

西路军是辅攻，由张承业、李存璋率领，直接从柏乡南下，进攻邢州。东路军是主攻，由周德威、史建瑭等精骑为先锋，李存勖亲率李嗣源等统大军为后继，攻击目标正是朱温想到的魏州。

二月三日，周德威所率的晋军前锋已攻抵魏州之西的洹水县，魏博大震。二月四日，罗周翰发兵五千，企图封堵魏州的西面门户石灰窑口，谁知被周德威的三千精骑一冲，竟大败溃回魏州。晋军乘胜追击，直抵魏州城西的观音门外。

稍后，李存勖亲率的大军也到达了魏州城外，于狄公祠西设下大营，开始围攻城池。李振到达时，入城的大路已经被阻断，只得在杜廷隐所率的一千精兵护卫下，绕道东面杨刘渡口渡过黄河，然后抄小路乘着夜晚停战的间隙潜入魏州。

魏博告急，朱温连忙再从各地抽调军队，驰援魏州。二月八日，正在攻城的李存勖却忙中偷闲，对左右来了一段怀旧演说："我还是孩子时，曾跟着先王南渡黄河，时光流逝，如今都已经想不起黄河是什么样子了。现正值早春，冰雪融化，桃花水满，我想前往一观大河的壮阔，你们愿和我一起去吗？"

于是，李存勖带着一队亲兵，直抵黎阳渡口观河。也巧，朱温派来援魏的一万多名梁军正从黎阳渡口渡河。渡至半途，见晋王的旗帜出现在北岸，已被柏乡之战吓成了惊弓之鸟的梁军恐惧过度，掉头南返，已上船的连忙下船，一哄而散！南岸援军表现如此不济，北岸黎阳渡的守军表现更差，他们不战不逃，在都将张从楚、曹儒的率领下缴械投降，随后加入了晋军的编制。

在洛阳，大病初愈的朱温接见了从柏乡逃回的败将。王景仁向朱温请罪，并介绍了战败的经过，朱温叹道："我知道，都怪韩勍、李思安欺你是新来的降将，所以不服从你的指挥。"可能正因如此，再加上要给钱镠留点儿面子，朱温对王景仁的处罚较轻，只解除了他的兵权和同平章事的职位，数月后又让他官复原职。

对主帅都没有下重手，对副手的处理自然也不好重到哪儿去。朱温宽宏大量地让韩勍回京城，任禁军左龙虎军统军，负责皇宫的安全保卫（只是朱温没想到，一年后，这个人事安排将让他付出比出师柏乡更大的代价）。一向不走运的李思安也是先被解职，数月后又得到起用，改任相州刺史。不过，这并不是李思安终于熬出头，要时来运转了，而是他终极霉运的开始。

处理了柏乡战败的善后事宜，前方的坏消息就接踵而来：继黎阳渡口的崩溃后，李存勖一面围魏州，一面派周德威扫荡魏博各州县。在短短数日内，晋军连克夏津、高唐、东武（今山东阳谷县）、朝城、临河（今河南濮阳西）、淇门（今河南卫辉东北），兵临黄河边的两大重镇澶州与卫州，所过之处，如入无人之境，澶州刺史张可臻甚至在晋军并未攻城的情况下弃城逃走。

显然，前线梁军的士气，已经像豆腐一样脆弱了，急需强有力的人物前往压阵，否则后梁在整个河北的统治都有可能垮下来，从此改姓李。于是，朱温下诏，以再次巡幸东都的名义，拖着已不强健的身躯亲赴汴州，就近督战，同时催促杨师厚速速整军北上，救援邢、魏。

杨师厚不敢怠慢，率军进驻卫州，说也奇怪，晋军随即就从卫、澶两州城下北撤，返回魏州外围。受此激励，杨师厚继续北上，救援魏州。李存勖率先解除了对魏州的包围，收兵北归，杨师厚挥军追击，直至漳水，不及而还。与此同时，围攻邢州不下的晋军张承业、李存璋部，也放弃攻城，撤军与李存勖大军会合。梁、晋之间的战争就这样暂告一段落，双方恢复了朱温假道王镕之前的边界，为下一轮较量积蓄着力量。

不过，估计就连杨师厚都对这样的结果感到有些诧异：晋军大胜之后，咄咄逼人，怎么我才一出师，一场像样的会战都没有发生，他们就全线撤退了呢？难道我的声威已经有这么高了吗？

杨师厚暂时不可能知道的答案，来自数百里之外的幽州。

原来，燕王刘守光听说晋、赵、北平三家联军在柏乡大败梁军的消息后，认为浴血奋战的双方一定会两败俱伤，然后就轮到坐观成败的第三方下山来摘桃子。其实，在装备技术都差不多的前提下，真正第一流的强军是在铁与血的战场上锤炼而出的，绝不可能靠消极避战避出来，只是这个并不深奥的道理，刘守光好像不知道。

既然自己已经靠避战避成了"最强"，刘守光就以强者自居，分别派使节去见赵王王镕与北平王王处直，用黑帮老大对待跑腿小弟的口吻，恬不知耻地对他们说："听说你们与晋王合力打败了梁兵，正大举南下。正好，我也有铁骑三万、精兵三十万，打算亲自率领，与诸公会师，一道南征！不过我又想，咱们四镇联兵，总得推选一个人当盟主吧，我如果到了你们那儿，该在联盟中担当一个怎样的职位呢？"

王镕、王处直又不傻，当然不可能被燕使一通不负责任的大口马牙就轻易吓得改奉刘守光当老大。为避免李存勖起疑心，王镕马上派人赶至军前，将刘守光干的事原原本本向李存勖做了报告。

李存勖听罢，深感被刘守光脸皮的厚度以及大脑的豆腐渣程度打败了，哑然失笑道："之前赵人告急，四处求救的时候，刘守光漠不关心，不肯出动一兵一卒帮忙。等到我仗义兴师，摧破强敌，大功告成之际，他居然想用吹嘘他的武力，来离间我们，破坏我们与镇、定之间刚刚用鲜血缔结的盟约。刘守光好歹也是一方诸侯，怎么能蠢到这个份儿上呢？"

晋军一些将领不像李存勖这么乐观，提醒李存勖说："我们的云、代（今山西代县）二州，与卢龙边界相连。如果刘守光得不到他想要的东西，发起疯来，出兵犯境，骚扰我们的后方，那可怎么办？昔日吴王夫差北上，与中原诸侯争霸于黄池，结果越王勾践乘虚入吴；霸王项羽北破田齐，汉王刘邦乘机东下彭城！而现在，若我军主力千里南征，与梁军纠缠于大河之上，一时如何能抽出足够的兵力救援云、代？这将是真正的心腹大患。我军不如调整战略，先消灭刘守光，然后再南征才没有后顾之忧。"

李存勖也认同了这个看法："好，就这么办。"于是，晋军的两路大军，才在与杨师厚大军接触之前，都主动撤了军。

李存勖大军撤回赵州，为表示对晋军救命大恩的感谢，以及从今往后自己将坚定不移紧跟晋王的诚意，赵王王镕已赶赴此地，等待着正式进见新老大。

拜见老大肯定不能空着两手来，一向有散财传统的王镕，拿出了大笔钱财犒赏晋军。同时，他还将赵军主力共三十七个都，由王德明（张文礼）

带队，准备随同晋军前往太原，今后他们就全权交与李存勖使用了。这是一个姿态：我连护身的武器都交给你了，还有什么能比这个更忠诚的证明呢？

这次出征，李存勖名利双收，胜利回师。为降低王镕表忠心，使赵军兵力骤减带来的安全隐患，李存勖又留下大将周德威率军驻防赵州，这既是对王镕、王处直两位藩王的保护，也是对他们的就近监视，使他们完全失去产生二心的本钱，从此将成德、义武两镇牢牢绑在了河东的战车上。

接下来，就是该考虑如何收拾刘守光了。

刘守光没有自己将要倒霉的自觉，恰恰相反，他觉得自己自出道以来，骗了契丹，打跑后梁，活捉老爹，干掉老哥，真是百战百胜，如有天助。刘守光的"权威"绝不是一天就能建成的，他借助了不少手段。

比如说，刘守光发明了一种特制的铁刷子，主要功能是"刷"人脸，毁容效果极好。不过，偶尔也会遇上极少数冥顽不灵的"死硬分子"，拼着命也不肯承认错误，刘守光就升级手段来对付他们。刘守光从来俊臣"请君入瓮"的事中获取了"灵感"，制作了一种铁笼子，使用时将"死硬分子"塞进去，再在四周点上火烘烤。

因此，刘守光做出的决定，通常都能得到卢龙上下的一致拥护，极少听到反对的声音。刘守光召集手下文臣商量：你们觉得，一个怎样的官位才配得上我呢？

在隋唐时代，要提起最大的官职，大家首先想到的估计是尚书令。尚书令这个职务，早在秦代就出现了，但在当时只是九卿之一少府的下辖小官，并不算重要。到隋朝将中央官制由三公九卿改为三省六部，尚书令作为三省核心——尚书省的最高长官，其地位才显赫起来。

虽然尚书令只是二品官，但由于隋唐两代所有一品官以及尚书令之外的二品官都是中看不中用的虚衔，所以这一职务俨然有一人之下，万人之上的尊贵，多数时候虽设此职，但无人担当。在唐末大乱国家纲纪废弛之前，隋朝只出过一个尚书令杨素。唐朝唯一一个尚书令就更了不得——李世民！能与伟大的太宗皇帝比肩，是一件多么荣耀的事啊，王行瑜曾为之心驰神往，今燕王可有意乎？

但刘守光毫不犹豫地否决了这种不入流的想法，原因很简单：此前朱温称帝，为拉拢成德，已加授赵王王镕为尚书令，几个月前，王镕向李存勖喊救命，又随便把这顶大帽子送给了晋王。难道我刘守光比不上王镕和李存勖，要吃他们的剩饭？

细查史书可知，唐朝其实还有一个官位比尚书令更牛，那就是同样只有李世民一人担任过的"天策上将"。在史书记载中，天策上将位在亲王、三公之上，可以说大到没品。尚书令还是常设职位，只是不设人，而天策上将这一职位自太宗皇帝登基后就撤销了，可见此官不仅位极尊贵，还是精装限量版的，燕王意下如何？

刘守光嗤之以鼻：你们当我不读书好糊弄是吧？去年朱温就把天策上将一职给恢复了，还把它授予了楚王马殷，你们觉得我能不如马殷吗？

不知哪位谋士突然灵机一动，给刘守光提了一条建议：要不，您当"尚父"怎么样？

尚父一词，最早出自西周的开国功臣姜子牙，严格说来，它并不是官位，只是君主对特别资深的元老重臣的一种尊号。光在唐朝就已经出现过三位"尚父"，分别是李辅国、郭子仪和王行瑜，可见它其实并没有尚书令和天策上将那么稀缺。

不过，咱们的燕王殿下虽然关注时事，但文化水平着实不高，对典章制度、历史传承之类的东西并不了解，只要你别把真相说得太清楚，忽悠他不是难事。毕竟现在没有活着的"尚父"。于是，提建议的人扯淡曰："尚父者，皇帝的干爹是也！"刘守光一听，大悦：皇帝的干爹？那岂不是比皇帝还尊贵啦？好，我就干这个！

刘守光派人前往镇州、定州拉票，要求他自以为是他小弟的王镕、王处直站出来，推举他为尚父。

赵王王镕接到自封老大的刘守光的指令，连忙派遣押牙刘光业到太原，将情况原原本本上报给自己现在真正的老大李存勖。李存勖闻之大怒，见过脸皮厚的，没见过脸皮这么厚的。他招来张承业与众将商议：我们马上出兵，讨伐刘守光怎么样？

赵使刘光业提议说："刘守光再这样胡闹下去，很快就会恶贯满盈，随之必有灭门大祸！我们不如顺着他的心思，拍他两下马屁，帮他尽快丧尽人心，将坏事干到底！到那时再收拾他就更容易了。"

张承业等人也都赞同刘光业的说法，力劝李存勖应该等刘守光这只蠢柿子把自个儿催熟了，咱们再伸手去摘。于是，李存勖改变了初衷，决定假意迎合刘守光，就当是耍猴了。

一份级别极高的推荐书被制作了出来，推荐书将刘守光的"功德"大大吹捧了一番，内容非常肉麻，不过末了才是最让人吃惊的关键，那是一大堆"大佬"长长的签名："天祐八年三月二十七日，天德军节度使宋瑶、振武节度使周德威、昭义节度使李嗣昭、易定节度使王处直、镇州节度使王镕、河东节度使尚书令李存勖：谨奉册，进卢龙横海等军节度使、检校太尉、中书令、燕王，为尚书令、尚父！"

本来，刘守光的自我感觉虽然非常良好，但也只达到对王镕、王处直吆五喝六的程度，并没想到自己也能对李存勖发号施令，所以他也从未派人去过太原。毕竟细算起来，晋的实力比燕还强那么一丁点儿，而且自李存勖上台以来，也是屡战屡胜，好像也不比自己表现差吧？可谁能想到：流水虽无心恋落花，落花竟有意随流水！自己并没邀请李存勖表态，李存勖竟主动靠了过来，不但带着手下三个节度使一同签名表示拥戴，甚至连尚书令一职都主动奉献了出来！哎呀，闹了半天，敢情我还把自己的声威与魅力值估低了啊！

刘守光不读史书，不知道类似的故事其实早在几百年前，就有一对叫石勒与王濬的朋友联袂表演过，他只感到自己纯真的虚荣心得到了前所未有的满足。现在，李存勖已经拜倒在自己的脚下，美中不足的就是当今公认的天下第一人朱温，还没有充分认可自己的成就。

于是，刘守光又遣使去洛阳，向朱温献上六位节度使对自己的联名推荐信，狠狠地在大梁皇帝面前炫耀了一回：知道吗？连你都摆不平的李存勖，现在正对着我服服帖帖地喊大爷呢！

除了推荐信，燕使还带来了刘守光给朱温的书信："晋王他们都很崇拜我，一致拥护我担任尚书令、尚父，可我一想，我同陛下的交情如此深厚，不和您说一声就接受下来是不太合适的（毕竟都要当人家干爹了，不告诉干儿子一声不够礼貌）。我看这样吧，陛下不妨任命我为河北都统，总管黄河以北的一切军政大权，那么河东、成德之类的小问题，用不着您动手，我帮您摆平！"

大概是要猴人所见略同吧，朱温也没生气。只要刘守光能在背后给李存勖多少找点儿麻烦，他爱怎么自我膨胀就让他膨胀去。反正"尚书令""尚父"之类的玩意儿，在如今都是没什么实际意义的荣誉头衔，现实的朱温很少对荣誉头衔斤斤计较，早就主动送出去不少给诸位天下强藩了。

朱温同意刘守光升级当尚书令、尚父，同时派大臣王瞳任特使，前往幽州传旨，加授刘守光为河北道采访使，并参加他升任尚父的受册大典。同样地，晋王李存勖、赵王王镕、北平王王处直等派来了使节祝贺观礼。因此，正处于交战状态的双方使节共聚卢龙，在幽州出现了一派罕见的短暂的和平喜庆景象。

短暂的原因，是刘守光亲自查看了礼宾官呈上来的大典礼仪，发现自己有可能被手下忽悠了：咦，为什么这么隆重的大典，里面竟没有南郊祭天和更改年号的程序呢？

在中国古代，一位新皇帝的登基大典中都会有到南郊祭天的步骤，另外宣布从明年起改元，表示一个新时代开始了。这在当时，属于尽人皆知的常识。

那么问题就来了：我，"牛"名远扬的刘守光，现在要升任"尚父"，当皇帝的干爹，按理比皇帝还尊贵不是？皇帝能够享受到的一切荣誉，我也应该享受到，对不对啊？

礼宾官顿时被刘守光的无知给震惊了，待他们将张大的嘴巴重新合拢，只好先花点儿时间给尊贵的燕王殿下扫扫盲："尚父虽然很尊贵，但仍然是天子的臣属，祭天和改年号都是天子专有的权力，尚父怎么能做呢？"

刘守光这才明白自己这些天竭力追求的是个什么东西。一种被愚弄的感觉生起，刘守光一手将大典礼单狠狠扔在地上，愤然大骂："我管辖的土地方圆两千里，麾下有精兵三十万，我就算要当河北的皇帝，难道还能有人说不？尚父算个什么破烂玩意儿！"

随后，越想越气的刘守光下令，将王瞳和各镇派来祝贺他荣登"尚父"的使节统统戴上脚镣手铐，关进大牢。可古人有云，两国交兵，不斩来使，何况人家是来送贺礼的。过了几天，刘守光也觉得这么做不妥，又将各位使节放了出来。不过，从一些零星迹象来看，刘守光可不是无条件放人的，很可能要让使节将贺词上给自己的尚父称谓改一改。头号使节王瞳就向他屈服了。

说服了部分外交使节，刘守光觉得自己由当尚父修正为当皇帝的准备工作基本完成了。不过，刘守光又隐隐听说，手下人对他想当皇帝这件事大多不赞成，于是他决定召开一次专题会议，统一思想。

刘守光的主要工具可能是从"镇关西"家里借的，包括一柄剁骨如泥、饱尝血肉的大斧头和一块见证过无数生猪变肉糜，大白菜变白菜丝的大砧板。

刘守光很有耐心地向大家介绍了今天聚会的主题，顺便解释了这套厨具今天的主要用途："如今三镇大帅（李存勖、王镕、王处直）都非常拥戴我，我不能总是拒绝而伤害了他们的向化之心。所以，我决定称帝。你们之中，凡是支持我这项决策的，都有重赏！反之，谁要不同意我当皇帝，就把他按到砧板上，当猪给宰了！"

这样的说服工作当然是十分有效的，刘守光的绝大部分手下都迅速纠正了自己的错误想法，积极支持刘守光进位天子。

不过，一个顽固分子还是冒了出来。那个一向不懂得讨领导喜欢的谋士孙鹤，迈着沉痛的步子从人群中走了出来，当着刘守光的面劝阻道："当初，沧州被攻破的时候，我论罪就应该被处死了，只因大王的宽宏大度，我才幸运地活下来。时至今日，我怎敢爱惜残生，像那些谄媚小人一样，不顾是非曲直地顺从大王的错误，来贻误国家呢？希望大王能听我一句劝，不要急着称帝，那我虽死也无憾了！"

一听孙鹤这番反调，刘守光勃然大怒，下令："将孙鹤拿下，按到砧板上活剐了，请大家吃肉！"好个孙鹤，血流满身，不吐一字求饶，反而用尽最后的气力，大声喊道："最多一百天，必然会有外兵杀到……"

刘守光被气得发狂，喝令正在负责行刑的士兵用泥土堵住孙鹤的嘴，不让他出声，然后用利斧将这位可能是他唯一的忠臣，一寸寸砍断，剁成一堆肉块。

当初，董昌想当皇帝，可是杀了好些人才暂时消灭了手下的反对票，刘守光虽然只杀了一个孙鹤，但他太残忍了，极大地震慑了在场的所有文武官员，反对意见彻底消失，称帝提案顺利通过。

八月十三日，刘守光在众手下战战兢兢的拥戴下，正式在幽州登基称帝，国号"大燕"（柏杨称刘守光的燕国史称"桀燕"，特别突出刘守光的暴虐无道，但在下从未在古史中见过这种叫法，疑是柏杨自创），改年号为"应天"，任命刚刚放出来的梁使王瞳和原卢龙判官齐涉为宰相。刘守光成为大唐亡国后出现的第三位皇帝（前两位分别是梁帝朱温、蜀帝王建）。

【作者按：据《旧五代史》，就在刘守光称帝的当天，阿保机就让契丹军队大举犯燕，并攻陷了卢龙东部重镇平州，给了初生的"大燕帝国"一个下马威。不过，这可能并不是真的，因为在《资治通鉴》中找不到此后燕军反攻契丹的记录，刘守光败亡时，平州仍属燕国，直到周德威坐镇卢龙后才被契丹攻占。据《辽史》，阿保机攻陷平州是在刘守光称帝一年多后，与《资治通鉴》的记载对不上号。刘守光称帝当天平州陷落的说法太过戏剧性，可能只是薛居正等人的春秋笔法，他是不愿让孙鹤临终时那句"百日之外，必有急兵"的预言落空吧？】

张府秘闻

刘守光自封为大燕皇帝后不久，晋王李存勖又派了一位新使节，太原少尹李承勋来到幽州，对"尚父"又升级为皇帝表达诚挚的祝贺。

在正式进见之前，大燕帝国主管礼仪的官员为了避免李承勋一时疏忽，发生礼节上的错误，就很善意地提醒他说："我家大王现在已经是皇帝，等一会儿，你一定要自称远臣，行觐见天子的三跪九叩大礼。"

谁知这李承勋一点儿也不像梁使王瞳那么知趣，反而在下不下跪和叩不叩头上斤斤计较："我是大唐的太原少尹，又不是燕国的臣子。燕王对他治下的人，自然可以叫他们称臣，岂可强迫别国的使节也称臣？"

礼仪官员见说服不了他，只好上报刘守光：这次来的晋使没有礼貌。刘守光勃然大怒，马上下令将李承勋关入大牢，让他好好反省自己的错误。

过了几天，刘守光认为李承勋多少应该接受了一点儿教训，便将他从大牢中提出来加以训问："你究竟向不向我称臣？"

李承勋答道："要我称臣也可以，只要满足一个条件。"

刘守光满意了，自己判断得不错，既然梁使可以卖身投靠，那么晋使自然也不应例外。"那什么条件呢？"刘守光问。

李承勋正色道："如果你能让我家晋王殿下向你称臣，那我自然也称臣。否则，不过一死而已！"

刘守光大怒：这不是在要我吗？他再三逼迫，李承勋始终不屈。愤怒的刘守光就让他求仁得仁，下令将李承勋处斩。

这一外交事件，扯下了燕、晋之间和睦关系的画皮，刘守光开始隐隐感觉到：原本晋、赵、北平三王对他的拥戴，可能不是出自真心啊！心灵受伤的刘守光召开了军事会议，准备进攻他最弱、最小的邻居北平王王处直，以报被欺骗之仇。

谁知，尽管刘守光在统一思想方面所做的工作一向卓有成效，但保不齐还有些新加入仕途的愣头青，因受感化的时间短，对领导意图的领会程度不够深，这次会议上居然又一次出现了反对意见。

胆敢和刘守光唱反调的，是刘守光不久前提拔的幽州参军，一个风度儒雅，谈吐不俗的文士，他的名字在后来比刘守光知名得多，叫作冯道。

冯道，字可道，瀛州景城县（今河北沧州西北）人，出生在一个世代半耕半读，虽有仕途之心，但从未真正挤进仕途，没出过什么大人物的小乡绅之家。

冯道少年时，便以品行纯厚，好学善文，孝义为先，不耻清贫而闻名乡里。可想而知，这样优秀的青年，一定像当年屡试不中的黄巢一样，被寄托了冯家几代人渴望出人头地、光大门楣的期待。尽管就在冯道出生前一年多，黄巢打进了长安，大唐提供给平民知识分子进身的科举大门基本上关闭了，但还有投靠藩镇幕府这条出路。为了家族的理想，论家底应该出不起大钱贿赂上层的冯道，依靠着良好的名声和极高的情商（从事后看，他在官场的人缘非常好），成功挤入了官僚阶层。

有人做官是为了财，有人做官是为了色，也有人做官真的是为了儒家理想中的"治国平天下"，但冯道做官的动机好像就是为了做官，为了满足家族的虚荣心。所以在此后的岁月中，他在私德上一直严于律己，不贪财，不好色，处处与人为善，但从不以天下为己任。尽管阅尽了乱世政坛的险恶，目睹了一个个同事身败名裂，家破人亡，甚至身首异处，他仍非常恋栈，从未产生过归隐避祸的念头。

当然了，这说的是后来的冯道，每一块圆滑的鹅卵石都不是天生如此，一定要经过大河风浪的打磨。此刻，暂时还有棱角的冯道，马上就因为食人之禄，忠人之事的责任心，迎来了他漫漫仕途岁月中的第一个大浪。

刘守光并不打算厚此薄彼，他一视同仁地对待各种反对意见，不容分辩，就将带着年轻人的真诚，还不够圆滑的冯道当堂拿下。

不过可能当天没有准备斧子和砧板，也可能刘守光觉得刚刚当上皇帝就杀人听起来不太吉利，所以冯道只是被押入大牢，并未重现三个月前大剐活人的壮观一幕。

不过，今天不收拾你，不代表明天会放过你。谁都知道，咱们这位大燕天子喜怒无常，在他眼中，人命和鸡命、狗命、蝼蚁命差不多，都是

"众生平等，无有高下"，随时可以超度的。就算饶过你命，只要用他发明的那把铁刷子给你整整容，那你活着又和死了有多大区别？

大牢中的冯道，大概就是在这样悲观绝望的心情中，度过了他短暂的牢狱生涯。他一直与人为善，但同我们大多数人一样，并不是不怕死的勇士。难道要做一个在史书上留下一句话，然后灰飞烟灭的忠臣吗？不，这不是还年轻的他想要的人生！

冯道很幸运，他的好人缘在这个危险时刻帮了他。在朋友的竭力营救下，冯道被放了出来，他决定不做燕国的官了，要尽快逃离这艘因船长发酒疯向着礁石猛冲过去的大船。

良禽择木而栖，良臣择主而事，忠诚就不应该是没有代价的，孟子曰："君之视臣如手足，则臣视君如腹心；君之视臣如犬马，则臣视君如国人；君之视臣如土芥，则臣视君如寇仇。"只不过，后来冯道做的又远远超过了孟子的名言。

在那个"城头变换大王旗"的年代，正统观念快要荡然无存了，什么"雷霆雨露，莫非君恩"，看起来更像是笑话。谁是君？是昨天在乡间打架斗殴的小流氓"泼朱三"，是昨天被衙役、不良人追得到处窜的私盐贩"贼王八"，还是昨天与父亲小妾通奸被狠打一顿屁股的无良恶少"刘黑子"？君既已不君，臣自然也臣不到哪儿去，所以当时对孟老夫子这段名言产生共鸣的人，绝不止冯道一个。

比如说，就在冯道逃离幽州的前几个月，在后梁帝国的都城洛阳，就发生了一起性质更严重的弑君未遂的事件。

事情的缘由，大概可以从开平三年七月一天的一次意外事件说起。

那天深夜，洛阳皇宫中的皇帝寝殿发生了一起严重的建筑安全事故，大殿大梁突然断裂，掉下来的梁柱和瓦砾直接砸在朱温的卧榻之侧，差一点儿就要了这位大梁天子的命！

侍从将灰头土脸的朱温从倒塌的卧室中抢救出来，发现这位一向刚毅果决的大梁皇帝已吓得呆若木鸡。

本来，论死里逃生的经历，对身经百战的朱温而言早已不是第一次了，但这次的情况与以往不同，太不吉利了。大梁者，国号也，大梁却折了，还有比这更凶险的征兆吗？再联想一年前夹寨惨败，一个月前刘知俊反叛，这不是再明确不过的上天示警了吗？

第二天一早，朱温召见群臣，痛哭流涕："朕差一点儿就再也见不到诸位卿家了！"后梁朝廷下令，释放宫中多余的宫人，暂时禁止屠宰一切牲畜，给各地的佛寺捐钱祈福。朱温自己也吃斋念佛，并且避开正殿，只在偏殿听政处理政务，希望用这些小朋友认错式的低姿态，化解上天对他和大梁王朝的愤怒。

不过，这一切手段效果好像都不怎么样，卧室大梁这一击，让朱温的衰老进程骤然加速，他病倒了。这一病不同以往，从此，史书中关于朱温得病不能理事的记载，就像晏子口中临淄城的人流一般——接踵而来。

有意思的是，此前洛阳皇宫的修复工程是由张全义［此时已改名张宗奭（shì）］负责的，出了这样差点要了朱温老命的严重质量问题，却不见朱温对张全义问责，甚至连一丝不满的记录都找不到。相反，此后朱温每次遍赏群臣，张全义总是领衔的第一人，位次比敬翔还靠前。这是为什么呢？

是因为张全义名声好，功劳大，资格老吗？好像都不对，对有猜忌心的强势君主而言，这三个特点不但不是护身符，反而更接近催命符。

有一个因素，可能在其中多少发挥了作用。据《洛阳搢绅旧闻记》记载，张全义的夫人储氏多次在朱温面前给丈夫说好话，使朱温放松了对张全义的猜忌。

一个本应很少出头露面的大臣夫人，在皇帝面前说话比大臣还管用，不知大家是否想起了谁？对了，尚让的遗孀，敬翔的妻子刘夫人。储夫人与朱温会是什么关系，很明显了吧？事实上，在洛阳除了皇宫，朱温最常去的地方就是位于南城会节坊的张全义府邸。

朱温与自己妻子之间那些说不清道不明的事，当然不可能瞒过早已历尽人世沧桑的张全义，只不过他的表现和敬翔一样超脱，总能在合适的时间，避开自己不适合去的地方。

乾化元年（911）七月二十日，时值盛夏，天气炎热，身体一直不大好的朱温又病了，觉得皇宫里暑热难当，便摆驾出宫，到张全义家小住避暑。

皇帝来家里做客，虽然不是第一次了，但也容不得丝毫怠慢。张全义全家总动员，以储夫人为首的张家女眷都出来客串服务生，竭力保证朱温在张家能宾至如归，吃好，住好，玩好。

张家女眷的服务确实很到位，朱温果然在张家流连忘返，为了方便，朱温干脆下令将办公地点暂时搬到紧挨着张家府邸的归仁坊。这样一来，各路达官贵人齐聚洛阳的东南角，动静就闹大了。全洛阳城的人都知道皇帝住到什么地方去了，并很自然地对此事生出很多"合理"的联想。

据一则流传极广的八卦消息说，朱温将张家所有女眷统统临幸了一遍！按常规来说，古代像张全义这种级别的元老重臣之家，通常都有几百口人，女眷一般也有几十人。朱温这次住进张府，前后满打满算其实也只有四天时间，年轻时身体好的朱温也许做得到，但问题是他此时已步入晚年，而且他是来疗养治病的啊！所以，这则小道消息的内容极可能是被夸大了，但考虑朱温一向的为人，这件事估计不是凭空捏造。事实可能是，朱温来与储夫人相会，发现张家还有更年轻、更漂亮的美女，顺手采过几朵野花。

张全义之子张继祚的妻子，可能就是其中的一朵花。张继祚没有父亲的定力，感到这是自己身为男人的奇耻大辱，怒火攻心，决计铤而走险，乘朱温在张家的有利时机，刺杀这位大梁天子。

张继祚的具体计划，今天已经没人知道。他一定有更多的准备，但有准备就会露出苗头，结果就被他的父亲张全义发现了。

张全义被儿子的鲁莽行为吓了一大跳，如果真付诸实施，那可是灭门的大罪啊！惊出一身冷汗的张全义急急制止了张继祚的行为，为了不让儿子觉得是他窝囊，他找了一个有点儿牵强的理由劝阻说："你还记得当初我们全家被李罕之围在河阳的日子吗？那时城中粮尽，全城军民都靠吃树叶、木屑来苟延残喘，连最后一匹马都准备杀掉给大家充饥，真可谓生死悬于一线。在危急存亡之际，朱温发兵来救，否则我们全家人早化为枯骨了！如此大恩，岂能忘记？"

说完了"恩情"，张全义又对儿子晓以利害："我这几十年来事事谨慎，尽心竭力地侍奉他，不就是为了保全包括你在内的一家老小，你现在怎么能为一点儿小怨害死一家人！"

话说得很重，张继祚估计也是一时冲动，这起弑君密谋就这样悄悄地终止了。

不过事还没算完。朱温虽然老了，身体也不大好，但千百次战场上锤炼出来的对危险气息的敏锐嗅觉，还没有完全失去，因此他隐隐发现了张府出现的不正常迹象。朱温当机立断，即刻回宫，然后急召张全义入见。

此时的召见，让刚刚缓了口气的张全义大惊失色：难道是儿子想干的事露出马脚了吗？也轮到我像王重师那样，站着进去横着出来的那一天了吗？

好在张全义还有最后的自保绝招，危急当口，储夫人一马当先，前往皇宫求见朱温，厉声问道："张全义不过是一个种田的老汉，三十年来勤勤恳恳，替国家苦心经营洛阳，披荆斩棘，开垦荒地，招揽百姓，筹措军资，全力协助陛下开创了大业！现在他身受陛下鸿恩，位极人臣，且年岁已老，牙齿都快掉完了，只是一个想平安度过余生的衰朽老翁罢了，还能有什么别的想法？难道陛下仅仅因为听到一句谗言，就要杀他吗？"

看着储夫人先是义愤填膺，后是梨花带雨，朱温的心也软了，他也确实没抓到什么实际证据，并不确定危险真的存在过。再想想，如果没有确凿证据就杀了举朝公认的老好人张全义，那天下文武谁还敢保证自己的安全？这无疑会给后梁政坛带来难以预测的巨大风险，值得吗？想到此，朱温彻底回心转意，忙好言安慰储夫人说："你多心了，朕没有恶意的。"

为了证明自己召见张全义确实是一片好心，让张全义更是让朝中文武安心，朱温特意安排儿子福王朱友孜，娶了张全义的女儿，双方结成儿女亲家。于是，这起糊里糊涂的弑君未遂事件，就在你好我好大家好的一团和气中，稀里糊涂地了结了。

能得到这样的结果，也算是张全义的运气，正好这几个月朱温的心情还不算太糟，做事还保持着一些理智。要是再过几个月才事发，正好赶上朱温晚年不可理喻的歇斯底里症大发作，乱砍人头的时候，恐怕就是储夫人也没有能力救丈夫的命了。

在下凭什么认为朱温此时情绪还不算太糟呢？年初后梁军不是刚刚在柏乡打了大败仗吗？这没错，但不论是夹寨还是柏乡，指挥后梁军队的都不是朱温本人。事实上，此时朱温对自己的指挥能力和在军队中的威信，仍然抱有十足的信心。只要身体情况好转，能亲自出马对付李存勖，他还怕摆不平这个小字辈吗？

而朱温这次在疗养之余，还能与不止一个女人调情，就证明他的身体状况有所好转。事实上，就在一个多月后，朱温的病居然获得了一次短暂的痊愈，随即就发动了一次对北方的亲征。

蜀、岐反目

另外，李存勖虽然经常在北边给朱温制造坏消息，但在柏乡之战之后的大半年时间，西边却不断传来一些对后梁而言挺不错的消息。

在朱温刚刚称帝之时，他最有实力的对手，并不是处于全面衰退收缩中的晋王李克用，而是由王建、李茂贞两大强藩组成的蜀岐联盟。这个联盟可不是个样子货，他们在关中给朱温制造了很多麻烦，还间接导致了刘知俊的反叛，至少在柏乡大战之前，它对后梁的威胁并不比李存勖小。

但柏乡之战打完后，蜀岐联盟迅速瓦解，王建与李茂贞重新由盟友变回仇敌，正在激烈争斗。这消息在朱温听来，不是挺喜人的吗？

蜀、岐并不是一对平等的盟友。两者相比，蜀比岐强大得多，蜀主王建如果有心吞并李茂贞，并不是做不到的事。无奈王建的猜忌之心比朱温有过之而无不及，不愿给任何能干的手下脱离自己控制的可乘之机。如果要打出蜀地，那就得亲征或派大将出征，而在王建看来，这两个选项都是很危险的。如果是亲征，留守的人反叛怎么办？如果派大将出征，那么有能力的大将让人不放心，让人放心的大将又没能力。所以他只能满足于割据巴蜀了。

虽然王建有时也在口头嚷嚷两句要北定中原，一统天下的大话，但那只是为了激励手下士气，给大家树立一个空洞的远大目标而已，基本上都是光说不练的。既然岐不可灭，而王建和李茂贞又都感受到强大后梁的威胁，就使他们产生了联合起来的客观需求。

于是，蜀视岐为自己北方的屏障，王建为此源源不断地将蜀地的钱粮物资送往凤翔，为李茂贞撑腰打气，使他从命悬一线困守一座凤翔孤城，到如今咸鱼翻生，重新拿下关中的半数州县。而岐以蜀为靠山，李茂贞多次与蜀军、晋军联合攻梁，有力隔绝了后梁对前蜀的直接威胁，使蜀地保持了较长时间的安全。

显然，双方都从这个联盟中获得了自己的巨大利益，如果王建与李茂贞都能保持顾全大局的理性，那么蜀岐联盟至少在后梁垮台之前应该是稳固的。

但问题是，现实常常比理想来得骨感，王建和李茂贞都是奸诈无比的老江湖，彼此又很熟悉，以前互坑的事也比比皆是。缺乏互信的"囚徒困境"，使蜀帝和岐王放下对彼此的戒心去当一对真诚的好朋友，变成一件根本不可能的事。

李茂贞从王建那里三天两头地要钱、要粮、要援助，甚至要地盘，完全感觉不到"拿人手短，吃人嘴软"的羞涩。到后来王建也忍不住发牢骚说："吾奉茂贞，勤亦至矣！"就算请个保安，也得讲讲性价比不是？哪能任你漫天要价？

而随着李茂贞的实力有所恢复，特别是得到刘知俊这员上将后，李茂贞对王建军事援助的依赖程度不断降低，并自恃王建需要自己这道藩篱，脾气也不断变大，开始在王建与李存勖之间搞平衡外交，数次不通知王建，就与晋军协同作战。从王建的角度解读，那分明就是李茂贞在示威：别以为我离了你就活不了。

不过，双方虽然为重新反目成仇埋下了不少炸药，但真要将它们引爆，还需要一根有分量的导火线。这根导火线很快就露了出来，虽然它原本是被当作双方友好的同心结使用的。

几年前，王建将爱女普慈公主嫁给李茂贞的侄儿，天雄节度使李继崇。但很显然，这对高贵的基本上不存在爱情的小夫妻之间，关系同他们的家长一样，不怎么融洽。更麻烦的是，不像他们的家长那样，相互之间可以眼不见心不烦，他们可是要天天见面，冷战那是免不了的。

有一点我们很清楚，差不多就在梁将王景仁统率大军北讨王镕的时候，这场为蜀岐友好加保险的婚姻走到了尽头。一肚子委屈的普慈公主，悄悄用丝绢写了一封密信，交给贴身宦官宋光嗣送回成都，向父亲诉苦。在信中，她将自己的丈夫描述为一个魔鬼，把自己说得凄凄惨惨戚戚：

"李继崇这个家伙，骄傲自大，又喜欢酗酒，而且一喝醉就发酒疯，滥施淫威，残害贤良！现在，秦州（今甘肃秦安西北，天雄镇总部）的老百姓人人都想造他的反，我也没法再忍受下去了，此生唯一的愿望，就是还能活着回到成都，时刻侍奉在您的左右，不用枉死在这危险的异邦！"

一看到女儿的密信，早就对李茂贞不肯老老实实当自己小弟而十分窝火的王建，又是震怒又是心痛，既然李茂贞叔侄给脸不要脸，那干脆就撕破脸得了。王建派使者前往秦州，谎称周皇后病逝，要普慈公主回蜀奔丧，理由这样光明正大，李继崇自然也没法阻拦，只得让妻子回去。

开平五年正月二十六日，也就是柏乡大战之后的第二十四天，普慈公主回到成都，王建马上将女儿留下，不让她再回秦州，同时晋升送信有功的宦官宋光嗣为阁门南院使，这为宋光嗣后来的发达埋下了伏笔。

不久，李茂贞得知王建悔婚，十分震惊。王建是什么人，李茂贞太清楚了，原本岐军主力都用来与后梁对抗，在岐蜀边界的布防较为虚弱，现在既然出了这样的事，岐蜀边界也就不再安全了，于是李茂贞紧急调集军队，开往秦岭一线。

这样一来，岐梁边界的布防也就相应削弱了，怎么办？虽然现在梁军接连让李存勖狠扁了几下，但自身安全还是不能完全寄托在不一定可靠的盟友身上。正好，当时在岐梁边界一带出现了一支势力很大的土匪，匪首名叫温韬，已经攻陷了华原（今陕西铜川市耀州区）、美原（今陕西蒲城西）两个县城（此前两县似属于后梁）。李茂贞觉得这支力量可以利用一下，就派使者找到温韬，以非常优厚的条件把他招安了。李茂贞收温韬为义子，升华原县为耀州，美原县为鼎州，然后以这两个区区小县城设了个义胜镇，以温韬为义胜节度使，帮助岐国加强东面的防御。

三月初，岐军在岐蜀边界集结军队的情报传到了成都，虽然李茂贞似乎只是为了防御，但在毫无战略互信的前提下，不妨碍王建把情况推测得更严重些。于是，这位前蜀高祖召集了文武百官议事，对他们说："从李茂贞被围困在凤翔的那天起，我就不断帮助他，多少次救他于危难，可他今天竟然忘恩负义，居然集结军队想向我们进攻！你们谁愿意替我出战，给他一个迎头痛击！"

既然王建已经给会议定了调，蜀军众将也跟着激愤起来。太保兼中书令王宗侃自告奋勇地站出来，愿率军替义父讨伐李茂贞。王宗侃，本名田师侃，雅州（今四川雅安）人，是王建现存义子中，资格比较老，功劳也比较大的一个。他不是第一次出场，最露脸的一次，是因人成事，将王先成的七条建议推荐给王建，让王建的军队摆脱了土匪作风，为蜀地百姓减轻了战争带来的痛苦。因此，王宗侃在王建诸义子中名声比较好，而能力不是特别突出，所以没有遭到义父的猜忌。

不过大自然的物种多种多样，有鹰派的地方，常常也会冒出他们的对立面鸽派。原先在成都有个据说相面极准的术士，名唤赵温珪，江湖人送了他一个挺夸张的外号"赵圣人"。看看前蜀建国前，那铺天盖地的，比朱温还多的祥瑞，就知王建也是个很喜欢迷信活动的人。他听闻赵温珪的名声，也不管那个绰号有多么大逆不道，仍将他召至身边听用，官拜司天少监，负责给自己占卜。

赵温珪倒是个有良心的算命先生，不会专拣着主顾喜欢的话说。他见王建君臣都有些头脑发热，劝阻道："李茂贞虽然屯兵境上，但并没有真的犯我疆界。众将如此求战心切，若贪功深入，输送大军的粮草势必要穿越重重山险，既远又难走，真打起来，对国家恐怕不是什么好事。"

在下觉得这就是赵温珪不会说话了，你既然是看相的出身，要劝阻出兵，就应该发挥专业特长，说些"我昨晚夜观天象，见将星晦暗"之类的话，而不该用谋士的口吻说话。

于是，王建没有理睬赵温珪这种不专业的反调，立即任命王宗侃为北路行营都统。不过，王建同时任命兼侍中王宗祐、太子少师王宗贺、山南西道节度使唐道袭三人为招讨使，左金吾大将军王宗绍为招讨副使。招讨使，在唐代一般是针对某一军事行动临时设置的征讨司令，且特别规定，招讨使在"军中急事不及奏报"时，"可便宜行事"。所以王建在北征部队中连设这么多招讨使，初看起来是阵营强大，其实还是在防范臣下有不轨之心，顺手把王宗侃的权力架空了。

在分割王宗侃兵权的三位招讨使中，王宗祐、王宗贺皆是王建的义子，王宗祐曾"将兵攻东川有功"，王宗贺曾击败过臣服于朱温的昭信节度使冯行袭，也算知兵之人，不过他们并不重要，真正有分量的人物，是并非王建义子的山南西道节度使唐道袭。

唐末群雄中，王建在很多方面都酷似朱温，其中一条就是不信任功劳、名望过高的老将，喜欢重用资历较浅的新人。唐道袭就是这样一位得到王建宠信的新贵。

二十四年前，时任利州刺史的王建，为躲避顶头上司杨守亮的迫害，出兵袭占了阆州，真正开始自己的创业生涯。创业自然是艰苦的，王建时不时也要给自己搞点儿文娱活动，放松一下身心。在一次宴饮中，伶人给王建表演歌舞，王建见其中有一个跳舞的小童生得眉清目秀，甚是叫人怜爱，很是喜欢，就将他留在身边侍候。稍后，王建发现这个小童不但长得好看，而且极为聪明伶俐，善解人意，能替他办很多事，便对这个小童越发喜爱。这个美少年，就是唐道袭。

唐道袭年纪稍长，便升任亲随马军都指挥使，负责保卫王建的安全。王建称帝后，唐道袭升任内枢密使，工作是参与机密，传达王命，在后梁与之相对应的职务叫作"崇政院使"，而担任崇政院使的那个人是敬翔，由此可知唐道袭在王建心目中的地位有多么重要。

那长得帅帅的唐道袭，究竟帮王建干过一些什么了不起的大事，才能得到王建如此宠信呢？说来可能让人大吃一惊，他最突出的成就，就是收拾王建的儿子们，当然，不一定是王建的亲儿子。

唐末大军阀有一项时尚爱好，就是为了笼络军心，将军中勇猛之士认作义子，尤以李克用和王建最为突出。李克用以质量取胜，他的义子中名将辈出；王建则以数量称魁，义子多达一百二十人。对王建来说，认的义子多，在打江山的时候肯出死力的人就多，自然是件好事，但到了坐江山的时候，这些义子就变得比较刺眼睛了。

在王建的诸多义子中，论才干、功绩和在军队中的人望，无疑首推王宗涤（华洪）。王宗涤为人比较谨慎，例如当王建任命他为蜀中二号人物东川节度使时，他忙称东川辖区太大，自己能力有限，管不下来，请求义父削减自己的管辖范围，另设新镇。王宗涤如此小心，但架不住木秀于林，王建最终还是因为"画红楼"事件，不让这个最出色的义子活下去。

于是，为了主子，不怕背黑锅的唐道袭挺身而出，他假作友好，宴请王宗涤，将这位深得军心、民心的将军灌醉，然后缢杀。王宗涤被害的消息传出，成都城中大哗，很多军民就像死了亲人一样，悲泣之声处处可闻，全城商人为之罢市抗议，军中甚至出现流言，说要杀唐道袭为王宗涤报仇。王建也听闻了传言，他可舍不得放弃这样一把好用的杀人刀，便暂时外放唐道袭为阆州防御使，以避风头。

除掉了王宗涤，王建又将他的重点防范目标，指向另一个义子王宗佶。王宗佶，原姓甘，是王建早年追随杨复光讨伐柳彦璋时，在洪州掠得的一个男孩儿。他是王建认的第一个义子，而且是真正的养子，王建其他的义子、儿子全是他的弟弟。由于这个特殊的"长子"身份，再加上王建很长时间内都没有自己的亲生儿子，待他的态度要多亲密就有多亲密（现在还需要你们卖命嘛），这一切让王宗佶产生了一种幸福的错觉：自己将是义父的继承人，今天义父所拥有的一切，迟早都是要留给我的。

因为这种错觉，王宗佶真正把义父的事业当成了自己的事业，虽然他才干不及王宗涤，但干劲远过之，也先后立下了不少功勋。王建开国后，任命王宗佶为中书令，晋封晋国公，与劝进有功的判中书门下事韦庄，以及杀人有功的内枢密使唐道袭一同参与军机，位居王建诸义子之首。

乍一看，王宗佶已经得到了一个足以让其他义子羡慕嫉妒恨的位子，但其实王宗佶正处于深深的失望之中。让王宗佶失望的原因来自他新增的一些"弟弟"。与王宗佶原来以为的不同，他的义父拥有非常健全的生育能力，之前长期无子，只是因为王建的发妻周氏不能生育罢了。待王建拿下成都，各处的美女充实进王家的后院，不到十年时间，她们陆陆续续给王建生下了十一个儿子，以及数目不详的女儿，使王宗佶目瞪口呆。

在这群亲儿子中，最被王建看重的是老二王宗懿（王建亲子中的老二，王建长子王宗仁天生残疾，故不被看好）。王宗佶当上晋国公的时候，毫无功绩的十六岁少年王宗懿，享有的头衔是遂王。光看这王爵和公爵之间的差距，就足够让理想过分远大的王宗佶吐血了：难道干儿子再怎么拼命，也只能是干儿子吗？

不过仔细想想，不如王宗懿也就算了，毕竟人家有个好爹。可那个姓唐的小白脸算什么东西？何德何能？就靠奴媚惑主，竟也高居枢密使之职，与我平起平坐？与唐道袭同级，这简直是对我的侮辱！

于是，每次一上朝，前蜀中书令一见到前蜀内枢密使，就会马上张大嘴巴，用唯恐旁人听不清的高分贝打招呼："唐道袭！"

这一声喊在我们今天看来，平淡无奇，名字嘛，不就是让人叫的？但古人有一套礼仪规范。在口语中，名和字是不能混用的，名一般用于自称，以示谦逊，叫别人得用字，如"孟德""云长"，或是姓加上职务，以示尊重。所以对唐道袭，旁人叫他，标准用语应该是"唐枢密"。

电视剧《三国演义》中，一个督邮大人去安喜县检查工作，接见一个小小的县尉，很有礼貌地使用尊称"玄德公"，后来索贿不成，勃然大怒，指着人家的鼻子骂："刘备！"

总之，堂堂中华，礼仪之邦，名字不能乱取（有大量避讳），更不能乱叫，直呼其名与骂人的性质差不多。

被人当众折辱，是个人都会发怒。但唐道袭真不愧是舞童出身，人前卖笑是他的基本功，一看来者是王宗佶，马上将心头怒气埋得严严实实，装作听不懂别人的意思，调动俊朗的五官，挤出一副职业性的微笑："原来是王相爷，真巧啊……"

看到唐道袭自轻自贱，对自己的打脸逆来顺受，王宗佶受伤的自尊心稍稍找回了一点点满足感。他想不到的是，唐道袭的微笑服务可不是免费的。

这件事后来不知怎么就让王建知道了（多半是唐道袭通过第三人透露给王建的），大蜀皇帝认为王宗佶这不是在羞辱唐道袭，而是对自己心存不满，故意打狗给主人看："我任命的内枢密使，王宗佶也敢直呼大名，反了他了！"王建于是有了压制王宗佶的打算。

王建称帝不久，发生了一件不大的事。有一个和尚把自己的一只眼珠挖了出来，进献给王建。当然了，没有记载说当时王建得了眼病需要移植眼角膜，就算有那需求也没那技术，所以这件血淋淋的贡物其实毫无用处。不过，王建还是很感动，准备以斋饭招待一万名僧人作为报答。

翰林学士张格，就是被义士叶彦救走的前唐宰相张濬的次子，觉得此事太荒唐，劝阻说："一个小人物无缘无故地自残，不追究他的罪过已经算他幸运了，不应该再加以褒奖，否则会败坏世间风气！"

王建一向尊重前朝的名门士族，听张格一说，深觉有理，决定让他来顶替王宗佶。一个月后，王建升张格为中书侍郎兼同平章事，成为前蜀新宰相，原中书令王宗佶高升为正一品太师，不再有具体工作。

这是最典型的明升暗降，就这样，王宗佶才当了半年前蜀宰相，正是年富力强的时候就被迫退休了。

王宗佶的为人，可与被他陷害过的王宗涤不一样。他只知道毛遂自荐，向来不懂什么叫韬光养晦。他无法忍受突如其来的失落，整天牢骚不断。据说王宗佶还豢养了不少亡命之徒做死士，有预谋发动叛乱的嫌疑。

不过，这些说法很可能是要坑他的人在捕风捉影，因为从稍后的事看，王宗佶缺少发动叛乱所需的智商，如果真想造反的话，那他一定是史上最笨的阴谋家。

被迫"升官"后不到一个月，王宗佶忍不住了，他竟然丝毫不知道避嫌，以"明知山有虎，偏向虎口跳"的英雄气概，给义父王建上了一道牛哄哄的疏文：

"论职务，我是国家的重臣；论亲疏，我是陛下的长子。咱们大蜀国的兴衰荣辱，都与我休戚相关。现在，咱们大蜀国还没有确立太子，这件事如果不处理，恐怕会成为将来的隐患。

"我建议，陛下如果认为宗懿的才能足以继承大业，那最好早点儿举行册立太子的大典，让我担任元帅，总领六军，来帮助他。如果陛下觉得现在的时局还很艰难，宗懿年纪太小，恐怕担不起这么沉重的担子，那我怎么能为了表示谦让，不肯负担更重大的责任。

"陛下现在已经南面称尊，地位无比崇高，像调兵遣将之类的军旅小事就没必要亲力亲为，把它们交给可以信任的臣下就行了。这样吧，反正我也不怕辛苦，就让我来开设一个元帅府，铸造六军印信，今后军队的一切征战调遣，都由我的元帅府负责。

"如此一来，太子不论早晚都可以在宫中侍候陛下的饮食起居，我则统率大军在外重重护卫，大蜀万世的基业就可以奠定下来。要达成这一美好前景，只要陛下您点个头同意就行了！"

虽然史书上白纸黑字地将王宗佶这篇奇文记录了下来，但在下仍怀疑它的真实性。通常来说，一个大臣只有拥有了曹操对汉献帝那样的优势地位，也不在乎后人怎么议论，才能写得出这么讨扁的奏章吧？王宗佶得有多蠢才能把它写出来啊？故在下猜测，它的内容很可能被人为修改过，以显得更加蛮横无礼。至于这个修改，是后世著史者所为，还是呈到王建面前时就已经不是原稿（别忘了唐道袭的职务是内枢密使，大臣奏章的上报和皇帝旨意的下达，都会先经过他的手），那就不得而知了。

不过，奏章的中心思想应该没变，那就是，王宗佶想开元帅府，执掌前蜀兵权。这可能吗？它要能通过，除非出现以下两种情况：一、王建是汉献帝一类的傀儡皇帝；二、王建是个白痴。

所以，王建勃然大怒，但没有立即发作，而是就此事征求他的心腹也就是唐道袭的意见。

并不清楚唐道袭为了这一刻究竟做过多少准备工作，但送王宗佶上路的临门一脚，他踢得可谓是又准又狠："宗估很有威望，如果让他担任元帅，众将一定都会服从他。"

这就是传说中的捧杀，表面上好像是在承认王宗估的优点，指出任命其为元帅的合理性，实际上是将王宗估推到了王建绝对不能容许的必死之地！在与王宗估的明争暗斗中（虽然王宗估很可能并没把唐道袭当成对手），唐道袭已大获全胜。

数日后，王建召见了在他心中已经被判了死刑的王宗估。王宗估毫无防备，还以为是自己的请求将得到批准，兴冲冲地进了宫。过了一阵子，他变成了一具伤痕累累的尸体，被拖了出来。

一个一品大员被杀，究竟出了什么事？在众人的惊恐之中，大蜀皇帝宣布了王宗估的罪状：宗估在进见之时，向朕逼索权力，专横跋扈，毫无人臣之礼，完全不顾朕对他的好言劝慰，连让他退下都不予理睬，朕忍无可忍，不得不令卫士将其扑杀。随后，王建又清除了朝中依附于王宗估的两个大臣，将这位义子的势力斩草除根。

话说王宗估跟随王建已经几十年了，还不了解他的义父是一个怎样的人吗？他真能笨到那种程度吗？修史的朋友答曰："不管你信不信，反正我是信了。"于是，王宗估极度无脑的形象便留在了史书上，尽管看起来那么不合情理。

蜀、岐交战

唐道袭吃王建的，用王建的，还在与王建儿子们的较量中两战两捷，但这并不是战斗的终结，因为一个新的更强的对手又出现在了他的面前。这回他要对付的是王建的亲儿子。

王宗估虽然被打倒了，被踩上了一万脚，不齿于人，但王建在对他的看法上还是比较讲究辩证法的，认为应该一分为二。哪怕王宗估是个阴谋家，他的谏言中也有可以借鉴的正确部分，比如说，立一个儿子当太子，免得其他义子再有非分之想。

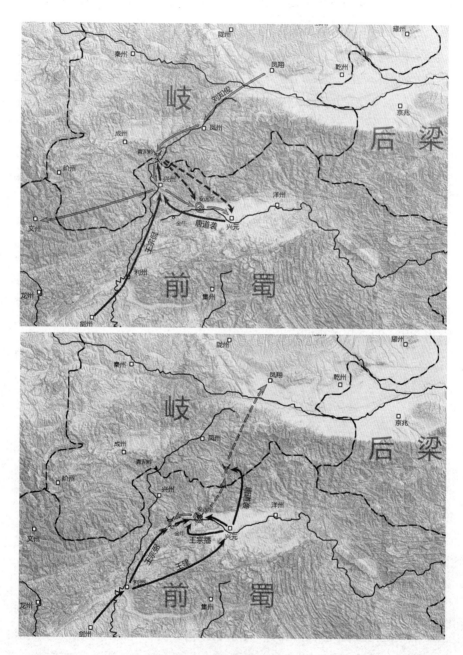

▲ 911年，青泥岭——安远军之战

于是，王建的次子王宗懿毫无悬念地更上一层楼，正式成为前蜀的皇储。为了显示太子与众不同的身份，王宗懿改名为王元坦，好与"宗"字辈的兄弟拉开距离。

可没过多久，在汉州什邡县（今四川什邡），有人发现一块不知年代的古铜牌，上面刻着六十多个晦涩难懂的文字，最前面的五个字是"王建王元膺"。王建的迷信思想又开始发作，猜疑道：这是什么意思，难道是上天注定接替王建的人会是王元膺吗？可这"王元膺"又是谁呢？这次不像"画红楼"那样目标明确，有现成的人可杀，王建思来想去，还是自己创造一个吧，就让刚刚改名王元坦的太子改名为王元膺，这样王元膺接王建的班就合情合理了。

不过，当时就有好联想的人在私下议论："膺"，就是"胸"的意思，"胸"又与"凶"同音，"元凶"，这可不是个好名字啊！

王建估计没听见这些人对"元膺"的解读，他自我感觉非常良好地给太子写了一篇诫子书，谆谆教导曰：

"我提着三尺长的宝剑，历尽艰辛，才化家为国。当政以来，我亲自断决案件，杜绝了冤假错案（王宗涤们真要死不瞑目了）。我恭敬上天，做事谨慎，勤奋俭朴，爱民如子，没有一件事纵情，没有一句话伤物。所以不论是官吏还是百姓，都爱朕如父母，敬朕如天地……现在我更改你的名字上应天命，你不要骄傲，不要自满，要更加谦虚和蔼，对内要和睦亲族，对外要安抚百姓，用赤心对待群臣，用恩信爱养将士……然后，你才能保住我开创的社稷……"

除了给儿子树立自己这么一个榜样，王建还按照古人对于子女教育的教条观念，给儿子打造了一个由正人君子组成的小型"学校"，"校长"是当时青城山的著名道士杜光庭。杜光庭，道号"广成先生"，原先是个儒士，以博学善文著称。但他科举屡次名落孙山，便改行入天台山学道，不想歪打正着，被长安的道士朋友推荐给唐僖宗李儇，以皇帝顾问的身份步入仕途。王建对杜光庭非常器重，任命他为金紫光禄大夫，封蔡国公，教导太子。杜光庭又找来"名儒"许寂和徐简夫，一同当皇储的老师。于是，三个充满老学究气质的老头便天天围在王元膺身边，对他进行"之乎者也"的填鸭式教育。

王建的这位太子爷有几个突出特点。一是长得丑，有一副过于突出的大龅牙，使他的嘴向前凸出；二是生性好动不好静，让人将马球扔到天上，他可以驰马一箭射中，但要他坐下来跟着老学究念书，就有点儿难为他了；三是正处青春期，逆反心理特强，你越教他要如何如何，他就越不愿意如何如何。所以王元膺每天只和自己的玩伴嬉笑打闹，对三位强塞给他的老师一句话都不讲。

光不给老师好脸色看不算什么，对于父亲喜欢的人，如那个舞蹈演员唐道袭，王元膺更显叛逆青年的本色，时时戏弄，往往还是在朝堂，当着很多人的面，让唐道袭下不来台。唐道袭苦不堪言，不得不找王建诉苦，说太子太轻佻，王元膺也向父亲指控唐道袭的种种不是，两人关系闹得很僵。

王建见自己的太子和自己的宠臣如此合不来，也没有更好的主意。两个人他都不想舍弃，就套用当初杀王宗涤后的老办法，让唐道袭在保持同平章事头衔的前提下，外放兴元（今陕西汉中），就任山南西道节度使。

为了体现对宠臣的信任，王建甚至允许唐道袭推荐一个人来接替他担任内枢密使。于是，唐道袭举荐宣徽北院郑顼接自己的班。

郑顼是个挺有才华的文士，号称"言论风采，倾动一时"，曾长期任两川押牙。景福元年（892），他替王建出使汴州，进见过朱温。朱温很亲切地接见了郑顼，用聊家常的口气，问他蜀道尤其是天险剑阁一带的道路险易。郑顼听出朱温没安好心，就大吹特吹，说蜀道是如何如何狭窄崎岖，剑门关又是如何如何无敌险要，别说是一夫当关，就是一个蜘蛛结网，也能叫万蚊莫过。

朱温听他说得夸张，反问道："那你的主子王建是怎么过去的？"郑顼道："大王问我，我不敢不说实话，不然怕误了您的军机！"这一句将朱温逗得大笑，郑顼遂不辱使命而还，从此更加知名。

总之，在唐道袭看来，郑顼是个聪明人，自己向他施恩，把他拉入自己的同党名单，绝对是一着好棋。但万万没想到，郑顼在接到任命的当天——唐道袭都还没有离开成都——就准备调查唐道袭兄弟以权谋私，贪没国库财物的腐败大案！

由于资料不足，无法判断郑顼这么做是因为正义感太强，还是别的什么原因。但在下可以说，郑顼这么做很不聪明，因为唐道袭人还没走，茶还没凉，内枢密使的左右属员都还是他留下的心腹，所以唐道袭在第一时间便得知了这个消息。

唐道袭大吃一惊，急忙求见王建，做了非常深刻的自我批评：陛下，我错了，我不该草率地向您推荐郑顼。经过我最新了解到的情况，郑顼原来是个器量狭小，性情又很暴躁的庸才，让他担任内枢密使，一定会贻误国家。

宠臣的话分量十足，王建随后就解除了郑顼的职务，外放他为果州（今四川南充）刺史，改任宣徽南院使潘炕（就是那位原版"花蕊夫人"赵解忧的丈夫）为新枢密使。谢天谢地，潘炕虽然爱情至上到了不在乎仕途的程度，但不是个死心眼，前蜀政坛终于实现了暂时的和谐。

这样，唐道袭可以安安心心地到兴元上任去了。不过，安心的时间真的很短暂，只有一年，原因嘛，正是前面交代过的，李茂贞到前蜀的北部边界上阅兵示威。负责守卫前蜀北部边界的人是谁？当然正是山南西道节度使唐道袭。

王建这次为什么这么一反常态地大动肝火，不顾算命先生赵温珪的反对，一定要对岐国开战？考虑到直接当事人唐道袭想让谁当内枢密使就让谁当的巨大威力，很难说里面没有他的因素。

三月八日，前蜀的北征大军在王宗侃等大将（不包括唐道袭，因为他一直留在兴元前线）的率领下，从成都出发了，据说兵力多达十二万，旌旗招展，浩浩荡荡地绵延数百里，声势之大，为王建开国以来出师之最！

消息传到了岐国，李茂贞也愣了，没想到才一擦枪就走了火，王建也真是欺我太甚，不但把我侄儿媳弄走，连让我们表达一下心情不爽的权利都要没收！事已至此，就只能打了，乘着前蜀大军暂时还没到前线，岐军在普慈公主前夫李继崇的指挥下，越过两国边界，袭击兴元。

唐道袭早有准备，而且他马上用实际行动证明，他的业务强项可不只有拍马屁与害人。在唐道袭的迎头痛击下，李继崇败退岐国境内。王建得知自己的巴掌都还没有扇上去，李茂贞就敢抢先还手，一时大怒，下令由太子暂时监国，自己亲赴利州（今四川广元）督战。

有了皇帝在屁股后面亲自督促，前蜀大军不敢怠慢，虽然蜀道难，行军和物资运输的困难很大，但王宗侃等人还是驱动大军，杀过了边界，攻击欺负过他们公主的李继崇，连战连胜。

岐国那边，李茂贞得知前线接连告败，也赶忙采取了紧急措施，将岐国此时的头号战将，也就是大家熟知的后梁叛将刘知俊，从梁、岐对峙的东线调下来，前往南线，名为协助，实际上接替了李继崇的指挥。

在刘知俊看来，面对蜀军显而易见的兵力优势，岐军要硬碰硬打赢这一仗很难。不过，双方交战区域，正处秦岭的崇山峻岭之间，有大量的地利可以利用。于是，刘知俊决定让岐军退往兴元西北，进入青泥古道。

所谓青泥古道，其实就是楚汉战争时，韩信"明修栈道，暗度陈仓"的那条陈仓古道，它北起陈仓邑，南接金牛道，自隋、唐以来，是陇蜀之间的正驿官道。在这条古道的中段，有一条必须翻越的山岭，此岭因"悬崖万仞，上多云雨，行者屡逢泥淖，故名青泥"，古道因为这青泥岭，而有了青泥古道之称。

青泥岭是青泥古道上最险峻难走的一段路程。一百多年前，诗仙李白写下他的千古名篇《蜀道难》，其中就专门有两句感叹过青泥之险："青泥何盘盘，百步九折萦岩峦。扪参历井仰胁息，以手抚膺坐长叹！"无独有偶，稍后的诗圣杜甫入蜀走的也是青泥古道，作《水会渡》一诗叹曰："山行有常程，中夜尚未安。微月没已久，崖倾路何难。"

刘知俊选中的决战之地，正是这处折服了两位大诗人的天险要地。乾化元年八月，差不多就是刘守光活剐孙鹤，登上大燕皇帝宝座的时候，刘知俊指挥的数目不详的岐军（以岐国当时的实力看，很难超过五万），与王宗侃、王宗贺、唐道袭、王宗绍等指挥的十三万蜀军（加上山南西道的一万驻军）决战于青泥岭，蜀军兵力估计是岐军的两到三倍。

由于欧阳修老先生等古代修史人的偏见，李茂贞的岐国没能挤进"十国"的名单，后梁或前蜀对岐军的胜利史书记载较详，而岐军打败梁军、蜀军的相关记载极为简略，甚至没有。青泥岭之战就是典型，它的详细经过我们一无所知，能确认的只有结果：刘知俊以寡击众，获得了他军事生涯中又一次（可惜也是最后一次）辉煌的胜利。

前蜀大军大败，马步使王宗浩欲逃往兴州，结果在岐军的追击下，掉进嘉陵江里淹死了。兴州似乎也被岐军攻陷。蜀军众败将中，数腿快还得算唐道袭，他率少量败兵，以最快的速度脱离追兵，逃回自己的驻地兴元。蜀军主帅王宗侃、招讨使王宗贺等，跟在唐道袭的后面，一面后撤，一面收拢败兵，减小损失。不过，这样一来，他们撤退的速度就受到了影响，蜀军刚退至兴元的安远军（今陕西勉县），便被刘知俊、李继崇的追兵赶上，被团团包围于城中。

刘知俊、李继崇一面集中主力围困安远军，一面分出部分轻装部队继续东进袭击兴元，看能不能借大胜后的破竹之势轻取这一重镇。

此时，败退回兴元的大多数蜀军将士已成惊弓之鸟，一见有岐军杀至，纷纷向他们的节度使大人建议：岐兵势大，锐不可当，咱们还是以空间换时间，放弃兴元，保全实力为上吧？

唐道袭可不同于这些中下层军官，他深知：皇上将山南西道这么一大块地方交给我，如果就这样全弄丢了，灰溜溜地回去，你们可能没事，我怎么向皇上交代？皇上的宠信不是万能的，何况还有个看自己不顺眼的太子爷。不能再逃了！唐道袭厉斥众将道："我们如果放弃兴元，被困于安远的大军就陷于绝望，不可能坚守下去。而安远的大军如果全军覆没，利州也将沦为敌人的领土！我就是死，也要死在兴元！"

由于蜀、岐两军此前曾多次交手，李茂贞十有八九是输家，何况这次会战蜀军的优势还比以往都大，故王建很自然地以为，这次的胜利将唾手可得。所以，他就在蜀、岐两军的大战打响前，从利州返回成都去了。谁知他前脚刚进成都，唐道袭派来的告急使后脚便把青泥岭大败的噩耗送到他面前。

自王建出道以来，他的军队还从未打过这样难看的败仗，王建震惊之余，急忙再调前蜀各路兵马驰援前线。

王建先派一支部队援救兴元。这支援军的主将，是王建的侄子，时任御营指挥使昌王王宗锷。同时，王建大概确实担心前线崩盘，所以很罕见大胆地用人不疑了一次，任命现在蜀军最能打的定戎团练使王宗播（当年成汭的结义兄许存）指挥各解围部队的军事行动，以克服此前蜀军指挥权过于分散的弊端。

王宗侃军团受困的安远军，在唐时原称西县，只是一座不起眼的小城。但王建割据蜀地之后，认为此地能屏蔽兴元，封住汉中平原的西端入口，地位重要，于是让步军都指挥使王宗绾在此大兴土木，扩建城池，将它打造成一个军事要塞。此地城防坚固，储备的军粮物资也比较丰富，刘知俊虽然以重兵将其包围，但要把它攻克，却困难重重。岐军迟迟不能克城。

与蜀军相比，兵力不足的岐军既然将主力用于围困安远军，自然无力再阻止王宗播、王宗锷的援军与唐道袭的兴元守军会合。战局遂再次发生转折，倚仗着源源投入的兵力，蜀军度过了兵败后最危险的阶段。两军进入相持阶段。

为给被困于安远军的王宗侃军团解围，王宗播、唐道袭、王宗锷等决计采用声东击西的战术，将岐军的注意力吸引于安远军之东，同时出奇兵绕道定军山，袭击安远军之西的包围圈。这个计划获得部分成功，蜀军奇兵插入敌后，与岐军在安远军西面的明珠曲、凫口发生激烈会战，包围安远军的岐军陷入了东边有敌，西边有敌，中间还是敌人的态势中，但刘知俊仍稳如泰山。

按史书援引的蜀军奏报，蜀军在明珠曲、凫口两次会战中均大获全胜，并斩杀了岐军将领、成州刺史李彦琛。在下认为，这份战报可能有一定水分，因为两战过后，蜀军并未能打破包围，王宗侃军团的处境仍在恶化。

情势危急，王宗侃不断派人试图潜出包围圈，向王建告急求救。这样的尝试自然多数以失败告终，不过还是有成功的。有个叫林思谔的裨将混出岐军的封锁，抄小路取道巴州，翻山越岭，前往利州告急。

明珠曲、凫口会战后一个月，王建见王宗播等仍无力给安远军解围，且这个月内又有一些蜀军完成集结，于是再次命太子监国，自己率大军从成都出师，亲赴利州，与刘知俊部岐军一较高下。

十月初，王建亲率的前蜀大军先头部队，与岐军阻援部队发生交战，蜀军又获得两次小胜，歼敌数千，擒岐将李彦太。此时，王建到达利州郊外的泥溪，正好遇到九死一生跑出来的林思谔。得知安远军的危急情况，王建急命开道都指挥使王宗弼率精锐直出金牛道，与王宗播、唐道袭、王宗锷部蜀军东西夹击，围困安远军的岐军。

就在蜀军不断向战场增兵，甚至连王建都亲临前线的同时，岐王李茂贞似乎忘记了这场战争，任凭刘知俊部孤军深入，没向他增派一兵一卒。出现如此大的不对等，主要原因估计还是蜀强岐弱，且李茂贞还有更大的敌人朱温。还有一个因素可能也在其中发挥了不小的作用。

是什么因素呢？也许刘知俊的新绰号能给我们一点点启示。

刘知俊是个绰号比较多的人。他身材高大魁梧，肤色黝黑，正巧生肖属牛，所以有人给他取过一个很形象的绰号——"刘黑牛"。

但要论知名度，"刘黑牛"是排不上号的，由于刘知俊曾在朱温手下任"开道指挥使"，冲锋陷阵之时勇冠三军，所以他最有名的绰号是威风凛凛的"刘开道"，堪与河东的"李横冲"齐名。

不过，"刘开道"仍然不是他最牛气的绰号。刘知俊在当李茂贞部下期间，也许是鹤立鸡群的缘故吧，一度被人称作"无敌王"。"无敌"在五代并不是一个被忌讳的词，前有单可及号称"单无敌"，后有杨继业号称"杨无敌"，可他们谁也没敢在"无敌"后面加个"王"字。给刘知俊取这个绰号的人，不是过分崇拜他的话，那多半就是没安好心的小人，是在用捧杀的方式提醒李茂贞：刘知俊可是个危险人物！他要是"无敌王"，那把您放在何地？他背叛过时溥，背叛过朱温，谁敢说他不会背叛您？

很少有首领会真正喜欢一个过于优秀以至于让自己都黯然失色的部下，尤其是在唐末五代，这个大首领更新换代特别快的时代。李茂贞虽以待下宽厚著称，但并不属于例外，何况他手下嫉恨刘知俊的人也不少。有一个叫石简颙的，就成天在李茂贞面前进谗言，以抹黑刘知俊为己任。在这些作用力的共同影响下，李茂贞对自己得到一个能干部下的心情正渐渐由喜转忧。

敢放手使用刘知俊这一级武将的首领，自身的威信得足够高，须是朱温、李存勖一级的人物。李茂贞虽然比刘知俊的第一任上司时溥强不少，可也还没有达到标准。

就拿这次让刘知俊抵御蜀军来说，他能完成任务对李茂贞而言当然是件好事，但如果他超额完成任务，那就不一定是好事了。可以说，在这一刻，不希望刘知俊再建新功的大首领，可不止王建一个。

这并不出奇，在此前和此后的历史中，有许多比刘知俊更优秀、更了不起的人，都栽在了类似的困境之中，落得个"出师未捷身先死，长使英雄泪满襟"的下场。

于是，接下来的战局就毫无悬念地变成了蜀军的节节胜利和岐军的苦苦支撑。

十一月十二日，王宗弼破岐军于安远军西南的金牛，擒岐将郭存。

十一月十六日，王宗播、王宗锷败岐军于黄牛川，擒岐将苏厚。

十一月十七日，阵容豪华的前蜀各路援军完成集结，连蜀帝王建都亲临兴元前线，指挥与刘知俊的决战。被困于安远军城内的前蜀将士，站在城头远远看见大蜀皇帝的旌旗，知道他们即将得救，人人欢声雷动。

安远军之战进入了最后高潮。在王建的亲自督导下，蜀军完全恢复了勇气，从各个方向突击岐军的营垒。被围的王宗侃等部也擂响战鼓，从城中杀出，与援军内外夹击，奋力破围。在蜀军的猛攻之下，刘知俊、李继崇寡不敌众，连失二十一个营寨。

打到这时，岐军败局已定，刘知俊不得不面对现实，于十九日取道斜谷北撤。不想唐道袭已预先在斜谷设伏，对撤退中的岐军败兵拦腰痛击。刘知俊、李继崇虽然奋力冲破了蜀军的伏击圈，但部众再一次遭受重创，将青泥岭之捷的战果完全赔给了蜀军。

　　王建对这样的结果基本上是满意的，他虽然大举兴师，但动机只是为了面子，以及让宠臣唐道袭积累点儿实实在在的军功，好风风光光地将他调回成都，根本无心吞并岐国，消灭这个缓冲地带。现在好了，两个目的都达到了，他也见好就收，返回成都。

　　这结局对李茂贞而言也是可以接受的，虽然岐国因蜀岐结盟和刘知俊投效而带来的中兴势头一去不返，从此走向衰弱。但这有什么？在被朱温海扁的时候，李茂贞就放弃了争天下的雄心，将自己的目标缩水为独霸一方，安度余生。从这个目标来看，声望已经过高的刘知俊打一场败仗，比他继续打胜仗好多了。

　　刘知俊成为这次战争中最大的输家。他一回到凤翔，马上被如释重负的李茂贞解除了兵权。刘知俊仍旧挂着彰义节度使的空名，却不能再回泾州坐镇一方，只能留在凤翔，处于半软禁状态。

　　好在过了不久，天雄节度使李继崇到凤翔进见李茂贞。李继崇与刘知俊算得上是一起扛过枪的交情，在前线几个月的朝夕相处，让他变成了刘知俊的"粉丝"，见偶像走此背运，忙进谏说："刘知俊是天下闻名的勇士，如果不是走投无路，这样的人我们请都请不到！怎么能因为几句小人的谗言就把他抛弃？"

　　李茂贞大概觉得经过一番修理，刘知俊表现还算本分，同时那过于露头的锋芒也差不多被磨秃了，就顺水推舟，杀掉石简颙，以显示自己对刘知俊还是非常信任的。李继崇热情地邀请刘知俊全家搬到自己的驻地秦州。刘知俊的处境稍有改善。

　　好景不长，几年后，岐静难节度使李继徽（杨崇本）被儿子毒死，静难镇陷入混乱，最后全镇投降后梁。李茂贞闻讯，起用被他冷藏了几年的刘知俊，反攻静难，对战后梁的新生代猛将霍彦威。也许是手脚已不像当初投岐时那么自由，刘知俊未能再现名将风采，相持半年也未能夺回邠州（今陕西彬州，静难总部）。

　　而王建鉴于蜀岐联盟已不复存在，一直有心夺取岐国的天雄镇四州（秦、凤、阶、成），以完善蜀国北部的天然防线（此地控制着阴平古道的北端入口，就是当年邓艾灭蜀所走的路径）。现在刘知俊和岐军精锐都被牵制在静难战场，当然是王建趁火打劫的好机会。于是，王建派王宗翰、王宗绾等出师，大举伐岐。

没有刘知俊帮忙，李继崇完全不是蜀军对手，蜀军连克成州（今甘肃成县）、阶州（今甘肃康县），进围秦州。李继崇见势不妙，背叛了叔父李茂贞，献出秦州，投降前岳父王建，只是不知他后来是否与普慈公主再续前缘。可以确知的是他的投降坑苦了他的好友刘知俊。

还在围攻邠州的刘知俊，得知秦州陷落，妻子儿女都被送往成都时，急忙班师回凤翔，向李茂贞表明心迹。但回到凤翔后，刘知俊越想心里越不安：当初安远之战就可看出岐王并不信任自己，能够苟且偷生这几年，全倚仗李继崇，可现在连李继崇都当了叛徒，家眷都已到了成都，岐王怎么还可能容得下自己呢？

思来想去，刘知俊决定出逃，他带上亲兵，乘夜砍开城门，第三次背叛主君，投奔王建。

刘知俊想不到的是，来到成都，他就将自己完全交给了王建，而王建的猜忌之心，较之他的前三位上司都有过之而无不及。有时，命运就像失控的过山车，人一旦上路，不论是迈上巅峰，还是坠入深谷，你都只能随波逐流，不再有一丝一毫的反抗之力。

从表面看，王建待刘知俊还是很恩厚的，一见面就授予他武信军节度使这一要职，同时兼任北方第一招讨使，让他马上掉转枪头，对岐军作战。第二年，王建又晋升刘知俊为西北都招讨，使他成为前蜀军界名义上的第二号人物，统率大军，征讨前主君李茂贞。

刘知俊手下的将军，多是王建的义子，前蜀的开国元勋。他们对刘知俊一个寸功未立的外人，一来便爬到大家头上深感不满。也就是说，此时的刘知俊，处境正如柏乡会战时的王景仁，甚至略有不如。众将中客气点儿的，采取不合作态度，对刘知俊的号令权当东风过马耳；不客气的，会寻找刘知俊的黑料，加工处理成杀人于无形的谣言。

比如，当时成都的大街小巷就莫名其妙地出现了两首民谣，其中之一是"黑牛出圈棕绳断"。"黑牛"是刘知俊的绰号，王建的儿子、义子都是"宗"字辈，而孙子均是"承"字辈，二字与"棕""绳"读音相近，所以这句话的含义显然比"画红楼"更加露骨。

刘知俊一旦失去控制，我就要断子绝孙了吗？迷信的王建连华洪都容不下，何况刘知俊。大蜀皇帝悄悄对左右心腹说："我老了，一旦我死去，刘知俊不是你们这些人对付得了的。不如趁早除掉这个隐患。"

丝毫不令人意外，在前蜀上上下下如此无微不至的"配合"之下，刘知俊的北伐只能无功而返。

虽然蜀军并未遭遇柏乡式的大败，但刘知俊被追究的责任比王景仁重得多。他一回到成都，立即被逮捕。在王建的示意下，前蜀大宦官唐文扆马上给刘知俊罗织了一大堆罪名，充分证明了其阴谋叛国，死有余辜，不杀不足以平民愤。于是，刘知俊被押赴炭市，公开处斩。时间是后梁贞明三年（917）十二月六日。

刘知俊死后不久，贞明四年（918年，戊寅年）初，王建病了，传说他一闭上眼睛就会看见刘知俊那张七窍流血的脸。王建虽然胆大，但也受不了每晚身临其境地欣赏免费恐怖片，便在巫师的建议下，将刘知俊的遗骨粉碎，抛入江中。于是，另一首民谣的词句被应验了："貔貅（一种食竹鼠，相传在刘知俊投岐之年，这种小动物一度在秦陇间泛滥成灾）引黑牛，天差不自由。但看戊寅岁，扬在蜀江头。"

据说，刘知俊在临受刑那一刻，完全没有了当年"姿貌雄杰，倜傥有大志"的英雄气概，连称冤枉，不断乞求饶命。这当然不会有什么用，只是白白给自己的人生留下一个怯懦的污点。

不过，在下觉得能够理解他。"有大志"这三个字，是古史家因宣传需要而强加给刘知俊的，在他这个大人物的躯壳中始终躲藏着一个小人物的灵魂。纵观刘知俊这一生，他一叛时溥，二叛朱温，三叛李茂贞，其动机无非是想躲过诛杀，保住自己一家的性命罢了。不求荣华富贵，但求平平安安，这似乎不应该被算作一个过分的要求吧？可惜，对于乱世的小人物，还有那些被历史误会成大人物的小人物，这的确是一个可望而不可即的奢求，刘知俊在命运的滔天巨浪中百般挣扎，最终还是无济于事，被命运无情地碾压，直至粉身碎骨！

也许在历史大势面前，我们都是大海波涛上那些浮浮沉沉的小木片，悲哉……